高等职业教育公共管理与服务类新形态教材

社会调查方法与实践

李良进 ◎ 主编

·上海·

内 容 提 要

本书以社会调查实际工作过程为主线,主要介绍社会调查基本原理、基本知识与方法技术,采用项目化教学设计理念,将社会调查方法基本概念、主要原理、基本程序与实际操作紧密结合,同时辅以案例分析和拓展阅读,融入课程思政、职业素养教育等内容,突出实践性、应用性和职业性。

本书主要面向职业院校公共管理与服务类相关专业的学生,也可供社会工作服务一线工作岗位的从业人员使用,还可作为广大社会调查爱好者的自学参考用书。

图书在版编目(CIP)数据

社会调查方法与实践 / 李良进主编. —上海:同济大学出版社,2024.2
ISBN 978-7-5765-1051-5

Ⅰ.①社⋯ Ⅱ.①李⋯ Ⅲ.①社会调查-调查方法 Ⅳ.①C915

中国国家版本馆 CIP 数据核字(2024)第 002650 号

社会调查方法与实践
李良进　主编

| 责任编辑 | 杨　艳 | 助理编辑 | 郭紫月 | 责任校对 | 徐逢乔 | 封面设计 | 渲彩轩 |

出版发行	同济大学出版社　www.tongjipress.com.cn
	(地址:上海市四平路1239号　邮编:200092　电话:021-65985622)
经　　销	全国各地新华书店、网络书店
排　　版	南京文脉图文设计制作有限公司
印　　刷	上海安枫印务有限公司
开　　本	787 mm×1092 mm　1/16
印　　张	22.25
字　　数	514 000
版　　次	2024年2月第1版
印　　次	2024年2月第1次印刷
书　　号	ISBN 978-7-5765-1051-5
定　　价	69.00元

本书若有印装质量问题,请向本社发行部调换　　版权所有　侵权必究

前　言

社会调查是人们认识社会、了解社会、分析社会问题和社会现象、解释与预测社会发展变化的重要手段和有力工具。社会调查方法作为一门实践性和方法性均比较强的课程,强调理论与实践的结合,注重调查原理与方法技术的运用。从某种意义上来说,社会调查方法不仅是一种知识体系,更是一种工作过程、一项工作和实践活动。

在本书的编写过程中,我们紧扣职业教育的特点,秉承能力本位的质量观、过程导向的课程观、行动导向的教学观,按照社会调查的工作过程,重构了社会调查实务教材的内容体系和逻辑结构,强调工作任务导向和产教融合,力求使教材更具有实用性、操作性和技术性。本书的主要特点有以下四个方面:

(1) 基于工作过程的结构框架。本书以社会调查过程为主线,以培养调查研究实践能力为核心,运用项目化教学设计理念,将课程内容重构为社会调查概述、选择调查课题、设计调查方案、抽取调查样本、确定测量指标、编制调查问卷、收集调查资料、处理调查资料、分析调查资料和撰写调查报告共10个项目26个工作任务,形成了"价值引领、实践导向、任务驱动、项目教学"的结构化课程内容体系。

(2) 体现"教、学、做"合一的课程编排体例。本书在编写过程中依托真实的工作情境,针对每个任务设计了"知识准备""调查案例""任务实训""拓展阅读"等环节,突出实践性、应用性和职业性,力争在真实的工作情境中进行知识传授与能力训练。

(3) 贯彻价值塑造、知识传授和能力培养"三位一体"的育人理念。本书深入贯彻党的二十大精神,同时融入课程思政、职业素养教育等内容,在每个项目中设置了"思政小课堂"栏目,注重学生思政教育和综合素质培养。

(4) 校企融合的教材编撰队伍。本书由高校教师与社会工作行业专家共同编写,既有教学经验丰富的高校教师出谋划策,又凝聚了有着丰富社会工作实务经验的行业专家的智慧。

本书由深圳职业技术大学李良进担任主编并负责全书编写大纲的拟定工作。各项目具体编写分工如下:李良进编写项目一、项目八,深圳市南山区社会工作协会龙嘉慧编写项目二、项目五,深圳市罗湖区社工客社会创新发展中心强强编写项目三,深圳职业技术大学苏敏编写项目四,广东医科大学程航编写项目六,广州城市职业学院李子慧编写项目七,深圳市东西方社工服务社付洋编写项目九,深圳市温馨社工服务中心王璐编写项目十。

本书各项目的学时分配建议如下:

教学内容	理论学时	实践学时
项目一　社会调查概述	2	2
项目二　选择调查课题	2	2
项目三　设计调查方案	2	2
项目四　抽取调查样本	3	2
项目五　确定测量指标	3	2
项目六　编制调查问卷	3	2
项目七　收集调查资料	2	4
项目八　处理调查资料	2	2
项目九　分析调查资料	3	2
项目十　撰写调查报告	2	4
总学时(48)	24	24

本书主要面向职业院校公共管理与服务类相关专业的学生,也可供社会工作服务一线工作岗位的从业人员使用,还可作为广大社会调查爱好者的自学参考用书。

在本书的编写过程中,编者充分借鉴和吸收了许多同类教材、相关著作和学术界的研究成果,本书的出版得到了同济大学出版社杨艳编辑的大力支持,在此一并表示衷心的感谢。

由于时间仓促,编者水平有限,书中难免存在不足之处,敬请各位专家、学者、同行、读者批评指正。

编者

2023 年 8 月

本书配套视频资源

序号	项目	任务	视频名称	时长	二维码
1	项目一 社会调查概述	任务一 认识社会调查	社会研究	10:09	
2			社会调查	14:34	
3		任务二 社会调查的基本程序	社会调查的基本程序	09:24	
4		任务三 社会调查的发展简史	社会调查的发展简史	18:14	
5	项目二 选择调查课题	任务一 调查课题的选择	选题的标准	10:08	
6		任务二 调查课题的明确化	调查课题的明确化	07:32	
7	项目三 设计调查方案	任务一 调查设计前的准备工作	分析单位	09:45	
8		任务二 制定调查方案	调查方案设计	15:13	

续表

序号	项目	任务	视频名称	时长	二维码
9	项目四 抽取调查样本	任务一 认识抽样	抽样的相关概念	07:46	
10		任务二 制定抽样方案	概率抽样方法	14:57	
11			非概率抽样方法	08:33	
12	项目五 确定测量指标	任务一 认识社会测量	社会测量	11:19	
13		任务二 操作化	操作化	07:31	
14		任务三 量表的制作	量表制作	08:14	
15		任务四 信度与效度	信度和效度	08:48	
16	项目六 编制调查问卷	任务一 认识调查问卷	调查问卷	09:06	
17		任务二 问卷的设计原则与步骤	问卷设计原则与步骤	08:25	
18		任务三 问题和答案的设计	问题和答案的设计	10:59	

续表

序号	项目	任务	视频名称	时长	二维码
19	项目七 收集调查资料	任务一 定量资料的收集	资料收集方法	13:37	
20			问卷调查实施	09:47	
21			调查员的选拔培训	07:42	
22			调查的质量控制	07:26	
23	项目八 处理调查资料	任务一 定量资料的处理	原始资料的审核与复查	10:09	
24			问卷编码	08:03	
25			数据录入	07:47	
26	项目九 分析调查资料	任务一 单变量描述统计	集中趋势分析	10:15	
27			离散趋势分析	07:00	
28		任务二 单变量推论统计	单变量推论统计	09:20	
29		任务三 双变量统计分析	双变量交互分析	13:12	

续表

序号	项目	任务	视频名称	时长	二维码
30	项目十 撰写调查报告	任务一 认识调查报告	调查报告	16:21	
31			调查报告撰写	16:15	

目 录

前言

项目一　社会调查概述 ··· 001
　　任务一　认识社会调查 ··· 003
　　任务二　社会调查的基本程序 ··· 014
　　任务三　社会调查的发展简史 ··· 020
　　思政小课堂 ··· 031
　　思考与练习 ··· 033

项目二　选择调查课题 ··· 034
　　任务一　调查课题的选择 ··· 035
　　任务二　调查课题的明确化 ··· 046
　　思政小课堂 ··· 054
　　思考与练习 ··· 055

项目三　设计调查方案 ··· 056
　　任务一　调查设计前的准备工作 ·· 057
　　任务二　制定调查方案 ·· 066
　　思政小课堂 ··· 074
　　思考与练习 ··· 075

项目四　抽取调查样本 ··· 076
　　任务一　认识抽样 ··· 077
　　任务二　制定抽样方案 ·· 086
　　思政小课堂 ··· 100
　　思考与练习 ··· 102

项目五　确定测量指标 ··· 104
　　任务一　认识社会测量 ·· 105
　　任务二　操作化 ·· 111
　　任务三　量表的制作 ·· 117

任务四　信度与效度 ··· 125
　　思政小课堂 ·· 131
　　思考与练习 ·· 134

项目六　编制调查问卷 ··· 135
　　任务一　认识调查问卷 ··· 136
　　任务二　问卷的设计原则与步骤 ··· 142
　　任务三　问题和答案的设计 ··· 148
　　思政小课堂 ·· 161
　　思考与练习 ·· 164

项目七　收集调查资料 ··· 166
　　任务一　定量资料的收集 ·· 167
　　任务二　定性资料的收集 ·· 181
　　思政小课堂 ·· 205
　　思考与练习 ·· 207

项目八　处理调查资料 ··· 208
　　任务一　定量资料的处理 ·· 209
　　任务二　定性资料的处理 ·· 229
　　思政小课堂 ·· 245
　　思考与练习 ·· 246

项目九　分析调查资料 ··· 247
　　任务一　单变量描述统计 ·· 248
　　任务二　单变量推论统计 ·· 266
　　任务三　双变量统计分析 ·· 272
　　思政小课堂 ·· 288
　　思考与练习 ·· 291

项目十　撰写调查报告 ··· 292
　　任务一　认识调查报告 ··· 293
　　任务二　应用性调查报告的撰写 ··· 309
　　任务三　学术性调查报告的撰写 ··· 320
　　思政小课堂 ·· 332
　　思考与练习 ·· 334

附录 ··· 335

参考文献 ··· 343

项目一 社会调查概述

 情境导入

推进中国式现代化要用好用活调查研究"传家宝"(节选)

调查研究是我们党的传家宝,是做好各项工作的基本功。《关于在全党大兴调查研究的工作方案》明确了在全党大兴调查研究,并将其作为在全党开展主题教育的重要内容,推动全面建设社会主义现代化国家开好局起好步。笔者认为,在新征程上,面对新形势、新任务、新挑战,只有练好调查研究这项"基本功",用好用活调查研究这个"传家宝",才能把握发展规律、创新发展理念、破解发展难题,确保中国式现代化行稳致远。

重视调查研究,是我们党在革命、建设、改革各个时期做好各项工作的重要"传家宝"。一部中国共产党的历史,其实就是一代又一代中国共产党人在调查研究的基础上,把马克思主义基本原理同中国具体实际相结合、同中华优秀传统文化相结合,不断推进理论创新和实践创新的历史。毛泽东是我们党实事求是践行调查研究的典范。早在大革命时期和第一次土地革命前期,毛泽东就通过深入调查研究,相继发表《中国社会各阶级的分析》《湖南农民运动考察报告》《星星之火,可以燎原》《兴国调查》等文章,作出"没有调查,没有发言权""中国革命斗争的胜利要靠中国同志了解中国情况"等著名论断。党的十八大以来,我们始终重视调查研究的极端重要性,强调要用好调查研究这一"传家宝"来解决中国式现代化进程中遇到的新问题。从加强党的全面领导、推进党的建设制度改革,到打赢防范化解重大风险、精准脱贫、污染防治三大攻坚战;从推动京津冀协同发展、长三角一体化发展、粤港澳大湾区建设,到谋划长江经济带发展、黄河流域生态保护和高质量发展,无不彰显了新时代中国共产党人坚持把调查研究这一重要的方法论,作为全面推进中国式现代化、引领中国发展行稳致远的"传家宝"。

党的二十大擘画了以中国式现代化全面推进中华民族伟大复兴的宏伟蓝图。当前,世界百年未有之大变局加速演进,不确定、难预料因素增多,世界之变、时代之变、历史之变正以前所未有的方式展开,改革发展稳定面临不少深层次矛盾,躲不开、绕不过,这些都是我们党在推进中国式现代化进程中必须解决的问题,迫切需要通过调查研究找到能够切实解决问题的思路和办法。在全党大兴调查研究,是深入学习贯彻习近平新时代中国特色社会主义思想,感悟这一重要思想的真理力量和实践伟力的必然要求,是全面贯彻落实党的二十大精神、推动高质量发展,应对新时代新征程前进路上风高浪急甚至惊涛骇浪重大考验的现实需要,也是推进中国式现代化的有力举措。

"知不足,然后能自反也;知困,然后能自强也。"在全党大兴调查研究,是转变工作

作风、密切联系群众、提高履职本领、强化责任担当的有效途径。今年是全面贯彻落实党的二十大精神的开局之年，改革发展各项任务异常艰巨，各种矛盾问题、风险挑战比以往更加严峻复杂，迫切需要我们要用好用活调查研究这个"传家宝"，不断提高深化调查研究的思想自觉、政治自觉、行动自觉，为全面推进中国式现代化夯实根基、铺平道路。

（资料来源：严文波，推进中国式现代化要用好用活调查研究"传家宝"，人民网，http://theory.people.com.cn/n1/2023/0619/c40531-40016857.html）

  思维导图

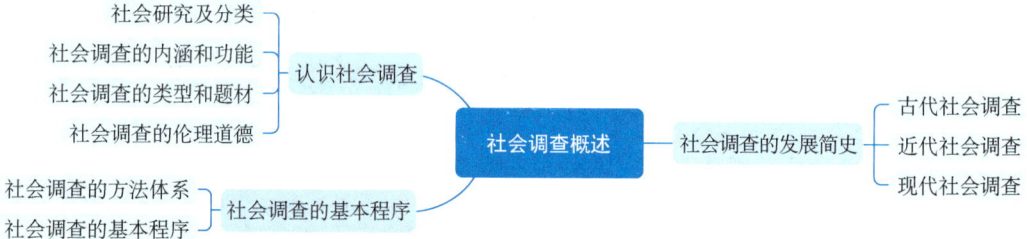

 **学习目标**

知识目标

1. 了解社会研究及不同研究方式；
2. 掌握社会调查的概念和特征；
3. 掌握社会调查的一般程序；
4. 了解社会调查的发展简史。

技能目标

1. 能区分四种不同社会研究方式的特点及适用范围；
2. 能理解和阐述社会调查的三个基本元素；
3. 能绘制社会调查一般过程的流程图；
4. 能清楚区分传统社会调查和现代社会调查的差异和特点。

素质目标

1. 培养实事求是、科学严谨的精神；
2. 弘扬爱国为民、注重调查研究的优良传统；
3. 传承密切联系群众的优良作风；
4. 培养认真严谨、勤于思考的探究素质。

任务一 认识社会调查

案例导入

"三孩生育"政策背景下,如何开展新生代农民工生育意愿调查?

为积极应对人口老龄化,2021年5月31日,中共中央政治局召开会议,审议《关于优化生育政策促进人口长期均衡发展的决定》,实施一对夫妻可以生育三个子女的政策及配套支持措施。为进一步了解当前新生代农民工对于三孩生育政策的态度,以及未来的三孩生育意愿,某大学某班级就开展"放开三孩生育政策背景下新生代农民工生育意愿专项调研"展开了热烈的讨论。有人提出采用问卷调查的方式进行更高效,有人主张通过深入农村社区或工厂企业进行访谈和开座谈会才能真实了解新生代农民工生育意愿,有人建议开展文献研究和实验研究,大家各抒己见。面对这种情况,你会怎么处理?以上这几种了解农民工生育意愿的研究方法有什么不同?

知识准备

社会研究

一、社会研究及分类

(一)社会研究的概念

社会研究是一种以经验的方式,对社会世界中人们的行为、态度、关系以及由此形成的各种社会现象、社会产物进行的科学探究活动。社会研究的对象主要是社会事实、社会结构和社会行动等。社会研究具有以下三个特征:第一,社会研究的主题是社会的而非自然的,社会研究不研究自然现象,研究的是作为社会主体的人、社会行为和社会现象;第二,社会研究的方式是经验的而非思辨的,社会研究不依靠思辨,而是依据可感知的经验材料来进行分析研究;第三,社会研究的问题是科学的而非价值判断的,社会研究的问题都是能够科学回答的问题,如"状况如何""如何为此",而价值判断的问题是"是否应该如此"。

(二)社会研究的过程

作为一种系统的、科学的认识活动,社会研究遵循一套比较确定的程序。一个完整的社会研究大致可以分为以下五个阶段:第一个阶段是选择问题阶段。选择研究问题是一项社会研究的起点,选题的主要任务是从大量的现象、问题和领域中选取研究主题并形成一个具体的研究问题。第二个阶段是研究设计阶段。这个阶段是为达到研究目标而进行的路径选择和工具准备,它涉及研究的思路、方式方法、进度安排及具体技术工具等方面。第三个阶段是研究实施阶段,也称为资料收集阶段。这个阶段是具体执行研究设计所决定的思路和策略,按照研究设计阶段所确定的方式方法、进度安排和技术进行的资料收集工作。第四个阶段是资料分析阶段。这个阶段的主要任务是对研究收集到的原始资料进行系统的综合分析,主要包括对资料的审核、整理、归类和统计分析等。第五个阶段是得出结果阶段。这个阶段就是在资料分析基础上得出研究结论,呈现研究的结果,这个阶段的任务主要是撰写研究报告,应用研究成果,并对整个社会研究工作进行总结。

整个社会研究过程如图1-1所示。

图1-1　社会研究流程图

(三) 社会研究的四种基本方式

1. 实验研究

实验研究(experiment research)是定量研究的一种,它是一种经过精心设计,并在受到高度控制的条件下,由研究者通过调整某些因素来研究变量之间因果关系的方法。实验的主要目的是建立变量间的因果关系,一般的做法是研究者预先提出一种因果关系的尝试性假设,然后通过实验操作来进行检验。实验研究的实施比较严格,它通常包括三组基本要素:自变量和因变量、前测和后测、实验组和控制组(或对照组)。自变量(independent variable)是另一变量变化的原因,因变量(dependent variable)是自变量作用的结果,它们是最重要的两种变量。前测和后测分别是指在实验处理之前和之后对实验对象所做的观察或测量,通过比较实验处理前后发生的变化,找出因变量发生的变异。但仅有前测和后测结果还不足以判断出实验变异的程度,因为因变量的变异可能包含部分外部变异,这就需要引入控制组。在实验研究中,接受实验处理的一组研究对象称为实验组,不接受实验处理的一组研究对象称为控制组。实验结束时,比较实验组和控制组便可看出实验处理产生的差异,控制组提供了测量实验变异的参考点。实验组和控制组在实验过程中全都处于相同条件下,只是实验组研究变量接受了实验处理。比较实验组和控制组实验结束时因变量的变化,可以计算出自变量(或实验刺激)对因变量的影响或效应有多大,计算公式为:实验刺激的效果=(实验组后测－实验组前测)－(控制组后测－控制组前测)。经典实验设计如图1-2所示。

图1-2　经典实验设计简图

2. 实地研究

实地研究(field research)又称田野研究,这种研究方法源于人类学,并被人类学家用于研究非本族文化和原始部落群体。实地研究是一种深入研究对象的生活背景中,以参与观察和无结构访谈的方式收集资料,并通过对这些资料的定性分析来理解和解释社会现象的社会研究方式。实地研究最基本、最显著的特征就是强调"实地",即强调研究者要深入研究对象的社会生活环境当中了解情况、收集资料,靠观察、询问、感受和领悟去理解研究对象。实地研究过程中最主要的资料收集方法是参与观察和无结构访问,研究者往往要经历一个先"融进去",再"跳出来"的过程。"融进去"就是要融入研究对象的现实场景和生活,将自己转换成研究对象群体中的一员,感受当地所有的生活体验;"跳出来"是指进行分析判断时要恢复到局外人视角,客观理性地思考。《街角社会》(Street Corner Society)是一个实地研究的典型案例,美国芝加哥学派社会学家威廉·富特·怀特(William Foote Whyte)对闲荡于街头巷尾的意大利裔青年的生活状况、非正式组织的内部结构及活动方式,以及他们与周围社会的关系加以观察,并对这一观察过程、所获资料及结论进行翔实而生动的记述,写成了社会学经典名著《街角社会》。

3. 文献研究

文献研究(document research)是一种通过收集和分析现存的以文字、数字、符号、画面等信息形式出现的文献资料,来探讨和分析各种社会行为、社会关系及其他社会现象的研究方式。相对于其他的资料收集方法,文献研究具有一些比较突出的特点:①没有时空限制;②没有反应性问题;③效率高、花费少。根据研究的具体方法和所用文献类型的不同,文献研究又划分为若干不同类型,其中社会研究者最常用的有内容分析、二次分析和现存统计资料分析。内容分析是从现有文献或文本的显性内容中析出可进行定量研究的系统信息的一种文献法。二次分析主要是对其他研究者先前所收集的原始调查数据再次进行分析和研究。现存统计资料的分析则主要集中于对由国家和各级政府部门所编制的统计数据进行分析,涂尔干(迪尔凯姆,Durkheim)的经典之作《自杀论》(Suicide: A Study in Sociology)是现存统计资料分析一个范例。

4. 调查研究

调查研究(survey research)是指采用自填问卷或访谈调查等方法,通过从被调查者的观点、态度和行为等方面系统地收集信息并进行分析来认识社会现象及其规律的一种研究方式。

以上四种不同研究方式特点各有不同,适用范围也有所差别,见表1-1。

表1-1 社会研究的四种方式比较

研究方式	子类型	资料收集	资料分析	研究性质
实验研究	实地试验 实验室试验	问卷量表 访问观察	统计分析	定量
实地研究	参与观察 个案研究	自由观察 无结构访问	定性分析	定性
文献研究	内容分析 二次分析 现存统计资料分析 历史比较分析	文字声像 原始数据 统计资料 历史文献	定性分析 统计分析	定性 定量
调查研究	普遍调查 抽样调查	访谈调查 调查问卷	统计分析	定量

二、社会调查的内涵和功能

(一)社会调查的概念

社会调查是社会研究方法中最为常见的研究方式。人们对于社会调查的理解不尽相

社会调查

同,关于社会调查的定义也多种多样。一般认为,社会调查包括调查与研究两方面,既包括资料的收集,也包括对资料的分析研究。社会调查是指采用特定的方法和手段,系统、直接地从社会现实中收集资料,并通过对这些资料的系统分析来认识社会现象及其规律的一种认识活动。从这个定义可以看出,社会调查包含以下几层意思。

1. 社会调查是一种自觉的认识活动

社会调查在本质上是一种科学的、系统的认识活动,具有一定的结构和程序,不同于日常生活中人们对社会现象的观察和思考。

2. 社会调查的对象是客观存在的社会事实

社会调查的对象是社会现象,而不是自然现象。它既包括以人和人群共同体为重点的社会要素,也包括以生产方式为基础的各种社会结构以及相关的政治制度、法律制度、社会文化、社会意识、社会生活等方面的各种社会问题。

3. 社会调查是直接收集社会资料或数据的过程

社会调查从社会现实生活中直接收集社会事实材料,要求直接从具体的被调查者那里获取信息,并进行分析研究。

4. 社会调查的目的是了解社会现象的状况和发展规律

社会调查不是对社会现象和社会事实机械的、简单的、零碎的反映,而是要通过特定的方法和技术,在收集资料的基础上,经过分析研究,揭示社会现象的本质和发展规律,进而寻求改造社会的途径和方法。

5. 社会调查要求运用科学的方法

社会调查既包括感性资料的收集,也包括理性的分析、思维加工等活动。在社会调查的每个环节,都必须采用科学的方法,以保证信息资料的真实、准确、完整,确保得出的结论可靠、客观。

(二) 社会调查的基本要素

从社会调查的概念可以看出,社会调查至少应当包括以下三个基本要素:调查对象、调查工具、资料分析。

1. 调查对象

调查对象是根据调查目的所确定的研究事物的全体,是需要进行调查的总体范围,它是由许多性质相同的具体单位组成的。例如,要调查某社区老年人的服务需求,那么调查对象就是某社区中的老年人,这个调查对象是由一个个具体的老年人组成的。同时,为了确保调查的准确性,需要对"老年"的概念进行界定:到底是指 60 周岁及以上的老年人,还是指 50 周岁及以上的退休人员?但是由于各种限制,往往无法对所有的调查对象进行调查,因此我们需要从调查对象中选取一定的样本进行调查。根据定量调查、定性调查的要求不同,选取的样本也不尽相同,样本选取的科学性和代表性将直接关系到调查资料的科学性和真实性。

2. 调查工具

调查工具是对社会现象和社会事实进行调查时所使用的工具,包括问卷和访谈提纲等。本书所指的社会调查既包括定量调查,也包括定性调查,定量调查一般采用问卷收集资料,而定性调查则一般使用访谈提纲、观察表等。虽然形式各不相同,但都是为了确保客观、有效地收集社会现象的资料。调查工具的适配与否将直接决定社会调查的信度和效度，因此，要根据调查类型，结合调查对象的特点、数据分析的需要，科学设计调查工具。调查工具的确定既需要掌握社会调查的基本知识，也需要了解调查对象的基本情况，还需要进行深入的文献查阅，了解相关的专业知识。

3. 资料分析

无论是定量调查收集的资料，还是定性调查收集的资料，在一定意义上都是为了最终的资料分析作准备的。以定量调查为例，运用统计学原理对定量调查收集的资料进行统计分析，将样本的调查结果推论到总体，必须经过严格的统计分析和统计检验；利用问卷得到的大量调查资料，也必须首先转化成数字，并借助专门的统计分析软件才能进入分析过程，得到调查结果。依靠统计分析，定量调查的结果才能被用来描述总体的各种特征和数据分布，才能被用来分析不同变量之间的关系。定性资料大多是以文本、符号等来描述人的行为、态度和事件的资料。随着分析技术的发展，人们逐步发展了实例法、流程图法、内容分析法等多种不同的定性资料分析法，而且能够结合信息技术，促进定性资料分析的发展。

可见，作为大数据时代数据收集的一种重要方法，社会调查的基本要素即调查对象、调查工具和资料分析三者之间存在某种必然的、内在的联系。

（三）社会调查的功能

社会调查既可以用于理论研究，也可以用于社会实践活动，为制定政策、计划及解决社会问题提供依据。党的二十大报告指出，弘扬党的光荣传统和优良作风，促进党员干部特别是领导干部带头深入调查研究，扑下身子干实事、谋实招、求实效。作为一种科学的、系统的认识活动，社会调查的功能主要体现在认识社会、科学决策和培育人才三方面。

1. 认识社会功能

人们认识社会的途径有很多，主要有学习书本知识、参加社会实践、进行社会调查等。社会调查不仅可以直接收集大量真实的第一手资料，而且能够运用科学方法客观地描述社会现象。通过社会调查，人们可以超越自身实践经验的局限性，获得更为广阔的社会生活的知识与经验，使自身对事物的认识更符合客观实际，透过事物的外部现象认识事物的本质和发展规律，从而对社会现象的认识更全面、更深刻。此外，社会调查还可以帮助人们认识社会现象发生的原因，它比单纯地描述状况更为深入，能够探讨某一社会现象产生的原因及不同社会现象之间的关系。因此，社会调查是正确认识社会的基本途径之一。

2. 科学决策功能

科学的社会管理有赖于正确的社会预测和决策，正确地制定政策和执行政策离不开对国情的正确认识，也离不开社会调查。在我们党百年辉煌历史中，马克思主义中国化重大成果的取得，新民主主义革命道路、社会主义革命道路、社会主义建设道路、中国特色社会主义道路的开辟和不断拓展，都是以调查研究为前提和依据的。毛泽东说过："没有调查，没有发言权。"社会调查是正确决策的基础。社会调查研究的对象是各种社会现象以及这些现象所反映的社会问题，所以社会调查的起点和归宿都是解决社会问题。我国著名的社会学家费孝通教授直截了当地强调他进行社会调查的目的就是改变中国农村极度贫困的状态，寻找"富民"之路。回顾历史上一些有名的社会调查实例可以发现，社会调查都是为了解决社会问题而进行的，其主要功能在于决定政策，或者为决策提供依据。因此,决策过程和管理过程实质上就是反复调查研究的过程,没有科学社会调查就没有科学决策和科学管理。

3. 培育人才功能

调查研究是我们党的"传家宝",是培养人才,特别是开拓型人才的重要手段。2020年10月,习近平总书记在中央党校(国家行政学院)中青年干部培训班开班式上发表重要讲话强调:"年轻干部要提高调查研究能力。调查研究是做好工作的基本功。一定要学会调查研究,在调查研究中提高工作本领。调查研究要经常化。"唯有走出大院,走出高楼,深入基层,深入一线,在调研中去思考去研究,才能越研越精,提升能力。社会调查不仅能促进对客观世界的改造,而且有利于对主观世界的改造,有利于为革命和建设事业培养开拓型人才。毛泽东曾指出:"你对于那个问题不能解决吗?那么,你就去调查那个问题的现状和它的历史吧!你完全调查明白了,你对那个问题就有解决的办法了。"事实证明,科学社会调查既是开拓型人才手中强大的思想武器,又是开拓型人才成长和发展的基本道路。

三、社会调查的类型和题材

(一) 社会调查的类型

1. 根据调查对象的范围分类

(1) 普遍调查。普遍调查简称普查,是指对构成总体的所有个体无一例外地逐个进行调查。例如,全国范围内的人口普查、全国工业普查、全县范围内的企业调查等都属于普查。其特点如下:第一,工作量大,费时、费力、费钱;第二,资料准确,适于了解总体的基本情况;第三,需要高度的组织和高度统一的安排;第四,调查项目不能太多,一般只限于了解最基本的情况。

(2) 抽样调查。抽样调查是指从所研究的总体中,按照一定的方式,抽取一部分个体进行调查,并将在这部分个体中所得到的调查结果推广到总体中,即通过调查部分来反映总体。与普遍调查相比,抽样调查具有以下突出优点:第一,非常省时、省力、省钱;第二,能快速获得数据资料;第三,能比较详细地收集信息,获得内容丰富的资料;第四,准确性高(通过控制非抽样误差来实现);第五,应用范围广泛,如人口抽样调查、民意调查、市场调查、产品质量调查等。有些调查不能用普查,只能用抽样调查,如调查灯泡的使用寿命等。

(3) 典型调查。典型调查是指从调查对象的总体中选取一个或几个有代表性(不一定在总体中占有重要地位)的样本进行全面、深入的调查。其目的是通过深入地"解剖麻雀",以少量典型来概括或反映全局。这是一个由特殊到一般的过程。典型调查常常先分类,然后在每一类中选取少量代表进行调查。例如,要了解国有企业发展的一般状况,可以在大型、中型、小型国有企业中各选几个有代表性的企业进行调查。

(4) 重点调查。重点调查是指从调查对象的总体中选取在总体中占有重要地位(不一定有代表性或典型性)的少数样本进行调查,并通过这些样本的情况来反映总体的情况。例如,要了解某个城市摩托车的生产状况,可以选择该城市几个大型摩托车生产企业进行调查,就能大致了解该城市摩托车的生产状况。

(5) 个案调查。个案调查也称为个案研究,是指从总体中选取一个或几个调查对象作为个案进行深入研究。其主要作用是深入、细致地描述一个具体单位(如个人、群体、企业、城镇)的全貌和具体的社会过程。例如,王铭铭的《社区的历程:溪村汉人家族的个案研究》一书描述了同一个社区几个世纪以来的历史变迁。

2. 根据调查的目的与作用分类

(1) 探索性调查。探索性调查的主要目的是调查者对所感兴趣的现象进行初步考察或了解(初步探测)。当调查者本人对打算研究的问题或现象不太熟悉、了解很少,或者调查者打算研究的问题或现象本身鲜为人知、很少有人涉及时,常常需要用到探索性调查。

(2) 描述性调查。描述性调查可以回答社会现象"是什么"的问题,常常用于对某些总体或现象进行描述,以发现总体在某些特征上的分布状况。例如,研究有升学意愿的大专生在年龄、性别、生源地域上的分布状况等情况时,可以采用描述性调查。

(3) 解释性调查。解释性调查可以回答社会现象"为什么是这样的"的问题,其理论色彩往往较浓。解释性调查通常是从研究假设出发,经过实地调查,收集资料,并通过对资料的分析来检验研究假设。因此,解释性调查常常要求调查内容必须紧紧围绕所要验证的研究假设。

3. 根据调查的性质或应用领域分类

(1) 理论性调查。理论性调查是旨在发现社会运行的内在规律、发展和丰富社会科学理论的调查研究。它的主要任务在于解答社会科学领域的各种理论问题。例如,毛泽东通过一系列农村调查研究,建立了中国革命的阶级理论。

(2) 应用性调查。应用性调查是旨在发现和解决现实社会中存在的具体问题的调查研究。它通过社会调查来了解社会生活与社会发展中不断出现的新问题和新现象,并运用社会理论对这些问题做出科学的解释和说明,提出解决问题的方案及政策性建议。常见的应用性调查有行政统计调查、生活状况调查、社会问题调查、市场调查、民意调查等。

4. 根据调查的时间性分类

(1) 横剖调查。横剖调查也称横剖研究,是指在某个时间点上收集资料,并用以描述被调查者在这一时间点上的状况,或探讨这一时间点上不同变量之间的关系。民意调查、人口普查都是典型的横剖调查。

(2) 纵贯调查。纵贯调查也称为纵贯研究,是指在若干个不同的时间点上收集资料,用以描述社会现象的发展变化,并解释不同社会现象前后之间的联系。纵贯调查又可分为趋势研究、同期群研究、追踪研究等。

① 趋势研究。趋势研究一般是对较大规模的调查对象总体随时间推移而发生的变化的研究。例如,我国每年都对人口生育率的变化情况进行调查,并通过比较不同年份人口生育率的变化情况来探寻人口生育率的变化趋势,这就是一种趋势研究。

② 同期群研究。同期群研究是对某一时期具有同一特征的人群随时间的推移而发生的变化的研究。例如,调查 20 世纪 70 年代参加工作的人在 70 年代、80 年代、90 年代的工资变动情况,每次调查的样本可以不同,只要是在 20 世纪 70 年代参加工作的人

就行。

③ 追踪研究。追踪研究是对同一批人随时间推移而发生的变化的研究。与同期群研究不同,追踪研究要求每次调查的样本必须相同,不能由其他人代替。

(二) 社会调查的题材

英国著名社会学家莫泽(Moser)曾经提出,世间的各种社会现象、人们的各种社会行为,几乎没有哪一个方面不曾被社会调查者关注过。人类社会现象的丰富性和人们社会行业的多样性决定了社会调查题材的丰富性和多样性。我国著名社会学者风笑天教授认为,社会调查的题材大致可以分为三大类。

1. 某一人群的社会背景

这主要指有关人们的各种社会特征资料,主要包括一些人口统计方面的内容(如性别、年龄、职业、婚姻状况、文化程度等)和人们生活环境方面的内容(如家庭构成、居住形式、社区特点等)。这类题材的客观性很强,在社会调查中,这方面资料的收集往往比较容易,较少出现问题。

2. 某一人群的社会行为和活动

这主要指有关人们"做了些什么"以及他们"怎样做"等方面的资料。例如,人们每天几点钟起床、学生每周上几节课、每个月花费多少等。这类题材也是客观的、事实性的,在社会调查中一般比较容易获得。对于行为和活动的调查,通常要调查清楚"做什么""何时做""在何处做""行为有多频繁"等问题。

3. 某一人群的意见和态度

这主要指有关人们"想些什么""如何想的"或"有什么看法""持什么态度"等方面的资料。这类题材属于观念性的、主观性的,它是构成各种民意测验、舆论调查、社会心理调查的主要内容。例如,人们如何看待独生子女的教育问题、人们对反腐败现象的看法、人们选择对象的标准、大学生的求学满意度、大学生的择业态度和求职意向等。

四、社会调查的伦理道德

社会调查是社会研究的一种类型和方式,因此,社会调查人员和社会研究人员一样,必须遵循社会研究的道德准则,即社会研究伦理道德。

(一) 自愿参与

社会调查非常重视自愿参与,无论在问卷调查、实地调查中,还是在个人访谈、集体座谈中,都必须坚持"知情同意"或"知情选择"。知情同意的三大要素是调查者提供信息、对方完全理解、对方完全自愿。调查中,应该让被调查者了解将要参与的是什么性质、哪种形式的调查,调查的程序有哪些,调查的风险有多大,是否有收益或可能受到什么伤害等。

(二) 不伤害

不伤害是社会调查最基本的原则。社会调查必须尊重被调查者的合法权益,尽可能避免发生对被调查者的利益和名誉造成伤害的事情。在进行社会调查工作之前,调查者必须预想、预测到所有可能出现的伤害类型、伤害程度等,以避免伤害或将伤害降至最低。

(三)匿名和保密

匿名和保密原则是对调查对象的个人隐私的尊重和保护。在社会调查中,必须维护调查对象的个人隐私,做到把调查对象的真实身份与其提供的个人调查答案区分开来,分别处理,以便完成收集资料之后不暴露调查对象的真实身份,或者不暴露调查对象所提供的个人调查答案。

(四)分工与合作

分工与合作包括调查者之间的分工与合作,以及调查者与调查对象之间的相互信任与合作。在社会调查过程中,调查者之间必须相互配合、团结协作,这样有利于集思广益、相互启发、提高效率、早出成果、多出成果。同时,调查者要采取谦虚、谨慎的态度,采取各种措施,努力与被调查者建立信任、合作的关系,保证调查的顺利进行和调查的质量。

(五)适当奖励和补偿

由于被调查者在调查过程中付出了一定的时间和精力,调查者应该对调查对象进行适当的奖励和补偿,这样有助于调查对象更好地参与调查,保证调查正常、有效地进行。奖励和补偿的给予形式可以多元化,包括一定数额的现金、礼品、小纪念品、某种服务(如帮助干活、咨询、处理纠纷、作讲座等)等。

(六)遵守学术规范

进行社会调查研究,除了可以提高调查者的认识水平、人文素质和专业能力以外,更重要的是可以服务社会,促进社会的正常健康发展,因而社会调查的结果要向社会公开或正式发表。这就存在一个遵守学术规范的问题。在整个社会调查过程中都要遵守学术道德、恪守学术规范,主要包括以客观、科学的态度进行调查,不应当隐瞒事实真相,不伪造、篡改调查数据,尊重前人的研究成果,严禁抄袭、剽窃等学术不端行为。

调查案例

行走与坚持:费孝通的江村调查

费孝通(1910—2005),著名社会学家、人类学家、民族学家、社会活动家,中国社会学和人类学奠基人之一,民主党派民盟中央著名领导人。他的调研思想、调研活动和调研作品影响了中国很多代学人。

他与江村的故事堪称传奇,辉映当代,光照后人。

江村是现江苏省吴江市七都镇下的一个村,原名开弦弓村,"江村"这个名字是费孝通于1936年考察村落撰写著作时所起的。为什么叫江村?据他本人回忆:"之所以叫江村,是因为被调研的是吴江的一个村子,也是江苏的一个村子,我自己的另外一个名字(费彝江)中也有一个'江'字,这样就叫'江村'了。"

费孝通,江苏吴江县人,1928年进入东吴大学医预科学习,1930年转入燕京大学社会学系,跟随吴文藻(中国著名社会学家、民族学家和人类学家)学习3年,把吴书架上的书几乎都读完了。1933年考入清华研究院,师从俄国人类学家史禄国,获得硕士学位,1935年,获学校选送出国留学资格。在出国前,费孝通偕妻子王同惠到广西大瑶山调研少数民族情况,不幸的是,两人在调研中发生意外,"该年冬,在瑶山里迷路失事,妻亡我伤"(《江村经济》中文版前言)。

在家养伤时,费孝通的姐姐费达生建议他去吴江县庙港乡开弦弓村参观访问并休养。他于1936年7月到村子里住了一个多月(7月3日至8月25日)。期间,写了7篇通讯,以田野调查方式,全面反映村民生产、生活状况,写出了"人多地少、工农相辅"的苏南农村的社会结构和生活变迁的原因过程,据此得出改革的动力和方向。

1936年9月初,费孝通到伦敦政治学院读人类学博士,指导老师是弗斯(R. Firth)。到校后,费孝通向弗斯讲了他的调查经历,其中讲到在家乡调查农村的情况。导师为他定下"中国农民生活"的论文选题。这时,人类学家马林诺夫斯基(Malinowski)从美国回到伦敦,因在美国时,吴文藻向其推介过费孝通,马林诺夫斯基便主动担任费的导师。费孝通正式成为名师之徒。

1938年春,费孝通完成博士论文《江村经济》。马林诺夫斯基推荐给伦敦劳特利奇书局出版,该书于1939年以 Peasant Life in China(《江村经济》)书名面世。马林诺夫斯基在序中介绍说:"此书虽以中国人传统的生活为背景,然而它并不满足于复述静止的过去。它有意识地紧紧抓住现代生活最难以理解的一面,即传统文化在西方影响下的变迁。"称誉此书为"人类学实地调查和理论工作发展中的一个里程碑。此书有一些杰出的优点,每一点都标志着一个新的发展"。该书一出版,就在学术界产生巨大影响。当年中国的《图书季刊》重点作过介绍,但一直到1986年,此书的中文版才问世。

1981年11月18日,71岁的人类学家费孝通因《江村经济》获得英国皇家人类学会颁发的"赫胥黎奖",成为第一位获得这项荣誉的中国学者。费孝通只在江村待两个月写出的《江村经济》能够成为经典名著和一种历史现象,笔者以为至少有3点因由。

一是"进得去"和"出得来"。对人类学、社会学而言,存在的一大难题,就是"陌生化"和"他者化"的问题。一个外乡人,对调研对象的一切都很陌生,不容易走进具体的环境氛围,"进得去"成为难题。用第三者的眼光调研,得出的调查结果未必真实正确。

"进得去",费孝通有优势。他是本地人,又有姐姐费达生的引介(她曾在该村开展过蚕丝业改革,建立乡村合作丝厂,很受村民尤其是妇女欢迎),有诸多良好的关系,村民和村长都很支持费孝通的调查,为他提供多种材料。费家是当地的累世望族,费孝通的父亲费璞安是清末最后一批生员,曾留学日本,当选县议会议长、江苏省教育厅视学。母亲杨纫兰,毕业于上海务本女学,创办吴江县(今苏州市吴江区)第一个蒙学院。费孝通本质上不是农民,社会属性是士绅阶级,文化属性是新学熏陶出来的知识分子,要"进得去"是不容易的事。费孝通的志向就是把自己放到农民里边去,成为中国农民的代言人。他真心扎进村子,细心调查村情,热心研究农民,实践证明,他是实实在在走进去了。

"进得去"不简单,"出得来"更艰难。费孝通自己曾说过,人类学者在本土文化中容易犯"出不来"的毛病,认为本土人类学者往往无法从自己所处的社会地位和文化偏见中超脱出来而做出"客观的观察和判断"。费孝通利用自身深厚的学养功力和专业特长,融合两者,把经济体系与特定地理环境及社会结构中的关系阐述得很清晰,使人能够从中看到一个村屯代表着的乡村经济发展的问题和动力。

二是一个村庄与一个中国。《江村经济》写的只是一个只有359户1458人的小村庄,户均4人,小规模家庭。尽管费孝通的调研是全景式的,具体解剖消费、生产、分配、贸易、土地、生活、婚姻、习俗等多方面,这种选点和方式依然是"微型"的。这样的一个村能否代表"中国农民生活",西方人类学界一直有争议。也有人批评费孝通以"江村经济"冒名"中国农民生活",犯了以偏概全的错误。

费孝通曾如此谈论他的另一部关于中国乡土社会传统文化和社会结构理论研究的代表作:"《乡土中国》就是我企图从农村社会基础上来解剖中国传统社会结构和基本观念而构成一种乡土社会的类型。这就不限于一个具体的农村,而是指向农村的基本性质。"《乡土中国》如此,《江村经济》更如是。1981年,费孝通到英国领奖时发表演讲说:"开弦弓村只是中国几十万个农村中的一个。它是中国的农村,所以它具有和其他几十万个农村的共同性;它是几十万个中国农村中的一个,所以它同时具有和其他中国农村不同的特殊性。"

对一个村能否代表一个国家,马林诺夫斯基给予高度肯定。他说:"没有其他作品能够如此深入地理解并以第一手材料描述了中国乡村社区的全部生活。""通过熟悉一个小村落的生活,我们犹如在显微镜下看到了整个中国的缩影。"很多人类学家也肯定费孝通的《江村经济》在科学文献中的地位,认为它主要是以第一手材料描述中国乡村社区的全部生活。窥一斑而见全豹,需要高超的提炼功夫和宽广视野。费孝通做到了这一点,让一个村作为里程碑挺立在世界社会学、人类学的丛林中。

三是一件事与一辈子。费孝通到江村开展调研时不到27岁,虽然后来国内学术界认为,《江村经济》是老一代社会学家对中国农村社会变迁的尝试性调查,有开创性之功,但这个"尝试"也是偶然性的,是费孝通的"无心插柳"。他进到村后,发现这个村子可以作为中国工业变迁过程中有代表性的例子,于是开始他的调查,写出这部能留存传承的经典作品。

1938年,费孝通获伦敦大学哲学博士学位,同年回国,先到云南大学社会学系任助理教授,后兼任西南联合大学教授;1949年后,费孝通任中央民族学院(今中央民族大学)副院长、国务院专家局副局长;1978年,任中国社科院民族研究所副所长,1979年,担纲中国社会学研究会会长;1982年,推动组建北京大学社会学研究所并任所长;1988年,当选第七届全国人大常委会副委员长,10年后当选为全国政协副主席。费孝通的一生经历曲折、岗位多变,但没有转移和消沉他对人类学和社会学的调查研究。费孝通把生命和乡土融合于身,秉承"志在富民"的崇高追求,始终关注"三农",倾情土地和民族。从江村研究开始,他一生所思考关注的大部分都是乡村发展,乡土工业、城乡关系、绅士作用、人伦秩序以及文化自觉等内容,写出许多融合社会学和人类学的历史篇章。

对于家乡,费孝通有着很深的眷恋,他对江村的关注始终如一。他一生中,共去过江村28次,2003年最后一次去时,已是93岁高龄。费孝通初访江村是1936年,二访是1957年,三访是1981年。对人类学而言,重访研究是一种调查方法。这种调查,可以对比式地揭示一个地方不同时间上的阶段特征和变化性质,从而发现改变的规律性、趋势性、生动性。江村幸运地成为这样的历史代表,成为现代中国社会学和人类学发展历史上的重要时空节点,在费孝通"行行重行行"的坚持下,驰名世界,永载史册。

(资料来源:王西冀,行走与坚持:费孝通的江村调查,文史春秋,2021年第5期)

任务实训

任务实训单

实训目标	以小组为单位,从社会学期刊(如《社会学研究》《青年研究》等)上、通俗杂志(如《法制博览》《新闻研究导刊》等)上、一般报纸(如《北京日报》《社会科学报》)上分别选取2篇社会调查报告进行阅读和分析评价,看看这些报告之间有哪些不同。
实训环境	1. 拥有与小组课题项目相关书籍的阅览室。 2. 具备网络查询功能的电脑。
实训内容及要求	【实训内容】 1. 从社会学期刊上选取2篇社会调查报告进行评价。 2. 从通俗杂志上选取2篇社会调查报告进行评价。 3. 从一般报纸上选取2篇社会调查报告进行评价。 【实训要求】 1. 能分别从社会学期刊、通俗杂志和报纸上选取2篇社会调查报告。 2. 能分组讨论这些不同媒介上调查报告的异同点。
实训步骤	1. 教师介绍常见的社会学期刊、通俗杂志和报纸,列出主要期刊、通俗杂志及报纸目录。 2. 将班级分成若干小组,每组4~6人。 3. 每组分工合作,分别从社会学期刊、通俗杂志和报纸上选取2篇社会调查报告。 4. 分组讨论社会调查报告在标题、结构、内容、研究方法、研究结果等方面的异同。 5. 每组派1~2名代表在课堂上发言,介绍本组同学的发现及讨论结果。
实训考核评价	【评价载体】 书面作业和PPT汇报。 【评价指标】 1. 正确选出不同媒介上的社会调查报告,占35%。 2. 比较不同社会调查报告异同点,占35%。 3. 小组成员合作情况,占30%。

任务二 社会调查的基本程序

案例导入

谋事之基 成事之道
——学习领会习近平总书记关于调查研究的重要思想(节选)

习近平总书记指出,"调查研究是谋事之基、成事之道"。中国特色社会主义进入新时代,我们面临新形势新任务,加强调查研究是我们党应对国内外挑战和风险,进行科学决策的前提和基础,是由我们党的性质、宗旨、任务和以人民为中心的发展思想决定的,是由我们党的思想路线和工作路线决定的。

习近平总书记指出,"研究、思考、确定全面深化改革的思路和重大举措,刻舟求剑不行,闭门造车不行,异想天开更不行,必须进行全面深入的调查研究。"新时代,全面建成小康社会、加快推进社会主义现代化、实现中华民族伟大复兴,需要我们付出更为艰巨的努力。尤其是决胜全面建成小康社会,从时间看,只有两年时间,转瞬即过;从要求看,要得到人民认可、经得起历史检验,必须做到实打实、不掺任何水分;从任务看,抓重点补短板强弱项还有许多困难,特别是要打好"三大攻坚战"绝非易事。研究、思考、确定工作的思路和重大举措,必须进行全面深入的调查研究,才能做出符合客观实际和人民群众愿望的科学决策,推动各项工作顺利发展。

习近平总书记指出,"调查研究是一个联系群众、为民办事的过程。通过深入基层、深入实际、深入群众,我们可以了解群众在想什么、盼什么、最需要我们党委、政府干什么。"为人民谋幸福,是中国共产党人的初心。广大党员干部只有不断深入实际开展调查研究,时刻关注群众在想什么、盼什么,通过面对面交流,直接了解基层干部群众的心愿,才能使我们的各项决策和工作部署集中民智、体现民意、反映民情,体现人民群众的愿望和要求,得到人民群众的拥护和支持。

习近平总书记指出,调查研究"是一个了解情况的过程""是一个推动工作的过程"。"调查研究的过程就是科学决策的过程,千万省略不得,马虎不得。"当代中国社会处在结构调整、力量转移、利益博弈、思想分化、转型升级和小康决胜阶段,各种矛盾相互交织、错综复杂,我们只有通过深入实际调查研究,把大量的零碎的材料经过去粗取精、去伪存真、由此及彼、由表及里的思考、分析、综合,加以系统化、条理化,透过纷繁复杂的现象抓住事物的本质,找出它的内在规律,由感性认识上升为理性认识,才能从根本上保证党的路线方针政策和各项决策的正确制定与贯彻执行。

习近平总书记指出,"当县委书记一定要跑遍所有的村,当市委书记一定要跑遍所有的乡镇,当省委书记一定要跑遍所有的县市区。"在新时代的征程上,各级领导干部一定要适应新时代发展的新要求,深入开展调查研究,努力回答和解决好对我国发展带有全局性、战略性的重大问题,推进新时代中国特色社会主义事业的健康发展。

(资料来源:刘昀献,谋事之基 成事之道——学习领会习近平总书记关于调查研究的重要思想,北京时报,2018年7月9日第13版)

知识准备

一、社会调查的方法体系

社会调查既是一种科学的认识活动,也是一种研究社会的科学方法,它不仅仅是理论(方法论),更是一套方法和技术。社会调查的方法体系由方法论、调查方式、技术和工具三个层次构成。

(一)方法论

方法论是社会调查方法体系的最高层次,主要指社会调查的理论基础和指导思想。社会调查方法论主要探讨调查的基本假设、逻辑、原则、规则、程序等问题,它是指导调查的一般思想方法或哲学,是人们的思想方法和一般的科学方法在社会调查中的体现和应用。它提供了调查研究的指导思想,主要回答社会调查中的这些问题:调查的理论依据是什么?调查结果是否能够真实、科学地反映客观事实?在社会调查研究中,存在着两种基本且相互对立的方法论倾向:一种是实证主义方法论,另一种是人文主义方法论。

(二)调查方式

调查方式即社会调查的基本方法,是社会调查方法体系的中间层次。它所解决的问题是"如何进行社会调查研究",主要包括收集资料的方法和研究资料的方法两部分内容。调查方式可以按照不同的标准划分为不同的类型,每种类型在具体操作上都具有与其他类型不同的优点,也有自己的局限性。通常,我们把调查研究方式分为定量研究方式和定性研究方式两大类。

(三)技术和工具

社会调查的技术和工具是社会调查方法体系的最低层次,包括专门技术和工具使用两部分。专门技术服务于具体方法,包括变量测量、问卷设计等资料测量技术,观察、访谈、记录等资料收集技术,以及审核、输入、汇总等资料整理技术。专门工具也服务于具体方法,是具体方法的延伸,包括记录表、统计表等量度工具,还包括照相机、录音机、摄像机、计算机等辅助工具的使用技术。

社会调查方法体系的三个层次是相互联系、相互影响的。在整个方法体系中,方法论是基础,它不仅决定调查研究的方向和价值,也决定具体方法和技术的选择。没有方法论的指导,调查研究就会有盲目性,从而降低调查研究的水平。而调查研究的具体实施有赖于具体方法和技术的运用,没有合适的调查方式和具体技术就不可能有效、准确地收集资料与科学地分析资料,具体方法和技术的发展变化又会促进方法论的发展变化。只有把方法论、方式、具体技术手段联系起来,才能保证社会调查研究有效地进行。

二、社会调查的基本程序

社会调查的基本程序

作为一种系统的、科学的认识活动,现代社会调查方法具有一定的程序和结构。总的来说,一个完整的社会调查一般要经历以下五个阶段。

(一)选题阶段

选择调查课题是一项社会调查活动的起点,是整个调查工作的第一步。调查课题选择得如何,关系到整个调查活动的目标和方向,甚至在一定程度上决定了整个调查工作的成败和调查成果的好坏。选题阶段的主要工作任务包括两方面:一是在现实社会中存在的大量的现象、问题和焦点中,恰当地选择出一个有价值的、有创新性的、可行的调查问题;二是将比较含糊、笼统、宽泛的调查问题具体化和精确化,明确调查问题的范围,理清调查工作的思路。

(二)准备阶段

准备阶段是整个调查工作的基础阶段。准备阶段是指为实现调查目标而进行的道路选择和工具准备,主要包括四项工作任务:设计调查方案、准备调查工具、选取调查对象、组建调查队伍。准备阶段工作的细致深入是社会调查获得成功的关键,也是社会调查任务顺利完成的保证。实践证明,许多大规模的或比较复杂的社会调查(如人口普查、经济普查等),往往需要几个月甚至几年的时间进行准备。为了使调查更具有科学性和目的性,避免盲目,社会调查的领导者和组织者必须认真做好社会调查的准备工作。

(三) 调查阶段

调查阶段是社会调查方案的执行阶段、资料收集阶段,也是最重要的阶段。这个阶段的主要任务就是具体贯彻调查设计中所确定的思路和策略,按照调查方案中所确定的方式、方法和技术进行资料的收集工作,主要包含进入调查现场,采取各种科学、有效的调查方法进行信息资料的收集等工作任务。进入调查现场与调查对象直接接触,获取第一手资料时,需要注意以下几点。

1. 态度真诚

调查者必须真诚、客观地向被调查者说明调查的目的、内容和方法等,以取得对方的支持与协助。

2. 方法多样

调查者进入现场调查,可以采取观察法、访谈法、问卷法等多种方法收集资料。

3. 加强管理

调查者要加强调查队伍的组织管理,做好内外部的协调工作。

(四) 分析阶段

分析阶段也称研究阶段,是社会调查的深化、提高阶段,是从感性认识向理性认识飞跃的阶段。此阶段的主要工作任务是审核资料、整理资料、研究分析、开展理论研究。

1. 审核资料

审核资料就是对调查的文字资料和数字资料进行全面审查、复核,辨明真假,保证资料的真实性、准确性和完整性。

2. 整理资料

整理资料就是对鉴别后的原始资料进行初步的加工,使之条理化、系统化。

3. 研究分析

研究分析就是对所获得的调查信息资料进行数量关系的研究分析,从而揭示调查对象的规模、水平及与其他事物的内在联系。

4. 开展理论研究

开展理论研究就是运用逻辑思维方法和与社会调查相关的其他科学理论及方法,对鉴别、整理后的信息资料和统计分析数据进行思维加工,揭示事物的内在本质,说明事物的因果联系,预测事物的发展趋势,做出新的理论说明,并在此基础上提出对实际工作的具体建议。

(五) 总结阶段

总结阶段是社会调查的最后阶段,其主要工作任务是撰写调查报告、评估调查结果、总结调查工作。

1. 撰写调查报告

调查报告是调查研究成果的集中体现,要对调查结果、调查过程、调查方法等进行系统的叙述和说明,同时提出政策性的建议和解决问题的方法。

2. 评估调查结果

评估调查结果就是以社会实践为基础,在实践中应用和检验调查结论,包括学术成果评估和社会成果评估。

3. 总结调查工作

总结调查工作是对整个社会调查研究过程的回顾和总结,包括对整个社会调查工作的总结和每个参与者的个人总结。总结的目的是积累成功的经验,吸取失败的教训,为今后更好地进行社会调查打下基础。

社会调查的基本程序如图1-3所示。

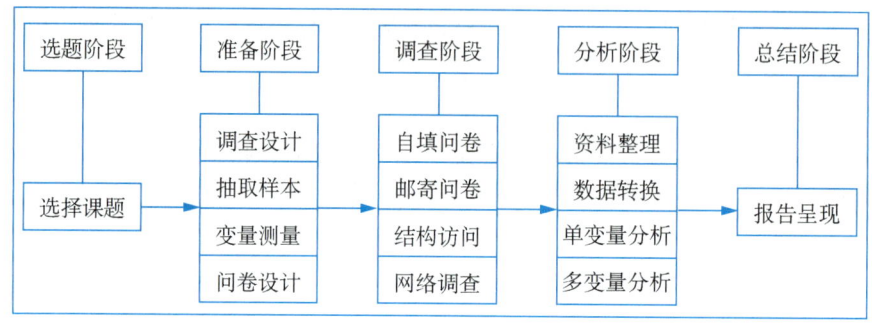

图1-3 社会调查的基本程序

 调查案例

大学生媒介素养的社会调查

一、选题阶段

1. 确定调查课题

大学生媒介素养的社会调查。

2. 论证调查课题

论证调查课题的重要性、创新性、可行性和合适性。

二、准备阶段

1. 组建调查队伍

将对此问题感兴趣的同学组成调查小组。

2. 实施探索性调查

查阅与本调查课题相关的文献资料,并通过阅读、整理分析,进行文献综述。同时,通过访谈(以一些同学、家长、教师或其他相关人员为对象)、查阅相关文献等方式,了解课题基本情况。

3. 设计调查方案

设计一套可行的、详细的调查方案。

4. 调查课题的操作化和指标设计

根据探索性调查结果,对调查课题进行操作化,并确定调查指标。

5. 设计调查问卷

根据调查指标,设计一份由与研究课题高度相关、数量适中、可以直接测量调查内容的问题组成的调查问卷。

6. 抽取样本

确定调查总体,设计抽样方案,并运用概率抽样的方法,从调查总体中抽取一定数量的大学生作为调查样本。

三、调查阶段

采用结构式访问或自填式问卷法,收集被调查学生的基本特征、媒介认知、媒介使用及其态度等方面的资料。

四、分析阶段

1. 资料整理

问卷回收后,对每一份问卷都进行审查,并进行编码,录入计算机,形成数据库。

2. 资料分析

运用 SPSS 统计分析软件对调查数据进行整理、汇总和统计分析。

五、总结阶段

1. 撰写调查报告

将研究成果用调查报告的形式加以总结、概括,也可以在有关刊物上发表或在有关会议上进行交流。

2. 调查总结和评估

对整个调查研究工作进行总结和评估,为后续研究积累经验。

任务实训

任务实训单

实训目标	参考以上案例,成立社会调查小组,选择一个感兴趣的调查课题,讨论并确定实施该项社会调查的一般过程。
实训环境	1. 拥有与小组课题项目相关书籍的阅览室。 2. 具备网络查询功能的电脑。
实训内容及要求	【实训内容】 1. 选择确定调查课题。 2. 查阅与小组课题相关的文献资料,进行文献综述。 3. 讨论并确定实施该项社会调查的一般过程。 【实训要求】 1. 能清楚界定课题研究内容、研究对象。 2. 能用简洁精练的语言陈述社会调查过程。
实训步骤	1. 小组成员讨论,选定调查课题,明确研究内容、确定研究对象。 2. 查阅相关文献,阅读和分析文献,进行简要文献综述。 3. 小组成员讨论,确定社会调查的一般过程。 4. 对调查过程的每个阶段工作任务给予明确的陈述。 5. 每组派一名代表在课堂上陈述调查课题名称及调查过程。
实训考核评价	【评价载体】 书面作业和 PPT 汇报。 【评价指标】 1. 调查课题是否明确,占 35%。 2. 调查过程陈述是否清晰准确,占 35%。 3. 小组成员合作情况,占 30%。

任务三　社会调查的发展简史

案例导入

中国社会学调查研究方法和方法论发展的三个里程碑（节选）

中国社会学调查研究方法的发展,从它的实施和方法论演变的意义说可以分为社会调查、社会学调查和新社会学调查三个不同的里程。20世纪30年代中期以前为第一个里程,其间具有里程碑意义的代表作品可推李景汉的《定县社会概况调查》一书;30年代中期至1952年为第二个里程,具有里程碑意义的代表作当推费孝通的《江村经济》一书;1979年社会学恢复至今为第三个里程,代表作当推费孝通的《行行重行行》一书。社会学调查研究方法和方法论的发展,从一个侧面显示了中国社会学逐步茁壮成长起来的历程。

[资料来源:韩明谟,中国社会学调查研究方法和方法论发展的三个里程碑,北京大学学报(哲学社会科学版),1997年第4期]

社会调查的发展简史

知识准备

一、古代社会调查

古代社会调查萌芽于原始社会末期。《易·系辞下》中"上古结绳而治,后世圣人易之以书契。百官以治,万民以察。"记录了中国原始社会时期通过"结绳记事"进行简单的统计分组(大事、小事)和简单的分组总量指标(大事件数、小事件数)的行为,从某种意义上来说,它是古代社会调查的萌芽。

作为一种自觉的认识活动,社会调查是在一定的客观需要和现实条件下产生的。社会调查起源于奴隶社会初期。当时的奴隶主阶级为了维护自己的统治,管理国家,常常进行征税、征兵、服劳役等统治活动,因此产生了对于人口、土地、财产等社会资源进行调查的客观需要。我国早在公元前21世纪的夏朝就有了人口与土地数字的记载,当时全国分为九州,人口1 355万人。古代埃及在公元前3000年就已经有了人口、居民财产统计。据说古代希腊公元前600年就进行过人口普查。古代罗马在公元前400年建立了人口普查和经常性人口出生、死亡登记制度。进入封建社会后,随着人类社会生产的发展,统计的范围逐渐由人口、土地发展到社会经济生活的各个方面。例如,唐代史官李吉甫撰写的《元和国计簿》,其内容包括人口、赋役、财政、税收等方面的统计资料,是我国古代官方最早编制的统计资料汇编。我国历史上第一次全国性的土地调查登记是在明朝初年。明朝政府为整顿田赋,曾对全国土地进行了普查,分别详列了每块土地的面积、地形、四至、土质及田主姓名,绘制成《鱼鳞图册》,成为当时确定土地所有权和征收赋税的依据。此外,一些著名的政治家、军事家、社会改革家及学者名人为治理国家、改良社会,也进行过大量的社会调查研究。例如,大禹为治水,勘察山川地势,足迹遍及九州,在调查研究的基础上,改原"堵塞"之法为"疏导",终用 13 年的时间制服了洪水。

古代社会调查的特点主要表现为:一是社会调查主要为统治阶级服务;二是社会调查缺乏自觉、系统的理论指导;三是调查内容比较简单,主要为与收纳贡赋、征集兵员、派使徭役有关的内容,缺乏全面、系统、周密的社会情况调查;四是没有专门的调查机构和调查人员;五是调查方法原始、简单、感性、直观。

二、近代社会调查

(一) 西方的近代社会调查

社会调查作为一种自觉认识社会的科学方法,是伴随着近代资本主义的产生而形成和发展起来的。由于早期资本主义社会大量社会问题的出现,社会调查任务的复杂化,以及自然科学方法的渗透,社会调查逐渐兴起,但大多集中在行政调查研究和社会问题调查方面,其间出现了近代西方社会调查研究的三位先驱人物。

第一位是英国著名的慈善家和社会改革家霍华德(Howard)。他是使用访谈法进行系统社会调查的先驱。他在"监狱调查"中使用访谈法,直接与犯人交谈,广泛收集英国和欧洲各地监狱的情况。1774 年,他用调查中获得的确凿事实说服众议院,顺利通过了监狱改革法案。后来,他出版了《英格兰和威尔士监狱状况》(*The State of the Prisons of England and Wales*)一书。

第二位是法国著名社会改革家勒·普累(Frederic Le Play)。他主要从事家庭调查,并在问卷调查方法方面做出了卓越的贡献。普累著有 6 卷本《欧洲劳工》(*The European Workers*)。他在以劳工家庭为调查对象、以家庭预算为调查内容的社会调查中发现,家庭的收支状况决定家庭生活,家庭消费与国家的社会政策之间有某种固定关系。他的问卷调查结果在 1853 年国际统计会议上公布时,德国统计学家恩格尔(Engel)备受启发,发现了工资与生活消费的比例关系,创立了著名的恩格尔法则。

第三位是英国的布思(C. J. Booth)。他曾经是位造船企业家,后来投身于社会调查事业。布思是社区生活调查的创始人,他从 1886 年开始经过 18 年时间,写成了 17 卷本的《伦敦居民的生活和劳动》(*Life and Labour of the People in London*)一书。布思在社区生活调查中主要采用的是个案研究方法,在此基础上综合使用访谈法、问卷法和观察法等多种方法,以及地图、图表、统计表等工具和技术。他根据伦敦居民家庭收入的数额,把各种家庭分成八个等级。在区别了每一个城区的特点之后,他逐街逐区地描述各种家庭的生活方式、问题和期望,以及各行各业的工资和劳动条件。他的调查研究引起了社会对劳苦人民的同情,终于推动英国于 1980 年颁布了《老年退休金法》,规定了重体力行业的最低工资,实行了病残救济与失业保险制度。

霍华德、普累、布思三人所进行的社会调查活动,标志着社会调查科学方法的逐渐形成。但是,由于历史的局限,他们在调查研究中所使用的定量分析方法还比较简单,他们的社会调查缺乏正确的理论指导,得出的结论往往是改良主义的结论。

(二) 中国的近代社会调查

1. 近现代中国学者的社会调查

在 19 世纪末 20 世纪初,西方传教士和学者开始在中国进行实地社会调查研究活动。

1878年，美国传教士史密斯(A. H. Smith)对山东农村生活进行了调查，并著有《中国农村生活——一个社会学的研究》一书。1914—1915年，美国传教士伯吉斯(E. W. Burgess)对北京302名黄包车夫进行了调查。1917年，清华大学美籍教授狄德莫(C. G. Dittmer)指导该校学生对北京西郊195户农民家庭的生活费用进行了调查。1918—1919年，上海沪江大学美籍教授古尔普(D. H. Kulp)曾两次率学生去广东潮州凤凰村调查，并著有《华南乡村生活》一书。西方传教士和学者在中国进行的这些实地调查活动，促进了社会调查方法在中国的传播。

20世纪20年代开始，中国的社会调查走向本土化，中国学者成为社会调查的主体。这一时期，中国学术界出现了两个社会调查机构。一个是在北京的由陶孟和、李景汉教授主持的中华教育文化基金董事会社会调查部（后改为社会调查所），另一个是在南京的由陈翰笙教授主持的国立中央研究院（原中华民国大学院中央研究院）社会科学研究所社会学组。前者开展的影响较大的社会调查有：陶孟和的《北平生活费用之分析》，李景汉的《北京郊外乡村家庭》和《定县社会概况调查》。定县（今河北省定州市）调查是以县为范围的大型社会调查。李景汉教授通过调查对定县的状况做了极为详细的描述，并出版了《实地社会调查方法》一书。这是一本很有价值的社会调查方法专著。后者开展的影响较大的社会调查是陈翰笙对无锡、广东、保定进行的三次大规模的农村调查，并出版了《中国的地主和农民》与《工业资本和中国农民》两部著作。

近现代中国社会调查中最有影响的人物是著名社会人类学家费孝通教授。他毕生重视社会调查，并将社会学、人类学方法运用于中国社会经济调查。在赴英留学之前，他在开弦弓村做了一个多月的社会调查。这一调查材料经整理后于1939年出版，书名为《江村经济》（又名《中国农民的生活》）。该书被他的导师马林诺夫斯基誉为"人类学实地调查和理论工作发展中的一个里程碑"，并且被当时许多大学的人类学课程列为必读参考书。回国后在云南期间，费孝通与张之毅合作进行社会调查，撰写了《乡土中国》一书，在国内外也产生了较大的影响。

总的来说，在一批老社会科学家的努力下，近现代中国的社会调查有了长足的进步，不仅积累了丰富的社会调查经验，还积累下了大量珍贵的社会调查资料。

2. 毛泽东同志社会调查的实践

1919年五四运动后，马克思主义开始传入中国，并对中国社会产生了深刻影响。以毛泽东同志为代表的中国共产党人，以马克思主义为指导思想，开始了对中国社会的科学的调查研究工作。

毛泽东同志毕生重视社会调查的理论和实践活动。他在湖南第一师范读书时，就经常利用假期到工厂、农村进行社会调查。他曾于1917年暑假用一个月时间，对长沙、宁乡、安化、益阳、浣江五市县的广大农村进行过社会调查。这些早期的社会调查实践为他以后的注重社会调查、实事求是的工作方法奠定了基础。

第一次和第二次国内革命战争时期是毛泽东同志社会调查实践最频繁、最活跃，也是成果最丰富的时期。1925年12月，毛泽东通过深入调查，写出了《中国社会各阶级的分析》一文。1927年1月至2月，他实地考察了湘潭、湘乡、衡山、醴陵、长沙五县的情况，于1927年3月写成《湖南农民运动考察报告》。这两篇调查研究报告科学地阐明了中国社会的性质,正确地分析了中国社会各阶级的状况,得出了农民问题是中国革命的基本问题这一科学结论,是马克思主义和中国革命具体情况相结合的结晶。

1930年,毛泽东为解决武装斗争、土地革命和根据地建设等重大问题,亲自至寻乌、兴国、木口村、才溪乡、长岗乡等地进行了仔细的调查研究,撰写了《中国的红色政权为什么能够存在?》《井冈山的斗争》《寻乌调查》《兴国调查》《长冈乡调查》等一系列调查研究报告,通过这些调查研究弄清了中国革命的对象、性质、任务、动力、前途等中国革命的根本问题,为创建新民主主义革命理论准备了材料。

毛泽东在进行社会调查研究活动的同时,也对社会调查研究的理论与方法进行了探讨,并作出了重要贡献。1930年5月,毛泽东在《反对本本主义》一文中提出了"没有调查,没有发言权"的口号,做出了"中国革命斗争的胜利要靠中国同志了解中国情况"的科学论断,并对社会调查的意义、指导思想、调查方法及技术作了详细的论述,这是毛泽东第一本调查研究的专著,标志着毛泽东社会调查理论的形成。

抗日战争和解放战争时期,毛泽东社会调查理论达到成熟和发展。在这一时期,毛泽东写下了《实践论》《矛盾论》《改造我们的学习》《整顿党的作风》《关于领导方法的若干问题》等一系列重要著作。在这些著作里,毛泽东用马克思主义的立场、观点和方法,对调查研究作了集中的、系统的、深刻的论述,从而丰富和发展了马克思主义关于社会调查研究的理论及方法。1941年8月,党中央发布了《中共中央关于调查研究的决定》和《中共中央关于实施调查研究的决定》,根据这两个决定,党中央到各省委都先后设立了专门的调查研究机构,开展了广泛的调查研究活动。例如,在张闻天等党政领导人的带领下,对陕北地区进行了大规模的调查,写出了《绥德、米脂土地问题初步研究》《米脂县杨家沟调查》《固临调查》《保德调查》等著名调查报告,对党的路线、方针、政策和策略的制定产生了重要影响。两个决定的发布和贯彻执行及在全党形成的社会调查热潮,表明毛泽东的社会调查理论和思想已逐渐为全党所接受。

中华人民共和国成立以后,毛泽东仍然注重社会调查。1956年,在听取了许多部门的汇报和查阅了大量材料之后,毛泽东写了《论十大关系》一文,为我国的社会主义建设指明了方向。1961年,为纠正浮夸风,毛泽东又提出了大兴社会调查研究之风的要求。这为纠正当时"大跃进"中的盲目冒进倾向起到了一定的作用。

事实证明,毛泽东毕生都注重社会调查研究工作,善于把马克思主义的普遍真理同中国革命的具体实践相结合。毛泽东同志是我们党身体力行、深入开展社会调查研究的典范。

(三) 近代社会调查的特点

1. 调查目的多元化

不同调查有不同目的,包括主要为资产阶级或资本主义制度服务的政治性社会调查,主要为各种社会管理、各方面发展服务的行政性社会调查,主要为学术研究服务的学术性社会调查,以及主要为行业业务活动服务的应用性社会调查等。

2. 理论指导系统化

有一定的、系统化的理论作为理论基础或指导思想,其中经验论、实证主义、辩证唯物主义和历史唯物主义具有较大影响。

3. 调查对象多样化

就内容而言,有经济、政治、文化、社会、生态等客观情况调查,也有思想、感情、态度、愿望等主观状态调查;就地域而言,有基层、区域调查,也有全国、跨国调查;就数量而言,有少则几十、几百个调查对象,也有多则几千、几万、几十万个调查对象。

4. 调查研究方法规范化

调查研究形成了一套比较系统、规范的调查研究方法,如观察法、访问法、问卷调查法、实验法、民意测验法、数理统计法等。

5. 调查机构和人员专门化

无论是官方的社会调查还是民间的社会调查,都已形成了专门的调查机构,配备了专业的调查人员。

三、现代社会调查

(一) 现代社会调查的产生

19 世纪末 20 世纪初,随着社会调查方法的广泛运用,以及数学方法在社会调查领域的长足进步,社会调查方法逐渐演变成为一门专门的方法性学科,而且在近半个世纪以来,这门学科获得了迅速的发展。

社会调查方法科学形成的主要标志是,数理统计学的发展及其在社会调查中的应用、专门的社会调查机构的出现、电子计算机技术在社会调查中的广泛应用以及社会调查方法课程在高校的普遍开设。

现代社会调查研究方法的兴起,首先应归功于数理统计学的发展。19 世纪中叶,比利时的凯特勒(A. Quetelet)把概率论引入统计学,成为数理统计的奠基人,并进而创立了社会统计学。他的著作《论人类及其能力的发展,或社会物理学论》(*Physique Sociale, ou Essai sur le développement des facultés de I'homme*)是这项开创性工作的代表作。1877 年,英国人高尔顿(Galton)在研究人类遗传现象时,第一个发明了统计相关法。1886 年,高尔顿进一步提出了"相关指数"概念。1892 年,爱奇渥斯(F. Y. Edgeworth)将其定名为"相关系数"(r)。1990 年,皮尔逊(Pearson)提出了卡方检验、复相关计算,并开始研究抽样的理论和方法。1928 年前后,戈塞特(Gosset)论证了 t 分布,费舍(Fisher)论证了 F 分布。抽样理论与方法的日臻完善为社会调查开辟了新的广阔途径。

统计技术运用于社会调查。1912—1914 年,英国人鲍莱(Bowley)主持了英国 5 个中等城镇的比较研究。在这次调查研究中,他进行了抽样方法的最初尝试。1936 年,英国人朗特里(Rowntree)对约克镇的城市生活进行第二次调查时,成功地运用了抽样方法,并证明了抽样方法的可靠性。

第二次世界大战后,美国社会学家斯托福(Stouffer)将数理统计方法应用到社会问题的研究中,在研究设计、抽样方法、问卷设计和假设检验等方面都有重要发展,对现代社会调查研究方法的发展产生了较大影响。

社会调查方法的科学化、现代化与电子计算机技术的发展是分不开的。20 世纪 50 年代,随着电子计算机技术的日趋成熟,美国的拉扎斯菲尔德(Lazarsfeld)率先倡导在社会调查研究中将数理统计与电子计算机结合起来,实现资料处理的自动化。1966 年斯坦福大学开发成功"社会科学统计软件包"(SPSS),并于1971年投放市场,成为社会调查研究中统计分析的有效手段。可以说,电子计算机技术在社会调查研究中的应用实现了社会调查方法的革命性变革。在今天,任何大型的、复杂的社会调查,如果离开了电子计算机,都会变得寸步难行。

随着现代社会调查方法的发展和广泛运用,一些专业性的调查机构应运而生。1912年,美国塞基财团设立了以哈里逊为主任的调查机构,并于1914年在伊利诺伊州的春田市进行了小城市状况的调查研究。这是设立专门调查机构的早期尝试。1932年美国总统选举预测失败,迫使人们改进过去由报纸、杂志作民意测验的方法,于是产生了科学的舆论调查。1935年盖洛普(Gallup)创办民意测验所,并于1936年总统选举前进行抽样预测,以1‰左右的样本准确地预测罗斯福(Roosevelt)当选,它使盖洛普民意测验所名声大振。从此,各种各样的民意测验机构、市场调查机构、像"兰德公司"那样的"智囊"机构纷纷建立起来,承担着越来越广泛的社会调查研究任务。

随着现代社会调查方法的发展和广泛运用,社会调查方法逐渐成为一门专门研究和教授的学问。1920年前后,美国的查平(Chapin)出版了《实地调查与社会研究》(*Field Work and Social Research*)一书,这是第一部系统探讨社会调查研究方法的教科书。20世纪50年代以后,各种各样的社会统计学、社会统计软件包的使用等课程成为大学里普遍开设的基础性课程,对社会调查作为一门方法科学的形成和发展起到了巨大的推动作用。

(二)改革开放以来的中国社会调查

20世纪80年代以来,随着社会学等学科在我国的恢复与迅速发展,社会调查也进入了一个崭新的发展阶段。其主要特点是调查手段的日益广泛化,调查方法的日益科学化,调查人员的日益专业化等。

在我国改革开放和社会主义现代化建设中,党和政府越来越重视社会调查工作,并将它作为了解我国基本国情的一种重要手段。继1953年与1964年两次全国人口普查以后,我国又分别于1982年与1990年进行了第三次和第四次全国人口普查,而且后两次普查的资料全部用电子计算机进行处理,极大地提高了普查的效率和精确性。此外,1981年进行了全国农业资源调查,1982年春进行了中华人民共和国自成立以来的第一次大规模的工人阶级状况调查。1987年进行了第一次全国残疾人抽样调查。国家环保局于1990年6月首次公布了《1989年中国环境状况公报》,并在此后定期公布。1995年我国又进行了第三次全国工业普查,普查的主要内容为1995年工业生产经营基本情况、资产负债状况、生产能力利用及技术装备状况等。1995年1月国务院召开第一次全国农业普查联席会议,决定建立十年一次的定期农业普查制度,并于1997年、2007年、2017年进行了三次全国农业普查。1996年国家统计局决定在今后的统计工作中更多地运用抽样的方法。抽样调查的方法在民意测验、市场调查中得到了越来越广泛的运用。

在党和政府重视社会调查的同时,广大社会科学工作者对社会调查也越来越重视。社会调查的领域日益拓展,社会调查研究作为社会科学研究的一种重要手段,受到了科研主管部门的重视,因而在科研中得到了广泛的运用。在这一时期,中国学者开展的比较有代表性的社会调查有:1982年中国社会科学院和社会学研究所主持的北京等五城市婚姻、家庭、生育状况的专题性抽样调查,并出版了《中国城市家庭》(1985)一书;1982年开始的以费孝通教授为首的小城镇研究;1988年开始的由中国社会科学院组织的"中国百县市经济社会调查"等。

在这一时期,费孝通先生仍然是中国学者中开创社会调查一代新风的杰出代表。1957年,他第二次到江村调查,并在《新观察》上发表了《重访江村》一文。1981年,他在赴英国接受皇家人类学会的赫胥黎奖章前夕,又第三次访问了江村。从1982年开始,费孝通把调查研究的重点放到了作为农村政治、经济、文化中心的小城镇上。他先从吴江县(今苏州市吴江区)各镇入手调查,并于1983年发表了第一篇小城镇研究报告——《小城镇大问题》。随着研究范围的逐步扩大,他又发表了一系列小城镇研究文章,对我国小城镇的健康发展起到了极有价值的指导作用,在国内乃至国际学术界产生了重大影响。在谈到社会学以及其他社会科学发展中存在的问题时,费孝通曾经指出:"我们只有一条路可走,那就是投身于社会实践。""到人民群众的日常生活中去,踏踏实实地从具体的问题调查做起,一步一个脚印,去认识处于社会主义现代化建设时期的中国社会。"费孝通是这么说的,也是这么做的。他是社会科学工作者特别是年轻同志学习的楷模。

20世纪90年代以来,我国学术界社会调查研究的课题主要集中在中国转型时期发展研究、当代中国社会结构研究、当代中国社会分层研究、社会贫富分化问题研究、社会流动及农民工问题研究、当代婚姻家庭关系研究、城市社区发展研究、村民自治问题研究、独生子女问题研究等领域,并取得了令人瞩目的调查研究成果。为丰富和发展社会学及其他社会科学理论,为促进党和政府的科学决策作出了重要贡献。

(三) 现代社会调查的特点

1. 广泛化趋势

广泛化趋势主要表现在以下三方面:

(1) 调查主体日益广泛。在现代社会,社会调查的主体已扩大到党政群团、工农商学等各种行业、各种单位、各种实际工作者和理论工作者。

(2) 调查内容日益多样。现代社会的每个领域,以及人们生活的每一方面都已成为社会调查的内容。政治、经济、文化、社会、生态等领域,生老病死、衣食住行、婚丧嫁娶等方面,以及各阶层的思想、观念、看法、意见、态度、感受等,都已成为调查的内容。

(3) 调查范围日益扩大。现代社会调查,特别是抽样调查,往往在整个地区(县、市、省)、整个部门的范围内进行,有时还跨地区、跨部门进行。人口、单位、工业、农业、第三产业等基本国情普查,更是在全国甚至国际范围内进行。

2. 科学化趋势

科学化趋势主要表现在社会调查方法日益程序化、规范化、数量化和精确化。在这方面,社会学家、统计学家、电子技术专家、软件技术专家等作出了突出贡献。此外,现代社会调查还从其他学科吸收、移植了一些科学方法或技术。

3. 现代化趋势

近代以前的社会调查基本上都是采用手工方式进行。随着电子计算机、互联网、GPS、云计算、大数据、移动通信、远程摄影、无人机等现代技术的发展和普及,社会调查的效率和质量大大提高,社会调查的应用范围和科学性、精确度等都达到了一个前所未有的高度,社会调查进入了一个新的发展阶段。

4. 专业化趋势

社会调查专业化是社会调查广泛化、科学化、现代化的客观要求和必然结果,主要表现在两方面:一是各个调查主体单位的调查机构和人员日益专业化;二是独立的营业性调研机构不断涌现和日益壮大。

调查案例

拓展阅读

毛泽东的寻乌调查与《反对本本主义》

1929年12月的古田会议后,毛泽东、朱德指挥红四军回师赣南,分兵发动群众,深入开展土地革命,形成了比较巩固的赣南根据地。1930年5月,红四军攻克寻乌县城,并在这里停留了一个月的时间,分散到寻乌及附近各县发动群众。

有这样一段相对安定的时间,对毛泽东来说太珍贵了。他抓住这个机会,在中共寻乌县委书记古柏协助下,接连开了十多天座谈会,进行社会调查。这是他以前从没有过的规模最大的一次调查,而且通过对寻乌的调查,即可对赣南、闽西的基本情况有大致的了解,因为"寻乌这个县,介在闽粤赣三省的交界,明了这个县的情况,三省交界各县的情况大概相差不远"。参加调查会的有一部分寻乌县的区乡干部,另外还有一个穷秀才,一个破产了的商会会长,一个在知县衙门管钱粮的已经失了业的小官吏,共11人。

这十多天的辛勤工作换来了丰硕的调研成果,毛泽东写成了一篇共5章39节长达8万多字的《寻乌调查》。从这个调查报告涉及的内容看,毛泽东对寻乌的调查相当全面,包括地理位置、历史沿革、行政区划、自然风貌、水陆交通、土特产品、商业往来、商品种类、货物流向、税收制度、人口成分、土地关系、阶级状况、剥削方式、土地斗争,等等。毛泽东着重调查了以下几个问题。

一是关于寻乌的商业情况。他具体调查了从门岭到梅县、从安远到梅县、从梅县到门岭、从梅县到安远与信丰经寻乌的生意情况,以及惠州来货、寻乌的出口物、寻乌的重要市场情况。详细调查了寻乌城内各种货物的种类、店铺分布、经营品种、专卖经营、商品成色、货物来源、市场价格、销售方向、年度贸额、荣枯演变、店员制度等情况。调查的内容甚详,如调查的货物门类或行业就包括盐、杂货、油、屠坊、酒、水货、药材、黄烟、裁缝、伞、木器、火店、豆腐、理发、打铁、爆竹、打首饰、打洋铁、修钟表、圩场生意等,并对其中的每一门类又作了详尽的分类调查,例如水货中又包括咸鱼、海带、糖、豆粉、猪皮、闽笋、鱿鱼、豆豉、面灰、洋蜡、玉粉、盖市(鱿鱼里的一种)、菜菁、虾壳、胡椒、酱油等,并对每一种货物的来源、销量及销售对象进行了了解。同时还调查了店主的出身、发家经历、性格特点、政治态度、资本多寡、势力大小、家庭人口、营业状况、店铺变化等,涉及的店铺达90多家。

二是关于寻乌旧有的土地关系。毛泽东对此共分农村人口成分、旧有田地分配、公共地主、个人地主、富农、贫农、山林制度、剥削状况、寻乌文化等九个方面,并作了详细调查。毛泽东在调查中了解到:收租200石以上的中等地主、收租500石以上的大地主,他们对于生产的态度是完全坐视不理。他们既不亲自劳动,又不组织生产,完全以收租坐视为目的。固然每个大中地主家里都多少耕了一点田,但他们的目的不在生产方法的改良和生产力的增进,不是靠此发财,而是因为人畜粪草堆积起来了,弃之可惜,再则使雇工不致闲起,便择了自己土地中的最肥沃者耕上十多二十石谷,耕四五十石谷的可以说没有。由此可见,地主占有土地的主要目的是通过出租土地获取地租,至于出租出去的土地是否得到改良,耕种土地的生产工具是否改进,地主并不关心。作为一个阶级而言,地主对社会生产力的发展已无促进作用,在土地革命中将其打倒是完全应该的。

毛泽东还详细地调查了小地主的情形。寻乌的小地主包含两个部分。一部分是从所谓老税户传下来的,这一部分的来源多半是由大中地主的家产分拆,所谓"大份分小份",即由大中地主分成许多小地主。这部分的人数在整个地主阶级中占32%。依据他们的经济地位,其政治态度又有三种区别:一是年有多余的,人数占地主阶级总数的0.96%,他们在斗争中是反革命的。二是一年差过一年,须陆续变卖田地才能维持生活,时常显示着悲惨的前途的。这一部分人数很多,占地主阶级全数的22.4%。他们很有革命的热情。三是破产更厉害靠借债维持生活的。这一部分占地主阶级全部的8.64%,他们也是革命的,有很多人参加现在寻乌的实际斗争。

这是一个很有意义的调查。就整个阶级而言,地主是阻碍生产力发展的反动阶级,是土地革命必须打倒的对象。但对这个阶级也要具体问题具体分析,对其中的不同的阶层、不同的人不能一概而论,有相当一部分小地主其实也是愿意革命的,有的甚至有较高的革命热情。在红四军到来之前,在寻乌领导当地革命斗争的人中,有的就是出身于这类小地主家庭,陪同毛泽东调查的古柏就是这种出身。可见不能将地主阶级的每一个成员,不分青红皂白一律作为革命的对象。对于这种情况,如果不做深入的社会调查是难以了解到的。

毛泽东在调查中还了解到,普通小地主,除上述老税户部分外,另有一个占地主全数48%的不小的阶层,那就是所谓"新发户子"。这一个阶层的来历,与从老税户破落下来的阶层恰好相反,是由农民力作致富升上来的,或由小商业致富来的。他们把钱看得很重,吝啬是他们的特性,发财是他们的中心思想,终日劳动是他们的工作。他们又放很恶的高利贷,所有放高利贷的,差不多全属这班新发户子。"这种半地主性的富农,是农村中最恶劣的敌人阶级,在贫农眼中是没有什么理由不把它打倒的"。

三是关于寻乌的土地斗争。毛泽东在调查报告中对此列举了17个问题,都是围绕着土地分配展开的。他了解到的情况是:寻乌革命委员会开始提出了四个办法,要求区乡苏维埃召开群众代表大会,讨论选择其中的一种:一是照人口分配,二是照劳动力状况分配,三是照生活来源多寡分配,四是照土地肥瘦分配。结果多数地方采取第一种办法,按照人口数目,不分男女老少,不分劳动能力有无、大小,以人口除田地的总数平分,并且得到多数群众的拥护。

关于分配土地的区域单位,毛泽东调查发现,农民反对以大的区域(区)为单位分田,就是以乡为单位也不赞成,而是愿意以村为单位。主要是因为村里的田近、熟悉,方便。毛泽东说:"摸熟了的田头,住惯了的房屋,熟习了的人情,对于农民的确是有价值的财宝,抛了这些去弄个新地方,要受到许多不知不觉的损失。"那种以为农民不愿搬迁是思想陈旧和心理的原因,"不承认是经济的原因,是不对的"。至于具体如何分田,毛泽东通过调查发现,最核心的是一个"平"字。他说:"平田主义是最直截了当,最得多数群众拥护的,少数不愿意的(地主与富农)在群众威逼之下,简直不敢放半句屁。所以,一个'平'字就包括了没收、分配两个意义。"

寻乌调查对中国共产党形成正确的土地革命路线起到了重要的作用。土地革命既是农村土地的重新分配，也是农村社会关系的重新调整，革命本身意味着各阶级、阶层政治经济地位的变化，而其中最关键的是如何正确地划分农村的阶级阶层。这是一项政策性很强的工作，而在土地革命中出现"左"的偏差，往往首先是在阶级成分的划分上，将一些人的成分作了拔高，结果扩大了打击面，缩小了依靠和团结对象。后来，毛泽东曾这样说："到井冈山之后，我作了寻乌调查，才弄清了富农与地主的问题，提出解决富农问题的办法，不仅要抽多补少，而且要抽肥补瘦，这样才能使富农、中农、贫农、雇农都过活下去。假如对地主一点土地也不分，叫他们去喝西北风，对富农也只给一些坏田，使他们半饥半饱，逼得富农造反，贫农、雇农一定陷入孤立。当时有人骂我是富农路线，我看在当时只有我这办法是正确的。"

寻乌调查给毛泽东以很深的感触，也使他进一步认识到调查工作的重要性。在进行寻乌调查的同时，毛泽东写出了他的名作《反对本本主义》（原题为《调查工作》。这篇文章曾在红四军中和中央革命根据地印成小册子，后因敌人多次"围剿"而失传了。直到1957年2月，福建上杭县茶山公社官山大队农民赖茂基把自己珍藏多年的一本《调查工作》献了出来，才使这篇重要的历史文献失而复得。1964年6月，《调查工作》收入《毛泽东著作选读》一书时，改题名为《反对本本主义》，人民出版社同时出版了单行本）。这篇文章，是毛泽东多年从事调查研究的经验总结。

文章一开头，就提出一个重要的命题："没有调查，没有发言权。""你对于某个问题没有调查，就停止你对于某个问题的发言权。"毛泽东说："你对于那个问题不能解决吗？那末，你就去调查那个问题的现状和它的历史吧！你完完全全调查明白了，你对那个问题就有解决的办法了。一切结论产生于调查情况的末尾，而不是在它的先头。""调查就像'十月怀胎'，解决问题就像'一朝分娩'。调查就是解决问题。"

毛泽东接着阐述了共产党人对马克思主义应该采取的正确态度："我们说马克思是对的，决不是因为马克思这个人是什么'先哲'，而是因为他的理论，在我们的实践中，在我们的斗争中，证明了是对的。我们的斗争需要马克思主义。我们欢迎这个理论，丝毫不存什么'先哲'一类的形式的甚至神秘的念头在里面。"他由此得到了一个极端重要的结论："马克思主义的'本本'是要学习的，但是必须同我国的实际情况相结合。我们需要'本本'，但是一定要纠正脱离实际情况的本本主义。"那么，如何才能纠正这种本本主义？最根本的办法——"只有向实际情况作调查"。

为了帮助那些不会进行调查研究的同志学会调查，毛泽东在文章中特地讲到了调查的技术问题。他的经验是：

——要开调查会作讨论式的调查。只有这样才能近于正确，才能抽出结论。那种不开调查会，不作讨论式的调查，只凭一个人讲他的经验的方法，是容易犯错误的。那种只随便问一下子，不提出中心问题在会议席上经过辩论的方法，是不能抽出近于正确的结论的。

——调查会需要些什么人？以年龄说，老年人最好，因为他们有丰富的经验，不但懂得现状，而且明白因果。有斗争经验的青年人也要，因为他们有进步的思想，有锐利的观察。以职业说，工人也要，农民也要，商人也要，知识分子也要，有时兵士也要，流氓也要。自然，调查某个问题时，和那个问题无关的人不必在座。

——开调查会人多好还是人少好？看调查人的指挥能力。那种善于指挥的，可以多到十几个人或者二十几个人。究竟人多人少，要依调查人的情况决定。但是至少需要三人,不然会囿于见闻,不符合真实情况。

——要定调查纲目。纲目要事先准备,调查人按照纲目发问,会众口说。不明了的,有疑义的,提起辩论。所谓"调查纲目",要有大纲,还要有细目。

——要亲身出马。凡担负指导工作的人,从乡政府主席到全国中央政府主席,从大队长到总司令,从支部书记到总书记,一定都要亲身从事社会经济的实际调查,不能单靠书面报告,因为二者是两回事。

——要深入。初次从事调查工作的人,要作一两回深入的调查工作,就是要了解一处地方(例如一个农村、一个城市),或者一个问题(例如粮食问题、货币问题)的底里。深切地了解一处地方或者一个问题了,往后调查别处地方、别个问题,便容易找到门路了。

——要自己做记录。调查不但要自己当主席,适当地指挥调查会的到会人,而且要自己做记录,把调查的结果记下来。假手于人是不行的。

毫无疑问,以上这些方法,对于我们当下做好调查研究工作,仍然有着很强的指导意义。

(资料来源:罗平汉,毛泽东在寻乌详细调查 写出《反对本本主义》,学习时报,2011年11月29日版)

任务实训

任务实训单

实训目标	以小组为单位,查阅、收集社会调查发展历史资料,比较以毛泽东农村社会调查和国内老一辈社会学家为代表的"传统的"社会调查方法与以现代西方社会学的调查研究方法为代表的"现代的"社会调查方法之间的异同。
实训环境	1. 拥有与小组课题项目相关书籍的阅览室。 2. 具备网络查询功能的电脑。
实训内容及要求	【实训内容】 1. 查阅、收集社会调查发展历史资料,重点查阅收集近代中国社会调查发展历史资料和现代社会调查发展资料。 2. 比较以毛泽东农村社会调查和老一辈社会学家为代表的"传统的"社会调查方法与以现代西方社会学家的调查研究方法为代表的"现代的"社会调查方法的异同。 3. 学习老一辈社会学家实事求是、爱国奉献、知行合一的精神品格。 【实训要求】 1. 能准确查阅关于社会调查发展简史的基本资料。 2. 能从调查对象选取、资料收集方法、资料分析方法、方法论来源等方面进行阐述"传统的"社会调查方法与"现代的"社会调查方法之间的异同。
实训步骤	1. 查阅、收集近代中国社会调查发展历史资料和现代社会调查发展历史资料。 2. 阅读和分析文献,进行简要文献综述。 3. 小组成员讨论,比较"传统的"社会调查方法与"现代的"社会调查方法之间的异同。 4. 从调查对象选取、资料收集方法、资料分析方法、方法论来源等方面阐述"传统的"社会调查方法与"现代的"社会调查方法之间的异同。 5. 每组派一名代表在课堂上陈述小组讨论总结归纳的结果。
实训考核评价	【评价载体】 书面作业和PPT汇报。 【评价指标】 1. 查询社会调查发展历史文献资料,占35%。 2. 比较"传统的"社会调查方法与"现代的"社会调查方法之间的异同,占35%。 3. 小组成员合作情况,占30%。

思政小课堂

毛泽东、习近平论调查研究

离开实际调查就要产生唯心的阶级估量和唯心的工作指导,那末,它的结果,不是机会主义,便是盲动主义。

——毛泽东《反对本本主义》(1930年5月)

要开调查会作讨论式的调查。只有这样才能近于正确,才能抽出结论。那种不开调查会,不作讨论式的调查,只凭一个人讲他的经验的方法,是容易犯错误的。那种只随便问一下子,不提出中心问题在会议席上经过辩论的方法,是不能抽出近于正确的结论的。

——毛泽东《反对本本主义》(1930年5月)

要完全地反映整个的事物,反映事物的本质,反映事物的内部规律性,就必须经过思考作用,将丰富的感觉材料加以去粗取精、去伪存真、由此及彼、由表及里的改造制作功夫,造成概念和理论的系统,就必须从感性认识跃进到理性认识。

——毛泽东《实践论》(1937年7月)

一切实际工作者必须向下作调查。对于只懂得理论不懂得实际情况的人,这种调查工作尤有必要,否则他们就不能将理论和实际相联系。

——毛泽东《农村调查》(1941年3月)

一切结论产生于调查情况的末尾,而不在它的先头。

——毛泽东《农村调查》(1941年3月)

共产党领导机关的基本任务,就在于了解情况和掌握政策两件大事,前一件事就是所谓认识世界,后一件事就是所谓改造世界。就要使同志们懂得,没有调查就没有发言权,夸夸其谈地乱说一顿和一二三四的现象罗列,都是无用的。

——毛泽东《改造我们的学习》(1941年5月)

我们是信奉科学的,不相信神学。所以,我们的调查工作要面向下层,而不是幻想。同时,我们又相信事物是运动的,变化着的,进步着的。因此,我们的调查,也是长期的。今天需要我们调查,将来我们的儿子、孙子,也要作调查,然后,才能不断地认识新的事物,获得新的知识。

——毛泽东《关于农村调查》(1941年9月)

调查研究是谋事之基、成事之道。没有调查,就没有发言权,更没有决策权。研究、思考、确定全面深化改革的思路和重大举措,刻舟求剑不行,闭门造车不行,异想天开更不行,必须进行全面深入的调查研究。

——习近平2013年7月23日在湖北武汉市主持召开部分省市负责人座谈会上的讲话

从国情出发,从中国实践中来、到中国实践中去,把论文写在祖国大地上,使理论和政策创新符合中国实际、具有中国特色,不断发展中国特色社会主义政治经济学、社会学。

深入调研,察实情、出实招,充分反映实际情况,使理论和政策创新有根有据、合情合理。

——习近平2020年8月24日在经济社会领域专家座谈会上的讲话

年轻干部要提高调查研究能力。调查研究是做好工作的基本功。一定要学会调查研究,在调查研究中提高工作本领。调查研究要经常化。要坚持到群众中去、到实践中去,倾听基层干部群众所想所急所盼,了解和掌握真实情况,不能走马观花、蜻蜓点水,一得自矜、以偏概全。对调研得来的大量材料和情况,要认真研究分析,由此及彼、由表及里。对经过充分研究、比较成熟的调研成果,要及时上升为决策部署,转化为具体措施;对尚未研究透彻的调研成果,要更深入地听取意见,完善后再付诸实施;对已经形成举措、落实落地的,要及时跟踪评估,视情况调整优化。

——习近平2020年10月10日在中央党校中青年干部培训班开班式上的讲话

要大兴调查研究之风,多到分管领域的基层一线去,多到困难多、群众意见集中、工作打不开局面的地方去,体察实情、解剖麻雀,全面掌握情况,做到心中有数。要营造环境、创造条件,鼓励基层干部群众讲真话、讲实话、讲心里话。对发现的问题,要分析原因、找准症结,有针对性地研究解决。

——习近平2022年12月26日至27日在中共中央政治局召开的民主生活会上的讲话

要带头抓好调查研究,深入实际、深入群众,增强问题意识,真正把情况摸清、把问题找准、把对策提实,提出解决问题的新思路新办法,引导和推动全党大兴调查研究之风。

——习近平2023年3月30日在二十届中央政治局第四次集体学习时的讲话

思考与练习

一、选择题
1. 社会调查的三个基本要素包括(　　)。
   A. 调查对象　　B. 调查工具　　C. 调查方案　　D. 资料分析
2. 根据调查的时间性,社会调查可分为(　　)。
   A. 横剖研究　　B. 纵贯研究　　C. 探索性调查　　D. 描述性调查
3. 下列选项中,属于社会调查准备阶段的工作任务的是(　　)。
   A. 选择调查课题　　　　B. 设计调查方案
   C. 准备调查工具　　　　D. 选取被调查者
4. 社会调查的伦理道德包括(　　)。
   A. 自愿参与　　B. 不伤害　　C. 匿名和保密　　D. 适当奖励和补偿
5. 《江村经济》一书的作者是(　　)。
   A. 陈达　　B. 李景汉　　C. 费孝通　　D. 张闻天

二、填空题
1. 社会调查的功能主要体现在_____、_____和_____三方面。
2. 根据调查的目的与作用,社会调查可分为探索性调查、_____和_____。
3. 社会调查的题材主要分为某一人群的社会背景、_____和_____三大类。

三、名词解释
1. 社会调查
2. 普遍调查
3. 抽样调查

四、问答题
1. 什么是抽样?为什么在实际生活中抽样调查的应用范围远比普通调查广泛?
2. 简述社会调查的一般程序,并用图示法画出这一过程及其主要内容。

项目二 选择调查课题

 **情境导入**

　　某班级有一个小组在选择社会调查课题时,观察到由于互联网发展迅速,线上学习成为大学生的学习方式之一,而作为大学生的其中一员,他们也同样对这个关系到切身的问题充满了兴趣。所以该组同学选择了"当代大学生线上学习调查"作为本小组的调查课题。

　　针对以上选题,请分析该选题的优缺点。同时,请思考:调查课题的选题质量的高低是否有衡量标准或评估指标?哪些指标或标准可以用来作为选题的标准?

 思维导图

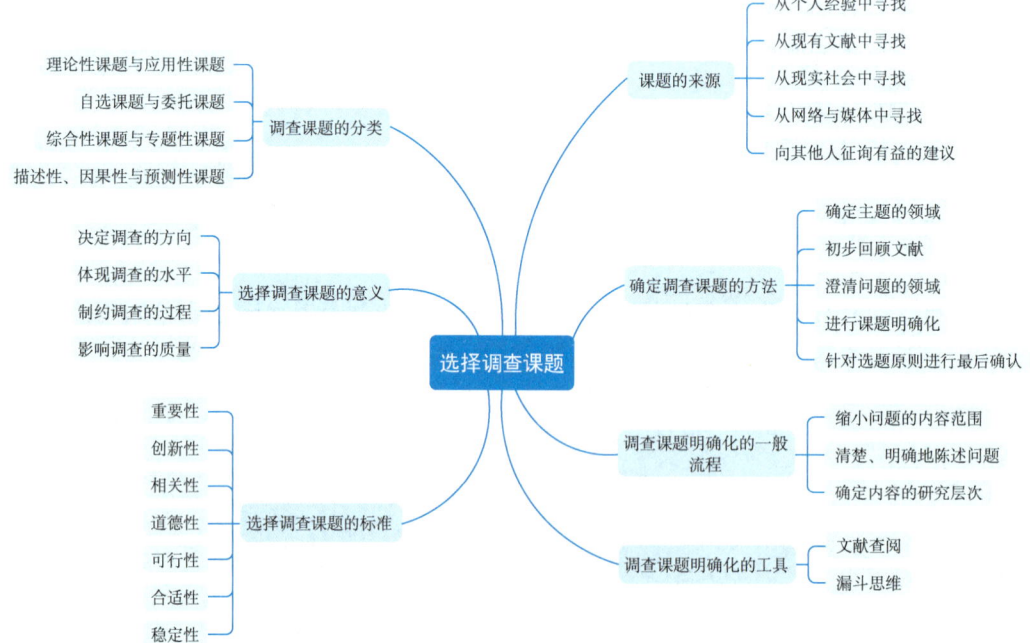

学习目标

知识目标

1. 了解调查课题的含义和分类；
2. 认识选择调查课题的重要意义；
3. 熟悉调查课题的主要来源；
4. 掌握选择调查课题的基本标准；
5. 掌握文献查阅的方法。

技能目标

1. 能区分调查主题(领域)与调查课题；
2. 能通过多种途径和方法选择调查课题；
3. 能对选择的调查课题进行明确化处理；
4. 能依据选题标准对选题的质量进行论证；
5. 能使用工具查阅相关文献。

素质目标

1. 培养问题意识,提高社会科学研究兴趣；
2. 培养批判性思维与质疑的科学精神；
3. 培养认真严谨、勤于思考的探究素质；
4. 培养社会责任感、使命感,厚植家国情怀。

任务一 调查课题的选择

案例导入

杨善华:走进社会学(节选)

我以前下乡,在黑龙江生产建设兵团有十年的知青经历,我在地里干活的时间不长,干了一年多,很快就调去搞通讯报道就是新闻报道,我就是做(土)记者。当时我觉得做文科的有些危险,所以我就改行去学工科,但是进去后发现其实我对工科没什么兴趣,后来就又改回来了。改回来就去考中国社科院的研究人员。而我对社会学的兴趣是源于20世纪70年代毛主席号召读马列的六本书,包括《共产党宣言》《反杜林论》《哥达纲领批判》等。后来就是说要发行一点内部书籍给县团级以上的领导干部看。我当时是在干宣传工作,名正言顺地保管这些书,这些书是从新华书店进的,但是内部发行,在外面根本看不见。我非常认真地把这些书读完。这些书中有一部分是介绍苏联社会学的,我就是看了这个书我才知道还有社会学。那时候苏联社会学研究的问题还不是偏向社会结构,而

是比如说研究时间分配，就是一天24小时怎么分配。但是这个分配是针对一个群体的不是个人的，个人的这个没有什么太大意义。还有分工、研究消费，但是那时候我看很少有研究社会分层和社会流动的，这是社会学的经典的研究领域，但是苏联研究这个题目的比较少。当时我看的时候我觉得社会学还蛮有意思的，就是以后做起来的话可以成为一个决策的基础，因为首先它调查，这个就跟当年讲的实事求是连在一起了。我的社会学的种子就在那个时候种下的。后来就是恢复社会学。我就考上了北大的研究生……

……我的研究方向后来转向对家庭的研究，还是与我在江村调查有关系。1981年底到1982年初费老组织四访江村，我有幸参加了。在这次去江村调查时我就负责家庭调查，回来以后每个小组都要写，我们这个组就是我执笔写的。我写的调查报告题目就是"从男多女少现象看江村的婚姻与家庭"。这是一个开始，后来到1982年费老和雷老他们发起"五城市家庭研究"。这是国家"六五"哲学与社会科学的重点项目，我们上海社科院社会学研究所也承担了一个居委会的调查。后来费老去做小城镇，就雷先生做我们的学术指导。当时就是说我做了那个江村的家庭研究，就很顺理成章地被拉到这个项目，我刚进上海社会科学院社会学研究所的时候是在劳动社会学这方面，后来就把我调到家庭研究组。

（资料来源：北京大学社会学系 社会学人类学研究所官网，走进社会学——专访北京大学社会学系教授杨善华，http://www.shehui.pku.edu.cn/second/index.aspx?nodeid=1105&contentid=3267，有改动）

知识准备

一、课题的定义及内涵

调查课题是指调查所要说明或解决的社会问题。选择调查课题是社会调查活动的起点，也是整个调查工作的第一步。它往往决定调查的方向、体现调查的水平、制约调查的过程、影响调查的质量。

调查课题的本质是明确所需研究的社会问题，即一项社会研究所要回答的具体问题。它与人们日常生活中所说的"问题"或"现象"既有些相似，又有所不同。相似之处在于社会研究中的许多问题常常是现实生活中的某种社会现象或某种社会问题；不同之处在于社会研究的问题通常比现实生活中的某种社会现象或社会问题更为具体、聚焦、明确。因此，调查课题是社会调查内容的高度浓缩，通常包含研究的对象、内容、理论等。此外，任何问题的研究，研究者最好能提出解决问题的答案，不管是肯定的、积极的还是否定的、消极的。

与研究问题有关的另外一个概念是研究主题。研究主题是指社会研究所设计的某一类现象或问题领域。与研究问题相比，研究主题显得相对宽泛，也更具普遍性。例如，婚姻、家庭、社会分层、社会流动等，就是研究主题；而"青年结婚消费的结构及其相关因素有哪些""三代人家庭中的成员关系与互动方式是怎样的""城市居民的住宅状况对邻里交往有什么影响"等，则是研究问题。一般来说，一个研究主题中，可以包含许多个不同的研究问题。而选择研究问题的过程则常常是从宽泛的研究主题开始，逐步缩小到更为集中的研究问题。

二、调查课题的分类

（一）按关注点或侧重点的性质分类

按关注点或侧重点的性质不同，可以将调查课题分为理论性课题和应用性课题两大类。

1. 理论性课题

理论性课题是指以揭示社会现象的本质及其发展规律为主要目的的课题。这类课题力图解释与说明某一类社会事物或社会现象是如何发生、发展和变化的，以及它与其他社会现象之间的相互关系，侧重于探索现象之间的因果关系，往往表现出十分明显的理论倾向。理论性课题的落脚点在于理论知识，或者说，加深人们对社会现象内在规律的理解，增强人们对社会事物的认识。

2. 应用性课题

应用性课题是指以提出解决社会实际问题的方案或对策为主要目的的课题。这类课题通常通过迅速地了解社会现实状况，分析社会现象或社会问题形成的原因，提出有针对性的建议或对策，以解决社会问题，帮助制定社会政策和评估社会影响等。

当然，这两类课题并不是完全分开的。在研究同一课题时，其中往往既包括理论性研究成分，也涵盖应用性研究成分，只是根据调查关注的侧重点不同，二者在调查中的占比不同。

（二）按课题的来源分类

按课题来源的不同，可以将调查课题分为自选课题和委托课题两大类。

1. 自选课题

自选课题指调查者根据自己的兴趣爱好和需要选取的课题。例如，具有留守经历的社会工作专业学生可能会关注留守或流动儿童的校园融入问题，故选择调查该群体在学校内的学习、人际交往等情况。这类课题取决于调查者个人的兴趣爱好，所以具有很大的自主性。

2. 委托课题

委托课题指调查者受某个机构的委派而从事研究的调查课题。这种课题往往源于各级政府机构和涉及社会各个具体领域的工作部门。例如，民政部门委托某个调查研究机构所从事的"关于老年人居家养老服务需求的调查""社区困境儿童福利政策知晓度调查"等。除了与社会工作或社区管理等专业关联度较高的民政部门外，劳动就业部门、城市建设部门、公共交通部门、环境保护部门等其他部门也可能有相关的需求。委托课题的研究成果主要应用于委托部门及其负责的相关领域，作为政策制定与实施的依据。

（三）按课题的内容分类

按照调查内容区分，可以将调查课题分为综合性课题和专题性课题两大类。

1. 综合性课题

综合性课题指内容比较全面、系统，能较完整地说明情况或问题的课题。例如"中国综合社会调查""中国家庭追踪调查""中国健康与养老追踪调查"等。

2. 专题性课题

专题性课题指内容比较狭窄、集中,能较深入地说明情况或问题的课题。例如"大学生就业状况调查""失独家庭调查"等。在专题性课题中,还可进一步细分为更专一、具有地域性的课题,如"北京大学毕业生就业调查""××县失独家庭调查"等。

(四)按课题所涉及的调查程度分类

按照调查对问题探究的深度区分,可以将调查课题分为描述性课题、因果性课题和预测性课题三大类。

1. 描述性课题

描述性课题,也称描述性研究,指对社会真实情况进行具体描写或叙述的课题,它主要回答"是什么"的问题。例如,人口普查、国有企业职工生活状况调查等。描述性研究是最基本的调查研究,是因果性和预测性调查研究的基础。

2. 因果性课题

因果性课题,也称因果性研究,指揭示两种或两种以上社会现象之间因果关系的课题,它主要回答"为什么"和"怎么办"的问题。例如,"青少年犯罪调查"不仅要说明犯罪的具体情况,而且要研究犯罪与家庭状况、学校教育、社会环境之间的因果关系,并从中寻找出解决青少年犯罪问题的途径和方法。因果性研究是使用得最广泛的调查研究,是进行社会预测的前提。

3. 预测性课题

预测性课题,也称预测性研究,指在说明社会现象及其因果关系的基础上,进一步预测今后发展趋势的课题,它主要回答"将怎样"的问题。例如,"二十一世纪中国人口老龄化问题研究"就是一个预测性课题,它根据中国人口年龄结构、经济社会等条件的变化及因果关系,预测二十一世纪中国人口老龄化问题的可能状况及应该采取的对策。预测性研究要尝试建立预测模型或使用其他分析工具,其对实际工作具有重要的指导意义。

三、选择调查课题的意义

俗话说"选好了问题也就解决了一半"。著名科学家爱因斯坦(Einstein)也曾经说过:"提出一个问题往往比解决一个问题更重要,因为解决一个问题也许仅是一个数学上或实验上的技术而已。而提出新的问题、新的可能性,从新的角度去看旧的问题,都需要有创造性的想象力,而且标志着科学的真正进步。"这两个说法解释了提出问题与解决问题之间的辩证关系,很好地体现了提出问题对于解决问题的重要意义。如果把这句话用到社会调查课题的选择上,以说明选择一个合适的调查课题对于整个社会调查工作所具有的意义,也是同样适用的。

(一)决定调查的方向

选择调查课题不仅是社会调查目的的集中体现,而且是社会调查者的指导思想、社会见解和学识水平的具体反映。调查课题的提出与确定的过程,就是决定调查什么、不调查什么的过程,即明确调查目的和被调查者的过程。

(二)体现调查的水平

作为一种认识活动,社会调查有层次深浅、质量高低的差别。有的社会调查能够比较深入地揭示社会现象的内在本质,有的社会调查只能在比较表面的层次对社会现象进行一般的描述,有的社会调查能够在比较高的层次概括出社会现象的整体状况和发展变化的一般规律。选择调查课题的过程是一个综合的过程,需要调查者充分运用其所掌握的理论知识、调查方法、各种操作技术以及自身的判断力和社会经验。选择的调查课题不同,调查的对象、方法、内容、规模、方案设计等不同,最终的调查成果也会有差别。因此,调查课题的质量会直接体现社会调查的水平。

(三)制约调查的过程

不同类型的调查课题所涉及的具体被调查对象、需要采用的具体操作技术、调查的具体内容等都会有巨大的差异。一旦确定了调查课题,调查者就必须按照这一课题的总体目标所指明的方向,完成对象选择、内容选择、方法选择、规模确定、方案设计等具体环节的工作。不同的调查课题在调查过程的具体环节中会有较大的差异。

(四)影响调查的质量

影响社会调查质量的因素很多,如调查人员的素质、调查人员的技能、调查方案的设计等。除这些因素以外,调查课题的选择也是一个非常重要的因素。调查课题一开始就不恰当、不合适,或者选择的视野不开阔、不具备理论价值、不适合调查者等,都会影响社会调查的质量和调查成果的科学性和社会价值。

四、选择调查课题的标准

研究者在选择调查课题时,一般可以问自己以下四个问题,来协助确定调查课题:一是"调查需要证明什么";二是"用什么资料来证明";三是"现有条件能否支持获取上述资料";四是"产生了什么新的知识"。上述问题包含了多个判断调查课题的标准。

选题的标准

具体而言,关于选择的调查课题的好坏,可以从调查问题本身和相关影响因素两个维度来考量。

(一)调查问题本身

针对调查问题本身,常常用以下四个标准来进行衡量。

1. 重要性

重要性指调查课题的意义或价值,即是否"值得研究"。这里的价值可以是理论价值,也可以是实践价值,或二者兼顾。其中,理论价值主要体现在所研究的问题对学科的发展、对已有理论的发展或验证,以及对社会现象的解释所作出的贡献上;实践价值主要体现在对现实社会问题做出科学的回答,并给出合理的对策建议上。实践价值往往是社会调查更为关注的部分,其考量主要涉及三个层面:一是问题严重,影响深远;二是问题波及面广,影响广泛;三是问题长久未得到妥善解决。因此,在选择调查课题时,首先要满足重要性原则,注意选择一些对当前工作有现实意义的、社会迫切需要解决的、有突出价值的调查课题,同时,也要兼顾调查课题选择对于推动学科理论、方法和实务技巧等发展的意义。

2. 创新性

创新性指调查课题应该具有某种新的、不同于现有研究结果,具有自己特点的独特性。一般来说,调查课题要具有创造性,可以从以下三方面进行思考与选择:一是从调查内容上进行创新;二是从调查方法上进行创新;三是从研究视角或研究学科上进行创新。在现实社会中,要找到全新的、前人没有做过的调查课题是十分困难的,因为在社会科学的研究领域中,完全无人涉足的现象或问题已经几乎不存在。但在选择调查课题时,调查者可以在研究对象、研究方法、研究角度或所依据的理论上采用与别人不同的选择和设计,使得调查课题具有创新性,进而实现社会调查应有的贡献。例如,"关于青少年网络成瘾问题的研究",既可以从家庭的角度进行研究,也可以从社会环境的角度加以探讨,二者关注的视角不同,因而它们同样具有创新性。

3. 相关性

相关性又称为关联性,指一个议题与另一个议题存在某种形式的联系,这使得人们在考虑第一个议题时会同时考虑到第二个相关的议题。相关性的判断具有一定主观性,不同的人基于其知识和经验体系,常会有不同的判断结果。根据不同的判断标准,相关性可以分为三类:一是主题相关,即调查问题与调查对象是否具有相关性,"'大厂青年'工资收入差异的性别研究"以"性别"这一间接因素作为研究问题的关键变量,其与工资并不具有直接的逻辑关系,因此,与问题的相关性不足。此外,主题的相关性还涉及与学科知识、实践、政策等的关联。二是逻辑相关,即研究问题逻辑上是否具有相关性,也就是是否具有相关或因果关系。三是情境相关,即研究问题与现实情境的相关性,现实情境包括人、时、地、事等,以此避免研究问题可能存在无中生有的错误。

4. 道德性

道德性又称为伦理性,即研究的整体过程是否符合伦理道德和主流价值观,主要包括学术道德和研究伦理两大部分。从学术道德来看,选题要在广泛查阅资料、了解前人研究成果的基础上确定,前人的研究成果对自己的研究有着参考作用。但参考并不意味着抄袭复制,我们应该在明确学术研究进程的基础上选题,同时还需避免诸如学风浮躁、学术失范、学术不端等问题,要强化学术品格。从研究伦理来看,研究选题决定了对个人或群体的个人资料、行为、心理、文化信息的调查、搜集与运用,因此,选题不当可能会造成对调查对象的伤害或权益侵害。故研究选题时,应针对研究的伦理准则对选题进行考量,努力保护调查对象的权益与身心健康。

(二)相关影响因素

除了对调查问题本身进行考察外,研究者还需要针对调查课题实施的相关影响因素加以考虑,具体可参考以下三个标准。

1. 可行性

可行性是指所选择的调查课题具有可操作性,或调查者具有完成课题所需的主客观条件。其中,主观条件是指调查者自身的条件,主要包括生理因素、生活经历、知识结构、研究经验、组织能力、操作技术等;客观条件是指进行一项调查课题时的外在环境或条件,主要包括调查时间、调查经费、可利用资源的获得等。

在调查研究过程中,调查者可能受到的主观条件限制与其自身密切相关。例如,一位年轻的男大学生要选择"离婚妇女的心理冲突与调适调查"这一课题进行研究,从主观条件来看,这样的调查课题对他来说是具有局限性的,因为无论是从年龄、性别还是从社会经历来说，他都与这个调查课题相距甚远。调查者所选择的调查课题还受到客观条件的限制，如一位同学选择课题"青少年初次犯罪原因研究"，如果无法取得公安局、监狱、看守所等部门的准许、支持和配合，则他无法接近被调查者。没有第一手的资料或访谈，他是无法完成这一课题的。

2. 合适性

合适性指所选择的调查课题最适合调查者的个人特点。这种个人特点主要包括调查者对该调查课题的兴趣、调查者对该调查课题相关的社会生活领域的熟悉程度、调查者与被调查者之间的相近度，以及调查者所具有的各种资源、条件与该课题的要求相符合的程度等。如果调查者对这个调查课题熟悉、感兴趣，且具有相关的调查条件，则这个调查课题比较适合该调查者。调查者应该从自己熟悉、感兴趣的领域中选择调查课题。

合适性与可行性不同，可行性解决的是课题的"可能性"问题，而合适性所涉及的是课题的"最佳性"问题。也就是说，可行性是关于课题"能不能做"的问题，而合适性是关于课题对于调查者来说"是不是最优"的问题。具有可行性的课题也许会有很多，但对于某个具体的调查者来说，最适合他的课题往往不多。也就是说，可行的课题不一定是合适的课题，而合适的课题首先必须是可行的课题。

3. 稳定性

稳定性指在研究期间内，研究问题所涉及的现象会持续发生，即该研究问题不会因环境变动而中止或改变原资料的取得。社会调查的研究问题多具有时空性，因此，在选择研究课题时，应充分做好先导性调查，判断研究问题是否具有相对的稳定性，以便于研究人员具有充足的时间开展研究。此外，稳定性也同时会对研究问题的重要性和可行性产生影响。例如，2022年，Kindle宣布即将停止在中国的产品服务，如研究者选择"Kindle电子阅读产品对青少年阅读行为的影响"为研究问题，则可能面临研究对象不稳定的问题。即使研究团队在Kindle停止服务前完成研究，该研究结果对问题的诠释力和解决问题的指导性也会遭到一定程度的削弱。

以上介绍的标准中，重要性和道德性是最基本的标准，创新性是在重要性的基础上提出的更高要求，可行性在某种程度上可以说是调查课题选择中的决定性标准，而合适性和稳定性是在其他标准的基础上更进一步的标准。

五、课题的来源

了解课题来源有助于研究者确定选题的范围，而社会调查的课题来源多样，主要可以概括为以下五类。

（一）从个人经验中寻找

首先，社会调查者是接受了规范的专业训练的人，但每个人的爱好、特质和兴趣皆有差异，这些人与人之间特质与兴趣的不同，能使社会调查者各自发挥所长，彼此互补、互通，而使专业更加周全与完备。进行社会调查的过程中，调查者会碰到不少的难题，而克服难题时最重要的力量来源经常是调查者对社会调查课题的兴趣，所以调查者可以从自己感兴趣的范围内选题。

其次，社会调查是以观察和理解社会现象为目的的，因此，它离不开个人经历的帮助。每个人对社会的认识与感受都不尽相同，独特的人生经历为人们观察现实世界提供了独特的视角。对于社会调查者来说，他身边发生的一件事、与朋友进行的一次交谈、参加的一次活动都有可能导致一个调查课题的产生。因此，从个人经历中寻找调查课题是一种十分简单、实用的方法。

最后，社会调查者在日常工作或研究中总会遇到一些困扰或问题。若是调查者对所面临的问题不失其敏感的心，并且能够锲而不舍地去思考和研究，假以时日，会获得新的发现或突破。例如，社会工作者在实务工作中面临哪些难题？理论的应用中哪些知识与事实不大吻合？国外的研究结果与本土情况格格不入？这些问题与困扰都是调查者进行社会调查的好题材。

(二) 从现有文献中寻找

对现有文献资料的研究是调查者寻找研究题目很重要的资源。在正式的研究报告中，大部分的作者都会把研究的限制讲清楚，坦白叙述其研究的不足之处，并在研究报告的讨论与建议部分里提出如何再进行这类研究的大致思路。调查者平常可以接触到的文献资料有学术著作、学习教材、报纸杂志、科学期刊等，通过快速、大量地阅读所接触的文献资料，从比较中确定调查课题，这也是一种比较好的寻找调查课题的途径。通常是在接触到一定数量的资料时集中一段时间进行快速浏览，这样便于对资料进行集中比较和鉴别，在咀嚼和消化已有资料的过程中，提出问题，寻找调查课题。

利用现有文献寻找调查课题一般可按以下步骤进行：

第一步，广泛地浏览资料。在浏览过程中，要注意勤做笔录，随时记下资料的纲目，记录资料中对自己影响最深刻的观点、论据、论证方法等，并记下大脑中涌现出来的点滴"灵感"。

第二步，将阅读所得到的方方面面的内容与体会进行分类、排列、组合，从中寻找问题、发现问题。材料可按纲目进行分类，如分为系统介绍有关问题研究发展概况的资料、对某个问题研究情况的资料、对同一个问题几种不同观点的资料、对某个问题研究最新的资料和成果等。

第三步，将自己在调查中的体会与资料分别加以比较，找出哪些体会在资料中没有或部分没有；哪些体会虽然资料中已有，但自己对此有不同的看法；哪些体会和资料是基本一致的；哪些体会是在资料基础上的深化和发挥等。经过几番深思熟虑的思考过程，我们就容易萌生自己的想法。把这种想法及时捕捉住，再做进一步的思考，调查课题就会逐渐明确。

(三) 从现实社会中寻找

每个人都生活在形形色色的现实社会中，而社会其实就是各种社会调查最直接、最丰富、最经常的选题来源。如果能够善于观察、善于思考，养成对各种社会现象、社会行为、社会心理、社会问题经常问"为什么"的习惯，调查者往往能够从纷繁复杂的生活大潮与变化无穷的社会现象中找到值得研究和探讨的调查课题。一项好的调查课题也需要深入生活，需要灵感和火花。没有与现实社会生活广泛、密切的接触，灵感与火花就无法产生。

(四)从网络和媒体中寻找

在信息化社会,计算机通信、人工智能、云计算等新技术助推了互联网、新媒体蓬勃发展,这为我们寻找调查课题提供了新的途径。一方面,我们可以利用新闻网站(如搜狐、新浪、网易等)、搜索引擎(如百度、谷歌等)、其他专业网站(如中国社会学网、中国综合社会调查网等)找寻自己感兴趣的调查课题;另一方面,我们可以利用其他媒体(如电视、广播、报纸等)寻找调查课题。

(五)向其他人征询有益的建议

向其他人征询有益的建议,即向有关领域的专家、学者、教师或朋友询问、请教。专家、学者或教师在选择调查课题方面可能提供有益的帮助和建议。

六、确定调查课题的方法

把一个主题变成可研究的问题时,要考虑四个方面:①思考主题的问题所在,在进行研究之前先预估困难与麻烦是什么;②确定其主要目标,很多时候,研究者会有见树不见林的现象产生;③用一连串问题的方式把研究的主题叙述一下,研究问题问得越细,而且可以一一回答时,研究的可行性就越高;④用假设的方式来整理问题的范围。当已对上述四个方面进行了思考,而且能顺理成章地将问题叙述出来,才能最终确定研究的课题,具体步骤概述如下。

(一)确定主题的领域

调查者可通过不同的课题来源来思考自己研究的主题领域,研究者通常会从自身的研究或工作或感兴趣的领域中确定出一个领域。例如,对"儿童贫穷问题"的领域,有的人研究领养的方案,有的人则着手研究贫穷与学业成就之间的关系等。

(二)初步回顾文献

主题确定以后,需要在文献上下功夫,借助文献了解该主题被研究的程度。阅读文献可以使我们对本身的研究找到更多的灵感,提高研究的水平,也可以使我们避免与别人的研究重复。不仅在选择题目后要马上阅读各类文献,在结果分析的过程中也必须对文献多加钻研,以使研究中的发现更有根据,更能作较佳的诠释。

(三)澄清问题的领域

文献有时会对研究的主题产生或多或少的影响。小则使研究的假设略作修正,大则把研究题目整个更换。不管如何,文献看得越多、平日对现象的观察越仔细、对问题的思考越详尽,那研究问题便能更客观、清楚,整个研究的架构也将更加完整周全。

(四)进行课题明确化

具体而言,研究题目的确定应是主要变量的确定。以定量社会调查为例,该调查的自变量是什么?它与因变量的关系如何?自变量与因变量各从什么概念而来?该概念又从何种理论演化而出?研究者在确定题目时,应该可以很快地回答出来这些问题。进一步,调查者需要列出这个研究到底要探讨哪些项目,并用问题的方式列出,然后再以自问自答的方式说出这些问题可能的答案。最后再研究用什么方法可以得到这些问题的答案。具体可见本项目任务二部分的内容。

(五)针对选题原则进行最后确认

在最终确定调查题目前,调查者还应从研究题目的重要性、创新性、相关性、道德性的内在标准和可行性、合适性、稳定性的外在标准进行逐一确认。

此外,学者针对定性和定量研究的特点,提出了正式和非正式两种选题策略,具体见表 2-1。

表 2-1　正式与非正式选题策略

正式选题策略	非正式选题策略
1. 研导法:运用归纳法或演绎法来产生研究问题	1. 推测法:利用个人的直觉或预感来产生问题
2. 类推法:借用相关领域的研究问题来形成本领域的研究问题	2. 现象法:直接或讲解观察现象来产生问题
3. 革新法:取代某一理论或研究的不足之处,重建另一个理论或研究	3. 共识法:以多数人的意见或观点来形成问题
4. 辩证法:对已有的理论或研究发现提出相对立的假设或理论	4. 经验法:凭个人工作上、知识上的经验认知来产生问题
5. 外推法:根据目前本领域的研究趋势,提出可能发生的问题	
6. 形态法:利用列表方式,将所有的相关变量(研究关键词)分类纳入表中,再从不同的排列组合中寻找可能的研究问题	
7. 分解法:将现有的问题细分为几个部分,只深入探讨其中一个或多个问题	
8. 整合法:将现有的研究发现整合在一起,以增加研究问题的复杂度	

拓展阅读

 调查案例

"我校大一新生学业适应问题研究"调查课题的选择与论证

一、选择研究主题

大学适应性问题研究。

二、分析研究主题

在适应议题层面可以分为:生活适应、学业适应、环境适应、身份适应等。

在学级层面上可以分为:大一、大二、大三、大四等。

在区域层面上可以分为:校园、公司、社区等。

三、选择研究问题

在适应议题层面上选择学业适应。

在学级层面上选择大一新生。

在区域层面上选择校园。

四、陈述调查课题

我校大一新生学业适应问题。

五、调查课题的论证

1. 重要性论证

自2010年开始,中国的"大众化教育"逐渐取代了以往的"精英化教育",高考意识逐渐普及成为共识。据统计,我国每年参加高考的人数整体呈上升趋势,越来越多的高中毕业生通过高考走进了大学的校门,如此,各方面变化会不可避免地带来一些生活习惯、饮食习惯、人际交往等方面的适应性问题,对于新生的学习生活及心理健康会造成一定的影响。本课题针对大一新生的学业适应的问题、影响及如何提升该群体的学业适应等内容进行调查,一方面探讨了大一新生学业适应的特点和问题,进一步深化了适应议题在大学生群体的学业生活中的研究,另一方面讨论了缓解大一新生学业适应问题的途径,因此该调查既具有一定的理论价值,也具有较大的实践意义。

2. 创新性论证

关于适应问题的研究,许多学者比较关注边缘化群体,如农民工、随迁老人等,而对大学新生适应问题的研究则更聚焦于生活和人际层面的适应,对学业适应的研究并不多见。然而,近年来,随着"内卷""躺平""摆烂"等现象在大学生群体中出现,大学生学业适应问题日益突出。本课题拟对我校大一新生学业适应现象及相关问题进行研究,这是适应问题研究的一个可进一步深入拓展的议题,也是伴随着大学新生学业"内卷""躺平""摆烂"等现象及其所面临的学业适应问题日益增多而有必要探讨和研究的课题。

3. 相关性论证

根据适应理论,个体的观念、行为方式随社会环境变化而发生改变,以适应所处社会环境。由于物质与精神需要都只有在社会适应的前提下才能得到较好的满足,因此能否适应社会对个体的生存与发展具有重要意义。在遇到冲突和挫折时,人们通常能采取适当的策略,调整自身的心理和行为以适应环境。在校园情境中,适应包括了生活、学习、人际、心理等维度,故本课题与本研究领域及研究事实具有相关性。

4. 道德性论证

本课题选择大一新生学业适应问题,在研究对象及研究议题选取方面符合伦理道德和社会价值。同时,本研究团队设计了调查指引,确保调查对象知情同意、隐私保密等权益受到保护。

5. 可行性论证

首先,本课题组的大部分成员拥有社会学专业背景和社会调查研究经验,课题主要参与者对适应问题和大学生问题拥有一定的知识基础及研究经验,能够胜任本课题的调查研究工作。其次,本课题研究获得了学校和院系经费、物资、设备的支持,研究工作具有较成熟的实施条件。最后,本研究在我校校内开展调查,调查母本较易获取,调查对象较易接触,有利于调查资料的收集。

6. 合适性论证

本课题组的主要成员长期从事适应问题和大学生问题的研究,对大一新生学业适应问题的研究有着浓厚的兴趣和深厚的知识背景,在以往社会调查研究中积累了大量的研究经验,适合本课题的调查研究工作。

7. 稳定性论证

本课题选择的研究场域为校内,外在环境具有稳定性。同时,研究对象群体变动较小,且适应是一个历程,具有一定的持续性,因此,本课题在研究周期内具有良好的稳定性。

任务实训

任务实训单

实训目标	1. 以小组为单位,按照选题的标准,讨论并确定小组的调查课题。 2. 对所选择的研究课题进行初步论证,撰写课题论证报告,并派小组代表从调查课题选择标准的角度进行陈述。
实训环境	1. 拥有与小组课题项目相关书籍的阅览室。 2. 具备网络查询功能的电脑。
实训内容及要求	【实训内容】 1. 熟悉选题的范围并能根据所学习的社会学、社会工作、社区管理理论、社区服务等理论知识选择调查课题。 2. 根据社会实际情况,有目的、有针对性地选择调查课题。 3. 利用选题的四个标准衡量初步确定的课题题目是否合适,选题应大小适中,具有可行性。 【实训要求】 1. 选题最好从比较熟悉的相关专业知识入手,如社区建设、社区服务等。 2. 确定的选题必须具有可行性,在学生能力范围内可以完成。
实训步骤	1. 由相关专业课的老师分别对各门学科目前的研究情况作介绍,列出课题目录。 2. 将班级分成若干小组,每组 4～6 人。 3. 每组从课题目录中选出一至两个调查方向。 4. 每组用一周的时间确定选题。 5. 每组派一名代表在课堂上介绍小组的选题及理由。
实训考核评价	【评价载体】 书面作业和 PPT 汇报。 【评价指标】 1. 选题是否具有研究价值,占 35%。 2. 选题是否具有可行性,占 35%。 3. 小组成员合作情况,占 30%。

任务二 调查课题的明确化

案例导入

调查研究的光辉典范

1987 年,风笑天在北京大学社会学系攻读博士时,导师袁方教授给他提出的博士论文的选题是"中国独生子女问题研究"。导师所定的题目,只是确定了研究的方向和比较宽泛的主题。风笑天根据导师为他初步确定的题目,认真查阅和研究了大量有关中外独生子女问题的文献。他根据这些文献反复思考,发现独生子女这一主题中包含众多的问题,涉及众多的方面。比如独生子女人口的结构及分布、独生子女家庭的结构与关系、独生子女家庭的生活方式、独生子女的教育问题、独生子女的社会化、独生子女的心理特征、独生子女的家庭老年保障等。因而需要将比较宽泛的导师为他初选的主题转化为比较具体明确的研究问题。他对当时国内这一领域中的已有文献和一部分国外文献做了比较深入的分析研究,最终确定了三个方面的研究问题:第一,独生子女家庭结构、关系等基本方面的特征;第二,独生子女家长是不是更加"望子成龙",独生子女的出现给当前的教育带来哪些冲击和影响;第三,独生子女家庭养老面临哪些挑战。如果用一句话将这三方面概括起来,最后确定的选题就是"中国独生子女的家庭、教育和未来"。这个题目显然比初步确定的主题和研究对策更集中、具体,更加符合选题标准的要求。

(资料来源:风笑天,社会研究方法,中国人民大学出版社,2005年)

知识准备

一、调查课题明确化的含义

调查课题明确化,指通过对调查课题进行某种界定,给予明确的陈述,将最初比较含糊的想法变成清楚、明确的调查主题,将最初比较笼统、宽泛的研究范围或领域变成特定领域中的特定现象或特定问题。从这个意义上来说,从一个比较笼统、宽泛的研究范围或领域到特定领域中的特定现象或特定问题的过程就是一个逐渐"聚焦"和"收敛"的过程。这里"笼统"和"宽泛"的主要表现有以下三种:

第一种表现为研究问题太难。例如,有的学生非常关注食品安全的问题,选择"中国食品安全的意见和建议"这样的调查课题,但是考虑到现阶段学生本身的知识理论和能力,课题实际操作起来相当困难。只有选择与自己的研究能力相符的课题,才有利于研究工作的开展。在选择调查课题时应注意课题的难易程度,要从已经具备的主客观条件出发,选择难易度适中的课题。对于初学者,建议从相关专业领域中选择一些相对容易完成的课题,在之后的调查中逐步增加课题的难度。

第二种表现为研究内容不清楚。选择调查课题是社会调查的第一步,恰当的调查课题是研究工作获得成功的良好基础。以"灾后重建"为例,这是一个比较大的研究领域,调查者不仅需要有丰富的研究经验和深厚的学术功底,而且将面对大量的问题。对于初学者,除了要敢于研究、勤于思考,也需要把大胆的想象与科学的研究方法结合起来。

第三种表现为研究对象不明确。以"××村上一辈村民的文化程度调查"为例,该课题涉及内容十分宽泛。调查者可以将其转化为"××村40~60岁村民的文化程度调查"这样比较具体的研究问题,确定研究对象的范围,保证课题的严谨。

二、调查课题明确化的一般流程

课题明确化的流程主要涉及缩小范围、明确陈述和确定研究层次三个步骤。首先,明确研究范围、对象、内容的重要作用是确定研究可能涉及的变量。其次,明确陈述问题应聚焦于变量概念界定和变量的操作化,并初步确定自变量和因变量。最后,通过确定研究的层次,可进一步明确研究课题变量间的具体逻辑关系。

(一) 缩小问题的内容范围

缩小问题的内容范围实际上就是界定研究范围、明确研究内容、确定研究对象。

1. 界定研究范围

界定研究范围就是将调查范围适当缩小,从一个国家缩小到一个城市、一个地区或者一个单位。例如,调查者想了解"学生喜欢的大学是怎样的",可以在地点上缩小范围,限定为"××学校学生对于学校不满意的地方",根据这个具体的方向,可以将研究课题转化为"××学校学生对校园改革的研究"。

2. 明确研究内容

明确研究内容就是将比较抽象的研究主题转化为经验研究中可以操作的具体问题,有时可以将比较大的课题分解为若干个子课题。例如,"我国家庭中的问题"是一个比较大的课题,调查者可以缩小范围,将其分别转化为"农村家庭中代际关系的研究""当前城乡家庭生活方式的比较研究"等问题。

3. 确定研究对象

确定研究对象就是具体规定分析单位及资料的对象。例如,大学生想研究创业成功的影响因素有哪些,不妨从自己比较熟悉的生活领域入手,可以选择"××学院大学生创业意向和能力"作为调查课题。

(二) 清楚、明确地陈述问题

陈述调查问题是使调查课题能够明确化的十分重要的一步,它可以帮助调查者划定与调查相关的问题范围,选择合适的调查方法。好的问题陈述必须做到以下两点:一是问题的外延界定要清楚、明确,陈述调查的时间、范围、对象等内容时,最好用陈述句的形式,而陈述调查所要解决的问题时,最好运用变量的语言,且采用提问的方式;二是问题的内涵要描述准确、可操作性强。关于研究问题明确化的示例见表2-2。

表2-2 研究问题的明确化陈述

明确程度	研究的问题
笼统 ↓ 明确	领导和工作满意度有没有关系?
	好的领导和工作满意度有没有关系?
	关系取向的领导和工作满意度有没有关系?
	关系取向的领导者,其属下员工的工作满意度是否高于非关系取向的领导?

为了对调查课题进行明确化的陈述,要考虑以下几点:

第一,变量的语言和提问的形式。例如,"参加培训沙龙是否提升了参与者的创业能力""每周陪伴孩子的频率不同在亲子关系上存在什么样的差别"。在学术刊物发表的研究报告中,问题的陈述有时在研究目的中出现,有时在文献综述的小结中出现。

第二,至少包含两个变量。例如,在上述两个陈述中,第一个包含"参加培训沙龙"与"参与者的创业能力"两个变量,第二个包含"每周陪伴孩子的频率"与"亲子关系"两个变量。在实际研究中,也有只包含一个变量的描述性研究的问题。例如,"美国灾难社会学发展对中国有哪些启示"只包含"美国灾难社会学发展"这一个变量。

第三,必须产生不止一种回答。在前面所举出的例子中,"参加培训沙龙"可能提升了"参与者的创业能力",也可能没有提升"参与者的创业能力";"每周陪伴孩子的频率"与"亲子关系"之间可能有直接关系,也可能没有直接关系。

因此,当面对一个比较陌生的研究领域时,我们既要使调查课题明确化,又要避免调查课题过于宽泛或简化,这就必须开展一项重要的前期准备工作,即文献回顾。文献回顾就是调查者对自己调查问题既有的相关文献资料进行梳理和分析,以便发现可以借鉴的研究思路和方法,为调查课题明确化找到方向。

(三) 确定内容的研究层次

有些研究是从来没人做过的,要由了解一个问题、一个现象开始,是属于第一级的研究。如想要了解自杀病人的特征、偏远山区少数民族居民对健康的认知及需求,就需要以田野研究法或个案研究法、采用叙述性或探索性研究深入观察、记录或面谈取得第一手资料。有些研究在第一级研究已有文献报告,即该问题已被研究过,则可做第二级的研究。二级研究主要是了解变量与变量之间的关系,如疼痛与超觉静坐之间的关系,可采用比较及相关性研究。有些研究已有第一、二级研究资料为基础,要详知过程与结果的因果关系,了解变量与变量(如自变量与因变量)之间的关系,可做第三级研究,了解因果关系,方法可采用实验或准实验设计。不同的研究层级所涉及的研究变量及变量关系不同,因此,研究课题也得到了进一步明确,并与后续的研究设计形成连接。

三、调查课题明确化的工具

(一) 文献查阅

1. 文献查阅的作用

在选择调查课题时,一般需要进行文献查阅或文献检索。文献查阅有助于我们进一步明确调查课题。文献查阅对于一项具体的社会调查具有以下两方面的作用:一方面,帮助调查者熟悉和了解本领域中已有的研究成果。通过系统的文献查阅,调查者将会比较全面地了解本领域中的研究状况,特别是已经取得的研究成果。这种了解对于帮助调查者选择和确定自己的调查课题具有十分重要的作用。另一方面,为调查者提供一些可供参考的研究思路和方法。通过文献查阅,调查者可以了解前人在探索该研究领域时所采用的各种不同的研究视角和研究策略,以及各种具体的研究方法。这些研究视角、研究策略和研究方法无论成功与否,都为调查者在自己的研究中进行调查设计、资料收集和分析提供了一种借鉴和参考的具体框架。

一般来说,文献与社会调查研究的关系如图 2-1 所示。

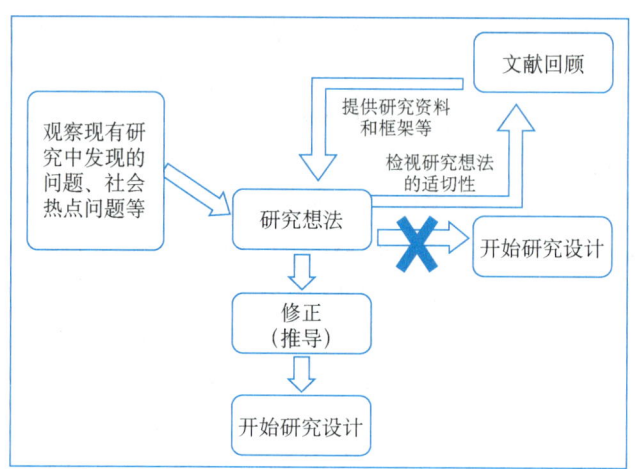

图 2-1　文献与社会调查研究的关系

2. 文献查阅的过程

第一步,查找相关文献。相关文献主要指相关的书籍、相关的论文等。相关的书籍主要在图书馆进行查找,方法是通过专门的计算机检索工具,按照书名、作者、主题词等进行检索和查询。相关的论文可以通过搜索篇名、主题词、关键词等方法从中国学术期刊网、万方数据知识服务平台、维普网等平台上查找。

第二步,对文献进行选择。找到相关文献后,调查者要依据以下几个标准对这些文献进行选择:文献与调查课题的相关程度、文献发表的时间、文献及作者的影响力。

第三步,实际阅读和分析文献。这需要重点关注以下内容:该文献的理论框架和研究背景、研究目标;该文献的研究方法,包括研究对象、研究方式、抽样设计、样本特征、资料分析方法等;该文献的主要研究结果。

3. 文献查阅结果呈现

文献综述简称综述,又称文献回顾、文献分析,是对某一领域、某一专业或某一方面的课题、问题或研究专题收集大量相关资料,然后通过阅读、分析、归纳、整理当前课题、问题或研究专题的最新进展、学术见解或建议,对其做出综合性介绍和阐述的一种学术论文。它要求作者既要对所查阅资料的主要观点进行综合整理、陈述,还要根据自己的理解和认识,对综合整理后的文献进行比较专门的、全面的、深入的、系统的论述和相应的评价,而不仅仅是相关领域学术研究结果的"堆砌"。检索和阅读文献是撰写综述的重要前提工作。一篇综述的质量如何,很大程度上取决于作者对相关的最新文献的掌握程度。

(1) 文献综述的基本原则与要求

文献综述不是简单地罗列文献,而是通过对文献的批判性分析,展示研究者对于文献的系统掌握,论证自己研究的价值与创新性。怀疑与批判精神在文献综述中具有非常重要的作用。它促使我们对于文献所使用的角度、方法、材料、逻辑与结论等都保持一种严谨审查与反思的态度,批判性地考察他人与自己的知识与经验。要摆脱资料"堆砌",发挥文献在研究中的作用,文献综述要符合以下的基本要求:第一,文献综述需要客观、准确地把握文献的基本内容,包括其研究方法、思路、结论、贡献与不足等。第二,文献综述需要妥善地处理各种相同或者相异的研究数据与发现。第三,文献综述需要具备一个具体的知识框架;第四,文献综述需要展示作者对于文献的批判性思考;第五,文献综述需要为研究者论证自己的研究选题或者研究贡献提供陈述性基础。

(2) 文献综述的写作模式

根据不同的研究目的、研究内容和调查者特点等,文献综述有多种写作模式。一种是"自变量与因变量"写作模式;另一种是"综合式"写作模式,也可称为"陈述式"写作模式。"自变量与因变量"写作模式主要是围绕着"作为理论解释的观点"或"作为原因解释的自变量"而展开的,理论色彩较强的解释性研究通常采取这种方式。"综合式"写作模式主要遵照"谁—在何时何处—针对什么对象—围绕什么问题—采取什么方法—进行了什么研究—得到了什么结果—存在什么局限或不足"的格式,较多出现在以描述性、应用性为主的研究中。文献综述的写作是一个不断进行撰写、审核和修改的循环过程。

(3) 文献综述的构成

引言:包括撰写文献综述的原因、意义、文献的范围及基本内容提要。

正文:文献综述的主要内容包括某一课题研究的历史(寻求研究问题的发展历程)、现状、基本内容(寻求认识的进步)、研究方法的分析(寻求研究方法的借鉴)、已解决的问题和尚存的问题,重点、详尽地阐述对当前的影响及发展趋势,这样不但可以使研究者确定研究方向,而且便于他人了解该课题研究的起点和切入点,是在他人研究的基础上的创新。

结论:文献研究的结论,概括指出自己对该课题的研究意见、存在的不同意见和有待解决的问题等。

附录:列出参考文献,说明文献综述所依据的资料,增加综述的可信度,便于读者进一步检索。

(二) 漏斗思维

1. 漏斗思维的内涵

漏斗思维是指一种从宽广到聚焦的逐步收窄的逻辑思考过程。漏斗思维被广泛运用在市场营销、犯罪学、传播学等多个领域。如市场营销提出了"营销漏斗模型",指出从产品页面展示到产品浏览、放入购物车,直至最后完成交易是一个"流量"不断递减的过程。传播学也提出信息在传递过程中会呈现一种由上而下的衰减趋势。例如,一个人心里想的是100%的信息,但用语言表达出来的往往只有80%。而当这80%的信息进入别人的耳朵时,可能只剩下了60%,真正能够被人理解、消化的东西大概只有40%,等到这些人遵照领悟的40%具体行动时,已经变成20%了。犯罪学则认为偏差行为是一个连续的行为,在对偏差行为进行从最广泛到最狭窄的系列定义后,一般的偏差行为是漏斗的最外围,而犯罪行为则是漏斗的最底端处。由此可见,漏斗思维包括了信息的逐步收敛和明确收敛两大重要元素。

2. 漏斗思维的特点

漏斗思维的特点包括全面性、阶层性、细目性、过滤性与链接性。

全面性指思维的起点涵盖了系统性的要素,纵向包括各个流程或环节,横向包括现有所有相关资料。阶层性指要完成目标性的收敛,需要多层的"过滤",通常涉及的流程或关系越复杂,阶层越多。细目性指每一个阶层包括了该议题的多个细项,研究者需要对细项进行清晰的界定,便于确定细项之间的区别与联系。过滤性指每一个阶层都需要完成信息的"转换"或"流失",研究者需要根据筛选规则,对每一阶层的细项进行过滤。链接性指每一阶层均环环相扣,链接在一起,形成逻辑链。

3. 漏斗思维与选题

研究者根据日常观察、社会事件等,往往会产生一些研究想法或提出初步的研究问题,但研究者要清楚确定最终研究的问题,则需要依据研究问题去找出过去的文献、比较过去的研究,依据过去的研究及相关的理论,阐述该研究所依循的理论架构或逻辑依据,像漏斗般由较宽的领域逐渐收窄到具体的研究问题,再依据研究问题提出假设、研究目标及预期结果。漏斗式思维运用于课题明确化的示例如图 2-2 所示。

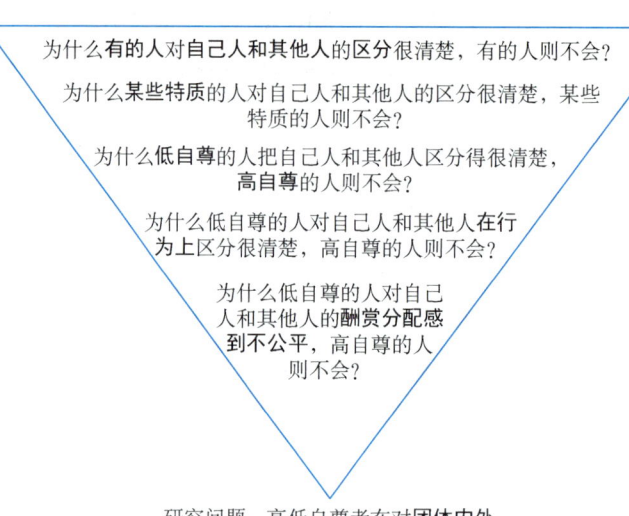

图 2-2　漏斗式思维运用于课题明确化示例

拓展阅读

"城市在职青年的婚姻期望与婚姻时间"调查问题的确定

本研究通过利用 2004 年在全国 12 个城市对 1 786 名 18~28 岁在职青年(包括未婚和已婚)进行的同一项大型抽样调查所得到的资料,同时探讨青年的婚姻期望与婚姻实践两方面内容,在将青年的主观愿望与他们的实际行为进行对照后,发现青年在这些方面的特点与规律,以增强人们对这一问题的深入了解和认识。

本研究关注的主要问题包括:

(1) 在我国改革开放的背景下成长起来的这一代青年的婚姻期望如何?

(2) 他们的婚姻实践是怎样的?

(3) 他们的婚姻期望与婚姻实践之间具有什么样的联系?二者之间是否存在明显的差别?二者之间存在什么样的差别?

(4) 他们在婚姻期望与婚姻实践上的关系及其调适过程具有什么样的特点?

本研究将青年的婚姻期望界定为青年对恋爱结婚的合适年龄、男女双方的年龄差、选择对象的标准、婚后居住方式等方面的主观愿望,而将青年的婚姻实践对应地界定为青年在婚姻期望各方面的客观行为及其结果。

在调查中,将青年的婚姻期望操作化为以下五个变量:
(1) 认为合适的恋爱年龄。
(2) 期望的结婚年龄。
(3) 期望的双方年龄差。
(4) 选择对象的标准。
(5) 期望的婚后居住方式。
而将青年的婚姻实践相对应地操作化为以下五个变量:
(1) 实际的恋爱年龄。
(2) 实际的结婚年龄。
(3) 双方实际的年龄差。
(4) 选择对象的标准。
(5) 婚后实际的居住方式。

[资料来源:赵勤,社会调查方法(第三版),电子工业出版社,2008年]

任务实训

任务实训单

实训目标	1. 从社会学期刊中选取若干研究报告进行评价。 2. 以小组为单位,讨论小组选定的调查课题,并对所选择的课题进行明确化操作,使之成为一个明确的、可操作的具体研究问题,并派小组代表进行陈述。
实训环境	1. 拥有与小组课题项目相关书籍的阅览室。 2. 具备网络查询功能的电脑。
实训内容及要求	【实训内容】 1. 查阅与小组课题相关的文献资料,进行文献综述。 2. 根据小组实际情况,缩小问题的内容范围,即界定研究范围、明确研究内容、确定研究对象。 3. 界定问题的外延和描述问题的内涵,清楚、明确地陈述研究问题。 【实训要求】 1. 能清楚界定研究范围、明确研究内容、确定研究对象。 2. 能用简洁精练的语言清楚、明确地陈述研究问题。外延界定清楚、明确,内涵描述准确、具有可操作性。
实训步骤	1. 查阅相关文献,阅读和分析文献,进行简要文献综述。 2. 小组成员讨论所选定的调查课题,界定研究范围、明确研究内容、确定研究对象。 3. 小组成员讨论,界定问题的外延和描述问题的内涵。 4. 对调查课题进行界定,给予明确的陈述。 5. 每组派一名代表在课堂上陈述进行明确化操作后的课题名称。
实训考核评价	【评价载体】 书面作业和PPT汇报。 【评价指标】 1. 研究范围、内容和研究对象是否明确,占35%。 2. 问题的外延和内涵是否清晰准确,占35%。 3. 小组成员合作情况,占30%。

思政小课堂

习近平谈治国理政之"三大时代课题"

习近平总书记所作的党的二十大报告回答了"三大时代课题",即"新时代坚持和发展什么样的中国特色社会主义、怎样坚持和发展中国特色社会主义""建设什么样的社会主义现代化强国、怎样建设社会主义现代化强国""建设什么样的长期执政的马克思主义政党、怎样建设长期执政的马克思主义政党",提出了一系列原创性的治国理政新理念新思想新战略,形成了闪耀着马克思主义理论光辉的纲领性文献。

在"三大时代课题"中,"坚持和发展什么样的中国特色社会主义、怎样坚持和发展中国特色社会主义"讲的是方向性质问题,"建设什么样的社会主义现代化强国、怎样建设社会主义现代化强国"讲的是目标路径问题,"建设什么样的长期执政的马克思主义政党、怎样建设长期执政的马克思主义政党"讲的是力量保证问题。

厘清方向性质。围绕"新时代坚持和发展什么样的中国特色社会主义、怎样坚持和发展中国特色社会主义"这个重大课题,中国共产党进行艰辛理论探索,取得了重大理论和实践成果。实践证明,中国共产党领导人民走出了一条正确的中国特色社会主义道路。这条道路,是实现社会主义现代化的必由之路,也是创造人民美好生活的必由之路。

明确目标路径。党的十八大以来,习近平总书记科学总结了我们党关于社会主义现代化建设的宝贵经验,积极借鉴了世界其他国家现代化建设的经验教训,形成了关于中国式现代化的理论体系,是引领我们实现第二个百年奋斗目标的科学指南和行动纲领。

增强力量保证。习近平总书记指出,我们党历经千锤百炼而朝气蓬勃,一个很重要的原因就是我们始终坚持党要管党、全面从严治党,让党的政治引领和政治保障充分发挥作用。

"三大时代课题"是对中国特色社会主义这一思想主题的具体化,体现了党重视和善于运用历史规律的高度政治自觉,展现了党牢记初心使命、继往开来的自信担当,为新形势下广大党员干部指明了前进方向、提供了根本遵循。

思考与练习

一、选择题

1. 按课题来源的不同,可以把调查课题分为(　　)。
   A. 自选课题　　B. 理论性课题　　C. 应用性课题　　D. 委托课题
2. 选择调查课题的意义主要体现在(　　)。
   A. 决定调查的方向　　　　　　B. 体现调查的水平
   C. 制约调查的过程　　　　　　D. 影响调查的质量
3. 在选择调查课题的四个标准中,决定性的标准是(　　)。
   A. 重要性　　B. 创新性　　C. 可行性　　D. 合适性
4. 选择调查课题的方法有(　　)。
   A. 从现实社会中寻找　　　　　B. 从个人经验中寻找
   C. 从现有文献中寻找　　　　　D. 向其他人征询有益的建议

二、填空题

1. 选择调查课题的标准主要包括_____、_____、_____、_____、_____、_____和_____。
2. 按对问题探究的深度的不同,可以将调查课题分为_____、_____和_____。
3. 文献查阅主要涉及_____、_____和_____三个步骤。

三、名词解释

1. 调查课题明确化
2. 应用性课题

四、问答题

1. 简述调查课题的可行性的内涵,并说明调查课题的可行性与重要性、创新性之间的关系。
2. 简述文献综述的五个要求,并介绍文献综述的常见写作模式。
3. 请对以下三个调查课题进行明确化处理:
   (1) "90后"大学生价值观研究;
   (2) 新生代农民工问题研究;
   (3) 青少年犯罪问题研究。

项目三　设计调查方案

情境导入

某社会服务机构通过政府采购,准备在某城中村社区实施流动儿童城市适应服务项目,拟对城中村社区内的流动儿童开展成长支持服务。在启动项目之前,服务团队需要在城中村社区开展需求调查——流动儿童城市适应调查,为服务方案的制定提供依据。为了做好此次需求调查,机构准备了一段时间,制定了详细的调查方案。

请思考:调查前应做好哪些准备工作?如何制定详细的调查方案?调查方案应包括哪些具体内容?

思维导图

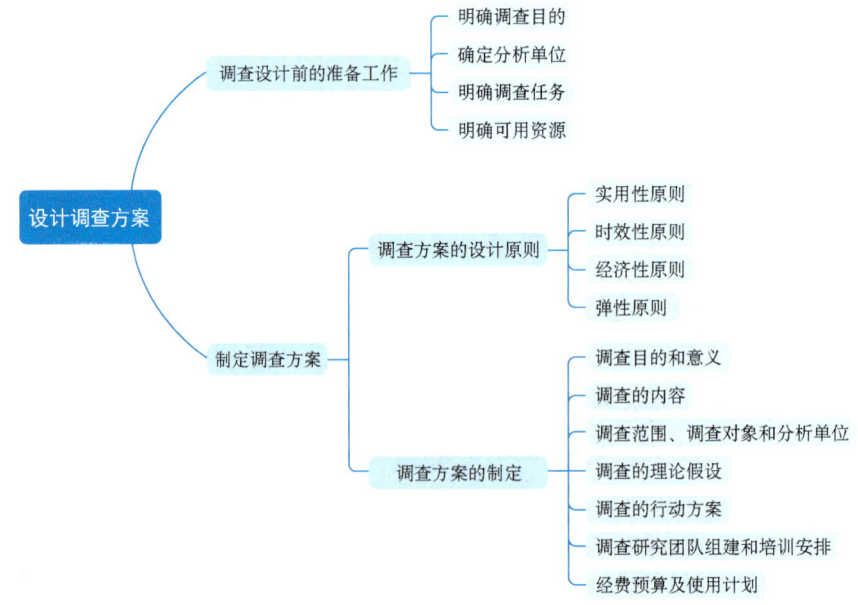

项目三 设计调查方案

学习目标

知识目标
1. 了解调查方案的主要类型,明确调查目的;
2. 理解分析单位的内涵,明晰分析单位;
3. 了解调查方案的构成要素和内容;
4. 掌握调查方案的设计思路和方法。

技能目标
1. 能正确区分五类常见的分析单位;
2. 能设计逻辑严谨、科学可行的调查研究计划;
3. 能撰写调查研究方案。

素质目标
1. 培养良好的规划设计意识;
2. 培养知行合一的研究行动能力;
3. 培养严谨认真、求真务实的工作作风。

任务一 调查设计前的准备工作

案例导入

清华大学社会学教授沈原:我们如何做卡车司机群体研究?(节选)

在调查设计思路上,该研究秉持如下三个原则:第一,坚持理论与经验的结合。常有论者认为,调查工作是一项经验性的工作,无须进行理论思考。这种看法忽略了科学哲学早已发现的真理:观察渗透理论。实际上,没有任何一项经验研究不是浸透着理论的影响。因此,研究者若不是自觉地将整个研究置于一定的理论框架之下,就会不自觉地被头脑中积淀的各种理论残片所左右。有鉴于此,本研究自着手之初就自觉地以理论为指导——以劳工社会学为整个调查研究和报告写作的理论框架,而以卡车司机的"劳动过程"为观察的重点。第二,坚持问卷调查与个案调查相结合。问卷调查所提供的量化数据和个案调查提供的经验数据,构成大型调查研究的两翼,两者不可偏废。问卷调查提供的量化数据为理解对象提供基础,个案访谈提供的定性资料使得深入理解成为可能。由此就自然而然地引向了第三点,即描述与解释的结合。一个高质量的调查报告,不应当仅限于对研究对象的"纯然客观的描述",而是应当包括对其行为逻辑的理解和解释。把握研究对象行为的深层逻辑才是真正的理解,才能对其表层行为做出合理解释。本调查研究基于上述三条原则,希望提供一份既包括丰富经验内容,又包括一定深度的理解和解释的

调查报告。

为满足上述要求,在策略上就需要将所提出的问题与所欲了解的事项分为两大类:一类涉及研究对象群体即卡车司机之代表性的特征,如他们的平均年龄、婚姻状况、日平均工作强度、运输中的各种消耗和支出等,关于这类问题和事项需要运用大规模的问卷调查,才能获得翔实的数据信息。另一类则涉及卡车司机个人的内心感受和行为动机等。广义地说,即他们的行为逻辑。例如他们为何进入这个行业,在做卡车司机的过程中面临何种问题甚至困境,他们如何应对等。这些"为何""如何"和"情绪反应"类的问题和事项,用问卷方法难以测量,因此需要采用定性的方法,通过参与观察与深度访谈获得资料。总之,为了全面把握卡车司机的群体特征和行为逻辑,本报告采用了定量和定性相结合的方法。

(资料来源:社科文献,清华大学社会学教授沈原:我们如何做卡车司机群体研究?,https://www.ssap.com.cn/c/2018-04-12/1067341.shtml)

知识准备

调查方案设计是一个对调查研究工作进行整体规划的过程。在这个过程中,研究者要针对特定社会现象或事物制定出分析或探究的具体策略,选择恰当的研究方法,以确定研究的最佳途径。社会调查方案是一份研究计划的说明书,是对研究设想的阐述,并对研究程序与步骤、研究方法等做详细的规定。因此,设计调查方案在整个调查研究过程中起着举足轻重的作用。

在正式着手社会调查方案的设计前,需要做好相关的准备工作。设计前的准备阶段是一项调查研究的起点,在这个阶段,我们需要做到四个明确:明确调查目的、明确调查题目、明确分析单位、明确调查可用资源。在准备阶段找准调查需要围绕的议题核心,并清晰地勾勒出议题需要关注的外延边界,才能在调查设计中有的放矢地进行规划。

一、明确调查目的

社会调查研究设计工作开始的第一步,就是明确调查的目的。不同的研究目的所对应的研究方法、研究过程、工作安排重点、资源投入倾向等方面都有差异。一般社会调查研究的目的以问题探寻解答的侧重点不同,可以分为探索性调查、描述性调查和解释性调查。

(一)探索性调查

探索性调查是对特定的现象、问题或对象进行初步了解和摸底,并进行初步的问题边界描述的研究过程。探索性研究的过程中,研究者通过获得对研究对象勾勒初步认知的轮廓、建立感性认知印象,为之后更周密、更深入的研究提供基础和方向。

探索性调查常在下列几种情况下被使用:一是待研究的课题具有开创性,所涉及的现象、对象十分特殊且很少有研究涉及时,可以通过探索性研究对课题所涉及的现象、问题、对象进行初步的情况了解和认识,例如,在我国正在推进的乡镇社工站建设过程中,不同地区对社工站的职能及定位的需求描述就属于一种探索性研究;二是研究者对准备研究的特定的现象、问题或对象不太熟悉或不确定其当下状态时,通过探索性研究先进行了解,例如,某社会服务机构在开展社区服务项目之前,先进行社区内的实地走访、收集社区人口资料、绘制社区资源地图,以获得社区数据剖面。

探索性调查是一个对某问题或现象留下大体印象的过程,有点类似于绘画中的"速写"。而探索性研究的目的是通过初接触来提出研究假设、探讨研究策略,现实中往往不需要非常严苛和系统的研究设计和探索过程,因此可以将探索性研究作为对某个专项课题研究的起点。

(二)描述性调查

描述性调查是在对研究对象进行全面且立体的了解之后,对其规模、结构、分布、性状等属性和特点做系统且全面的阐述的研究过程。相较于探索性调查的灵活,描述性调查在研究设计上更强调科学性和严谨性,需要有具体明确的研究目标设置、步骤清晰的研究策略制定、严谨系统的研究过程设计、严密的研究维度与分析指标设置、足量有代表性的样本选取等一系列结构化、系统化的研究方法建构。

在现实的调研工作中,描述性调查一般会应用在以下情况:一是需要对研究对象进行精确的问题呈现和剖析时,例如,某社区养老服务机构进行年度服务规划前对社区内老年人的居家养老服务需求种类和需求量进行调研,以确定当年养老服务的内容与形式;二是需要对研究课题的内涵和外延进行精确勾勒定位时,例如,在制定地区的困境儿童社会救助政策前,通过人口统计数据和实地数据收集获取各类困境儿童的数量和困境紧迫性信息,然后进一步确定纳入政策内救助的困境儿童认定标准;三是要描述研究对象的各个部分所呈现的状态或特性时,例如,某地受灾后,当地应急管理部门向辖区内各社区和村落收集受灾人口数量及所需救援物资的相关数据,以进行赈灾物资调配。

描述性调查是一个对研究对象当下状态进行精确反映的过程,类似于"素描"或"摄像",往往需要使用较大规模的样本,通过研究量化数据来对社会现象或社会问题的整体概括性描述和细节精准性描述进行反馈,进而获得一个所研究对象的数据模型。

(三)解释性调查

前面所提到的探索性调查和描述性调查都是强调当下研究对象的状态呈现,但社会的运转是一个动态过程,因此,我们在关注社会现象或社会问题背后的因果关系和运行规律时,需要将研究的问题放置在一个动态的时间区间里去进行观测,以解释与研究对象有关的变化过程及影响因素。解释性调查是一种探寻现象背后的原因,揭示现象发生或变化的内在规律,回答各种"为什么"的研究过程。

要研究如何回答"为什么"的问题,需要有一个从假设出发进行求真或证伪的过程。解释性研究通常是在对研究对象的当下状态有全面清晰的了解的基础上,从理论出发对要研究的问题提出预判性的假设;在理论假设下,解释性研究通过对假设所设计的研究变量的控制和观测,找寻对研究问题的成因、变化、发展等动态过程具有影响的因素,并且验证变量因素与研究问题之间的关系及关联。

解释性调查更多着眼于变量之间的影响关系,强调剖析变量对结果的影响,因此,它在研究内容上更强调问题解答的适用性和针对性,同时也强调研究设计的系统性和科学性。通常一个解释性研究课题，需要专门设置可以进行多个变量控制的交叉分组比对，往往都是复杂且精深的"大工程"。如著名的"霍桑实验"中，假设照明条件会对工厂车间的生产效率有影响，实验为了验证假设，将灯光照明强度作为变量，专门将工厂工人分成了改变照明条件的控制组和一切照旧的对照组，然后将控制组在不同照明条件下的生产效率与对照组进行比对来获取定量数据，进而通过数据对"照明条件与生产效率成正比"的假设进行验证。

解释性研究通过观测变量在动态变化下对结果产生的影响的情况来解释社会现象或问题，这种动态的研究就像拍"记录视频"，用数据回放问题的发展过程，并揭示问题发展的因果以及影响变化的变量之间的关系。

分析单位

二、确定分析单位

分析单位是社会调查中的研究对象，也是调查研究中提供数据的主体。在社会调查中，生物学概念的"人"作为组成社会的最基本前提，是所有分析单位的载体，围绕着"人"的概念可以形成四种类型的分析单位：个人、群体、组织、社区。基于以上四类分析单位的研究都可以把现实中的"人"作为直接研究的对象。同时，也有学者认为除了直接将"人"作为接触对象的分析单位外，由人的行为创造的带有文化信息的社会现象或产物也可以作为一种分析单位，以此可以在族群、宗教、文化、政治等更宏观的层面建构起社会调查的研究课题。

（一）个体

个体的"人"作为分析单位是社会调查研究中最常见的，我们甚至可以将个体理解为"个人"。国内学者风笑天在论述个人作为分析单位用于研究时指出："以个人作为分析单位的描述性研究一般旨在描述由那些个人所组成的总体，而那些以个人为分析单位的解释性研究则是为了发现存在于该总体中的社会动力。作为分析单位的个人可以用他（她）所隶属的社会群体来指示其特征。"

由此，个体作为分析单位出现时更强调"个人"所承载的社会属性，如个人的性别、职业、年龄段、籍贯、社会阶层等。通常在以个体作为分析单位的研究中，需要建立具有一定规模的样本库，形成由个体带着其社会属性聚合成的"现象"，进而进行描述或解释。

（二）群体

群体是由关系或共性而聚合在一起的若干个体所形成的整体，如家庭、班级、兴趣小组、工作小组等。虽然是以"个体"组成的，但"群体"作为分析单位时，通常默认其中的所有组成个体会被"一视同仁"地去除差异性，只留存形成"群体"后的被同等赋予的特性参与研究。如研究"某地区社区广场舞队的社会认同"时，"社区广场舞队"是一个群体分析单位，该地区任意一个社区里的广场舞队的队员不管差异化有多大，在此调查议题中，都以"某社区广场舞队"这一社会群体身份出现。

"群体"作为没有法定身份的初级社会组织，在研究的过程中需要注意与"个体"进行区别。如当研究"独生子女家庭的内部权力结构"时，某个"独生子女家庭"是作为一个样本存在的，而要进一步解释家庭中每个人的权力关系的时候，分析单位就会转变为家庭成员"个体"了。

另外,随着互联网的发展与应用,"群体"这一分析单位也逐渐从现实中的概念,扩展到了网络虚拟世界中。如通过即时通信工具建立起的商家售后服务群、网络游戏中的游戏队伍、基于虚拟身份在网络世界里组建的虚拟家庭等。

(三)组织

组织是有明确的法律身份(法人单位)的"个体的集合",是个体因特定的目的或任务聚合在一起而形成的正式群体。企业、政府部门、社会组织、公共服务单位等组织单位,都可以以"组织"作为分析单位参与社会调查研究。例如,当我们比较同为小商品零售企业的A企业与B企业的年度产值的时候,分析单位就是"A企业""B企业",是将两家企业作为两个组织样本来进行比对研究的。

作为分析单位,组织拥有群体的所有特性,如一个公司作为组织时是由若干员工个体通过职业行为聚在一起形成的正式组织。同时,组织也可能会以"群体的群体"的形式出现,如某地区的志愿者协会,就可以由不同的志愿者群体或队伍作为单位会员"个体"组成。

同时,与群体这一分析单位类似,组织这一分析单位也将概念扩展到了互联网虚拟环境中,如各种互联网线上商铺、自媒体官方号等,在社会调查研究中都可以以"组织"作为分析单位。

(四)社区

社区是在一定的地理区域内人们通过生产生活活动所形成的社会共同体,其中包含了人、文化、地理、产业、景观等元素,是一类构成多元且复杂的分析单位。每个社区都是其所在地区的大社会的缩影,具有地区的代表性,研究社区就是在研究大社会。同时,每个社区也都是由居民个体、家庭、社区社会组织、商家企业等元素构成的,将社区作为分析单位时,在研究过程中难免也会涉及个体、群体、组织这三类分析单位。如在研究"对比农村社区与城市社区的公共卫生管理"时,就是以社区作为分析单位的;在论及"农村与城市社区公共卫生基础服务运营"时,村医院、卫生站等单位就是以组织作为分析单位进行描述比对的;当要描述"公共卫生基础服务对当地居民的生活有何影响"时,"家庭"和"居民"就是分别以"群体"和"个体"作为研究单位的。

(五)社会活动产物

不管是个人、群体还是组织,它们的基本组成都是人。在社会调查中还有一类研究对象,其基本组成不是人,而是人类行为或人类行为的产物,如书本、绘画作品、建筑、汽车、笑话、歌曲、学生逃学现象或者一些科学发明等,这类分析单位统称社会活动产物。例如,一些学者对性别角色是如何习得的比较感兴趣,他们选择了一些小孩的连环画作为分析对象,在这样的研究中,分析单位是连环画,是一种社会人为事实。又如,有些学者通过考察一份地方报纸的社论对当地一家大学的评论,描述或解释一段时间内该报纸的立场是如何改变的,此时,报纸的社论就成了分析单位。社会活动也可以作为分析单位,如人们对婚礼的研究,如果婚姻双方都有宗教信仰,其婚礼形式是否与无宗教信仰人士的婚礼有所不同,此时,婚礼就成了分析单位。

需要注意的是,在理解分析单位的同时还要注意将其与被调查者和研究内容或主题相区分。分析单位是一项社会调查中所研究的对象,这里的对象可以是人,也可以是人类行为或人类行为的产物;被调查者是调查者收集资料时所直接询问的对象,通常被调查者为个人;研究内容或主题是分析单位的属性或特征。例如,"现代家庭离婚问题调查"这一课题的分析单位是"家庭",被调查者是这个家庭的成员,研究的内容或主题是"离婚问题"。

(六)避免层次谬误和简化论

1. 层次谬误

层次谬误也叫生态谬误,是指调查者在一种比较大的分析单位上收集资料,而在另一种比较小的分析单位上下结论的现象。例如,当资料表明"农村社区越穷,生育率越高"时,调查者不能立即得出"农民越穷,生育子女越多"的结论。这是因为可能在贫穷的农村社区中,富裕的农民生育子女多而使得生育率升高,这说明以社区作为分析单位进行研究时,不能得出关于个人的结论。由"黑人较多的城市比黑人较少的城市犯罪率高"的研究发现推出"黑人犯罪率高",这也犯了层次谬误。

2. 简化论

简化论又称为还原论、简约论,是指用对低层次的分析单位做调查来对高层次的分析单位下结论。分析单位往往有多种特征,简化论者只以其中某一种特征来解释和说明复杂的社会现象。例如,一个社区有经济、政治、文化、宗教、信仰、风俗习惯等多方面的特征,如果只以经济特征来说明这一社区的生育率,调查者就易于犯简化论的错误。常见的还原论有经济还原论、心理还原论、政治还原论等。例如,"什么是引起美国革命的原因",其原因是复杂的,但是社会学家的社会学简化论认为这是各个殖民者的共同价值观的影响,经济学家的经济学简化论认为其原因是经济殖民地位与英国之间的关系,心理学家的心理学简化论认为这是领导者的人格特征在起作用,等等。

要避免犯层次谬误和简化论这两种错误,关键是要保证做结论时所使用的分析单位就是收集资料时所使用的分析单位。

三、明确调查任务

明确调查任务,就是为调查研究确定一个成果目标,即通过一系列的调查研究活动后希望能解决的问题或获得的答案是什么。这一步需要在明确调查目的的基础上,进一步对目的进行分解和细化,其过程可以分为目标拆分和任务制定两个步骤。

(一)目标拆分

调查研究的目标划分,通常有两种策略可以选择。一是将调查研究的目的具体化成若干个并列的子目标,如某个研究团队要建立一个心理学量表的地区常模,可以将该地区划分为若干个抽样区域,然后将各区域测试统计结果作为子目标进行设定,并且可以同时开展各地区的测试行动。二是将调查研究的目的达成过程划分为若干个实现步骤作为具体目标,如某个妇女保护机构想要研究"妇女在家庭中的自我赋能"课题,从抗逆力理论出发,设置了"醒觉自我意识""引导自我积极关注""增强自我效能感"三个行动研究目标,在研究过程中依次开展三个目标的研究工作。

(二)任务制定

调查研究的任务制定,是在目标拆分的基础上进一步形成具体的操作行动清单,也可以理解为从方法论出发,制定问题解决路径的过程。通常,任务的制定以研究的具体目标为蓝本,每个具体目标配置至少一个行动任务,要求目标与任务在逻辑上是一一对应关系,即一项行动任务是为了完成一个特定的研究目标而产生,而随着任务的完成,其对应的目标也应获得实现。

四、明确可用资源

明确调查工作的可用资源是一项很容易被忽略的准备工作,但是此项工作又决定了后续开展调查工作的进程与规模。与后续会探讨的调查方案的预算部分不同,明确调查工作可用资源,是要在研究方案设计之前先对手头资源进行清查盘点,以便"量力而行"地规划调查的规模和方式。

调查研究的资源确认,可以从人力资源、财力资源、物力资源三个方面进行盘点。首先是在人力资源方面,需要先明确现有的可用于调查研究的人手及其能力,看是否足以应对调查研究的能力所需,是否需要有调研团队的能力培训或人手补强;在进行人力资源确认时,还需要多与出资方就调查研究团队的人员构成和选取进行沟通,以组建起同时满足调查研究能力要求以及出资方期望的团队。在财力资源方面,需要确定当次调查研究工作的资金预算范围,这往往在调查研究立项时便可从资助方处获得明确的答复;同时,财力资源的明确,还需要进一步了解出资方在经费的使用比例上的期望或要求,例如,调研活动经费和人力资源支出的经费占比是多少、调查研究的行政性开支及风险管控费用的比例是多少,等等。在物力资源方面,需要在调研设计前盘点可用的固定资产(如电脑、相机、交通工具等)、虚拟工具(如图片、音乐、视频、电子问卷工具等)及耗材(如纸、笔、礼品、应急药品等),以便在调查研究开始前就能做好后勤补给保障的统筹工作。

调查案例

拓展阅读

蒙汉通婚调查研究方案

一、调查题目
赤峰地区农牧民蒙族与汉族的通婚研究。

二、调查目的
通过对影响蒙汉通婚的各种因素的分析,探寻民族通婚的一般模式,建立一种理论模型来说明中国的民族通婚问题,这一研究对于认识目前的民族关系、制定民族政策有一定的现实意义,对于民族学、人口学和社会学的理论建设也有一定的参考价值。

三、理论构架
本研究的基本设想是,影响蒙汉通婚的主要因素有六类:①经济活动;②居住特点;③人口迁移;④语言文化;⑤历史因素;⑥政策因素。其中后两种因素起独立的影响作用。通过对前四类因素的界定、分解和操作定义,筛选出10个影响民族通婚的变量:①某一民族在一个村的总户数的比重;②居民的平均文化水平;③户主的年龄;④户主的文化水平;⑤职业;⑥户口类型;⑦是否移民;⑧掌握另一民族语言的能力;⑨邻居中另一民族成员的多少;⑩与另一民族成员的交友情况。将这些自变量与因变量(民族通婚程度)联系起来,建立了一组研究假设和一个复杂的因果模型。

四、研究类型
解释性研究、横剖研究、抽样调查。

五、调查方式
统计调查为主,结合实地研究。

六、调查方法
问卷法为主,结合访问法、观察法。

七、资料分析方法
统计分析(包括相关分析、回归分析和路径分析),结合理论分析。

八、调查范围
内蒙古赤峰地区。

九、分析单位
家庭(户)。

十、抽样方案
研究总体是赤峰地区的居民,根据地区特点选择4个有典型意义的旗(县),在这4个旗(县)中选择5个有代表性的乡,再在这5个乡中各选择2~3个村,共选出12个村。这12个村共3 200户,从中随机抽选(每4户中选3户)2 439户,在每户调查户主1人,共2 439人。

十一、调查内容
户主的主要特征(自变量③~⑩),各特征组的民族通婚程度,户主所在村、乡、旗(县)的历史状况与现状,民族政策的历史变化。

十二、调查指标和项目
户主的年龄、文化水平、职业变动、婚姻史、配偶情况、生育史、语言能力、社会交往、邻居情况、个人收入、个人对居住地的满意程度,等等,它们是对自变量③~⑩的测量,对每一指标或项目设计一个或几个问题来了解。以上是主要问卷,此外还设计两个辅助问卷,一个用于了解家庭情况,另一个用于了解迁移情况。根据事先设计的调查提纲了解村、乡、旗(县)的历史与现状。

十三、调查时间
1985年6月—1985年8月。

十四、调查时点
1985年6月1日。在6月1日以后迁入的户主不再调查范围内,6月以后结婚的不做统计。

十五、调查场所
直接进入家庭访问,填写问卷。

十六、调查时间计划
准备阶段:1985年2月—1985年5月,查阅文献,到赤峰地区的政府有关部门了解情况,到调查地区实地初步考察,对问卷初稿进行试调查,以修订问卷。

调查阶段:1985年6月—1985年8月,每天访问40~50户,60天完成。除在12个村进行问卷调查外,还需要考察这5个乡其他41个村的概况。

研究阶段:1985年9月—1985年11月,整理资料,处理数据,输入计算机,汇总分析,打印统计表格,计算相关系数等。

总结与应用阶段:1985年12月—1986年3月,结合资料的统计分析和理论分析撰写调查研究报告。

十七、调查经费和物质手段(略)

十八、调查员的组织培训

课题组共5人,其中3人是调查员,由2名研究人员带队示范并负责检查核对工作。

(资料来源:袁方,社会研究方法教程,北京大学出版社,2004年)

任务实训

	任务实训单
实训目标	1. 以小组为单位,对所选定的课题进行分析单位和相关概念界定。 2. 明确并列出所选课题的调查研究任务。 3. 做好调查所需的资源准备。
实训环境	1. 拥有与小组课题项目相关书籍的阅览室。 2. 具备网络查询功能的电脑。
实训内容及要求	【实训内容】 1. 剖析所选课题的研究目的,对调查研究的范围边界进行确认,并明确选题的分析单位。 2. 查阅与课题相关的资料,对课题题目中的相关概念进行合理的界定,明确在该课题研究中所提及的概念所要表达的内涵,以及概念所适用的研究情境。 3. 对所选课题进行目标拆分,列出与目标相对应的调查研究的任务清单。 4. 清点现有的调查可用资源。 【实训要求】 1. 能明确说出调查研究对象的特征和共性,如年龄、性别、行为习惯、职业、经历等。 2. 能对选题中所涉及的概念清晰地进行定义描述,并且能对界定的概念举出可能会在调查中出现的具体实例。 3. 课题的调查目的、目标、具体任务、需调用资源之间需满足逻辑上的对应关系。
实训步骤	1. 查阅资料,对研究所需要确定的分析单位和核心概念进行定义描述。 2. 寻求指导老师帮助,规避分析单位选取上的层次谬误以及概念界定上的偏差。 3. 与其他小组交换目标及任务清单,相互进行调研任务上的程序逻辑核验。 4. 制定调查研究所需的人、财、物资源清单,明确尚缺的资源,尝试在不同小组间进行资源的共享。 5. 每组派一名代表汇报调查方案设计前的准备工作情况。
实训考核评价	【评价载体】 书面作业和PPT汇报。 【评价指标】 1. 准确界定分析单位和相关概念,占40%。 2. 调查目标和任务的合理性,占40%。 3. 资源的清点及小组间的资源共享情况,占20%。

任务二　制定调查方案

 案例导入

调查研究是解决问题的基本方法
——读毛泽东《湖南农民运动考察报告》（节选）

《湖南农民运动考察报告》（以下简称《报告》）是毛泽东早年代表作之一，文章自1927年初发表后产生了强烈社会反响。《报告》4月份以单行本方式发行，5月份被共产国际翻译成俄文并在苏联转载。《报告》发表之后，毛泽东也成为中国农民问题专家，并在3月20日担任全国农民协会临时执行委员会常务委员兼组织部部长，4月2日任国民政府土地委员会5位委员之一，4月4日任中央农民运动讲习所常务委员。更重要的是，该报告针对农民问题和农民革命进行的调查研究，为建立农村革命根据地，开展武装斗争，创建"农村包围城市，武装夺取政权"的革命道路提供了前期理论和思想基础。

《报告》的成功建立在毛泽东深入农村基层、倾听农民心声，反映农村真实现状的基础上，即毛泽东扎实的调查研究工作。调查研究是认识和解决问题的基本方法。毛泽东在对湖南农民运动展开调研的过程中，坚持围绕问题，突出重点展开调研；坚持深入实际，联系群众展开调研；坚持提炼总结，理性认知展开调研。这三项原则仍是我们当下进行调查研究，分析解决问题，助力深化改革，推进经济社会持续发展所应坚持和采用的基本原则。

一是坚持围绕问题，突出重点。《报告》是毛泽东依托32天的农村实地调研写成的。一个多月的调查研究，毛泽东始终紧紧围绕一个突出问题，即1926年下半年全国兴起的农民运动究竟应该被肯定还是被否定而展开。正是为了澄清农民运动的真实状况，毛泽东在1927年1月4日到2月5日，进行了32天的实地调查研究。所以，开展调研之初，毛泽东就目的明确，问题意识强烈：就是要通过实际调查看看疾风骤雨般的农民运动所带来的社会变化到底是好还是坏，就是要对农民运动作一个判断，我们究竟是"站在他们的前头领导他们呢？还是站在他们的后头指手画脚地批评他们呢？还是站在他们的对面反对他们呢？每个中国人对于这三项都有选择的自由，不过时局将强迫你迅速地选择罢了"。

二是坚持深入实际，联系群众。调研过程中，毛泽东深入基层、联系群众，掌握了大量一手资料，信息广泛而全面，为科学研判提供了可能。毛泽东在32天的调研工作中，行程700多公里，实地考察了湘乡、湘潭、衡山、醴陵、长沙5县的农民运动情况，亲身感受和体验当地的政治、经济、文化和人民生活情况，"在乡下，在县城，召集有经验的农民和农运工作同志开调查会，仔细听他们的报告，所得材料不少"，真正做到了"学个孔夫子的'每事问'"。毛泽东以调研得来的详实事例和数据，把农民运动下湖南农村地区铁一般的事实

展示出来。

三是坚持总结经验，理性认知。 毛泽东以调查资料为依据，对调查的核心问题进行判断和回应，并对相关问题进行总结提炼，实现理性认知。在实地调查和详实资料支撑下，毛泽东在《报告》中得出调查的总结论："农民的举动，完全是对的，他们的举动好得很！""孙中山先生致力国民革命凡四十年，所要做而没有做到的事，农民在几个月内做到了。"

（资料来源：赵华灵，调查研究是解决问题的基本方法——读毛泽东《湖南农民运动考察报告》，中国民政，2021年第7期）

 知识准备

一、调查方案的设计原则

调查方案设计

"凡事预则立，不预则废。"我们要想做好一件事，通常都需要事先做好充分的准备和计划。调查方案就是我们在开展社会调查之前需要做好的充分准备。那么，我们在设计调查方案时需要遵循哪些原则呢？

（一）实用性原则

实用性原则，即调查方案的设计必须要着眼于实际应用，从调查问题的实际需要和社会调查的主客观条件出发，使调查方案中各项内容的设计具有较强的实用性。实用性也是评价调查方案优劣的首要标准。要贯彻实用性原则，必须从调查课题的客观需要和调查者的实际条件出发，慎重设计调查方案。调查目标的高低、调查地域的大小、调查对象的多少等问题，都在很大程度上取决于调查组织者的能力、调查人员的多寡、调查时间的长短和调查经费的多少等。

（二）时效性原则

时效性原则，即调查方案的设计必须充分考虑时间效果。对于那些对策性、预测性的课题，需要具有及时性和超前性，以保证调查研究的应用意义；而对于基础性和学术性的课题，由于需要较为深入、持久和反复的调查研究，因而需要适当延长研究的周期，但这类课题的研究也应有时效观念，以顺应现代社会发展及其对社会研究的需求。例如，市场调查必须赶在市场需求发生重大变化之前拿出调查成果。

（三）经济性原则

经济性原则，即调查方案应尽可能节约人力、物力、财力和时间，力争以最小的人力、物力、财力和时间的投入，取得最大的调查研究效果。例如，我们在选择调查类型时，能够做抽样调查的就不用做普遍调查，能够做典型调查、重点调查、个案调查的就不必做抽样调查。在调查方法的设计上，能够通过文献调查解决的问题，就不必去现场做调查；能够通过观察、访问解决的调查课题，就不必去做实验调查。

（四）弹性原则

弹性原则，即调查方案的设计要留有一定的余地。由于调查方案是一种事先的设想和安排，在实际实施的过程中，可能会发现其与客观现实之间存在着一定的差距，或者遇到一些没有预先想到的新情况、新问题，这就需要根据实际情况对调查方案进行调整。因此,调查方案的设计要留有一定的弹性空间,使其更具有灵活应变性。

这里应该指出的是,任何一项社会调查都会在进行的过程中遇到各种各样临时的问题,因此需要设计出几套不同的调查方案,以便随着调查现场实施情况的变化及时调整调查方案,或者在不同地区采用不同方案实施现场调查,最后再得出总的调查结论。

二、调查方案的制定

在做好了前期准备工作后,调查研究便开始进入调查方案的设计制定环节。任何一项社会调查要顺利实施,都需要一份周密详细的调查方案提供可靠的依据和保证。一般来说,一份完整的调查方案大致包括以下七个方面的内容。

(一)调查的目的和意义

此项即说明为什么要进行这项调查研究,在理论或实践上有什么价值;这一调查研究要解答的问题,这些问题是如何形成的,是从哪些角度出发提出来的,解答这些问题会有哪些新的发现;对本调查课题的重要性进行描述,说明这项调查是描述性调查还是解释性调查,通过此次调查能对学科的发展、社会规律的认识、社会现象的解释作出哪些贡献。对调查课题目的和意义的说明有利于进一步帮助调查者强化和突出课题的研究目标,加强目标对调查研究过程的影响。

(二)调查的内容

调查内容部分是对调查研究的目的进行目标和任务的拆分和细化,并且明确提出需要调查的研究对象的属性。调查内容部分由调查的背景和目的引出,明确描述需要达成调研的最终目的所要完成的各项目标和其对应的工作任务,以及最终通过调查研究要解释清楚的与研究对象有关的问题。例如,在"某社区青少年社会交往需求"的调查方案设计中,可以将青少年的社交需求分解为社交对象、社交场景、社交形式等几个调查目标,再进一步细化出各类社交对象的选择意愿、不同社交场景的选择意愿、不同社交形式的选择倾向等具体调查任务,最终总结生活于某社区内的青少年的社会交往的动机和意愿性。

(三)调查范围、调查对象和分析单位

此项即给调查研究中需要做界定的范围区域、调查对象、关键概念、时间周期等方面进行限定。其中调查范围需要根据调查研究选题的地域性、资金投入许可度来划定调查活动开展实施的地理位置及活动区域,如在某市某区某街道下的若干村落开展经济作物种植收入情况调查。调查对象需要对分析单位进行确定,并进一步圈定样本选择所需要考虑的特定属性、数量比例。关键概念限定需要在调查方案中对研究中会用到的特定概念进行定义,如针对某地"高龄空巢老年人"的调查中,可以将"年龄在80岁及以上"作为"高龄"的定义,将"独自一人居住且无人提供日常生活照料"作为"空巢"的划定条件。时间周期则需要在方案中明确限定调查研究的起止时间。

(四)调查的理论假设

探索性调查的主要目的是通过了解情况来发现问题,并建立不同现象之间的联系,一般不需要(常常也无法)事先建立理论假设。描述性调查的主要目的是全面地描述某些社

会现象的状况和特点,为进一步分析和探讨不同现象之间的联系打下基础,因此,它一般不需要建立假设。只有在解释性调查中,它的目的是回答"为什么",需要解释原因,说明关系,所以通常要从理论假设出发,经过调查,收集资料,并通过分析资料来检验假设,这样才能达到解释社会现象理论的目的。因此,在进行解释性调查时,应该在调查方案设计中对理论假设进行一番陈述和说明。

提出假设是基于一定的理论进行推导,提出一个针对调查研究对象的命题,以指导调查研究实验设计或研究变量的提出。例如,在研究青少年偏差行为的产生动机时,根据精神动力学的观点,提出"青少年的偏差行为与其早年的成长创伤有关联"的命题假设,进而围绕该命题针对有偏差行为的青少年进行早年生活经历探究。

(五)调查的行动方案

调查方案的这一部分主要是要说明具体的调查研究工作方法及具体行动安排。这里包含了抽样方案设计、变量分析、信息数据收集方式和具体调研工作安排。其中,抽样方案设计是对研究样本的产生方式进行设定,变量分析是针对研究样本所要做的观察、测量的研究维度设定,信息数据收集方式是要明确调查研究的具体操作方法(如问卷法、访谈法、焦点小组等),这三个方面的内容会在后续的章节进行详细的讨论。在具体调研工作安排部分,则需要对调查研究工作的筹备、执行、收尾等阶段的具体工作进行安排,包括各项工作的开启时间、完成期限、负责人员、工作指标量、可动用资源等。具体调研工作安排需要保障每项安排都是具体、可操作、能测量的。

(六)调查研究团队组建及培训安排

在调查方案中的调查研究团队介绍部分,需要详细说明团队人员构成和分工。一方面,需要体现团队的组建是具有针对性的,这就要在方案中对团队核心成员的教育及研究工作背景信息、能力特长、分工职责等信息进行说明,保证"合适的人放到合适的工作位置"。另一方面,如果调查研究工作有特殊的工作能力需要,那与调查研究课题相关的调研操作技能培训计划也需要体现在调研团队的介绍部分。

(七)经费预算及使用计划

在进行调查方案的预算制定时,需要在明确调查可用资源的基础上,针对调查行动方案中设计的各项工作给予适当的财力、物力的分配。一个完整的调查研究工作预算,可以包括调研方案设计费、文印费、调研人员薪酬福利/工作补贴、调查实施经费、调研工作固定物资、调研工作易耗品采购经费、调研工作会务费、餐补、交通费、通讯费、行政管理费、税费等。

调查案例

重庆市主城区居民社会保障状况调查方案

一、调查的目的、意义

社会保障是指国家通过立法,积极动员社会各方面资源,通过收入再分配,保证无收入、低收入以及遭受各种意外灾害的公民能够维持生存,保障劳动者在年老、失业、患病、工伤、生育时的基本生活不受影响,同时根据经济和社会发展状况,逐步增进公共福利水

拓展阅读

平,提高国民生活质量。随着社会的发展,人们的生活水平越来越高,对社会保障的需求也越来越高,社会保障成为全民的需求。为了能更好地了解重庆市居民对社会保障的需求,我们特组织了这次调查。

二、调查的主要内容

本次调查从以下三个方面进行:

1. 目前居民所享有的社会保障项目。
2. 居民对现存保障项目的意见或建议。
3. 居民还迫切需要增加或改善的保障项目。

三、调查总体与样本规模

本次调查的总体为重庆市内所有18岁以上的居民(包括外来人口,但不包括因年龄太大等生理原因不能接受调查者)。本次调查的样本规模为:成功调查1000位居民。

四、资料收集与分析方法

调查资料的收集方法为入户结构式访问。资料分析方法主要包括单变量描述统计、推论统计、双变量相关关系分析。

五、抽样程序

样本抽取采用多阶段随机抽样方法进行。

1. 从重庆市所有主城区中抽取5个主城区。
2. 从每个抽中的主城区中各抽取2个街道办事处,共抽取10个街道办事处。
3. 从每个抽中的街道办事处中各抽取2个居委会,每个城区中共抽取20个居委会。
4. 从每个抽中的居委会中各抽取50户居民家庭,共1000户居民家庭。
5. 从每户抽中的家庭中各抽取一个18岁以上的成员。

六、抽样的具体步骤与方法

1. 第一阶段:从城市中抽取主城区

采用简单随机抽样的方法,列出全市所有主城区的名单,按顺序编号,用写小纸条抽签的方法抽出5个城区。重庆市共有9个主城区,编为1~9号,写9张小纸条,也标为1~9号,将每张小纸条叠起来,放进口袋里混合后从中摸出5张,这5张小纸条上面的号码所对应的城区就是所抽取的样本城区。

2. 第二阶段:从主城区中抽取街道办事处

采用简单随机抽样的方法,列出每个城区中的全部街道办事处的名单,按顺序编号,同样用上述写小纸条抽签的方法抽出2个街道办事处。假设某城区共有9个街道办事处,编为1~9号,写9张小纸条,也标为1~9号,将小纸条叠起来,放进口袋里混合后从中摸出2张,这2张小纸条上的号码所对应的街道办事处就是所抽取的样本街道办事处。

3. 第三阶段:从街道办事处中抽取居委会

采用简单随机抽样的方法,列出每个街道办事的所有社区的名单,按顺序编号,同样用上述写小纸条抽签的方法,将小纸条叠起来,放进口袋里混合后从中摸出2张,这2张小纸条上的号码所对应的居委会就是所抽取的样本居委会。

4. 第四阶段:从居委会中抽取家庭居民户

采用系统抽样的方法,列出每个社区居委会中全部居民户的名单,按顺序编号,计算抽样间隔,如间隔不为整数,则先利用简单随机抽样的方法剔除余数,再用系统抽样方法抽取样本。假设某社区居委会有1 000户居民,将1 000户居民按门牌号制作抽样框,计算抽样间隔为20,从前20个中抽取一个随机起点,假设为5,从5开始,每20个抽取1个,最后到抽样框中找到这50个数字所对应的家庭居民户,这50个居民户就是抽取的样本家庭居民户。

5. 第五阶段:从家庭居民户中抽取被调查者

采用简单随机抽样的方法,列出每个家庭居民户中所有成年人的名单,按顺序编号,同样用上述写小纸条抽签的方法,将小纸条叠起来,放进口袋里混合后从中摸出1张。这1张小纸条上的号码所对应的家庭成员就是所抽取的被调查者。

七、调查实施

1. 挑选调查员

调查员队伍最好由20～25名高年级大学生或者研究生组成,男女生比例最好相当。调查员应具有诚实、认真、吃苦、耐劳的品质,以及较强的与人交往能力、口头表达能力、自我保护能力。

2. 培训调查员

调查员必须经过短期专门培训,培训内容包括了解调查项目、调查要求、访问技巧、熟悉问卷、做试访问、分组和管理要求等。正式调查前,每个调查员必须完成一份试调查,经过集体总结后才能正式开展调查。

3. 联系调查

通过市、区的民政部门介绍(包括开介绍信、打电话等),与各街道办事处和居委会联系。努力争取街道与居委会的支持与配合。这一点对于调查的顺利进行,特别是对于减少调查过程中的阻碍、取得被调查者的信任和节省调查时间具有十分重要的作用。

4. 保证调查质量

建议将调查员分为几组,每组4～5名调查员。调查最好在双休日进行,以避免工作日大部分调查对象上班外出不在家的情况发生。建议每组每人集中调查一个居委会,完成20～25户(平均每人4～5户)的调查。每天调查结束后,有人专门负责检查,及时发现问题,及时补救。每份问卷上需要有调查员和审核员的签名。

5. 调查员报酬

为保证调查员的工作质量和相应的劳动所得,按每份问卷10元的价格给予调查员调查报酬(不包括市内交通费、饮料费等);同时,为了保证被调查者的利益和便于调查的开展,给予每一位被调查对象价值5元左右的纪念品。

6. 注意调查员的人身安全

采取切实可行的措施,保证调查员的人身安全。最好在双休日白天进行调查,晚上调查必须两人组队进行,不能单独行动,21点前必须返回。

八、进度安排

1. 准备阶段:2个月(4月1日—5月31日)

具体工作为设计调查问卷,组织调查员队伍,各城市抽取城区、街道、居委会(若条件许可,抽到居民户),联系街道和居委会,调查员培训,试调查。

2. 调查实施阶段:1个月(6月1日—6月30日)

具体工作为按调查计划安排,将调查员分组,进入样本街道和居委会开展调查;实地抽取居民户以及进行户中抽人;以结构式访问的方式完成调查问卷;每天实地审核调查问卷,发现问题及时处理和开展补充调查。

3. 资料整理阶段:1个月(7月1日—7月31日)

为保证资料质量,各地统一将问卷于7月5日前送至××区调查点,由××区调查点集中编码和录入。××区调查点组织专门人员依据编码手册对问卷进行编码和录入。建议编码者和录入者为同一组人,编码和录入前一定要进行专门培训,强调认真仔细,切忌马虎。编码和录入时先慢后快,以减少录入中的错误。数据录入完毕后,经过计算机处理,于7月底以前将数据用电子邮件分别传给各个区的调查人员。

4. 分析资料和撰写研究报告阶段:4个月(8月1日—11月30日)

研究人员利用调查数据完成居民社会保障状况的调查总报告一份,专题论文若干篇,并为编辑成果出版做准备。

九、经费预算

项目	预计经费/元	备注
确定调查目标,制定调查计划	500	制定人劳务费
设计问卷	3 000	问卷设计人员劳务费用:1 000元 问卷印刷费用:1 000份×2元/份=2 000(元)
调查队伍组织	2 000	培训教师劳务费用:1 000元 培训场地租用、用具费用:1 000元
联系调查	6 000	与各街道办事处、居委会联系费用:6街道×2社区/街道=12(社区) 12社区×500元/社区=6 000(元)
资料收集	15 000	调查员劳务费用:1 000份×10元/份=10 000(元) 礼品费用:1 000份×5元/份=5 000(元)
资料整理分析	5 000	专业分析人员劳务费用(包括数据录入、分类、统计分析等)
调查报告撰写并印刷	5 000	撰写人稿费 印刷费用
合计	36 500	

[资料来源:赵淑兰,社会调查方法(第三版),机械工业出版社,2023年]

 **任务实训**

任务实训单

实训目标	以小组为单位,对所选定的课题的研究方案进行讨论,并撰写一份课题调查研究方案书。
实训环境	1. 拥有与小组课题项目相关书籍的阅览室。 2. 具备网络查询功能的电脑。
实训内容及要求	【实训内容】 1. 查阅与所选课题相关的最新资料,并结合项目二所完成的文献阅读,完成调查研究的背景分析、研究目的、研究意义的撰写。 2. 结合已经完成的调查研究准备工作的内容,完成调查目标、调查范围、调查对象的设定。 3. 根据所选课题的调查目的,思考是否需要提出研究假设。 4. 根据罗列出的任务清单,编制调查研究工作行动方案,其中抽样方案设计、变量分析、信息数据收集方式相关内容可以简略说明,待后续章节学习后再做补充。 5. 根据调研工作行动方案,设计所需的团队人员架构,以及制定预算,可先根据调查行动方案进行理想化的设计。 【实训要求】 1. 调查方案的各部分内容需要符合程序逻辑上的对应关系。 2. 调查方案具有科学性、合理性、可操作性。
实训步骤	1. 小组初步设计调查方案,并撰写成文。 2. 不同小组互评调查方案书,并给出质疑问询及修改意见。 3. 小组根据收集到的质疑问询及修改意见进行调查方案的修改优化。 4. 各小组将调查方案书做成PPT,做模拟课题申请的路演汇报,同时接受二次问询并进行答辩。
实训考核评价	【评价载体】 调查方案书和PPT汇报。 【评价指标】 1. 调查方案书的科学性、逻辑性、可行性,占60%。 2. 调查方案的PPT汇报表现,占40%。

思政小课堂

党的领导力来自战略谋划与组织执行力

党的领导力的重要来源就是战略谋划。战略领导力是决定领导成败的关键因素。我们党之所以能成功推进和拓展中国式现代化,首先在于从新中国成立起就对现代化事业进行科学的战略谋划。从毛泽东、周恩来、邓小平到新时代,我们党高度重视现代化的战略谋划。党的十八大以来,党中央统筹推进"五位一体"总体布局,协调推进"四个全面"战略布局,提出从二〇二〇年到二〇三五年基本实现社会主义现代化,从二〇三五年到本世纪中叶把我国建成富强民主文明和谐美丽的社会主义现代化强国这一"两步走"战略安排。中国式现代化建设布局和战略目标越来越科学、越来越明晰。

中国共产党不仅重视和善于战略谋划,而且重视和善于组织执行。党的力量来自组织,没有严密、坚强、稳定的组织体系,就没有党的领导力。我们党具有上下贯通、执行有力的严密组织体系,这是我们党的光荣传统和独特优势,是世界上其他政党都难以比拟的。党的组织体系中,党的中央组织是大脑和中枢,具有特殊地位,把维护党中央权威和集中统一领导作为根本的政治要求,才能有效发挥党的总揽全局、协调各方作用,才能确保党对中国式现代化的坚强领导,有力组织战略谋划落地。

比较各国政党的领导力可以清楚看出,中国共产党的领导力的突出优势就在于其长远的战略谋划与强大的组织执行力,具有理性的、可预期的、稳定的动员力。正因为这样,中国才可能快速崛起,不断推进与拓展中国式现代化,使中华民族伟大复兴进入不可逆转的历史进程。

(资料来源:李文堂,中国式现代化与中国共产党的领导力,中国领导科学,2022年第6期)

思考与练习

一、选择题

1. 下列选项中,属于群体分析单位的是(   )。
   A. 家庭　　　　B. 社团　　　　C. 街头帮派　　　D. 社区
2. "当代家庭代际关系问题研究"这一调查课题的分析单位是(   )。
   A. 个体　　　　B. 群体　　　　C. 组织　　　　D. 社会活动产物
3. 调查内容是指被调查者的属性和特征,可以分为(   )。
   A. 状态　　　　B. 意向性　　　C. 行为　　　　D. 制度
4. 制定调查方案的基本原则包括(   )。
   A. 可行性原则　　B. 完整性原则　　C. 时效性原则　　D. 经济性原则

二、填空题

1. 根据调查目的不同,调查研究的类型包括_____、_____和_____。
2. 社会调查中的五种分析单位分别是_____、_____、_____、_____和_____。
3. _____需要探寻现象背后的原因,揭示现象发生或变化的内在规律,因此通常需要提出假设并在调查研究中进行验证。

三、名词解释

1. 分析单位
2. 层次谬误
3. 描述性调查

四、问答题

1. 描述性调查关注的焦点是什么?列举两个常见的描述性调查的例子。
2. 简述描述性调查、解释性调查二者的特点及关系。
3. 一份完整详细的调查方案具体包括哪些内容?

项目四　抽取调查样本

情境导入

为了解某城区普通居民对基本养老保险的满意程度,需要在此城区中抽选800户居民开展抽样调查,在每户居民中选择1名家庭成员作为受访者。一个城区中居民的户数可能多达数百万,除了国家统计部门之外,大多数机构都不具有这样庞大的居民户名单。这种情况决定了只能采取多阶段抽样调查的方式。根据调查要求,抽样分为两个阶段进行:第一阶段是从全城区的居委会名单中随机抽选出40个样本居委会;第二阶段是从每个被选中的居委会中随机抽选出20个样本居民户。

这是一个典型的两阶段入户调查的现场抽样设计,从设计的全过程可以看出,随机原则分别在选择居委会、选择居民户等环节中得到体现。在任何一个环节中,如果随机原则受到破坏,都有可能对调查结果造成无法估计的偏差。

思维导图

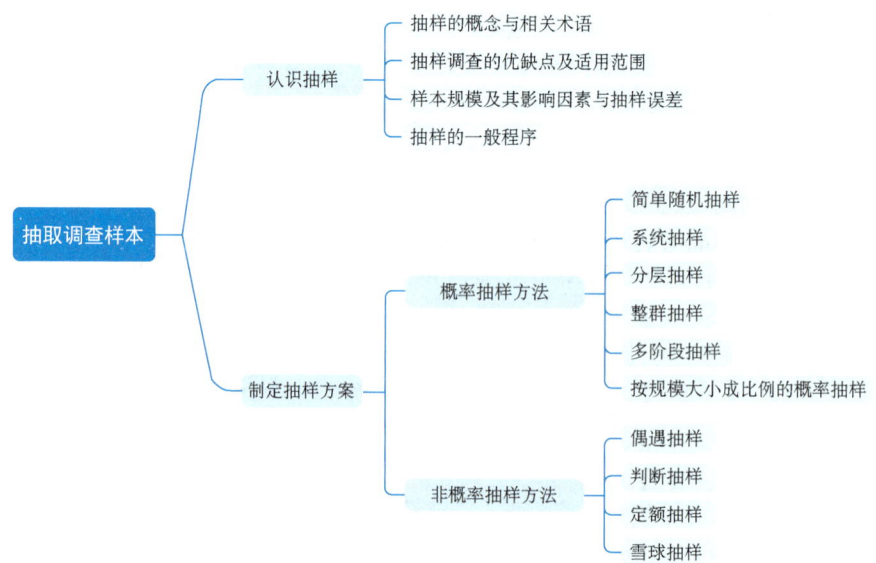

学习目标

知识目标

1. 理解抽样的相关概念与术语；
2. 了解抽样调查的特点和作用；
3. 理解抽样的原理；
4. 了解抽样的类型；
5. 掌握概率抽样方法和非概率抽样方法；
6. 掌握抽样的程序；
7. 理解样本规模及其影响因素；
8. 理解抽样误差及其影响因素。

技能目标

1. 能运用概率抽样方法抽取调查样本；
2. 能运用非概率抽样方法抽取调查样本；
3. 能根据实际情况确定样本规模；
4. 能控制抽样误差。

素质目标

1. 培养尊重科学精神、一丝不苟工作作风；
2. 培养通过部分认识总体、通过现象看本质的精神；
3. 培养认真严谨、勤于思考的探究素质。

任务一 认识抽样

案例导入

美国总统选举与民意调查

我们知道，近几十年来，美国总统大选前夕，总有一些民意测验机构喜欢对总统选举投票的结果进行预测。1936 年美国总统选举前夕，盖洛普民意测验所仅仅调查了 3 000 人，就成功地预测了民主党人罗斯福将当选为美国的新一任总统。

1984 年，这家民意测验机构又一次成功地预测了里根(Reagan)将以 59%：41%的优势战胜蒙代尔(Mondale)，当选为美国的新一任总统。这一预测结果与普选票投票结果(59%：41%)一致。而当时盖洛普民意测验所在将近 1 亿美国选民中，调查对象还不到 2 000 人。

以上是抽样调查成功的典型代表，这说明对一部分对象的调查是可以正确反映总体情况的。在实际调查中，往往因为客观条件的限制而不能对总体中的所有个体逐一进行调查，所以调查部分以反映总体的抽样调查成为常用的调查研究方法之一，它已被广泛应用于社会调查、市场调查、民意测验等多个领域。

抽样的相关概念

知识准备

一、抽样的概念与相关术语

（一）总体

总体是构成研究对象的所有元素的集合，而元素是构成总体最基本的单位。在社会调查中，通常用 N 表示总体所包含的元素的数量，它既可以是个体，也可以是群体、组织、社区或社会产物。例如，要对深圳市大学生的媒介素养做调查，那么深圳市高校所有的大学生就是这次调查的总体。

（二）样本

样本是按照一定的方式从总体中抽取的一部分元素的集合。样本所含元素的数量通常用 n 表示。在上面的例子中，如果从深圳市大学生中，按照一定的方式抽取 1 000 名大学生作为代表进行调查，那么这 1 000 名大学生就构成了此次调查的一个样本。需要注意的是，在一个总体中可以抽取若干个不同的样本，因为任何一个元素的更换都会形成一个不同的样本，我们的任务便是从这若干个不同的样本中得到较具代表性的样本。

（三）抽样

抽样是从含有 N 个元素的总体中，按照一定的方式，抽取 n 个元素的过程。在上面的例子中，从深圳市所有大学生中按照一定的方式抽取 1 000 名学生的过程就是抽样。

（四）抽样单位

抽样单位是一次直接抽样时所使用的基本单位。在社会科学研究中，常用的抽样单位是个体的人，也可以是一定类型的群体或组织，如家庭、公司、居委会、社区等。需要注意的是，抽样单位和样本元素有时是一致的，有时是不一致的。在简单随机抽样中，它们是一致的；但在整群抽样中，抽样单位是群体，而每个群体单位中又包含许多样本元素。在上面的例子中，当从深圳市所有大学生中按照一定的方式抽取 1 000 名学生时，如果直接抽取 1 000 名大学生，则抽样单位为个人，即样本元素；如果抽取的是 20 个班级（假设这 20 个班级正好有 1 000 名大学生），那么抽样单位就是班级，这时，抽样单位和样本元素就不同了。

（五）抽样框

抽样框也称为抽样范围，是一次直接抽样时总体中所有抽样单位的名单。如果抽样是分为几个阶段来进行的，那么每一阶段都需要制定不同的抽样框。在上面的例子中，当实际抽取样本时，调查者不会选择直接以大学生为单位进行一次性抽样，因为这样需要一份深圳市所有符合条件的大学生的名单，这项工作很难进行，所以调查者一般会分阶段来进行抽样。例如，先从所有城区中抽取部分城区，然后从抽中城区的所有高校中抽取部分高校，再从抽中高校的所有年级中抽取部分班级，最后从抽中的班级中抽取 1 000 名符合条件的中学生。在这个过程中，由于每个阶段的抽样单位都不同，第一阶段的抽样单位是城区，第二阶段的抽样单位是学校，第三阶段的抽样单位是年级，依此类推。因此，在制定抽样框时，第一阶段的抽样框是所有城区的名单，第二阶段的抽样框是所有学校的名单，第三阶段的抽样框是所有年级的名单,依此类推。

(六) 参数值

参数值也称为总体值,是对总体中某一变量的综合描述,或者说是总体中所有元素的某种特征的综合数量表现。例如,深圳市所有大学生的平均年龄、接触媒介的频率等都是参数值。参数值需要通过对总体中的每个元素都进行测量才能得到。因为一般总体中包含的元素很多,很难对每个元素都进行分析而得出参数值,所以参数值是一种理论值,常常是未知的。

(七) 统计值

统计值也称为样本值,是对样本中某一变量的综合描述,或者说是样本中所有元素的某种特征的综合数量表现。它通常是通过实际统计分析而得到的数值。在上面的例子中,从深圳市所有大学生中抽取1 000名大学生,对这1 000名大学生的平均年龄、接触媒介的频率进行计算,所得到的就是这一样本的统计值。

由于参数值通常是未知的,而统计值是可以通过计算得到的,因此抽样调查的一项重要任务便是用样本统计值来推断总体参数值。

(八) 置信度

置信度也称为置信水平,是指总体参数值落在样本统计值某一区间内的概率,或者说是总体参数值落在样本统计值某一区间内的把握性程度。例如,置信水平为95%,是指总体参数值落在样本统计值某一区间内的概率为95%,或者说有95%的把握认为总体参数值将落在样本统计值周围的某一区间内。

(九) 置信区间

置信区间是指在某一置信度下,样本统计值与总体参数值之间的误差范围。置信区间反映了抽样的精确性程度。置信区间越大,即误差范围越大,抽样的精确性程度越低;反之,置信区间越小,即误差范围越小,抽样的精确性程度越高。

置信度与置信区间的关系如下:置信度反映了抽样的可靠性程度,置信区间反映了抽样的精确性程度。在其他条件不变的情况下,置信度越高,置信区间越大;置信度越低,置信区间越小。也就是说,对抽样的可靠性程度要求越高,抽样的精确性程度越低;对抽样的可靠性程度要求越低,抽样的精确性程度越高。

(十) 抽样误差

抽样误差是用样本统计值估计总体参数值时所出现的误差。这是由抽样本身产生的误差,它反映了样本对总体的代表程度,故又称为代表性误差。抽样误差是由抽样本身的随机性引起的,是不可避免的,但抽样误差的大小是可以控制的。抽样误差的意义在于它是衡量样本代表性好坏的标准,抽样误差越小,说明样本的代表性越好;反之,则说明样本的代表性越差。

(十一) 同质性与异质性

社会中由不同的个人所组成的各种群体、组织等构成了社会调查的研究总体。同质性是指总体中个体相互之间的相似程度,它与异质性相对应。异质性是指总体中个体相互之间存在的差异程度。一般来说,同质性越高,所抽取的样本越容易代表总体。当总体中个体之间的异质性较大时,为了保证样本对总体的代表性,需要增加样本的数量。

(十二) 随机原则

随机原则也称为机会均等原则(或等概率原则),是指抽样时在完全排除主观人为选择的前提下,使总体中每个单位都有相同的被抽中的机会。例如,福利彩票的中奖就是按随机原则产生的。遵循随机原则的抽样叫作随机抽样或概率抽样。

二、抽样调查的优缺点及适用范围

抽样调查是从研究的总体中按随机原则抽取部分单位作为样本,进行观察研究,并根据这一部分单位的调查结果来推断总体,以达到认识总体的一种统计调查方法。

(一)抽样调查的优点

1. 节省人力、财力和时间。
2. 按照随机原则抽样。
3. 通过样本来推断和说明总体。
4. 抽样误差可以事先计算并加以控制。

(二)抽样调查的缺点

1. 抽样调查主要适用于定量调查,对于定性调查比较困难。
2. 由于抽样调查主要适合大范围的定量调查,因此调查的广度和深度有限,难以进行深入细致的研究。
3. 对于调查总体尚不清楚、不明晰的被调查者,如正在形成的新生事物以及各种隐秘的社会现象,很难进行抽样调查。
4. 抽样调查需要较多的数学知识和较高的计算能力,特别是概率论和数理统计方面的知识,专业性比较强,对调查者的要求比较高。

(三)抽样调查的适用范围

1. 总体范围较大,被调查者较多。
2. 用于不可能进行全面调查的总体数量特征的推断。这主要有两种情况:第一种是无限总体的调查,如江河、湖泊、海洋中的鱼尾数,大气或海洋的污染程度等;第二种是具有破坏性或消耗性的产品的质量检验,如灯泡的寿命、轮胎的磨损程度、人体的血液检验及糖果、烟酒等食品的质量检查,无法将所有产品一一检查和实验,只能采取抽样调查的方法。
3. 用于某些不必进行全面调查的总体数量特征的推断。例如,对于城乡居民的家庭收支调查,虽然可以对城乡居民进行逐一调查,但工作量太大,耗费人力、物力和财力太多,而且常常缺乏原始记录。这时,可以采取抽样调查,掌握部分家庭的收支状况,以说明总体的特征。
4. 对普查统计资料的质量进行检验或修正。

三、样本规模及其影响因素与抽样误差

(一)样本规模

样本规模即样本容量,是指在一个调查方案中所包含的样本量。一项调查方案样本规模设计的好坏直接影响方案的可行性。在社会统计学中,通常以 30 为界线,把样本分为大样本(30 个样本以上)和小样本(30 个样本及以下)。根据正态分布对样本量的要求,一般认为当样本规模在 30 以上时,其平均值的分布接近于正态分布。但是,对于实际的社会调查研究来说,30 个样本量是远远不足的。一般来说,在社会调查研究中样本规模不少于 100。不同抽样误差所对应的最小样本规模见表 4-1。

表 4-1　95%置信水平下不同抽样误差所要求的样本规模

容许的抽样误差	要求的样本规模	容许的抽样误差	要求的样本规模
1.0	10 000	6.0	277
1.5	4 500	6.5	237
2.0	2 500	7.0	204
2.5	1 600	7.5	178
3.0	1 100	8.0	156
3.5	816	8.5	138
4.0	625	9.0	123
4.5	494	9.5	110
5.0	400	10.0	100
5.5	330		

(二) 影响样本规模确定的因素

1. 样本规模与总体规模之间的关系

一般来说,当总体越大时,样本也要越大,这样才能保证一定的精度。但是,当总体规模大到一定程度时,样本规模的增加与它并不保持同等的增长速度。在这种情况下,样本规模的增加对抽样误差的影响微乎其微,所以样本规模越大越好是一种误解。按照社会调查的一般程序,当总体规模小于 100 时,应进行全面调查;总体规模在 1 000~10 000 时,样本规模也有所增长;总体规模超过 10 000 时,样本规模无须有较大变化。总体来说,社会调查的通常样本规模在 200~1 000 之间。

2. 抽样的精确性

一般来说,抽样调查的目的是通过样本推断总体,而推断的可靠性和精确度与样本规模之间有密切的关系。置信度和置信区间是说明样本规模与抽样可靠性、精确度之间关系的两个重要概念。置信度反映抽样的可靠程度;置信区间反映抽样的精确程度。置信度越高,即推断的可靠程度越高,所要求的样本规模就越大;置信区间越小,即样本值与总体值之间的误差范围越小,所要求的样本规模就越大。反之,则所要求的样本规模越小。例如,在同等条件下,99%的置信度所要求的样本规模比置信度为 95%时所要求的样本规模要大。同样,在其他条件相同的情况下,置信区间为±1%时所需要的样本规模比置信区间为±5%时所需要的样本规模大得多。

3. 总体的异质性程度

一般来说,要达到同样的精确性,在同质性程度高的总体中抽样时,所需要的样本规模小一些;而在异质性程度高的总体中抽样时,所需要的样本规模大一些。其主要原因是,同质性越高,表明总体在各种变量上的分布越集中,波动性越小,同样规模的样本对总体的反映就越准确;而异质性越高,表明总体在各种变量上的分布越分散,波动性越大,同样规模的样本对总体的反映就会越差。

4. 调查者所拥有的人力、物力、财力和时间

从样本的代表性和抽样的精确性来考虑,样本规模当然越大越好,但抽样所得到的样本是要用来进行调查的。样本规模越大,就意味着所需要投入的人力、物力、财力和时间越多,也意味着可能受到的限制和障碍越多。从调查的可行性和简便性来考虑,样本规模越小越好。究竟选择多大规模的样本,调查者必须根据自身所拥有的人力、物力、财力和时间来确定。

(三)抽样误差

抽样误差是指样本统计值与被推断的总体参数出现的偏差。当从总体中随机地抽取样本时,哪个样本被抽到是随机的,由所抽到的样本得到的样本指标与总体指标之间的偏差,称为实际抽样误差。当总体相当大时,可能被抽取的样本非常多,不可能列出所有的实际抽样误差,而用平均抽样误差来表示各样本实际抽样误差的平均水平。抽样误差是统计推断所固有的,虽然无法避免,但可以通过运用数学公式计算,确定其具体的数量界限,并设计抽样程序加以控制,因此抽样误差也称为可控制的误差。

除了抽样误差外,在社会调查研究中还有以下几种误差。

1. 登记误差

登记误差,又称调查误差或工作误差,是指在调查过程中,由于各种主观或客观的原因而引起的误差。例如,由于指标含义不清、口径不同而造成的误差;由于被调查者提供不实的资料造成的误差;以及由于登记、计算、抄写上有差错等而出现的误差。调查的范围越广,规模越大,内容越复杂,产生登记误差的可能性就越大。

2. 代表性误差

代表性误差,是指在抽样调查中,样本各单位的结构情况不足以代表总体的状况,而用部分去推断总体所产生的误差。代表性误差的产生有以下两种情况:一种是由于违反了抽样调查的随机原则。例如,有意识地多选较好的单位或较差的单位进行调查而造成的系统性误差。可见,系统性误差和登记性误差一样,都是抽样组织工作设计不完善造成的,应该采取措施预防误差产生或将其减小到最低程度。另一种情况是遵循了随机原则,可能抽到各种不同的样本而产生的随机性误差。随机性误差在抽样推断中是不可避免的,是偶然的代表性误差。

对于特定的调查总体来说,要减少抽样误差,就应当增加样本单位的数量,即抽一个相对规模较大的样本进行调查。当样本单位增加到与总体单位一样多时,就不存在抽样误差了。但是,为了降低抽样误差而采取无限扩大样本规模的做法并不是一种明智的选择。这是因为,对于比较小的总体来说,样本规模上很小的一点增加,会带来精确性方面很明显的提高;但对于较大的总体来说,增加样本量对提高精确性的作用并不明显。

四、抽样的一般程序

虽然不同的抽样方法具有不同的操作要求,但从大的程序上来看,按照一定原则进行抽样时,大致包括以下几个步骤。

(一)界定总体

界定总体就是在具体抽样前,对从中抽取样本的总体范围和界限做出明确的界定。对总体进行界定的原因有两个:一是抽样调查的目的是调查部分以反映总体,所以事先一定要明确界定样本所要推断的总体的范围。二是界定总体是达到良好抽样效果的前提条件。事实证明,在没有明确界定总体前提下的抽样是很难正确反映总体情况的。

(二)确定抽样框

根据已经明确界定的总体范围,收集总体中全部抽样单位的名单,并对名单按随机原则进行统一编号,建立供抽样使用的抽样框。对于构成简单的总体,可以直接根据其组成名单形成抽样框;但对于构成复杂的总体,应根据调查研究的需要,制定不同的抽样框,分级选择样本。例如,进行全国人口抽样调查时,先以全国的省、市为抽样框,选择部分省、市为调查单位,然后以这些省、市中的各个县、区为抽样框,选择部分县、区为调查单位,再依次到村或社区进行抽样。

在概率抽样中,抽样框的确定非常重要,它会直接影响样本的代表性。因此,抽样框要力求全面、准确。确定抽样框原则有两个:完整性和不重复性。这在实际操作中并不容易满足。例如,在城市居民户的抽样中,会经常出现一户有多处住房的情况,这样很容易把一户重复列入抽样框,使得他们在抽样中的中选概率高于其他居民;相反,许多城市居民的居住条件比较差,很多居民同住在一个住房中,因此,他们很容易被遗漏。这两种情况均违背了完整性和不重复性原则。

(三)决定抽样方案

不同的抽样方法有不同的特点和适用范围。调查者需要根据研究的目的和要求、调查范围、被调查者、各种抽样方法的特点及其有关因素,决定具体采用哪种抽样方法。除此之外,还要根据调查的要求,确定样本规模及主要目标量的精确程度。一个完整的抽样方案应该包含以下内容:

1. 抽样调查的目的、任务和要求。
2. 被调查者(总体)的范围和抽样框。
3. 抽取样本的方法。
4. 必要的样本规模。
5. 主要抽样指标的精确度要求。
6. 总体目标量的估计方法。
7. 实施总体方案的办法和步骤。

(四)实际抽取样本

实际抽取样本的工作就是在上述几个步骤的基础上,严格按照所选定的抽样方法,从抽样框中抽取一个个抽样单位,构成调查样本的过程。根据抽样方法的不同和抽样框是否可以事先得到等因素,实际抽取样本的工作既可能在实地调查前就完成,也可能需要到实地后才完成。

(五)评估样本质量

评估样本质量,即通过对样本统计值的分析,说明其代表性或误差大小。对样本代表性进行评估的主要标准是准确性和精确性,其中,前者是指样本的偏差,偏差越小,其准确性越高;后者是指抽样误差,误差越小,其精确性或代表性越高。

评估样本质量的基本方法如下:将可得到的反映总体中某些重要特征及其分布的资料与样本中同类指标的资料进行对比,若二者之间的差别很小,则表明样本的质量较高,代表性较好;反之,若二者之间的差别十分明显,则表明样本的质量不高,代表性不好,则需要对前面的抽样步骤进行检查、修正,直到抽出质量较高、代表性较好的样本。

例如,从某高校的10 000名学生中抽取500名学生作为样本。同时,从学院教务处或学生处得到下列统计资料:全校男生占学生总数的53%,女生占47%;本省学生占学生总数的40%,外省学生占60%。那么,可以对抽取的500名学生进行这两方面分布情况的统计。假定样本统计得到的结果如下:男生占学生总数的52%,女生占48%;本省学生占学生总数的41%,外省学生占59%。通过对比可以发现,二者之间的差距很小,这就在一定程度上说明样本的质量较高、代表性较好,从这样的样本中得到的结果往往能较好地反映和体现总体的情况。

调查案例

拓展阅读

住房需求抽样调查方案设计及数据处理方法(节选)

为了掌握××市常住人口的住房现状,推断××市居民,尤其是低端收入人群的住房需求及购买能力,为政府宏观调控房地产市场,解决居民住房基本需求保障问题提供数据支持,特制定如下调查方案:

一、调查对象

本次调查以居住在××市A区、B区、C区和D区的常住人口为调查对象,不包括居住在该范围内已动迁和正在动迁的常住人口。

二、调查精度

在对基础资料研究后进行初步估计,市内四区住房需求率的抽样极限误差控制在1%以内,各区住房需求率的抽样极限误差控制在2%以内,保证程度为95%。

三、基本思路

为既能方便调查实施又能保证推断精度和调查效率,以××市内四区(共计34个街道,283个社区)住房基本情况摸底调查数据为基础(需将动迁户从该范围中剔除),以单栋住宅楼(或连片平房)为样本单元,对样本单元分别按"建筑年份""是否封闭小区""总楼层数"三个标识变量进行细致分层,再对每一层中各栋楼(或连片平房)按其拥有住房套数进行排序,最后按等距抽样方法确定应抽取的样本单元,对被抽中样本单元内全部住户实施整群抽样。由于平房区居民及别墅区居民内部的消费能力基本趋同,而且平房和别墅的总套数在住宅总量中所占比重很少,为方便起见,只将平房和别墅各分别单列一层直接进行随机等距抽样,并不做进一步的细致分层。

四、抽样框的确定

为满足分区域推断的需要,在市内四区分别设计抽样框架及分配样本量。具体分层方法如下。一是对每一个区域,首先将平房和别墅分别列为第1层和第2层。二是以"住宅楼"为单位,分别按"建筑年份""是否封闭小区""总楼层数"三个标识变量对其进行细致分层:①按"建筑年份"把全部楼房划分为"1979年及以前""1980—1989年""1990—1999年"及"2000年及以后"4个层次;②对按"建筑年份"分类得到的分层结果,按"是否为封闭小区"进一步划分为"封闭小区""不封闭小区"和"不是小区"3个层次;③对前两步复合分层的结果,再按"总楼层数"进一步划分为"多层(2~8层)""小高层(9~12层)"和"高层(13层及以上)"3个层次。即理论上可以把每个区域的居民住宅分为38层(2+4×3×3=38)。

五、样本量的分配

本次调查设计样本容量为 10 000 户居民。由于各区域所拥有的住宅套数及居民户数差异很大,所以按居民户数所占比重分配各区域的样本量,每一区域内部再按各层住宅总套数所占比重进一步分配样本量。具体步骤如下:①计算各区域应分配的样本量;②计算第 i 个区域各层应分配的样本量;③对于平房层和别墅层,因为平房或别墅总套数较少,且基本为一排一套或一栋一套,可以根据所分配的样本量直接按简单随机抽样方式确定样本单位;④对于其他各楼房层,首先需要计算各层应抽取的楼栋数,然后对各层按每栋楼的住宅套数升序排列,计算各层每栋楼住宅套数的向上累计频数,以套数为依据利用半距起点等距抽样方法确定应抽取的住宅所在楼,再对该楼的全部住宅进行调查。

六、实际抽样结果

最终实际抽取样本单位 10 828 户,抽样比为 1.36%,街道和社区的覆盖率分别为 100%和 64.0%。

(资料来源:孙玉环,住房需求抽样调查方案设计及数据处理方法,统计与决策,2007 年 6 月第 12 期)

任务实训

	任务实训单
实训目标	1. 以小组为单位,讨论并确定小组调查课题的调查对象和样本规模。 2. 以小组为单位,讨论确定抽样过程,并派小组代表进行陈述。
实训环境	1. 拥有与小组课题项目相关书籍的阅览室。 2. 具备网络查询功能的电脑。
实训内容及要求	【实训内容】 1. 根据总体规模、置信度、总体异质性及所拥有的人力、财力、物力和时间确定样本规模。 2. 根据小组课题调查需要,明确抽样的程序。 【实训要求】 1. 要了解不同的要求下,同样的总体所需要的样本规模不同。 2. 要明确样本规模和总体规模之间的关系。 3. 能根据调查需要,合理确定抽样的过程和阶段。
实训步骤	1. 界定总体,明确总体规模大小。 2. 讨论确定抽样的置信度和置信区间。 3. 讨论总体异质性程度对样本规模的影响。 4. 评估小组所拥有的人力、财力、物力和时间等因素。 5. 综合总体规模、置信度、总体异质性和调查成本等因素,确定样本规模。 6. 在确定样本规模的基础上,确定抽样的过程及阶段。 7. 小组安排一名代表陈述小组讨论后确定的样本规模及抽样过程。
实训考核评价	【评价载体】 书面作业和 PPT 汇报。 【评价指标】 1. 样本规模的合理性,占 35%。 2. 抽样过程的可行性,占 35%。 3. 小组成员合作情况,占 30%。

任务二 制定抽样方案

案例导入

人口变动情况抽样调查

人口变动情况调查是抽样调查,也就是从全国所有人口中抽出约 1‰ 的人,通过了解他们的一些基本情况,来推算全国人口的情况。自 20 世纪 80 年代初开始,国家统计局逐步建立了一项以人口普查为基础、以非普查年份的抽样调查为主体的人口统计调查制度。人口普查每 10 年进行一次,尾数逢"0"的年份为普查年份。普查年份以外的年份,尾数逢"5"的年份开展 1% 人口抽样调查,其余年份开展人口变动情况抽样调查,其样本量约占全国人口的 1‰。

调查目的是准确及时地掌握每年人口变动情况,并为国家检查人口政策和人口计划执行情况提供可靠的调查数据。人口变动情况抽样调查的基本方法是:以出生率作为估计样本的依据,确定把握程度为 95%,允许误差为 0.5‰,样本规模约 47 万人,总概率为万分之四点五,即近似 1/2 000。采取分层多阶段随机等距整群的抽样方式。先按省(直辖市、自治区)和县、市(区)分层,然后按县、市(区)、乡(街道),村民小组(居民小组)3 个阶段抽样。第一阶段:省抽县、市(区)。县和市分层后,分别按地址码顺序排队,以累计的人数等距抽取 15% 的县或市(区)。第二阶段:在被抽中的县、市(区)内,以相同的方法抽取 10% 的乡(街道)。第三阶段:在被抽中的乡(街道)内,以相同方法抽选 3% 的村民小组(居民小组)。对被抽中的村民小组(居民小组)范围内的全部家庭户进行调查。例如,1985 年中国人口变动情况的抽样调查,在内地 29 个省、自治区、直辖市共抽取了 413 个县、市(区),960 个乡(街道),3 557 个村民小组(居民小组)。

概率抽样方法

知识准备

一、概率抽样方法

抽样的类型大体可分为两种,即概率抽样和非概率抽样。二者的根本区别是在抽样过程中是否遵循等概率原则。所谓等概率原则,就是保证抽样时总体中每个个体被抽中的概率完全相等。由于概率抽样方法在抽样过程中能够满足等概率原则,因此用这种方法抽取的样本往往更具有代表性,可以用来推断总体;而非概率抽样方法在抽取样本的过程中并不遵循等概率原则,因此,这样抽取的样本往往代表性较差,很少用来推断总体。

在社会调查中,常用的概率抽样方法有简单随机抽样、系统抽样、分层抽样、整群抽样和多阶段抽样。

(一)简单随机抽样

简单随机抽样是指按照随机原则,从总体单位中直接抽取若干个单位组成样本。它是最基本的概率抽样方法,也是其他几种概率抽样方法的基础。简单随机抽样的具体抽样方法有两种:抽签法和随机数表法。

1. 抽签法

抽签法又称为抓阄法,是先将调查总体的每个单位进行编号,然后采用随机的方法任意抽取号码,直到抽足样本。一般地,抽签法就是把总体中的 N 个个体编号,把号码写在号签上,将号签放在一个容器中,搅拌均匀后,每次从中抽取一个号签,连续抽取 n 次,就得到一个容量为 n 的样本。

抽签法的优点是简单易行;缺点是当总体的容量非常大时,费时、费力,很不方便。如果号签搅拌不均匀,则会导致抽样不公平。

2. 随机数表法

随机数表法就是利用随机数表来抽取样本的方法。随机数表又称为乱数表,是由 0~9 这 10 个自然数随机排列组成的,表中的编码和排列没有任何规律可言。由于每个编码的出现都是随机的,因而它们都有同等的可能性。使用随机数表时,可以选择任意一行或任意一列作为起点,选择的顺序既可以是从上到下,也可以是从下到上;既可以是从左到右,也可以是从右到左。利用随机数表抽取样本,可以简化抽样的程序。

利用随机数表进行抽样的具体步骤如下:

(1) 取得一份调查总体所有抽样单位的名单(抽样框)。

(2) 将总体中的所有单位一一按顺序编号(随机排列或不随机排列均可)。

(3) 根据总体规模是几位数来确定从随机数表中选几位编码。

(4) 以总体规模为标准,对从随机数表中抽取的编码逐一进行衡量,并决定取舍。

(5) 根据样本规模的要求选出足够的编码个数。

(6) 依据从随机数表中抽取的编码,到抽样框中找出它们分别对应的个体。这些个体的集合就构成样本。

例如,某社区居委会要调查社区居民对社区服务的满意度,欲从某居民小组 60 户居民家庭中抽取 10 户作为样本进行调查。利用附录一提供的随机数表抽取该样本的具体步骤如下:

第一步,将 60 户居民家庭编号,每一户家庭对应一个编号,即 01~60。

第二步,由于总体规模 60 是一个两位数,因此,应从随机数表中选出两位编码。在随机数表中,随机确定抽样的起点和顺序。假设指定第 3 行、第 2 列的交叉点为起点,往右连续取 10 个两位数。

第三步,以总体规模 60 为标准,从随机数表中抽取的编码如果小于或等于 60 则留下,如果大于 60 则舍弃。依次抽取的 10 个号码分别是 26,41,43,35,32,07,59,06,45,25。

第四步,在总体中找出上述 10 个号码所对应的居民家庭,即编号分别为 26,41,43,35,32,07,59,06,45,25 的家庭,这些家庭就构成一个样本。

采用随机数表法抽取样本,完全排除了主观挑选样本的可能性,使抽样有较强的科学性。需要注意的是,无论是抽签法还是随机数表法,都不太适合在总体数量和样本规模较大的情况下使用。从样本产生的过程来看,如果总体规模较大,则抽样框的编制,即编号过程会比较繁杂;如果所使用的样本规模较大,则单次抽取样本的次数会较多。这些都会给实际操作带来一定的不便。

(二) 系统抽样

系统抽样是把总体中的个体进行随机编号并排序,再计算出某种间隔,然后按这一固定的间隔抽取个体的号码来组成样本的方法。

系统抽样的具体步骤如下:

1. 为总体中的每个个体都随机编号,并按号码排序,即制作抽样框。
2. 计算抽样间距。方法是用总体规模除以样本规模,其计算公式为:

$$K = \frac{N}{n}$$

其中,K 为抽样间距,N 为总体规模,n 为样本规模。

3. 在最前面的 K 个个体中,随机抽取一个个体,并记下编号,假定为 A,作为随机起点。
4. 在抽样框中,自 A 开始,每隔 K 个个体抽取一个个体,即所抽取个体的编号分别为 A,$A+K$,$A+2K$,…,$A+(n-1)K$。
5. 将这 n 个个体合起来就构成该总体的一个样本。

例如,为了了解参加某种知识竞赛的 1 000 名学生的成绩,现需抽取 50 名学生进行调查。若采用系统抽样方法,抽取样本的具体步骤如下:

1. 随机将这 1 000 名学生编号为 1,2,3,…,1 000。
2. 计算抽样间距。

$$K = \frac{1\ 000}{50} = 20$$

3. 在前 20 个编号中,利用抽签法抽取一个号码作为抽样的起点,假设是 18。
4. 以 18 为起始号码,每 20 个号码抽取一个号码,这样得到一个容量为 50 的样本,即 18,38,58,…,978,998。
5. 在编好号的抽样框中寻找这 50 个号码所对应的学生,这 50 名学生即构成一个样本。

使用系统抽样方法时,有两点必须注意:第一,系统抽样所抽取样本的代表性与个体的编号有关。如果编号的个体特征随编号的变化呈现一定的周期性,就可能会使抽取的样本的代表性很差。例如,如果按照男生单号、女生双号的方法编号,则利用系统抽样方法抽取的样本很可能会全部是男生或全部是女生。第二,当总体中元素的排列具有等级上的高低或次序上的先后顺序时,一般不采用系统抽样。这是因为,在这种情况下,随机起点的差异会使得不同调查者的研究结论出现较大的差异,从而降低调查的准确性。

(三) 分层抽样

分层抽样又称为分类抽样或类型抽样,是指首先将调查总体中的所有单位按照某种特征或属性(如性别、年龄、职业或地域等)划分成若干个类型或层次,然后在各个类型或层次中采用简单随机抽样或系统抽样的方法抽取一个子样本,最后将这些子样本合起来构成总体的样本。

分层抽样的基本步骤如下：

1. 总体分层，即将调查总体分成若干层次或类型。
2. 层中抽样，即在各类层次或类型中分别抽取一个子样本。
3. 子样本集合，即将这些子样本合起来构成总样本。

例如，在一所大学抽取学生进行调查时，可以先把总体分成男生和女生两大类，然后采用简单随机抽样或系统抽样的方法，分别从男生和女生中各抽取 100 名学生。这样，这 200 名学生所构成的就是一个由分层抽样得到的样本。

分层的作用主要有两个：一是便于不同子总体之间的比较研究；二是在不增加样本规模的前提下，减小抽样误差，提高抽样的精确性。在分层抽样中，总体按某个指标分层后，异质性强的总体就被分为一个个同质性强的子总体。在各个子总体内，样本分布较均匀，样本单位的代表性较高。分层抽样对各个层都要抽样，这就在一定程度上保证了样本结构与总体结构的相似性，提高了抽样的精度。

实际运用分层抽样方法时，调查者需要考虑以下两个问题：

1. 分层的标准

同一个总体可以按照不同的标准进行分层，通常采用如下原则：

（1）以调查所要分析和研究的主要变量或相关变量作为分层的标准。例如，如果要调查研究居民的消费状况和消费趋势，可以将居民家庭的人均收入作为分层的标准。

（2）保证各层内部同质性强、各层之间异质性强、突出总体内在结构的变量作为分层变量。例如，在工厂进行调查时，可以将工作性质作为分层的标准，将全厂职工分为干部、工人、技术人员、勤杂人员等进行抽样。

（3）将那些已有明显层次区分的变量作为分层变量。例如，在社会调查中，性别、年龄、文化程度、职业等经常被用作分层的标准。

2. 分层的比例

分层抽样可以分为按比例分层抽样与不按比例分层抽样两种。按比例分层抽样是指按各种类型或层次中的单位数目与总体单位数目之间的比例来抽取子样本的方法，即样本各个类型或层次的比例与总体该类型或层次的比例相同。但是，当总体中某些类型或层次的单位数目太少时，若以按比例分层的方法抽样，则这些类型或层次在样本中的个案太少，不利于了解各个类型或层次的情况，这时也会采取不按比例分层抽样的方法。

（四）整群抽样

整群抽样又称为聚类抽样，是指先把总体分为若干个子群，然后一群群地抽取样本单位进行调查的方法。它通常比简单随机抽样和分层抽样更实用，像分层抽样一样，也需要将总体分成类群，不同的是，这些分类标准往往是特殊的。

整群抽样需要先将各个子群体编码，随机抽取分群编码，然后对所抽取的样本群或组实施调查。因此，整群抽样的单位不是单个的个体，而是成群的个体。凡是被抽到的群或组，其中所有的成员都是调查对象。这些群或组可以是一个家庭、一个班级，也可以是一个街道、一个村庄。

整群抽样过程包括以下几个步骤：

1. 确定分群的标准。
2. 将总体（N）分成若干个互不重叠的部分，每个部分为一群。
3. 根据样本量，确定应该抽取的群数。
4. 采用简单随机抽样或系统抽样的方法，从 i 个群中抽取确定的群数。

例如，要在一个有 100 000 户家庭的城市中抽取 1 000 户进行调查，如果采用整群抽样的方法，则可以按社区来编制抽样框。假设全市共有 200 个社区，每个社区有 500 户左右的家庭，那么只需找到一份 200 个社区的名单，并采用简单随机抽样或系统抽样的方法，随机抽取 2 个社区，然后将这 2 个社区中的所有家庭作为调查样本。

作为一种概率抽样方法，整群抽样具有以下优点：

1. 调查单位比较集中，进行调查比较方便，可以减少调查人员来往于调查单位之间的时间和费用。例如，进行农村居民户收入情况调查时，在一个县抽取 5‰ 的村庄，对其中的所有居民户进行调查，显然比从全县直接抽取 5‰ 的农户进行调查更便于组织，节省人力、调查往返时间和费用。

2. 设计和组织抽样比较方便。例如，调查农村居民住户，不必列出农村所有居民住户的抽样框，可以利用现成的行政区域（如县、乡、村），将农村划分为若干个群，这给抽样设计方案带来很大方便。尤其是对于那些无法事先掌握总体单位情况的总体，采用整群抽样更为合适。

当群间同质性高、群内异质性高时，适合采用整群抽样的方法；当群间异质性高、群内同质性高时，适合采用分层抽样的方法。

（五）多阶段抽样

多阶段抽样是一种分阶段地从被调查者的总体中抽取样本进行调查的方法。它首先将总体单位按照一定的标准划分为若干个群体，作为抽样的第一级单位；再将第一级单位分为若干个小的群体，作为抽样的第二级单位；依此类推，可根据需要继续分出第三级单位或第四级单位。然后，按照随机原则，从第一级单位中随机抽取若干个单位作为第一级单位样本，再从第一级单位样本中随机抽取若干个单位作为第二级单位样本，依此类推，直至获得所需要的样本。

例如，某地有 24 000 名教师，他们分布在全市 10 个区的 200 所学校里。现在要抽取一个由 1 200 名教师组成的样本，按照三级抽样的方法，几种抽样方案见表 4-2。

表 4-2　某地教师抽样方案

方案	第一阶段	第二阶段	第三阶段
方案 1	10 个区	每个区抽取 4 所学校	每所学校抽取 30 名教师
方案 2	10 个区	每个区抽取 20 所学校	每所学校抽取 6 名教师
方案 3	从 10 个区中抽取 5 个区	每个区抽取 12 所学校	每所学校抽取 20 名教师
方案 4	从 10 个区中抽取 3 个区	每个区抽取 10 所学校	每所学校抽取 40 名教师
方案 5	从 10 个区中抽取 1 个区	每个区抽取 12 所学校	每所学校抽取 100 名教师

不难发现，在这五种抽样方案中，方案 2 的精确性是最高的，因为它在前两个阶段抽取的子样本的数量最多，抽样的范围最广；方案 5 的精确性最低，也是最简便易行的，因为

其在第一阶段就限定了抽样的范围,即在一个区内进行。

运用多阶段抽样时,有一点需要注意,即在类别和个体之间保持平衡,或者说保持适当的比例。那么,如何确定每一级抽样的单位数目呢?这主要考虑三方面的因素:一是各个抽样阶段子总体的同质性程度;二是各个抽样阶段子总体的人数;三是调查者所拥有的人力、时间和经费等。

多阶段抽样适用于范围大、总体对象多的社会调查。由于它不需要总体的全部名单,各个阶段的抽样单位数目一般比较少,因而抽样比较容易进行。但由于每一级抽样都会产生误差,因此多阶段抽样方法的误差较大。在同等条件下,可以通过相对增加开头阶段的样本数而适当减少最后阶段的样本数来减少抽样误差。

(六) 按规模大小成比例的概率抽样(PPS 抽样)

按规模大小成比例的概率抽样,简称为 PPS 抽样,适用于元素的大小不同或者元素在总体中的地位不同的情况,这是一种非等概率抽样的方法。例如,假设要从全校 100 个班级,总共 2 000 个学生中,抽取 100 个学生进行调查,我们采用多阶段抽样的方法,首先从 100 个班中随机抽取若干班级,如抽取 20 个班;然后再从这 20 个班分别抽取 5 个学生共 100 个构成样本。需要注意的是,这 100 个班级规模是不同的,最大的班级多达 60 人,而最小的班级只有 10 人。如果这样的两个班级都选入第一阶段的样本,那么它们在第一阶段的入选概率是相同的,即 20÷100=20%;但是第二阶段从每个班级抽取学生时,这两个班级中每个学生被抽中的概率却大不一样,前者的概率为 5÷60=8.33%,而后者的概率为 5÷10=50%。这样,人数多的班级中每个学生被抽中的概率为 20%×8.33%=1.66%,而人数少的班级中每个学生被抽中的概率为 20%×50%=10%,人数多的班级中的学生相对于人数少的班级中的学生被抽中的概率要小得多。为了解决这个问题,我们在社会调查中就会用到 PPS 抽样方法。

PPS 抽样主要分两个阶段进行:

1. 将各个单位排列起来,然后写出它们的规模,计算它们的规模在总体中所占的比例;将它们的比例累计起来,并根据比例的累计数依次写出每一个元素所对应的选择号码范围。

2. 采用随机数表或系统抽样的方法选择号码,号码所对应的元素入选第一阶段样本。从所选样本中进行第二阶段抽样。

PPS 抽样是一种使用辅助信息,从而使每个单位均有按其规模大小成比例的被抽中概率的一种抽样方式。主要优点是使用了辅助信息,减少抽样误差;主要缺点是对辅助信息要求较高,方差的估计较复杂等。

PPS 抽样示例见表 4-3。

表 4-3 用 PPS 方法抽取第一阶段样本举例

序号	规模	所占比例	累计	选择号码范围	所选号码	入样元素
班级 1	12	6‰	6‰	001～006		
班级 2	20	10‰	16‰	007～016		
班级 3	30	15‰	31‰	017～031	025	元素 1

续表

序号	规模	所占比例	累计	选择号码范围	所选号码	入样元素
班级 4	40	20‰	51‰	032～051	046	元素 2
班级 5	10	5‰	56‰	052～056		
班级 6	18	9‰	65‰	057～065		
班级 7	34	17‰	82‰	066～082	075	元素 3
班级 8	60	30‰	112‰	083～112	097,110	元素 4,元素 5
班级 9	32	16‰	128‰	113～128		
班级 10	28	14‰	142‰	129～142		
……	……	……	……	……		
班级 98	20	10‰	972‰	963～972		
班级 99	38	19‰	991‰	973～991	982	元素 20
班级 100	18	9‰	1 000‰	992～1 000		

非概率抽样方法

二、非概率抽样方法

在实际的调查过程中，还有一类抽样方法，称为非概率抽样。它不是严格按照随机原则抽取样本，而是根据调查者的主观经验和主观判断来选择样本。常用的非概率抽样方法主要有偶遇抽样、判断抽样、定额抽样和雪球抽样。

（一）偶遇抽样

偶遇抽样也称为方便抽样，是指调查者将自己在特定场合下偶然遇到的对象作为样本的一种抽样方法。例如，在街口拦住过往行人进行调查，在图书馆阅览室对当时正在阅读的读者进行调查，在商店门口、展览大厅、电影院等公众场所对进出往来的顾客、观众进行调查，利用报纸杂志向读者进行调查，等等。这种方法比较简单、方便，适用于探索性研究，但样本的代表性较差，具有很大的偶然性。

（二）判断抽样

判断抽样是调查者根据自己的主观印象、以往的经验和对被调查者的了解来选取样本的一种抽样方法。这种抽样适用于总体范围较小、总体单位之间的差异较大的社会调查。

这种主观抽样所抽取的样本是否具有代表性、所得出的结论是否准确，完全取决于调查者的判断能力，以及对被调查者的了解程度。因此，这种方法具有很大的主观随意性。但是，当对总体状况较为熟悉时，用这种抽样法所选择的样本也具有较高的代表性。这种方法多用于无法确定总体边界，或总体规模小、调查所涉及的范围较窄，或调查时间、人力等条件有限而难以进行大规模抽样的情况。判断抽样的方法在一定程度上与典型调查确定典型的方法类似。

（三）定额抽样

定额抽样也称为配额抽样。调查者首先依据有可能影响研究变量的各种因素来对总体进行分层或分类,并找出具有各种不同特征的成员在总体中所占的比例,然后按照总体比例在不同的类(层)中分配样本量,依据这种划分以及各类成员所占的比例,采用偶遇抽样或判断抽样的方法来选择被调查者,使样本中的成员在上述各种因素、各种特征方面的构成和在样本中所占的比例上尽量接近总体情形。

定额抽样的最大优点是,花费较低廉的抽样费用能获得各类人物、事物或社会现象的样本,而且不需要对总体编号排序,简便易行、快速灵活。其缺点是,由于定额抽样以代表总体为目的,因此使用这种方法时,必须对总体的性质有充分的了解。此外,定额抽样主要依赖于调查者的主观能力,所以推断总体指标时,其结论的代表性不强。

例如,假设某高校有 2 000 名学生,其中,男生占 60%,女生占 40%;文科学生和理科学生各占 50%;一年级学生占 40%,二年级、三年级、四年级学生分别占 30%、20% 和 10%。现在要用定额抽样方法,按照上述三个变量抽取一个规模为 100 人的样本。根据总体的构成和样本规模,可以得到定额抽样表,见表 4-4。

表 4-4 定额抽样表

变量	男生(60 人)								女生(40 人)							
	文科(30 人)				理科(30 人)				文科(20 人)				理科(20 人)			
年级	一	二	三	四	一	二	三	四	一	二	三	四	一	二	三	四
人数/人	12	9	6	3	12	9	6	3	8	6	4	2	8	6	4	2

定额抽样与分层抽样都有将总体分层的特点,不同的是,定额抽样的样本单位是由调查人员在层中根据自己的判断非随机抽取的,分层抽样的样本单位是按照随机原则从各层抽取的。因此,定额抽样的样本代表性比分层抽样低。

(四)雪球抽样

雪球抽样是以就近或方便接触到的少量样本为基础,逐渐扩大样本规模,直至达到所需要的样本规模的一种抽样方法。其具体做法是,先找到一个或几个符合研究目的的对象,然后根据这些对象所提供的线索寻找另外相关的对象依次进行抽样,直至达到研究目的。

例如,对钟点工进行调查,就可以通过朋友介绍或到家政服务公司找到一两个钟点工进行调查,让他们提供所认识的钟点工的联系方式,然后寻找那些钟点工进行调查,并请他们提供自己认识的钟点工……依此类推,像滚雪球一样,样本规模由小变大。

雪球抽样适用于对调查总体不太清楚的情况,常用于探索性的实地研究,特别适用于对小群体关系的研究。通过雪球抽样所选择的样本有时会有很大的随意性和特殊性,因而其代表性不高。

非概率抽样不是按照概率均等的原则,而是根据人们的主观经验或其他条件来抽取样本。因此,其样本的代表性往往较低,有时误差比较大,而且这种误差无法估计,用这样的样本推断总体是不可靠的。但是非概率抽样方法也有其优势,在很多情况下,严格的概率抽样几乎无法进行,如被调查者的总体边界不清而无法制作抽样框时,非概率抽样方法操作方便、省钱、省力,在统计上也比概率抽样方法简单,若能对调查总体和被调查者有较好的了解,也能达到良好的抽样效果。

中国综合社会调查抽样设计方案(2010)(节选)

一、调查背景

我国是世界上人口最多的国家,随着我国市场经济的发展,社会正在发生巨大的变革,经济发展使得对全国社会多方面信息的需求日益突出。及时、全面、客观地了解我国收入、医疗卫生、教育、失业保障等方面的信息,将为国家宏观调控政策的制定和企业的更好发展提供保障,对于促进城乡社会的协调发展、保持国民经济可持续发展都有着重大的现实意义。

中国综合社会调查是一项全国性的大型调查项目,调查总体是全国城镇居民和农村居民。本次调查的总体要求:①能够全面了解我国城乡社会发展情况;②能够对城市群体和农村群体进行对比分析;③能够在地理概念或者区域发展水平方面体现我国社会发展的地域差异性。

本方案着重介绍此次调查项目的抽样方案设计以及样本数据的权数调整方法。设计方案充分考虑了全国及不同地域估计的需要,对调查总体进行了科学、细致的分层,在一定程度上提高了估计精度;特别是在城乡样本配比、设立自我代表层、样本数据加权等问题的处理上体现了本方案的科学性、高效性、可操作性等特点。

二、调查目标总体

此次调查的目标总体为全国31个省、自治区、直辖市(不含港澳台)的所有城市、农村家庭户。

三、抽样设计原则

首先,作为全国性的抽样调查,整体方案必须是严格的概率抽样,要求样本对全国及某些指定的城市或地区具有代表性。其次,抽样方案必须保证具有较高的效率,即在相同的样本量条件下,方案设计应使抽样误差尽可能小,调查精度尽可能高。最后,方案必须具有较强的可操作性,不仅便于具体抽样的实施,也便于后期的数据处理。

四、抽样设计中的几个问题

(一)关于分层

根据本次调查的研究需要,将调查总体分为两大类:一是必选层,该层总体为入选大城市的市辖区家庭户;二是抽选层,该层总体为除去必选层市辖区以外全国所有家庭户。

1. 必选层

根据调查需要及以往调查经验,本次调查对那些发展处于国内领先水平的大城市将特殊对待,将该类城市市辖区家庭户作为单独一层进行设计,作为必选层。

对于大城市的界定,着眼于直辖市、省会城市和副省级城市共36座城市,从经济水平、教育水平及城市开放性程度等角度出发,选取GDP、拥有教师总数、外国直接投资(FDI)实际使用外资金额这三个总量指标进行考察,采用因子分析方法确定排名前五的城市进入必选层。需要特别说明的是:该层的调查对象为这些城市的市辖区居民,该层最终调查单元均划为城市家庭户。

2. 抽选层

抽选层的调查总体由必选层以外的城市、农村家庭户组成。为了便于在后期数据分析中采用平衡半样本进行方差估计,对初级抽样单元的分层划分打破省级地域限制,进一步增加分层的层数。将抽选层划分为区层和县层(包含县级市和县),采用人口密度、非农业人口比重和人均地区生产总值三个指标,在区层和县层中分别进行因子分析,得到区层和县层内各个区县的综合因子得分;在对综合因子得分进行排名的基础上将区层进一步分为19层,县层划进一步分为31层,抽选层共计细分划分为50个层。

(二) 各阶段抽样单元

本次调查采用分层三阶段概率抽样,视所在层情况,各阶段抽样单元略有不同,详见表4-5。

表4-5 各阶段抽样单元

	第一阶段抽样单元	第二阶段抽样单元	第三阶段抽样单元
必选层	街道	居委会	家庭户
抽选层	区、县级市、县	居委会、村委会	家庭户

这样设计的原因在于:对于必选层,选择街道作为初级抽样单元可以细化抽样框,使得样本点相对分散,有利于总体信息的采集,避免由于抽样框过粗而导致样本有偏。对于抽选层,全国区、县级市、县的数量较多,以其作为初级抽样单元比较合适。

(三) 样本量的界定及分配

1. 目标样本量

目标样本量是指在一定精度要求下,实现调查目标所必需的样本量。根据以往调查经验,本次调查设定目标样本量为12 000户,其中必选层2 000户,抽选层10 000户。后续部分涉及的样本量分配均立足于目标样本量。

2. 各阶段样本量分配

由于必选层与抽选层设计的各阶段抽样单元略有不同,因此,分别介绍两者各阶段样本量的分配。

对于必选层,该层总样本量为2 000户,计划抽取40个初级抽样单元(街道),每个初级抽样单元(PSU)抽取2个二级抽样单元(居委会),每个二级抽样单元(SSU)中抽取25个家庭户。

对于抽选层,该层总样本量为10 000户,计划抽取100个PSU(区、县级市、县),每个PSU中抽取4个SSU(居委会、村委会),每个居委会(村委会)中抽取25个家庭户。

最终,本方案共需抽取140个PSU,480个SSU。

3. 样本城乡分配

为了能切实反映全国范围城乡社会的真实情况,并在后续研究中能够对城乡进行对比研究,需要保证样本在城乡分配上与实际情况一致。首先明确本方案中的城乡样本概念,本方案设计基于这样的假设:居委会的家庭户为城市居民,村委会的家庭户为农村居民。

统计资料显示,目前我国城市常住人口数与农村常住人口数基本持平,由于城市居民主体的各方面差异相对明显,方差较大,因此将样本量的城乡分配比例确定为6∶4。

根据第一阶段样本量的分配结果,必选层中共抽取80个居委会,共计2 000户,因此抽选层内城乡家庭户数需分别为5 200和4 800户才能满足6∶4的要求。由于抽选层每个PSU下抽取4个SSU(居委会或村委会),每个SSU内最终抽样单元的目标样本量均为25,因此对城乡样本比例的控制,主要是使得抽选层居委会与村委会下的城乡样本比例达到5 200∶4 800,也即抽选层中的居委会与村委会样本个数比约为208∶192。

为了实现样本二级单元208∶192的目的,需要根据样本初级单元的城市化水平(非农业人口比重)分配样本居委会和村委会的数量。这里采用分别在区层和县层样本初级单元内,根据各个区县的城市化水平(用非农人口比重表示)进行分段,形成若干个区间,然后根据不同的区间对样本区县中的居委会、村委会个数进行分配的方法来实现样本居委会和村委会的比例要求。

4. 接触样本量

如果回答率达到100%,则调查时需要的接触样本量即为有效样本量,但现实中无回答现象不可避免。要克服这个困难,可以采取替换样本的方法,但样本替换在实际操作中存在缺陷,因此本方案采取利用膨胀系数扩大样本量的方法,对第三阶段样本量进行放大。

根据往年调查经验,发达城市的市辖区居民由于种种原因,回答率在50%左右,即膨胀系数在2左右,因此在必选层每个二级单元抽取50户家庭,该层接触样本量扩大至4 000;抽选层的居民群体回答率高于必选层,但其内部还有差异,大体上城市居民的回答率在65%左右,农村居民的回答率高于城市居民,大致在85%左右,因此,对于抽选层,在每个居委会抽取38户,在每个村委会内抽取30户。

五、具体设计

(一) 必选层的样本抽取

1. 必选层入样城市的确定

首先对全国36座城市(包括直辖市、省会城市、副省级城市)市辖区的GDP、拥有教师总数、外国直接投资(FDI)实际使用外资金额这三项指标进行因子分析,最终确定5个城市进入必选层。这里给出进行因子分析之后,综合得分排名前五的城市名单(见表4-6)。

表 4-6　36座城市中前5座城市

排名	城市名称
1	上海
2	北京
3	广州
4	深圳
5	天津

2. 初级单元的抽取

根据最新的全国行政规划,这5座城市市辖区总数为67个,如果以67个市辖区为初级阶段抽样框,初级单元个数有限,可能会导致样本在分布上过于集中,影响样本对该层总体的代表性,为了使样本点分布较为分散,将初级抽样单元细化为街道,由此,必选层的抽样框为入选城市市辖区的街道,且该层人口规模均只采用城市人口。

以必选层入选城市市辖区的街道作为抽样框,以各街道的城市人口规模为辅助信息,采取与人口规模成比例的 PPS 抽样抽取 40 个街道作为该层的 PSU,这里最终抽样单元为家庭户,理论上应该以街道的户数作为辅助信息,但目前这方面信息缺乏,因而用街道人口数作近似处理。

具体步骤说明如下:设共有 N 个初级单元(街道),第 i 个初级单元的人口规模为 M_i($i=1, 2, \cdots, N$),首先按地理区域将街道进行排序并产生累计人口数列,即排序第一位二级抽样单元为 M_1,对应的累积人口为 M_1;排序第二位的单元人口数为 M_2,对应的累积人口为 M_1+M_2,依次进行,则排序第 i 的单元对应的人口数为 M_i,对应的累积人口为 $\sum_{j=1}^{i}$($i=1, 2, \cdots, N$),需要注意的是:这里的 i 是指排序后单元对应序号。接下来,对第一个单元赋以 $1 \sim M_1$ 共 M_1 个代码;对第二个单元赋以 $M_1+1 \sim M_1+M_2$ 共 M_2 个代码,对第 i 个单元赋以 $\sum_{j=1}^{i-1} M_j + 1 \sim \sum_{j=1}^{i} M_j$ 共 M_i 个代码,人口总数为 $M_0 = \sum_{i=1}^{N} M_i$。

若已知初级单元样本量为 n,则首先可以确定抽样间隔 k,理论上 $k = \dfrac{M_0}{n}$,实际中一般取最接近于 $\dfrac{M_0}{n}$ 的整数。接下来从 $1 \sim k$ 范围内随机地产生一个整数 r 作为抽样起点,则代码为 $r, r+k, \cdots, r+(n-1)k$ 所对应的单元即为被抽中的初级单元,且第 i 个抽样单元被抽中的概率为 $Z_i = \dfrac{M_i}{M_0}$。

3. 二级单元的抽取

在确定初级抽样单元(街道)后,二级单元抽样框为样本街道内所有居委会名单,同时收集各个居委会人口数。二级单元的抽取方法:在入选街道内,采用与各居委会人口规模成比例的系统 PPS 抽样抽取 2 个居委会。

具体抽取过程同初级单元部分。

4. 最终单元的抽取

最终单元的抽取在每个入选的居委会中进行,在每个居委会内,按家庭户的门牌号进行排序,采取等概率系统抽样抽出 50 户家庭作为最终调查单元。这里,实际接触样本量在调查时视回答率状况分批投放,以达到既满足目标样本量,同时各二级样本单元(居委会)下最终样本(家庭户)数量差异不至于悬殊。必选层样本抽取情况见表 4-7。

表 4-7 必选层样本抽取情况

区域	初级单元数	居委会数	目标样本量	实际接触样本量
必选层	40	40×2=80	40×2×25=2 000	40×2×50=4 000

(二)抽选层的样本抽取

抽选层的初级抽样单元总体为:除去必选层城市市辖区以外的区、县级市、县,根据《中国统计年鉴 2009》的行政区划设置信息,除去必选层 67 个区后,抽选层共有 792 个区和2 003个县级市和县。

1. 抽样框的构建

为了实现样本分布与总体分布的一致,根据《全国分县市人口统计资料2008年》的户籍人口统计,区层和县层的人口规模比约为7∶18,差异较大,为了区县两层样本初级单元分配数量差异,采用与人口规模平方根成比例的分配方法,将抽选层中的50个层划分为为19个区层和31个县层。

在区层和县层中,以人口密度、非农业人口比例、人均地区生产总值三个重要指标对区县进行因子分析,首先利用综合因子得分法对区层和县层的区县进行排序,然后根据区县的个数基本等分为19层和31层。抽选层中区层共有792个初级单元不能被19整除,将余数13归入区层的最后一层,结果为前18个区层每层含41个初级单元,第19层含54个初级单元。县层做法类似,2 003个初级单元不能被31整除,将余数19归入县层的最后一层中,结果为前30个县层每层含64个初级单元,第31层含83个初级单元。

2. 初级单元的抽取

在上述50个小层中,以各个初级单元的综合因子得分排序,各个初级单元的人口数为辅助信息,按照与各初级单元人口数成比例的系统PPS抽样方式分别在各小层中抽取2个样本区或县。

3. 二级单元的抽取

在每个样本区或县中,抽取4个村委会或居委会,二级单元的具体抽取要根据初级单元的类别来确定,这是本方案实现城乡样本配比的关键环节,根据入样初级单元的类别确定应在该初级单元内抽取的居委会、村委会数目。一般说来,城市化水平较高的区(县),居委会个数较多、村委会个数较少,因此,城市化水平不同的区县,居委会与村委会抽取个数之间的配比亦不同,经测算,具体的居委会、村委会分配标准见表4-8。

表4-8 初级单元内二级单元的分配标准

分配标准	居委会	村委会
95%及以上	4	0
50%～95%	3	1
15%～50%	2	2
15%以下	1	3

在每个入样初级单元内部分别构建居委会、村委会抽样名单,同时收集该居、村委会人口数。根据上表的分配标准,以人口数作为规模辅助信息,按照与人口规模成比例的PPS抽取相应个数的居委会、村委会,确保每个初级单元下有4个二级单元。

4. 最终户单元的抽取

最终户单元的抽取在每个入选的居委会或村委会中进行,要求每个二级单元内部达到25户的目标样本,最终抽选层目标样本量为10 000。

但在实际调查中要涉及接触样本量的膨胀问题,正如在样本量界定中提到的,最终接触样本量在每个居委会(村委会)内必须进行扩大,由于城乡居民的回答率不同(大约分别在65%、85%左右),因此将居委会内的接触样本量扩大至38户,每个村委会内的接触样本量扩大至 30 户。具体抽取方法仍采用等概率系统抽样。

5. 户内调查对象的抽取

在入选的户内,列出所有 18 岁及以上人口,随机抽取一人,作为最终的调查对象。

六、最终样本的构成

本次调查目标样本量为 12 000,必选层样本量为 2 000,抽选层样本量为 10 000。在必选层中,抽取 40 个初级单元,每个初级单元内抽取 2 个二级单元,在每个二级单元内目标样本量达到 25 户;在抽选层中,共抽取 100 个初级单元,400 个二级单元,其中居委会 208 个,村委会 192 个。全部目标样本城乡比为 6∶4,基本与我国实际情况相吻合。

本次调查的最终接触样本量为 17 664,其中必选层 4 000,抽选层 13 664。在必选层中,在初级单元、二级单元个数不变的情况下,将每个二级单元内部的接触样本量增加至 50 户;在抽选层中,初级单元数 100、每个初级单元内二级单元数为 4,在每个入样居委会内将接触样本量扩大至 38 户,在每个入样村委会内部将接触样本量扩大至 30 户,因此,抽选层接触样本量为 13 664,其中城市居民样本为 7 904,农村居民样本为 5 760。

(资料来源:中国综合社会调查官网,抽样设计,http://cgss.ruc.edu.cn/xmwd/cysj.htm)

任务实训

任务实训单

实训目标	1. 以小组为单位,讨论并确定调查总体、调查范围与抽样框。 2. 以小组为单位,讨论制定合适的抽样方案,并派小组代表进行陈述。
实训环境	1. 拥有与小组课题项目相关书籍的阅览室。 2. 具备网络查询功能的电脑。
实训内容及要求	【实训内容】 1. 确定调查总体与调查范围,明确抽样框。 2. 根据小组课题实际情况,确定合适的抽样方案。 3. 根据抽样方案,实际抽取调查样本。 【实训要求】 1. 能明确研究总体、调查范围,确定抽样框。 2. 能根据小组课题实际情况,制定合适的、有针对性、可操作的抽样方案。
实训步骤	1. 明确调查课题目的和要求。 2. 小组成员讨论,明确调查总体、调查对象、调查范围。 3. 小组成员讨论,确定抽样框,计算样本量。 4. 根据小组课题实际情况,确定合适的抽样方案。 5. 每组派一名代表在课堂上陈述抽样方案。
实训考核评价	【评价载体】 书面作业和 PPT 汇报。 【评价指标】 1. 明确调查总体、调查范围与抽样框,占 35%。 2. 制定抽样方案,35%。 3. 小组成员合作情况,占 30%。

思政小课堂

《中华人民共和国数据安全法》解读

《中华人民共和国数据安全法》(以下简称《数据安全法》)已由中华人民共和国第十三届全国人民代表大会常务委员会第二十九次会议于2021年6月10日通过,自2021年9月1日起施行。

解读1:坚持以数据开发利用和产业发展促进数据安全

当前数字经济的蓬勃发展正成为我国在国际环境中的核心竞争力。《数据安全法》鼓励数据依法合理有效利用,保障数据依法有序自由流动,促进以数据为关键要素的数字经济发展,增进人民福祉。我国坚持维护数据安全与促进数据开发利用并重,互相促进。《数据安全法》的正式实施将为我国在国际数据经济市场中提供坚实有力的保障。

解读2:深化数据安全体制建设

在大数据时代背景下,政务、社会、城市数字化转型快速发展,依据本法建立数据安全管理制度,明确数据责任主体,从统一化及可落地性出发,结合现有数据业务建设需求和建设情况,遵从整体策略方针,全面优化管理体制,为我国数字化转型的健康发展提供法治保障,为构建智慧城市、数字政务、数字社会提供法律依据。

解读3:数据安全监管制约

《数据安全法》明确了数据管理者和运营者的数据保护责任,指明了数据保护的工作方向,对整个信息安全产业都带来了积极的影响,全面消除数据管理者和运营者在数据安全建设中的盲区,数据安全建设有法可依,数据安全事故造成的损失有法可惩,这对促进经济社会信息化健康发展,保护公民、组织的合法权益具有非常大的价值。《数据安全法》以人为本,鼓励对违法行为的投诉举报,对投诉、举报人的相关信息予以保密,并充分考虑老年人、残疾人的需求,维护每一个公民的合法利益。

解读4:深度覆盖的全场景数据安全评估与防护要求

《数据安全法》特别指出:"关系国家安全、国民经济命脉、重要民生、重大公共利益等数据属于国家核心数据,实行更加严格的管理制度。"核心数据安全监督与管理、评估与防护建设刻不容缓。《数据安全法》提出对数据全生命周期各环节的安全保护义务,加强风险监测与身份核验,结合业务需求,从数据分级分类到风险评估、身份鉴权到访问控制、行为预测到追踪溯源、应急响应到事件处置,全面建设有效防护机制,保障数字产业蓬勃健康发展。

解读5:加大政务数据开放共享中的安全机制

《数据安全法》针对政务数据开发利用做出了明确的指示,要求省级以上人民政府应当将数字经济发展纳入本级国民经济和社会发展规划,加强数据开放共享的安全保障措施,建立统一规范、互联互通、安全可控的机制,利用数据安全运营,提升数据服务对经济社会稳定发展的效果。《数据安全法》的发布促进数据安全的保障力度和执法强度,对数字化转型中的政务数据应用起到关键性的作用。数字经济市场空间巨大。

解读6:加大违法处罚力度

《数据安全法》对数据安全违法行为赋予了多项处罚说明,对违反国家核心数据管理制度,危害国家主权、安全和发展利益的,由有关主管部门处二百万元以上一千万元以下罚款,并根据情况责令暂停相关业务、停业整顿、吊销相关业务许可证或者吊销营业执照;构成犯罪的,依法追究刑事责任。

依据《数据安全法》建立数据安全管理制度和数据开发利用的规则,管理和技术双管齐下,全面贯彻绿盟科技"智慧安全3.0"理念,充分利用和发挥各种关键技术的作用,构建全场景、可信任、实战化的数据安全纵深防御预警体系,贴合客户需求,形成场景化的数据安全解决方案,达到"全面防护,智能分析,自动响应"的数据安全防护效果。绿盟科技坚持以数据安全防护为中心,在组织建设、制度流程、技术工具及人员能力四个领域开展数据安全建设工作,通过"知、识、控、察、行"五个步骤实现能力落地,引入新技术来优化技术和管理流程,通过实现自动化和半自动化以降低数据安全与数据开发利用的运营成本,从而确立数据安全管理制度,提升数据安全治理与开发利用的技术水平,有效地应对数据安全风险与挑战,在保障数据安全的同时让数据价值最大化。

(资料来源:西宁市城东区人民法院,《中华人民共和国数据安全法》解读,澎湃网,https://m.thepaper.cn/baijiahao_20241223)

思考与练习

一、选择题

1. 下列抽样方法中,可用于对总体进行推断的是(　　)。
   A. 随意抽样　　B. 雪球抽样　　C. 判断抽样　　D. 简单随机抽样
2. 下列抽样方法中,属于概率抽样的是(　　)。
   A. 简单随机抽样　B. 整群抽样　　C. 分层抽样　　D. 系统抽样
3. 非概率抽样(　　)。
   A. 可假定样本对总体具有代表性
   B. 是用随机方法从总体中抽选样本单元
   C. 是用主观方法从总体中抽选样本单元
   D. 可避免调查结果出现偏差
4. 抽样误差是指(　　)。
   A. 抽样调查中所存在的误差
   B. 由于抽样的不同方法而产生的误差
   C. 抽样调查中的工作误差
   D. 用样本统计值估计总体参数值时所出现的误差
5. 人们在日常生活中经常使用的抽签方法属于(　　)。
   A. 非概率抽样
   B. 简单随机抽样
   C. 分层抽样
   D. 整群抽样

二、填空题

1. 抽样分为概率抽样和_____。
2. 调查者在繁华的街道选取遇到或接触到的人作为样本的方法属于_____。
3. 依据概率理论,按照随机原则选择样本,完全不带调查者的主观意识的抽样称为_____。
4. _____是随机地一群群地抽取一些集体单位加以研究,由此推断总体的情况。
5. 某中学有2 000名学生,高一、高二、高三的学生人数之比为5∶3∶2,现要抽取一个容量为200的样本,则学生甲被抽到的概率是_____。

三、名词解释

1. 置信水平
2. 参数值
3. 分层抽样

四、问答题

1. 如果条件允许,在多阶段抽样中,应尽可能扩大哪一级的样本规模?为什么?

2. 在社会调查中,如何确定样本规模?
3. 某班有 50 名学生,要从中随机地抽取 6 名学生参加一项活动,请用抽签法和随机数表法进行抽取,并写出具体过程。
4. 要在深圳市抽取 2 000 户居民进行生活质量调查,假设深圳市有 100 条街道,每条街道有 20 个居委会,每个居委会有 500 户居民,请用多阶段抽样的方法进行抽样,并写出抽样步骤。

项目五　确定测量指标

某班级的一组学生观察到大学生使用手机有助于提高学习效率,但也存在降低注意力等影响,因此,该组学生选定《大学生手机使用行为与学业表现研究》的社会调查课题,并完成了调查方案的设计。目前,该小组需要根据研究问题,将手机使用行为细分为使用时长、使用频次、使用范围三个维度。

请思考:什么是操作化?如何确定测量指标及测量层次?哪些测量指标需要通过量表呈现出来?

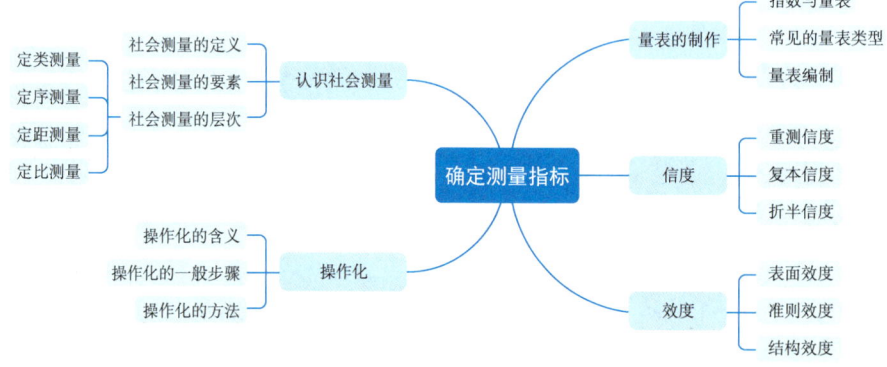

知识目标

1. 了解测量的概念及其要素;
2. 认识测量尺度的层次;
3. 熟悉研究课题操作化的含义和内容;
4. 理解测量信度、效度的含义和二者的联系;
5. 掌握指数与量表及量表编制的步骤和方法。

项目五 确定测量指标

> **技能目标**
> 1. 能区分社会测量的层次；
> 2. 能对调查问题进行概念操作化；
> 3. 能对调查问题进行理论操作化；
> 4. 能依据调查问题操作法选择指标变量；
> 5. 能对指标变量的信效度进行评估。

> **素质目标**
> 1. 培养思维习惯，提高对事物的敏锐度；
> 2. 培养分析、归纳和总结的能力；
> 3. 培养科学严谨、辩证思考的探究素质。

任务一 认识社会测量

案例导入

社会支持的测量

社会支持是一个复杂的概念，其范畴涉及了社会学、心理学、流行病学、心理治疗等多个学科领域，相关研究非常广泛。国内学者程虹娟将社会支持的定义归纳为三类：一是社会互动关系角度。社会支持表现为人与人的亲密联系，是双向的关怀与帮助，常以社会交换表现，是一种社会互动关系。二是社会行为性质角度。社会支持是能促进、帮助、支持事物发展的行为或过程，是一种于社会环境中推动人类发展的力量。三是社会资源作用角度。社会支持是个人处理紧张事件问题时的潜在资源，是通过社会交换取得的，其包括施受双方两个个体间的资源交换。社会支持的研究离不开对社会支持的测量，因研究目的、方法的不同，对社会支持的测量方面也有所不同。国外学者范德普尔（Vande Poel）将社会支持分为三个维度（情感支持、实际支持、交往支持）十个指标进行测量，包括情感支持（与配偶有矛盾时舒解、精神安慰、重大事项咨询）、实际支持（家务劳动、患病时帮助、借钱、借生活日常用品、帮助填表）和交往支持（一同外出、拜访）。国内学者肖水源将社会支持分为三类十个项目进行测量，包括主观支持（朋友支持、邻里支持、同事支持、家庭支持）、客观支持（居住情况、物质支持来源、精神支持来源）和支持利用度（倾诉方式、求助方式、团体参与）。范德普尔的分类涵盖了社会支持的各个方面，便于对行动者的社会网络做全面了解，因而被社会学界广泛使用。肖水源的社会支持评定量表具有较高的信度、效度和内部一致性，经过完善与发展，在心理学研究中运用较多。

知识准备

一、社会测量的定义

人们的生活与测量密切相关，例如，婴儿生病了，其药物的用量与体重相关，则医生需

社会测量

要先测量婴儿的体重,再对照用药标准开具相关药物及服药说明。同时,测量也与社会科学研究紧密关联在一起,例如,想知道我国的人口数量和人口结构,可以进行入户调查,然后对数据进行统计,这样人们就知道了我国的人口情况。进一步来看,科学研究的支柱之一便是观察,但"观察"一词含有"偶发性"和"被动性"的行为内涵,因此,研究者采用"测量"一词取而代之。具体来说,测量是从研究对象中获取数据资料的一种方法。

根据研究领域的不同,测量可以划分为自然测量和社会测量。自然科学的测量大多运用标准化的仪器或量具,有公认的标准和规则,客观性强。社会测量则是指依据一定的规则,将研究对象所具有的属性和特征用一组符号或数字表示出来的一种方法。

与自然测量相比较,社会测量有许多不同的特点。一是测量对象的差异。自然测量的对象是自然物体的自然属性,它们都是客观存在的、不以人的意识为转移的;社会测量的对象则是有目的、有意识、有思想感情的人,以及与人紧密联系在一起的社会现象,因此测量对象的合作程度、认知状况,往往对测量结果产生重大影响。二是测量工具与标准的差异。自然测量大都有标准化的测量仪器或工具、公认的测量标准和规则,因而具有较强的客观性、准确性和可重复性,测量误差比较容易发现和计算;社会测量的工具、标准、规则往往因人而异,测量的客观性、准确性、可重复性、公认性较差,测量误差也比较难发现和计算,因而社会测量的结果往往取决于设计者、测量者的价值取向、知识结构、测量经验等主观因素。

社会测量主要用于对社会现象的研究,特别是对人们的情感、意向、倾向、评论、判断、态度等主观现象,以及社会属性、社会关系等抽象社会现象的研究,促使社会研究逐渐从定性研究走向定性与定量相结合的研究,从而达到更真实、更具体、更准确反映调查对象实际情况的目的。同时,它还有利于把统计学、数学知识和计算机等现代工具引入社会调查领域,从而大大提高社会调查的效率和精确度。这说明,社会测量是对社会现象进行定量研究不可缺少的工具或手段。

二、社会测量的要素

社会测量是一个对社会现象进行精确、有意识的观察的过程。因此,社会测量涉及"测量谁""测量什么""怎么测量""如何表示"四个部分,如此产生了测量客体、测量内容、测量法则、数字和符号四个要素,具体介绍如下。

(一) 测量客体

测量客体即测量的对象。它是客观世界中所存在的事物或现象,是我们要用数字或符号来进行表达、解释和说明的对象。例如,想测量大学生的人际适应情况,那么大学生就是测量客体。

(二) 测量内容

测量内容即测量客体的某种属性或特征。实际上,在任何一种测量中,我们所测量的对象虽然是某一客体,但所测量的内容却并不是客体本身,而是这一客体的特征或属性。反映这些属性和特征的项目称为指标。以大学生的人际适应情况的测量为例,测量的客体为大学生,而测量的内容则是他们的性别、年级、专业、人际互动情况等属性和反映这些属性的指标。

(三)测量法则

测量法则即将数字和符号分派给测量对象的统一标准。自然现象的测量标准较为确定统一,如温度的测定只有摄氏和华氏两种标准。社会现象的测量标准则较为复杂多变,不同的研究者往往根据不同的研究对象和目的确定不同的测量准则。社会调查中问卷及各种量表的制作过程实际上就是测量法则的确定过程。例如,根据调查的区域性特点,在调查西部大学生月消费情况时,"每月消费支出"可划分为高(500元以上/月)、中(200~500元/月)、低(200元以下/月)三个档次。而在东部沿海地区调查大学生月消费情况时,则要分为高(2 000元以上/月)、较高(1 500~2 000元/月)、中(1 000~1 500元/月)、较低(500~1 000元/月)、低(500元以下/月)五个档次。不过,尽管在不同的调查中可以根据具体情况确定测量法则,但在同一次调查中所使用的法则必须是统一的。

(四)数字和符号

数字和符号即用来表示测量结果的工具。在社会研究中,研究者的测量结果大多是用文字来表示的。如以"男""女"来表示性别、以"小学及小学以下""初中""高中或中专""大专""大学及大学以上"来表示文化程度等,尽管这些用文字表达的测量结果在统计分析时都要转换成相应的数字,但这种数字只能作为不同类别的代号进行频数统计,不能进行加、减、乘、除运算。例如,在社会调查中常常用"1"代表男性,用"2"代表女性,在这里不能说1比2小,或男性比女性小1个单位。

三、社会测量的层次

测量是对社会现象的特征、属性等进行测定,社会现象的复杂性、多样性决定了对这些现象的测量尺度也不应是单一的。社会现象本身是质与量的统一。因而测量不仅要对社会现象的数量特征有敏感的反应,同时对于社会现象的质量特征也可以量化。例如,进行教育的调查时,可按不同教育程度进行分组,也可以按受教育的年限进行分组。根据上述的社会测量特点,史蒂文斯(Stevens)于1951年创立了被广泛应用的测量层次分类法,他将测量按照由低到高的顺序分成四个层次,即定类测量、定序测量、定距测量和定比测量。这四种测量层次分别对应概念中的四种变量,即定类变量、定序变量、定距变量和定比变量。

(一)定类测量

按照事物的某种属性进行平行的分类或分组,数字仅作为识别或分类目标事物的标签,这样的测量尺度称为定类测量。定类测量是最低层次的尺度,规则很简单,就是把不同的数字分配给不同的物体或事件。如用"1"代表男性,用"2"代表女性。

由于定类测量实质上是一种分类体系,因而必须注意所分的类既要相互排斥、互不交叉重叠,又需要涵盖该测量特征的各种可能情况。例如,婚姻状况分为已婚和未婚两个类别,那么就排除了这两种婚姻状态以外的其他婚姻情况,如丧偶等,没有做到穷尽;如果将职业分为工人、农民、教师、商人、私营企业主、其他,那么就没有做到互斥性,因为私营企业主从属于商人,二者交叉重叠了。

定类测量的特点是其值只测量了事物类别之间的差别,且各类地位相同,顺序可以任意改变,其数学特征是等于或不等于(=或≠)。另外,其计量结果可以且只能计算每一类别中各元素出现的频数或频率。

(二) 定序测量

定序测量也叫顺序测量,是对事物之间等级或顺序的一种测量。定序测量的特点是它不仅可以测量类别差,还可以测量次序差,即定序测量既可以对测量特征的情况进行分类,还可以对其进行优劣比较或排序,因此,其数学特征是等于或不等于(＝或≠)、大于或小于(>或<)。但是,由于尺度值测量的是类别之间的顺序,无法测出类别之间的准确差值,所以其计量结果只能排序,不能进行算术运算。例如,将对某一问题的态度按强弱顺序划分为很满意、比较满意、一般、不满意、很不满意五个等级,并用1~5的数字来代表各类态度。但这时仍无法确切地使用数值来说明不同类之间的差别量,因为无法在各个类别之间进行代数运算,无法了解究竟"大了多少"或"小了多少"。可以说"5"(很不满意)的不满意程度要比"2"(比较满意)高,却不知道在"5"与"2"之间的差别量是否与"4"和"1"之间的差别量相同。换言之,定序测量中,数与数之间的距离是无意义的,但是排列的顺序是确定的,不能错位。

(三) 定距测量

定距测量也称为等距测量或区间测量,它不仅能够将社会现象或事物区分为不同的类别、不同的等级,而且能确定它们之间不同等级的间隔距离和数量差别。即在定距测量中,不仅可以说明哪一类别的等级较高,而且还能说明这一等级比另一等级高出多少单位,其结果相互之间可以进行加减运算。如人的智商和温度的测量等都是定距测量。定距测量的特点是每一间隔是相等的,如米尺和磅秤的刻度都是等距的。正因为有了相等的量度单位,就引入了数量变化的概念,如小明的体重为75 kg,小李的体重为68 kg,因此,小明比小李重7 kg。因而,只有确定了定距尺度才能真正显示数量方面的差异,但这种测量无绝对的零点,且不能进行乘除运算。所谓无绝对的零点,是指"零"在测量中是人为规定的,如温度、智商、工作能力等。温度等于零并不意味着温度不存在,也不能说温度80℃是40℃的两倍。同样,考试成绩甲为100分,乙为50分,我们可以说甲比乙的成绩高50分,但不能断言甲在这门功课上的能力比乙强一倍。因此,这一测量类型所得出的数据只能作加减,而不能作乘除等运算。其数学特征是等于或不等于(＝或≠)、大于或小于(>或<)、加或减(＋或－)。

(四) 定比测量

定比测量也称为等比测量或比例测量,它是能够测量两个测度值之间比值的一种计量尺度。其特点是:首先,它与定距测量属同一层次,计量结果也表现为数值;其次,它除了具有其他三种计量尺度的全部特点外,还具有可计算两个测度值之间比值的特点;最后,它与定距测量的唯一差别在于,它有一个绝对的零点,如年龄、教育年限、身高、体重、收入等。在这里,"零"已具有了实际的意义,它表示"什么也没有"。当年龄为零时,表示研究对象不存在。收入为零时,说明研究对象在收入上"一无所有"。因此,定比测量可以进行加、减、乘、除所有代数运算,还可以计算几何平均数等。

在四种测量层次中,高层次的测量具有低层次测量的所有功能,即它不仅可以测量低层次测量所无法测量的内容,而且可以测量低层次测量能够测量的内容,同时,高层次的测量还可以直接作为低层次测量使用。例如,定序测量具有定类测量的分类功能,可以作为事实上的定类测量使用;定比测量具有其他三种测量的所有功能,可以直接作为这三种测量使用。相反,低层次测量是不能作为高层次测量使用的。为了进一步清楚地说明这四种测量层次的差别,它们各自的数学特性见表 5-1。

表 5-1 测量类型与其数学特性

数学特性	定类测量	定序测量	定距测量	定比测量
类别区分(=、≠)	√	√	√	√
次序区分(>、<)		√	√	√
距离区分(+、−)			√	√
比例区分(×、÷)				√

在社会调查研究中,明确社会调查的层次十分重要。因为在对社会现象进行测量时有一个重要的规则:尽可能使用高层次的测量。高层次测量所包含的信息更多,且高层次测量的结果很容易转化为低层次测量的结果,反之则不行。另外,在后期对调查资料的整理和统计分析中,也需要根据不同测量层次所具有的特性采用不同的统计方法。具体来说,在社会调查研究中怎样选择测量层次,取决于测量的目的和测量物件的特征。

调查案例

拓展阅读

"女性化妆品偏好的研究"测量层次应用

如果要求女性对 10 种化妆品的偏好排定名次,就可采用定序量表。表 5-2 给出了某位女性的偏好排序结果。其中序号 1 表示最喜欢的,序号 2 表示次喜欢的,以此类推,从第 1 名排至第 10 名。这样就知道了这位女性对化妆品 E 的偏好超过化妆品 B,但到底差多少是不知道的。而且,也不一定非用 1~10 这些数字来安排偏好顺序。在第二列的定序量表中,可以给化妆品 E 安排 10 这个数,给化妆品 B 安排 25 这个数,只要让化妆品 E 排在第一位就行了。这样的量表与原量表是等价的,因为变换是单调的、正向的,保持了原来量表的顺序。根据这个个体的偏好,两种量表给出的顺序是一致的。

如果想知道女性对某种化妆品的偏好到底超过其他化妆品多少,可以要求她们对这 10 种化妆品的喜好程度打分,则可以采用定距量表。可以根据喜好程度打 1~7 分;也可以从 11 分开始,打 11~17 分,或规定其他的打分范围。从表中可以看出,她对化妆品 D 的喜好程度为 6 分,化妆品 J 的得分为 2,就是说她对化妆品 D 的喜好程度比对化妆品 J 的喜好程度多 4 分,但这并不表示她对 D 的喜好程度是对 J 的 3 倍。如果将这些得分变换成等价的 11~17 分的量表,那么对应 D 和 J 的喜好得分是 16 和 12,显然,16 不是 12 的 3 倍。

当问女性在最近一年中购买这些化妆品花了多少钱时,就可以采用定比量表。从表中可以看出,她花了 60 元购买化妆品 B,花了 12 元购买化妆品 J,因此她用于 B 的消费是用于 J 的 5 倍。由于零点是固定的,所以量表中的 0 就表示没有花钱买过对应品牌的化妆品。

表 5-2　对化妆品喜爱程度的不同类型测量

定类测量		定序测量		定距测量		定比测量
编号	品牌名	喜好程度排序		喜好程度得分（1～7分或11～17分）		最近一年内的花费/元
1	A	7	79	5	15	0
2	B	2	25	7	17	60
3	C	8	82	7	17	0
4	D	3	30	6	16	50
5	E	1	10	7	17	80
6	F	5	53	5	15	24
7	G	9	95	4	14	0
8	H	6	61	5	15	50
9	I	4	45	6	16	0
10	J	10	115	2	12	12

［资料来源：赵勤，社会调查方法（第三版），电子工业出版社，2018年］

任务实训

任务实训单

实训目标	1. 以小组为单位，讨论确定调查课题的测量对象及其特征，设计调查对象的关键属性测量层次列表。 2. 根据测量层次，对所选择调查课题中测量对象的某一特征进行不同层次的测量设计，并派小组代表进行陈述。
实训环境	1. 拥有与小组课题项目相关书籍的阅览室。 2. 具备网络查询功能的电脑。
实训内容及要求	【实训内容】 1. 熟悉测量对象及其特征。 2. 根据课题需要和实际情况，对测量对象的特征进行不同层次的测量问题设计。 【实训要求】 1. 能综合文献查阅、访谈、观察等方式，对测量对象及其特征进行了解。 2. 熟悉测量层次及其数学特征，明确研究的目的和要求，在此基础上确定测量对象特征的测量层次。
实训步骤	1. 由相关专业课的老师对实训内容进行说明，并提供课题目录。 2. 将班级分成若干小组，每组4～6人。 3. 每组从课题目录中选出一个调查方向。 4. 每组用一周的时间确定测量对象及其特征，并绘制测量层次列表。 5. 每组派一名代表在课堂上介绍本小组的选题测量层次列表。
实训考核评价	【评价载体】 书面作业和PPT汇报。 【评价指标】 1. 测量对象及特征与研究课题是否具有一致性和逻辑性，占35%。 2. 测量特征的测量层次设定是否具有准确性，占35%。 3. 小组成员合作情况，占30%。

任务二 操作化

案例导入

调查缘何失败

某高校大学生社会调查小分队,曾经准备利用上半年的双休日等业余时间,以访谈的形式开展一项以"农民工权益保护现状"为主题的社会调查活动。并且在展开具体工作之前做了大量相关的准备工作,例如,确定了调查课题是"有关农民工的权益保护状况分析",提出了研究假设"农民工的权益保护状况不如城市居民",也认真组建了调查研究队伍,并对整个调查研究进程的每一个具体阶段进行了相当详尽的计划与安排,在具体的调查研究过程中,整个团队也在非常认真地按照要求展开工作,但是在准备阶段并没有准备访谈提纲。结果,经过一段时间的调查实践之后,各调研人员都发现自己在与调查对象面对面地互动的过程中,不知道应具体提出哪些问题,常出现"冷场"的现象,总体上来说,本次调研活动很不成功。

试结合案例分析讨论:上述调研活动不成功的主要原因是什么?什么是概念的操作化?概念操作化对于社会调查有何意义?如果你是研究者,你会如何界定农民工权益,并对其操作化?

知识准备

一、操作化的含义

操作化

操作化是指研究者通过使用可供验证和测量的语言对研究课题和研究假设中的概念的特征、性质所做的一种界定,即用一些可观测的项目来说明如何度量一个概念。操作化是社会调查研究中由理论到实际、由抽象到具体的桥梁,只有通过操作化,研究者构建的概念和理论才能转换为能够看得见、摸得着的社会现实。

课题的操作化是把调查课题变成可以测量的概念和可以用经验检验的命题的过程。也就是说,课题的操作化主要是概念的操作化与命题的操作化。由于命题是关于一个概念或一组、一系列概念的陈述,所以,调查课题操作化的关键是概念的操作化。

概念操作化就是将所测量的抽象概念转化为外在的、可以具体测量的指标的过程。其中,概念就是对现象的抽象,是人们在主观上对某一类事物属性的反映,概念越抽象,其涵盖面越大,具有一个以上取值的概念也可以称为变量。指标就是用一组可以观察到的事物表示一个概念或变量。从特点上看,概念是抽象的,而指标是具体的;概念是主观的,而指标是客观存在的具体事物;概念只可以想象,而指标可以具体观察和测量。概念、变量和指标既相互联系又相互区别。

在调查研究过程中,无论是课题还是假设都涉及某一类型的社会现象,因而也就包含若干与此现象有关的概念。在进行实际调查时,这个概念的范围有多大,具体包含哪些内容,都需在研究前加以确定,当然,在界定概念定义的范围前需要考虑调查目的,但这也不是由调查者主观任意确定的,需通过大量文献收集和查询后,把人们对这一概念的定义进行分类,总结出各种定义中最具共同性的元素,然后再根据调查目的确定采取哪一种定义方式。这是因为对概念作清楚的界定,使同一研究中的不同调查者都采用相同的标准,就可以避免标准不一造成的混乱。同时,对概念作明确的规定可以提供不同元素比较与交流的可能。因此,调查研究中的操作化定义与其他形式的定义不同,它不是对对象的特征和性质进行概括和抽象的说明,而是规定了测量这些特征、性质的操作方法。它们是不同层次的定义方式,也可以说,操作化定义是属于经验层次的定义方法。在调查研究过程中,只有操作化定义才能提供统一的操作规则。由于操作化定义是对一种操作方法的规定,因此允许人们对同一种社会现象观察、研究的角度不同,产生不同的操作化定义。也就是说,操作化定义往往因人而异,它不可能毫无遗漏地测量对象的所有特征与性质。但是在一个具体的研究课题中必须对一个核心概念进行唯一的操作化定义。在这个操作化过程中需要做两个方面的工作:一是弄清概念定义的范围;二是确定一个定义。例如,"同情心"这一概念是否等同于"同理心"或"多愁善感"这些概念呢?如果某课题组确定了"人们的同情心与同理心之间存在正相关"的命题,则研究者需要区分"同情心"和"同理心"的概念并在实证研究中准确衡量这两个非常相似的概念,否则就难以对这一命题进行检验。概念操作化的三个示例见表 5-3。

表 5-3 概念操作化示例

概念	指标	变量
富有	A. 收入 B. 资产	A. 年收入 B. 房子、汽车、投资等资产的总值
高学习成效	A. 日常测试平均成绩 B. 操作性课程平均成绩 C. 期末测试平均成绩	A. 分数的百分比(标准化) B. 分数的百分比(标准化) C. 分数的百分比(标准化)
健康服务效果	A. 病人数 B. 发病率的改变 C. 死亡率的改变 D. 营养状况的改变	A. 每月或每年的病人数 B. 发病率的改变;发病形态的改变 C. 自然死亡率的改变;特定年龄死亡率的改变 D. 体重的改变;疾病的改变

二、操作化的一般步骤

操作化的步骤一般包括:①弄清概念的范围,确定概念的性质,或对概念进行定义;②选择测量方法或工具;③列出概念包含的内容或维度,设计测量指标;④检验信息和效果。

(一)概念的澄清与界定

概念的澄清与界定也称概念化过程,即弄清概念的定义范围,并对概念进行明确界定的过程。在这一过程中,首先要弄清概念定义的范围,即在对课题核心概念进行明确界定之前,要先通过查阅字典、文献等方式,了解概念已有的不同定义和界定,形成对概念范围的总体理解和把握；其次要确定一个定义，即在总结出各种定义中最具共同性的元素后，根据课题研究的需要确定概念的定义。既可以直接从现有的各种定义中确定一个自认为比较科学、比较确切的定义，也可以在现有定义的基础上自己创造出一个新的定义。应根据社会调查的具体需要，选择最适合调查目的的定义方式。

（二）选择测量方法和工具

社会调查研究的测量方法可以大致分为定量的测量和定性的测量，并确定调查工具的选择。二者均会对测量的操作化过程产生影响。首先，在环节安排上，量化测量需要在测量的筹划阶段就发展测量变项进而转换成具体的测量行动。质化测量则绝大多数是在搜集资料过程中进行指标和变量的发展。其次，在资料收集和呈现上，量化测量主要采用问卷调查的资料收集方式，并以数字形态呈现资料。而质化测量则多采用访谈、观察等数据收集方式，运用更弹性的方式呈现，如视频、音频等形式。最后，在联结资料与概念的过程上，量化测量是在收集资料前就思考概念、界定核心概念、确认方向。质化测量也是在收集资料前就思考概念，但是在收集过程中又会发展更多可能的概念，然后又收集，再提出可研究或测量的方法，是一个测量与研究持续互动的过程。因此，在界定概念后，研究者要明确测量方法和工具，才能更好地推动课题的操作化以及研究的进程。

（三）列出维度、发展测量指标

发展测量指标也称操作化过程，即列出概念的维度并建立测量指标的过程。在这一过程中，首先要列出概念的维度，即列出某个抽象概念在现实生活中具体表现的各个方面或层面，这是建立概念的测量指标的基础；其次要发展出概念的测量指标，并对指标进行归类和筛选。可以通过寻找和利用前人已有的指标，或在其基础上根据课题需要进行一定的修正和补充，也可以根据前期的探索性调查结果，自己发展测量概念的指标。

调查指标的设计必须遵循以下五个原则：一是客观性原则，即调查指标的设计必须符合社会客观实际，具有科学依据。二是完整性原则，即调查指标的设计必须全面、正确地反映调查对象的整体状况，或者说调查指标的设计既要穷尽所有可能性，又要避免重复性，做到相互排斥。三是准确性原则，即调查指标的设计应具有明确的定义和计算方法，以确保指标测量的准确无误。四是可能性原则，即调查指标的设计必须考虑实际调查的可能性，不能是被调查者不愿回答或无法准确回答的问题。五是简明性原则，即调查指标的设计要简单明了，对于可有可无的指标可以删除，指标的数量以能够说明问题为宜，并非越多越好。

（四）检验信息与效果

完成指标建设后，研究者还需要对指标的正确性、精准性进行检查，以确保指标表述正确，不存在表述不清、有歧义等问题，能够精准地反映所要测量的概念维度，且确定指标与指标之间测量属性差异的精细化程度。同时，研究者还需要通过预调查，对操作化出来的指标进行信效度的评估，具体的评估方式将在本项目任务四进行详细介绍。

三、操作化的方法

（一）量化研究的操作化方法

量化研究是研究多个变量之间的关系问题，因此，量化研究会涉及命题和假设。命题是关于几个概念的特征或多个概念之间关系的陈述,假设则是一种可用经验事实检验的关于有关变量间关系的尝试性陈述。命题是由抽象概念组成的,而假设是由经验变量构成的。如"天才往往不幸福"就是一个命题,陈述的是"天才"和"幸福"之间的关系,而"人们的智商与他们在幸福量表上的得分相关"则是一个描述"智商"与"幸福量表上的得分"之间关系的假设。

由于命题是由若干概念组成的,因此命题操作化是建立在概念操作化的基础上的,其具体步骤是:首先,根据有关理论提出命题,并将命题中的核心概念进行概念操作化,将其转化为可以直接测量的经验变量;其次,将抽象层次上由概念组成的命题转化为由经验变量组成的具体假设,从而完成命题的操作化。对于定量研究的测量是一个直截了当的序列:先是概念化,然后是操作化,再就是应用操作定义或测量去收集资料。定量研究者发展出几种方法去严格地连接抽象的想法与测量过程,可以对经验现实产生精确的定量信息。

例如,研究者想要测量"教师的工作投入感",其操作化的过程大致如下:第一步,查阅文献。研究者阅读文献,查看是否已存在一定的指标。如果没有现有指标存在,研究者就需要建构一个测量的指标体系。第二步,界定概念范畴。"工作投入感"是一种心理状态或感觉,因此研究者只能通过与当事人的谈话或对其行为的观察进行间接测量。第三步,收集资料。研究者可以设计出一份教师问卷,询问教师在研究者对"工作投入感"的定义下,对各项指标的感觉和评价。研究者也可以到学校去,观察教师教学、与学生互动等行为。此外,研究者还可以通过学校所保存的教师行为人事记录,查阅关于"工作投入感"的一些陈述(如缺席、要求提供申请其他工作用的推荐信、考绩报告)。研究者也可以对学生、学校行政人员以及其他人展开调查,以了解他们对教师工作投入感的想法。第四步,选择和优化指标。经过对资料的分析和信效度的评估,选择合适的指标,也可以通过试测试和专家咨询等进一步优化指标。

(二) 质性研究的操作化方法

质性研究的概念化过程不同于定量研究。质性研究者在收集数据和分析过程中创立并定义"研究想法",而不是在研究过程的早期阶段把抽象的想法定义为理论概念。概念化是形成清晰的理论定义的过程,在此过程中,研究者要努力"寻找感觉",组织资料以及有关研究最初的想法。当研究者收集和分析定性资料时,需要发展新概念、形成概念的定义,并考虑概念之间的关系。最后,他要将概念连接起来形成理论关系。质性研究者通过构想发展出简洁的、清楚的定义来实现概念化。这些定义有一定的抽象性,并与其他想法有关联,但它们通常还紧密地与特定的资料连在一起,并且能用话语和研究对象的具体行动表示出来。在质性研究中,概念化很大程度上取决于资料。

质性研究的操作化与定量研究的操作化有显著的不同,经常先于概念化。研究者除了在观察和收集资料时经常采用初步的"工作想法"外,还要形成概念定义。质性研究者操作化时,并不需要将概念化定义转换成一系列操作测量,而是通过描述实现对资料的观察和思考,这些资料有助于形成工作想法,而工作想法则构成了概念定义和理论定义的基础。质性研究中的操作化就是研究者如何在观察和收集资料过程中发展工作想法的描述,这是一个将特定的观察、资料、关于资料的初步想法,以及努力将资料构想成概念的过程。与其说这是一个事前计划技术,倒不如说是一种事后描述。几乎就是与定量研究相反的过程,资料收集是在操作化之前或同时完成的。正如定量操作化对严格演绎过程的偏离一样,定性研究者遵循的过程也是多重相互作用中的一种。研究者从特定研究场景的资料以外获取想法。定性操作化描述研究者是如何收集资料的,这包括研究者使用预先存在的技术和概念,它们总是与资料收集过程中出现的技术和概念混在一起。

调查案例

拓展阅读

"父母管教方式与学校生活适应对高中生辍学影响研究"的概念操作化

根据教育部的统计,高中辍学学生的数量逐年增加。此外,辍学青少年的犯罪率或有偏差行为的比率比在校学生高。一些研究认为,高中生辍学与以下的几个因素有关:

1. 单亲家庭。
2. 学校生活适应较差。
3. 父母管教严格。

经课题组讨论及分析,本课题决定使用定量研究方法,采用问卷的形式进行资料收集。在制定调查问卷的过程中,研究团队需要对研究命题涉及的"父母管教"及"学校生活适应"的这两个主要概念进行操作化。接下来,以"父母管教"的操作化为例进行过程展示。

第一步,概念化。"父母管教"概念的定义较为多元化,主要为父母管教方式(亦可视为一种父母管教子女的策略),包括对于子女作息以及行为表现的管教策略;父母管教态度可定义为在管教子女时依其认知(理解、看法)、情感(感觉、好恶)和行为(行动倾向),所持积极或消极的信念或作为等。

第二步,操作化。在操作化的定义与区分上,也有许多不同的方式。根据迈克比(Macobby)和马丁(Martin)的操作化定义:以"父母的要求"及"父母的反应"作为父母管教子女的基本向度,并以两个向度的交互作用,将父母管教方式区分为"忽视冷漠""宽松放任""专制权威""开明权威"四种类型,是最为适宜、明确的方法。经以集群分析,二人对父母在四种管教方式下所表现的行为区分见表5-4。

表5-4 "管教类型"的概念操作化

管教类型	表现的行为
忽视冷漠	1. 父母经常忙碌于自己的工作或活动,少有额外时间陪伴或注意子女。 2. 只要不必花大量时间或精力与孩子相处或互动,要求父母去做任何事,他们都十分愿意。 3. 父母尽可能地与子女保持距离。 4. 父母对子女的需求常很快地给予满足(或处理),以避免麻烦(或不再烦他们)。 5. 父母对子女很少表现情感的支持及坚持的要求或控制。
宽松放任	1. 父母以接纳(容忍)的态度面对子女表现出的攻击或发脾气等的冲动行为。 2. 父母很少用惩罚或控制(限制)来强调自己的权威。 3. 父母很少对子女的态度(如有礼貌、举止合宜)或工作(家务)完成等方面有要求。 4. 父母让子女自己约束行为,且尽可能自己做决定。 5. 父母很少要求子女的日常作息(如睡觉、吃饭、看电视的时间)。 6. 父母对子女给予大量的情感支持,但缺乏指导与要求。

续表

管教类型	表现的行为
专制权威	1. 父母对子女的要求远多于子女对父母的要求。 2. 父母严格限制子女提出或表达自己的需要。 3. 父母命令子女尽量少提出或最好压抑不说出自己的要求。 4. 父母以勒令孩子服从的方式提出自己的要求。 5. 父母的要求从未经过讨论调查或讨价还价的过程。 6. 父母十分重视维持自己的权威,且绝对尽力压抑来自子女的异议或挑战。 7. 子女若做出与父母要求不同的事,必会遭到严厉的处罚(常为体罚)。 8. 父母对子女的态度为坚定且教导的,但较少投入感情与支持。
开明权威	1. 父母期望子女有成熟的行为表现,并对子女建立清楚的规范准则。 2. 父母坚定地要求子女依照规范或准则行事,必要时施以命令或处罚。 3. 父母鼓励子女的个别性及独立性。 4. 亲子间开放式地沟通。 5. 亲子双方皆清楚地认知彼此的权利。 6. 亲子双方皆能对彼此合理的需求及观点给予反应或接纳。 7. 父母对子女行为的要求是感性(支持)与理性(规定)并存。

第三步,指标化。在不同的管教方式下,父母经常表现的行为,题目上强调的是"严格"与"不严格"的区分,因此可将"忽视冷漠""宽松放任"合并为"不严格";"专制权威""开明权威"则合并为"严格"。测量可采用李克特量表,利用"非常同意、同意、无意见、不同意、非常不同意"五个答案选项,测量层次为定序层次。在实际测量上,对于父母管教方式的测量,可将研究单位设定为"父母"(管教者)或是"子女"(被管教者)中任何之一。对于不同的研究单位,在测量的问卷题目上会有所不同。以下以两个例子说明采用李克特量表进行测量的题目,见表5-5。

表5-5 "管教类型"的指标化

理论性指标	受访对象	经验性指标
父母十分重视维持自己的权威,且绝对尽力压抑来自子女的异议或挑战	子女	父母太专制了,他们所说的每一句话都是对的,别人不能反对他的意见
	父母	避免子女养成顶嘴的坏习惯,因此即使说的话有错,也该尽力阻止子女的反驳
父母让子女自己约束行为,且尽可能自己做决定	子女	对于一件事情,父母不会直接命令我该怎么做,他们会要我自己做出决定
	父母	我不会直接告诉子女应该做什么,因为他们必须要有自己思考、做决定的能力

[资料来源:Macobby, E. E., & Martin, J. A. (1983). Socialization in the content of the family: Parent-child interaction. In P. H. Mussen (Ed). Handbook of child psychology: Socialization, personality and social development (Vol. 4). New York: Willey.]

任务实训

任务实训单

实训目标	1. 熟悉概念操作化的步骤,并区分定性与定量研究的操作化方法。 2. 在教师指导下,以小组为单位,对所选择课题研究问题中的关键概念进行操作化,并派小组代表进行陈述。
实训环境	1. 拥有与小组课题项目相关书籍的阅览室。 2. 具备网络查询功能的电脑。
实训内容及要求	【实训内容】 1. 根据研究目标,确定研究问题核心概念的定义。 2. 查阅与小组课题相关的文献资料,进行文献的整理与分析,确定概念内涵维度,实现概念的操作化。 【实训要求】 1. 能通过比较、归纳等方法,明确概念的内涵及其与相似概念之间的区别,界定概念的定义。 2. 了解定性研究和定量研究中概念操作化步骤的区别,选择合适的操作化工作步骤。 3. 能用简洁精练的语言清楚、明确地陈述操作化维度和指标。
实训步骤	1. 查阅相关文献,阅读和分析文献,进行简要文献分析,界定概念定义。 2. 小组成员讨论,确定研究的性质和研究工具类型。 3. 小组成员提出概念内涵的维度,并进行清晰的描述。 4. 小组成员对操作化结果进行检验,并进一步补充或修订。 5. 每组派一名代表在课堂上陈述研究问题及其概念的操作化步骤。
实训考核评价	【评价载体】 书面作业和PPT汇报。 【评价指标】 1. 概念界定是否清晰明确,占35%。 2. 概念维度是否完整严谨,占35%。 3. 小组成员合作情况,占30%。

任务三　量表的制作

案例导入

推动融合教育

根据教育局相关政策,S区的A小学实施融合教育,允许符合条件的特殊儿童随班就读。S区教育局统计数据指出2021年下半年S区有特殊学生558人,其中随班就读413人,分布在S区80%的中小学校。在近期的工作会议中,融合教育普通班的家长和老师反馈让他们感到最困扰及难以处理的问题是识别特殊学生的行为问题,如分心、好动、冲动、固执化、情绪起伏、说谎、躲避、自我刺激、叫骂、破坏等。而对问题的识别又进一步影响到特殊学生的外在行为问题,如尖叫、玩手、自打、攻击、破坏、不当碰触、生活自理异常等。为此,S区教育局设立专项调查项目,组建调查组,计划在辖区内融合教育学校开展调研,制定特殊学生行为问题量表,进而找出特殊学生行为问题背后的关键所在,然后对症下药,采取适当方法与策略进行处理,解决行为问题。

作为课题组的一员,你认为量表的设计涉及哪些环节?针对特殊学生行为表现及其问题的测量应当涉及哪些指标?如何获取这些指标?哪种形式的量表更适合本议题的测量?

量表制作

知识准备

一、指数与量表

(一) 指数

将概念转化为具体指标后,还要选择具体的测量方法,涉及基本状况行为等指标时,可以用单一指标进行测量。但在社会调查中,对于人们的态度、看法、意见、性格等主观性较强的内容常常很难用单一的指标进行测量,且这一内容对问题的产生往往存在潜在影响,所以在社会调查中常常需要用指数量表等将所研究的主题转化为可供衡量的选项。

指数就是由多个不同的回答所构成的一个简单累加的分数(因而指数又称总加量表)。有些指数已形成体系,并成为经过认真研究和反复试验获得的具有广泛使用价值、用简明合理公式结合各类指标后建立的新的指标。如消费物价指数,它是购买一系列产品与劳务所需成本的总和与前一年购买同系列物品所需成本之比。选择或改进已有的成熟的指标体系有利于提高调查质量和效率。

上述指数有一个潜在的假设或前提:在指数中,每一个具体的陈述(也称作一个项目)在对概念的测量中都具有同等的地位,占有同等的比重,彼此间不存在特定的顺序结构。每一个陈述都具有同等的效果,即它们在反映人们的态度方面是"等值的",不同的陈述之间不存在数量的差别(它们的"分值"都一样)。

(二) 量表

量表是一种具有结构强度顺序的复合测量工具,即全部陈述或项目都是按一定的结构顺序来安排的,以反映出所测量的概念或态度具有的各种不同的程度。量表常用于测量一个人如何感觉、思考,因此有人称为感兴效能。

二、常见的量表类型

(一) 李克特量表

李克特量表可以说是前述指数的一种特定形式,它是由美国社会心理学家李克特(Likert)于1932年在原有的指数形式的基础上改进而成的。李克特量表也由一组对某事物的态度或看法的陈述组成,与前述指数所不同的是,回答者对这些陈述的回答不是简单地分成"同意"和"不同意"两类,而是分成"很同意""同意""不知道""无所谓""很不同意"五类,或者"很赞成""比较赞成""无所谓""比较反对""很反对"五类。答案类型的增多能更清楚地反映出来人们在态度上的差别。李克特量表是社会研究中用得最多的一种量表形式。表5-6是这种量表的一个例子。

表 5-6　李克特量表

题目	很同意	同意	无所谓	不同意	很不同意
1. 婚事应该尽量办得简单一些					
2. 结婚是人生大事，花再多钱也值					
3. 即使有钱，婚事也不该大操大办					
4. 为了不让别人看笑话，借钱也要办好					

在表 5-6 中，四条陈述所代表的态度倾向是不同的，可按下列方式计分：对赞同节俭办婚事的看法，按 1＝很同意，2＝同意，3＝无所谓，4＝不同意，5＝很不同意来赋值；而对赞同婚事大操大办的看法，则按 5＝很同意，4＝同意，3＝无所谓，2＝不同意，1＝很不同意来赋值。将每一个回答者在这一量表上的四个得分（每行一个答案所对应的码值）加起来，就构成回答者对婚事操办方式的态度得分。按上述赋值方式，一个回答者在该量表上的得分越高，表明他的态度越倾向于婚事大操大办。

（二）鲍格达斯社会距离量表

如果研究者希望定量地测量人们相互间交往的程度、相互关系的程度或者某一群体所持的态度及所保持的距离，则可采用鲍格达斯社会距离量表。这种量表是由在内容上具有某种趋强的逻辑结构的一系列陈述所构成的，不同的陈述代表了人们在态度上的不同程度。例如，要测量人们对精神康复者的态度，可用表 5-7 所示的指标进行评估。不同的问题所表示的人们相互间的距离不同，越往后，相互间的距离越近。显然，能接受高强度内容的人必定能接受低强度内容。例如，一个愿意让他的子女与精神康复者结婚的人绝不会反对前面五项内容。因此，用这种具有逻辑结构的量表，可以测得不同的人或不同的群体对某一群体的态度。

表 5-7　鲍格达斯社会距离量表

题目	愿意	不愿意
1. 你愿意让精神康复者生活在你的国家吗？		
2. 你愿意让精神康复者生活在你所在的城市吗？		
3. 你愿意让精神康复者住在你那条街吗？		
4. 你愿意让精神康复者做你的邻居吗？		
5. 你愿意与精神康复者成为朋友吗？		
6. 你愿意让你的子女和精神康复者结婚吗？		

（三）语义差异量表

语义差异量表也称为语义分化量表，它主要用来研究概念不同的人所具有的不同含义。这种量表最初是美国心理学家奥斯古德（Osgood）等人在他们的研究中使用的。语义差异量表的形式由处于两端的两组意义相反的形容词构成，每一对反义形容词中间分为七个等级。每一等级的分数从左至右分别为 7、6、5、4、3、2、1，也可以计为＋3、＋2、＋1、0、－1、－2、－3。被测量的概念或事物（如某一群体、某种问题、某个国家等）放在量表的顶端,调查时要求被调查者根据自己的感觉在每一对反义形容词构成的量表中的适当位置画记号,比如画"×"。研究者通过对这些记号所代表的分数的统计和计算来研究人们对某一概念或事物的看法或态度,或者进行个人或团体间的比较分析。例如,要了解人们对苹果手机的理解或看法,可用语义差异量表对若干反映苹果手机特征与性能的概念,如潮流、过时、简单、复杂、快速、缓慢等进行测量。表5-8就是这种测量的一个例子。

表5-8 语义差异量表

请根据您使用苹果手机的体验,在以下两极化的形容词中勾选出您自己的感受程度								
潮流	7	6	5	4	3	2	1	过时
简单	7	6	5	4	3	2	1	复杂
快速	7	6	5	4	3	2	1	缓慢
清晰	7	6	5	4	3	2	1	模糊
多功能	7	6	5	4	3	2	1	单一化

三、量表编制

(一)拟定编制量表的计划

当研究者决定编制一份量表时,首先须拟定编制量表的计划。此份计划包括决定应收集哪些相关的资料、编制的进度、样本的选取、经费预算、编制完成所需的时间等。

(二)搜集资料

不同的量表所涉及的资料有所不同,例如,选手的"成就动机量表"和教练的"领导行为量表"在文献的收集上有很大的差别。编制者必须先了解量表的性质,然后决定所收集资料的方向。如成就动机量表是属于人格方面的量表,编制者就要从人格心理学或既有的量表中去收集。若是领导行为量表,因其是属于社会心理方面的量表,编制者就要在社会心理学中去收集。

(三)拟定量表的架构

编制者可以参考某一个学者的看法,或是综合数个学者的理论拟出所要编制量表的架构。假如此量表有若干个分量表,编制者应先将其定义写出来,以便之后编制题目之用。以"大专学生个人需求量表"架构的范例:

(1)卑逊性:自觉不如别人,对自己的行为常有愧怍之心,在尊长面前有畏缩不安的倾向。

(2)成就性:会尽个人的努力以求取成功,完成一些自认为有意义的工作,有解决问题或接受挑战的倾向。

(3)亲和性:乐于交友,愿意参加团体活动,并有忠于朋友的倾向。

(4)攻击性:会抨击相反的意见,公开批评他人,遇攻击时必谋报复。发生问题时,常有责怪他人的倾向。

(5)自主性:倾向于自由行动,自作主张,不喜欢接受规则或习惯的约束,不愿为责任或义务所规范。

(6)防卫性:受到攻击、批评、责备时会起而辩护,或是对自己所犯的过错会加以遮掩。

(7)支配性:喜欢领导团体活动,常为个人的主张辩护,希望能为他人所接受。有支配或影响他人的倾向。

（8）表现性：常借语言或行动的表现以获得别人的注意，喜好谈论本身的成就和功绩。

（9）避败性：会停止行动或逃避某种活动以免遭到失败。

（10）乐善性：待人宽厚仁慈，富同情心。对于困难或遭遇不幸的人，有乐于帮助的倾向。

（11）秩序性：喜欢将自己的东西摆设整齐，做事时喜欢事先有计划，凡事按部就班实施。

（12）求援性：希望获得他人的帮助、鼓励与支持。遇到困难时，渴望获得别人的同情与关心。

（四）编制题目

当量表的架构定出来之后，编制者即可参考所收集来的其他的量表资料编制题目。通常为了将来有选择的空间，编制者大约要比预定的题数多编二分之一的题目。如一个分量表需要 10 题，此时就需编制 15 题。

（五）预测试

当题目编好后，编制者即需进行预试。即编制者要找一些受试者先试做此份量表，以了解哪些题目是可用的。预试的样本至少应有 200 人，以便以后的项目分析之用。

（六）项目分析

项目分析的主要目的是针对预试的题目加以分析，以作为正式选题的参考。进行项目分析时，通常有两种方法可以使用，第一种方法是 t 考验法，第二种是相关法。在做项目分析时，这两种方法都是以单题为单位来进行分析的。以 t 考验法进行项目分析时，以该分量表总得分的高分组（前 25% 的受试者）和低分组（后 25% 的受试者）在每一题得分的平均数进行差异比较。所得的值称为决断值（Critical Ratio，简称 CR），题目的 CR 值必须高于量表的临界值，题目才具有鉴别力，有的学者建议 CR 值应达 3 以上为佳。在进行相关法时，有两种方式，一种是含本题在内所得的相关，另一种是不含本题在内的相关。进行第一种相关法时，首先将每个受试者分量表的总得分算出来，然后以题为单位，计算每一题与总得分的相关系数。一般而言，相关系数达到 0.4 以上为佳。进行第二种相关法时，以每一题和该题所在的分量表的总得分（不含该题）计算相关系数。一般而言，相关系数应达显著水平才算是具有鉴别力的题目。

（七）编制正式题目

编制者可根据项目分析的结果来进行选题，只要鉴别力合乎标准的题目都可以选为正式的题目。若项目分析所得各题的决断值都合乎要求，则按相应数值由高而低选出预定要的题数。

（八）建立信度与效度

一份好的量表必须具有相当的信度和效度。信度是指可靠的程度，而效度则是指有效的程度。有信度的量表通常具有一致性（consistency）、稳定性（stability）、可靠性（dependability）及可预测性（predictability）等。一份稳定可靠的量表，几次所得的结果一定是相当一致的，而且可通过此量表对受试者做预测用。效度是指一个量表能够有效地测量到它所要测量的特质的程度，例如一份有效的"成就动机量表"应该能切实反映出受试者的成就动机，高成就动机者在此量表的得分应该比低成就动机者的得分显著要高。量表的信度和效度应该如何建立，在本书后续项目中会有详细的说明。

 调查案例

"中年男性运动健康信念量表"的编制

某学生团队计划开展"中年男性运动与健康认知对健康水平影响"的调查。在准备阶段,该研究团队经查阅文献,发现没有现存的《运动健康信念量表》,故该学生研究团队在指导老师的协助下开始进行《运动健康信念量表》编制工作,具体工作步骤如下。

一、拟定编制量表的计划

研究团队制定了量表编制计划,确定文献查阅、架构确定、题目编制等各项工作及其分工,并初步确定资料收集的主题、对象和途径,在此基础上,团队进行了相关工作的时间和经费安排。

二、搜集资料

研究团队针对"运动认知""健康信念""运动动机"等议题进行了文献检索和分析,完成了关键概念梳理。由于在文献上未能找到适合的量表,因此,研究团队决定采用访谈的资料收集方式进一步收集资料。研究团队对84名年龄在40~60岁的中年男性进行了访谈,了解他们的运动习惯、认知和对运动与健康的有关想法。

三、拟定量表的架构

研究团队结合文献研究的结果,通过内容分析法对访谈资料进行类属分析,得到了知觉从事运动的障碍、知觉从事运动的利益、行动线索、疾病的威胁、采纳建议从事运动的可能性五个分量表。

四、编制题目

确定量表的架构后,研究团队根据所搜集到的资料进一步编制问卷题目,具体见表5-9。

表5-9 运动健康信念量表项目分析结果

维度	题目
知觉从事运动的障碍 (1~10题)	没有足够的时间;缺乏交通工具;身体疾病;没有运动场所;从事的工作不适合;家务会影响规律运动;缺乏运动同伴;运动伤害;天气不合适;没有意愿
知觉从事运动的利益 (11~18题)	减轻体重;使心里感到舒畅;使身体强壮;增加身体活动力;可以认识更多的朋友;促进人际关系;可以改善健康
行动线索 (19~26题)	医生的建议;电视广告的宣传;朋友的劝告;家人的劝告;家人的疾病经验;朋友的疾病经验;报纸杂志中的健康信息;觉得身体状况不佳
疾病的威胁 (27~33题)	心血管方面的疾病;肥胖症;关节炎;癌症;忧郁症;糖尿病;记忆力减退
采纳建议从事运动的可能性 (34~42题)	受配偶的影响;受父母的影响;受兄弟姐妹的影响;受小孩的影响;受医师的影响;受朋友的影响;受工作伙伴的影响;受运动指导者的影响

五、预测试

研究团队将编制好的量表加上指导语,形成预试量表,然后分组实施预试,在学校所在区抽取10个社区,共计233名中年男性作为预测试对象,收集相关数据。

六、项目分析

研究团队将预测试的量表数据进行整理，并录入 SPSS 软件。数据分析结果显示，各分量表每一题的决断值都超过 3，即所有的题目在决断值方面都能符合鉴别力的要求。其次，由 R2 值得知，全部题目的相关值都能达到显著水平。最后，由 R1 值检视，除了第 3 题的 R1 值未达中度相关之外，其余各题的 R1 值都能达到 0.4 以上的要求。由以上三个指标得知，在所有的 42 题当中，除了第 3 题较不具鉴别力外，其余各题都是有效题。由于第一个分量表的第 3 题被剔除掉，所以第一个分量表需要再重新做一次项目分析，所得结果见表 5-10。

表 5-10 知觉从事运动的障碍分量表项目分析结果

原题号	新题号	题目	决断值	R1	R2
1	1	没有足够的时间	9.04	0.52	0.35
2	2	缺乏交通工具	7.98	0.56	0.43
4	3	没有运动场所	12.88	0.72	0.61
5	4	从事的工作不适合	11.16	0.64	0.53
6	5	家务会影响规律运动	11.27	0.65	0.53
7	6	缺乏运动同伴	13.17	0.68	0.55
8	7	运动伤害	8.70	0.57	0.44
9	8	天候不佳	10.52	0.64	0.51
10	9	自己没有意愿	7.57	0.54	0.38

七、编制正式题目

编制者可根据项目分析的结果来进行选题，只要鉴别力合乎标准的题目都可以选为正式的题目。若项目分析所得各题的决断值都合乎要求，则按相应数值由高而低选出预定要的题数。

八、建立信度与效度

研究团队对量表进行信度的检验，本研究以内部一致性系数对各分量表进行检验，所得各分量表的克隆巴赫系数（衡量量表信度的一种方法）的 α 值如下：知觉从事运动的障碍（1～9 题）为 0.790 7、知觉从事运动的利益（10～17 题）为 0.815 5、行动线索（18～25 题）为 0.837 8、疾病的威胁（26～32 题）为 0.834 2、采纳建议从事运动的可能性（33～41 题）为 0.867 3。各分量表的内部一致性系数均达 0.79 以上，可说是具有良好的信度。由于本研究的研究对象是中年男性，在实施重测信度上有较大的难度，故未取得这方面的信度资料。

最后对本量表进行效度考验，本研究以探索性的因素分析检验所编制的 41 题是否如原先所预定的分别落入五个因素中。本量表以主轴法抽取因素，并以斜交法进行因素转轴，而且在抽取因素时，直接指定所要抽取的因素为五（因为本量表设计的架构为五个分量表，所以在进行因素分析时就以五个因素来抽取）。若原定各分量表的题目能落入其设定的因素中，即代表本量表具有建构效度。所得结果见表 5-11。

表 5-11　运动健康信念量表各分量表的相关矩阵

分量表	行动线索	知觉利益	知觉障碍	疾病威胁	运动可能
行动线索	1.000				
知觉利益	−0.165	1.000			
知觉障碍	0.049	0.239	1.000		
疾病威胁	−0.264	0.267	0.079	1.000	
运动可能	0.335	0.007	0.037	−0.123	1.000

任务实训

任务实训单

实训目标	1. 熟悉量表资料搜索的方法,并对量表进行评价。 2. 在教师指导下,以小组为单位,对所选择的研究问题中的概念或者假设进行量表设计或者量表的修改,并派小组代表进行陈述。
实训环境	1. 拥有与小组课题项目相关书籍的阅览室。 2. 具备网络查询功能的电脑。 3. 具有测量对象的联络资源。
实训内容及要求	【实训内容】 1. 根据小组实际情况,设计量表,制定计划,并进行合理的分工。 2. 查阅与小组课题相关的文献资料,进行文献的整理与分析,确定量表框架。 3. 进行量表项目编制和试测试,对试测试数据进行分析,并进一步修订项目。 【实训要求】 1. 能制定目标明确、内容清晰、进度合理和分工合适的量表制定计划。 2. 能清楚界定测量概念的定义,明确测量维度,进而制定出科学合理的问卷框架。 3. 能用简洁精练的语言清楚、明确地陈述量表项目。 4. 能有效组织量表预测试,并在预测试数据分析的基础上,对量表项目进行修订。
实训步骤	1. 设计量表制定计划,明确工作目标、内容、流程和分工等。 2. 查阅相关文献,进行简要文献分析,确定量表框架。 3. 小组成员讨论量表项目,完善项目表述,合理进行项目的分类。 4. 小组成员进行量表预测试,并对数据进行分析。 5. 根据预测试数据分析结果,小组成员进一步讨论项目的删减和修订,形成初步的量表。 6. 每组派一名代表在课堂上陈述量表制作的过程,介绍初步的量表。
实训考核评价	【评价载体】 书面作业和 PPT 汇报。 【评价指标】 1. 量表制定计划是否科学合理,占 15%。 2. 量表框架是否严谨合适,占 20%。 3. 量表项目是否清晰准确,占 35%。 4. 小组成员合作情况,占 30%。

任务四 信度与效度

案例导入

如何判断测量的质量

近十几年来,糖尿病患病率显著增加,糖尿病已成为世界范围内严重的公共卫生问题之一。据国际糖尿病联盟(International Diabetes Federation,IDF)估计,2019 年全球有 4.63 亿人患有糖尿病,预计到 2030 年上升到 5.78 亿人,到 2045 年上升至 7 亿人。我国糖尿病患病率呈逐年上升趋势。2015 年国家卫生委员会的调查结果显示,全国 18 岁以上人群约有 4 000 多万 2 型糖尿病患者,且以每年 120 万的数量增加,预计到 2025 年,中国 2 型糖尿病患者将达 1.3 亿例。2019 年,IDF 报告指出中国 20~79 岁糖尿病患者人数约为 1.164 亿,位列世界第一。糖尿病不仅发病率高,而且易产生心、脑、肾、神经、眼等多种并发症,是糖尿病致残、致死的主要原因,还给患者及其家庭造成较大的经济负担。因此,糖尿病患者不仅需要遵医嘱服用药物,良好的自我管理行为对于患者保持良好健康状况和提高生活质量同等重要。

某研究者欲研究糖尿病患者的自我管理行为水平以及患者自我管理行为水平与其健康状况的相关性,而且在寻找研究工具的过程中发现某学者研制了糖尿病患者自我管理行为问卷。该研究者是否可以直接使用该问卷?如何判断这种测量工具的质量高低?如何判断该量表能否达到测量的目的?或者说如何判断该量表能否有效衡量糖尿病患者的自我管理行为水平?

知识准备

一、信度与效度的含义

社会调查的过程就是运用各种测量工具收集资料的过程。那么,调查过程中收集到的资料是否真实可靠?调查想要了解的内容能否得到准确的测量?为确认上述问题,在这里有必要介绍信度和效度这两个概念,以对社会测量的结果作出评估。

(一)信度的概念

测量的信度即测量的可靠性或精确度,是指采取同样的方法对同一对象重复进行测量时,其所得结果一致的程度。换句话说,信度是鉴定测量结果的一致性或稳定性标准。例如,用同一台磅秤去称同一个人的体重,如果先后两次的测量结果一致,说明这台磅秤作为测量工具是可信的、稳定的。一个信度高的量表,在较短的时间内两次调查同一对象,其结果应大致相同。当然,由于人们的社会行为受多种因素的支配,对测量稳定性的认识不可简单化。任何一次调查都很难做到毫无误差,其测量手段也非绝对可靠。一般来说,如果两次测量时间相近而调查群体的态度有较大的改变时,不仅要找测量上的问

信度和效度

题,还要了解是否有外在因素在起重大的影响作用。影响测量稳定性的外部因素很多,如测量对象本身可能存在的某种不确定性,以及在实地调查时研究者的工作态度等因素的影响。

(二)效度的概念

测量的效度也称作测量的有效度或准确度,它指测量工具或测量手段能够准确测出所要测量的变量的程度,或者说能够准确、真实地度量事物属性的程度。塞尔蒂兹(Selltiz)指出:"对于任何测量手段,都必须提出一些基本问题:它测量什么?它所提供的数据同人们感兴趣的特征是否有关?记分之差在何等程度上反映我们正试图测量特征的真正差别?它们在何等程度上还反映其他因素的影响?一种测量手段的有效度可定义为,这一手段所测量出的记分之差反映我们所要测量的特征上的真正区别的程度,而不是反映恒定的或偶然的误差。"这就说明测量应与概念的特征保持同一性,测量能够反映出某一概念的本质特征与真正含义,而不是测量在某种程度上与其相似的特征,也就是说,测量的效度用以反映测量结果与"真值"的接近程度。

(三)信度与效度的关系

将同一份试题对同一人进行两次测试,他们的表现很少能完全相同,也就是所得的分数通常不会一模一样。由于有很多因素导致测量误差,因此,同一测验对同一群人不止一次进行测试时,研究者都会预期这些测验分数会有测量误差,而信度和效度是优良测验工具所必备的两项主要条件,也是对于后续研究者分析资料及结论建议是否能有效推论母体的必备原则,这也是评估研究质量的重要方法。

信度和效度之间的关系有四种类型:①信度高,效度未必高。即测量不一定能有效地说明调查所要说明的问题。②信度低,效度必然低。不可信的设计就不可能有可信的调查,更不可能有效说明调查所要说明的问题。③效度高,信度必然高。即调查结果能有效说明调查所要说明的问题,那么,它所反映的调查对象的实际情况必然是可信的。④效度低,信度未必低。即调查结果不能有效说明调查所要说明的问题,但对于反映调查对象的实际情况来说,它的信度可能低,也可能高。其关系可概括为表5-12。

表5-12 信度与效度的关系

项目		信度	
		可信	不可信
效度	有效	可能	不可能
	无效	可能	可能

总之,信度是效度的基础,是效度的必要条件而非充分条件;效度是信度的目的和归宿,没有效度的信度就失去了调查的意义。任何社会调查,只有做到信度和效度统一才能算是真正科学的社会调查。此外,研究者可以通过科学设计调查指标,合理安排调查方案,认真做好调查人员和调查对象的培训,切实做好调查各个阶段、各个环节的工作等方法来提高研究的信度和效度。

二、信度评估方法

（一）评估信度的方法

1. 重测信度

利用相同的测量工具，在相似的条件下反复测量相同的人或群体。将两次结果联系起来确定相关系数，相关系数越高，则可靠性越高。例如，调查居民对物价改革的态度时，用同一问卷对同一批居民在相隔不长的时间内进行了两次调查，如果相关系数很小，说明问卷的信度较差。这是一种最常用、最普遍的信度检查方法。

2. 复本信度

复本信度采取的是另一种思路，如果一套测量可以有两个及以上的复本，则可以根据同一群研究对象同时接受这两个复本测量所得的分数来计算其相关系数。它的要求是：所使用的复本必须是真正的复本，即二者在形式、内容等方面都应该完全一致，学校考试时出的A、B试卷就是这种复本的一个近似例子。然而在实际调查中，真正使研究问卷或其他类似的测量工具达到这种要求往往是一件十分困难的事情。

3. 折半信度

在对同一研究对象进行测量时，把一个测量工具分为项目相等的两个测量工具来对研究对象进行先后两次测量，其相关系数就叫作折半信度。使用折半信度，研究者不是设计两个表面不同但实际上相同的测量工具，而是设计一个单一的检验，只是设计的项目是所需项目的两倍，其中的一半项目是多余的。这好比一位老师想设计一份由五个难易不同的题目组成的代数测验，但这位老师不是只出五道题，而是每个难度出两道题，共十道题，这样他便能将学生在两套题目中的得分进行比较。如果两个得分高度相关，则这次代数测验是可信的；如果学生在一套项目上得分高而在另一套项目上得分低，那么这次测验就是不可信的。

（二）信度的检验

目前最常用的是Alpha信度系数法，一般情况下对信度的检验主要考虑量表的内在信度和项目之间是否具有较高的内在一致性。通常认为，信度系数应该在0～1，如果量表的信度系数在0.9以上，表示量表的信度很好；如果量表的信度系数在0.8～0.9，表示量表的信度可以接受；如果量表的信度系数在0.7～0.8，表示量表有些项目需要修订；如果量表的信度系数在0.7以下，表示量表有些项目需要抛弃。

三、效度评估方法

（一）评估效度的方法

1. 表面效度

表面效度也称为内容效度或逻辑效度，它指的是测量内容或测量指标与测量目标之间的适合性和逻辑相符性，即测量所选择的项目是否"看起来"符合测量目的和要求。例如，要测量学生分析问题的能力，如果出的题目不适当，变成测量学生的记忆力，那就达不到测量学生分析能力的要求，测量的结果便缺乏效度。

2. 准则效度

准则效度也称为实用效度，它指的是用一种不同于以往的测量方式或指标对同一事物或变量进行测量时，将原有的一种测量方式或指标作为准则，用新的方式或指标所得到的测量结果与原有准则的测量结果作比较，如果二者具有相同的效果，那么就可以说这种新的测量方式或指标具有准则效度。例如，要了解大学生的英语水平，可以采用托福试题、大学英语六级考试试题以及其他试题等不同的试题对大学生进行测验。为了了解其他试卷的效度，以托福试题为准则，把其他测验方式的结果与托福的测验结果进行比较。准则效度的关键是作为准则的测量方式必须是有效的。

3. 结构效度

结构效度是指用新的指标取代原来的指标对理论概念进行测量时，新的指标的测量结果和原来的指标一样与其他变量存在类似的关系。也就是说，变量 X_1、X_2 在理论上有联系，如果测量 X_1 的指标 X_1' 与测量 X_2 的指标 X_2' 也有关系，并且我们以 X_1 取代 X_1' 并复测整个理论时，得出了与使用 X_1' 时同样的结果，那么便称新的测量 X_1 具有结构效度。例如，在研究中提出"工业化导致人际关系疏远"的假设。研究表明，当用"工业产值"这一指标衡量"工业化"的程度时，它与"人际关系"之间确实存在假设中的负相关的关系。现在以新的指标"人均汽车拥有量"衡量"工业化"的程度，当新指标的测量结果与"人际关系"之间也存在相同程度的负相关时，新的指标便具有结构效度。

最后需要特别注意的是，测量的效度与信度都是一种相对量，而不是绝对量，即它们都是一种"程度事物"。

(二) 效度的检验

效度的检验最理想的方法是利用因子分析来考察量表的构造效度。研究者在设计量表时实际上是假设有某种结构存在的，一方面，通过因子分析可以根据测量数据考察所用的量表是否反映出内在的结构，反过来也可验证研究者的假设是否成立。另一方面，因子分析也适用于探索性的研究，可以增强（或削弱）对某种测量结构的信心。

因子分析的主要功能是从量表所度量的一系列变量中提取出一些公共因子，这些因子与一般显在的可观测的变量不同，它们是潜在的不可观测的。但是它们与显在变量之间的联系是可以进行研究的。

因子分析重点从以下两个方面来考核量表的结构效度：第一，公共因子应与设计时假设的量表的几个重要主题一致，且公共因子的累计方差贡献率至少达到 40%；第二，每个问题条目都应在其中一个公共因子上有较高负荷值（大于 0.4），而对其他公共因子的负荷值较低。如果一个条目在所有因子上的负荷值均较低，说明其意义不明确，应修改或删除。

拓展阅读

调查案例

"游客到访故宫动机量表"的构造效度检验

某高校旅游专业的学生想利用暑假的时间开展一项社会调查，了解深圳游客赴北京旅游期间到访故宫的动机。学生组成了相关的调查小组，并开展了前期的文献检索和分析,参考文献中的旅游动机量表,结合其他文献和初步访谈资料,小组成员采用李克特量表的形式,制定了初步的量表。在试测试及数据分析的基础上,小组对量表进行了修订。下一步,小组成员需要对量表的信效度进行检验,以确保调查工具的科学性。以下为检验量表的结构效度的操作步骤:

步骤一,确认数据。小组成员确认试测试数据是否已完成数据清理。

步骤二,利用SPSS统计软件对数据进行因子分析。具体数据分析方法参考本书数据分析章节。

步骤三,结果解读。结构效度是要测验理论背后的因素结构的有效程度。研究者提出研究议题包含若干的类型(分类),量表中的每个项目皆可以归属到某一类型中。如果因子分析的结果支持研究者提出的分类模式,则这份量表具有结构效度。该学生小组对数据进行因子分析后,得到的结果见表5-13。

表5-13 量表的结构效度检验结果

项目	因子负载量					
	亲友情谊	休闲娱乐	喜爱学习	文化涉入	创意思考	从众行为
增进亲友间的情感	0.863					
结交志同道合的朋友	0.844					
可和朋友分享我到故宫的心得	0.643					
放松心情		0.884				
享受文化熏陶		0.770				
放慢生活脚步		0.745				
犒赏自己		0.597				
想沉浸于文化的气氛中			0.842			
增加对中华文化的知识			0.820			
观赏中华文物			0.817			
关心文化保存的议题				0.833		
参观具有历史价值的文物				0.797		
想了解故宫展览馆的内容				0.760		
寻找灵感					0.928	
获得启发					0.914	
顺应别人的邀约						0.928
亲朋好友的推荐						0.916
特征值	2.42	2.39	2.27	2.14	1.85	1.80
Cronbach's Alpha	0.667	0.789	0.817	0.775	0.912	0.885
解释变异量(%)	14.3	14.1	13.4	12.6	10.9	10.6
累计解释变异量(%)	14.3	28.3	41.7	54.3	65.3	75.9

 任务实训

任务实训单

实训目标	1. 了解信效度对研究科学性的影响,熟悉信效度检验的过程。 2. 在教师指导下,以小组为单位,对上一个任务制定出来的量表进行信效度检验的步骤规划,并派小组代表进行陈述。
实训环境	1. 拥有与小组课题项目相关书籍的阅览室。 2. 具备网络查询功能的电脑。
实训内容及要求	【实训内容】 1. 查阅与信效度检验相关的文献资料,进行文献综述。 2. 根据量表情况,选择合适的信效度检验方法,并熟悉其具体操作过程。 【实训要求】 1. 能清楚了解信度与效度的区别和关系。 2. 能选择合适的信效度评估方法。 3. 通过扩展阅读,进一步了解不同的信效度评估方法的具体实施步骤。
实训步骤	1. 查阅相关文献,阅读和分析文献,进行简要文献综述。 2. 小组成员讨论选定合适的信效度评估方法。 3. 针对量表,小组讨论拟定信效度评估的步骤。 4. 每组派一名代表在课堂上陈述选择信效度评估方法的依据、方法内涵和操作步骤。
实训考核评价	【评价载体】 书面作业和PPT汇报。 【评价指标】 1. 信效度评估方法选择是否合适准确,占35%。 2. 信效度评估步骤是否清晰合理,占35%。 3. 小组成员合作情况,占30%。

思政小课堂

社会主义现代化强国的评价维度与评价指标

从现代化水平看,社会主义现代化强国处于发达经济体水平,并且具有资本主义现代化强国所不具备的共同富裕特征。从现代化内容来看,社会主义现代化强国具有高度发达的物质文明、政治文明、精神文明、社会文明和生态文明,全面实现了国家治理体系与治理能力现代化,综合国力和国际影响力居于世界一流水平,人类发展指数和幸福指数处于发达经济体水平,全体人民共同富裕基本实现。为更好地推动全面建成社会主义现代化强国,我们必须从全面文明、现代善治、世界一流、共同富裕、高度幸福五个维度的发达现代化水平着眼,构建社会主义现代化强国的评价指标体系。

一是"全面文明"的评价维度与评价指标。 主要从物质文明、政治文明、精神文明、社会文明、生态文明五个方面构建发达现代化水平的文明评价指标。

物质文明发达程度是一个国家富强的集中体现,一个物质文明高度发达的国家必然是一个国强民富的经济强国。物质文明评价指标主要包括:科技强国与创新能力指标、质量强国与制造强国指标、全员劳动生产率、人才强国指标、航天强国指标、数字强国指标、营商环境排名指标、产业链高端化与完整度指标、产业结构高级化指标、市场主体数量指标(市场主体占常住人口比重指标)、新注册企业密度指标(每1万个15~64岁劳动人口中新注册企业数量)、自主知识产权专利费收入指标、全球科学中心与创新中心数量指标,等等。

政治文明发达程度是一个国家民主自由水平的集中体现,一个政治文明高度发达的国家必然是一个民主政治高度发达、全过程人民民主全面实现的法治强国。政治文明评价指标主要包括:政务环境评价指标、法治建设评价指标、基层直选评价指标、每万人社会组织数量指标、民主参与决策协商覆盖面指标,等等。

精神文明发达程度是一个国家文明水平的集中体现,一个精神文明高度发达的国家必然是一个文化高度繁荣、国民素质与修养高度文明的文化强国。精神文明评价指标主要包括:覆盖城乡的六级公共文化服务体系完善度、公共文化设施完善程度指标、健身步道长度、体育健身设施与场馆开放度、年产电影与电视剧集数总量、文化国际化合作指标、国家文化软实力指标,等等。

社会文明发达程度是一个国家和谐水平的集中体现,一个社会文明高度发达的国家必然是一个社会和谐、人民安居乐业的安全强国。社会文明评价指标主要包括:中等收入群体数量及比例、橄榄型社会结构指标、社会矛盾纠纷总量指标,等等。

生态文明发达程度是一个国家美丽水平的集中体现,一个生态文明高度发达的国家必然是一个绿色、环保、可持续发展的美丽强国。生态文明评价指标主要包括:黑臭水体比例、全年PM2.5平均浓度、空气质量优良天数比例、森林覆盖率、旅游公共服务体系完善度、3A级及以上景区数量、花园街道与花园乡村数量、污水处理率与污泥处理率、垃圾无害化处理率、自来水与天然气普及率、优质生态产品供给均等化指标,等等。

二是"现代善治"的评价维度与评价指标。主要从国家治理体系与治理能力现代化维度构建发达现代化水平的善治评价指标体系。习近平总书记曾用8个"能否"概括:"评价一个国家政治制度是不是民主的、有效的,主要看国家领导层能否依法有序更替,全体人民能否依法管理国家事务和社会事务、管理经济和文化事业,人民群众能否畅通表达利益要求,社会各方面能否有效参与国家政治生活,国家决策能否实现科学化、民主化,各方面人才能否通过公平竞争进入国家领导和管理体系,执政党能否依照宪法法律规定实现对国家事务的领导,权力运用能否得到有效制约和监督。"

发达现代化水平的善治评价指标主要有:人民当家作主制度体系的完善程度、协商民主广泛多层制度化发展水平、政党协商程序与频次、人大选举和票决前的协商机制完善程度、立法听证制度完善程度、政府协商机制与政府重大决策前社会各界充分协商的决策程序完善程度、重大事项决策公众参与制度完善程度、人民团体协商程序与频次、政务公开与党务公开程度、居委会直接选举数量与范围、官员财产公开制度与范围、政治清廉指数,等等。

三是"世界一流"的评价维度与评价指标。主要从综合国力和国际影响力两个维度构建发达现代化水平的世界一流评价指标体系。综合国力的指标包括:国民总收入、人均国民总收入、产业链完整程度(处于中高端且全链完整)创新能力、人才竞争力、网络强国指标、数字政府智能制造数字社会水平、从事研发的科技人员数量占人口的比重,等等。国际影响力的指标主要包括:进出口总量特别是高技术产品进出口总量、双边自由贸易与多边自由贸易协定数量、军事合作与国际国防联合安全体系完整度、外交人员与使领馆数量、参与国际组织领导层人数与员工数、国内新闻素材与意见观点被国外媒体采纳与传播数量、贸易强国指标、服务贸易外资准入负面清单数量、国际一流大学市场准入度、境外理工农医大学及职业学院独立办学数量、国际学校数量、国外政策受我国政策影响程度,等等。

四是"共同富裕"的评价维度与评价指标。主要从全体人民共同富裕的维度构建发达现代化水平的公平分配评价指标体系。共同富裕的评价指标主要有:人均可支配收入指标、人力资本指标、生产资料社会占有的公平分配指标、生产资料拥有大众化普及化指标、公共服务体系完善程度指标、公共服务支出占GDP比重、人类发展水平指标、基尼系数指标、中等收入阶层人数与比重指标、城乡收入差距与地区收入差距指标、出生时预期寿命指标、平均受教育年限指标,等等。

五是"高度幸福"的评价维度与评价指标。主要从幼有善育、学有优教、劳有厚得、病有良医、老有颐养、住有宜居、弱有众扶、城乡一体等方面来构建发达现代化水平的高度幸福评估指标体系。

幼有善育指标主要有公办中心幼儿园覆盖率、公办幼儿园在园儿童占比、乡村普惠性幼儿园覆盖率、集中供养孤儿基本生活最低养育标准等。

学有优教指标主要有学前3年到高中段的15年教育普及率、高中阶段教育覆盖率、高等教育毛入学率、骨干教师城乡轮岗比例、入选国际高水平大学数量、世界一流大学数量、入选中国高水平大学与特色高水平高职学校数量、教育现代化县(市、区)比例、义务教育县级校际差异系数、公共教育支出占 GDP 比重达到发达国家水平的程度等。

劳有厚得指标主要有劳动报酬占 GDP 的比重指标、最低工资标准指标、居民财产性收入占居民可支配收入的比重等。

病有良医指标主要有三级甲等医院普及率、高质量公立医院发展水平、县域医共体建设水平、每千人执业（助理）医师数量、国家卫生城市（县域）覆盖率、城乡全民医疗报销比例、城乡居民基本医保保障水平、国际化医疗中心数量、医疗卫生服务现代化水平、公共医疗卫生支出占 GDP 比重等。

老有颐养指标主要有基本养老保险全覆盖、基本养老金的全国统筹水平、老龄长期护理体系完善度、每万名老年人拥有持证养老护理员数量、养老机构护理型床位占比、具备综合功能的养老服务机构覆盖率、县级公益性安葬（放）设施覆盖率、企业职工基本养老金水平、公共养老金支出占 GDP 比重达到发达国家水平等。

住有宜居指标主要有城镇住房保障受益覆盖率、房租年均涨幅、公租房与保障性租赁住房总量等。

弱有众扶指标主要有最低生活保障标准、相对贫困救助标准、低收入群体收入增长率、农村脱贫人口返贫率、慈善捐赠总额等。

城乡一体指标主要有常住人口基本公共服务均等化水平、城乡居民收入倍差、最低生活保障标准城乡同标、乡村高中阶段教育毛入学率、城乡居民社会养老保险参保率、农村老年人基本养老金水平、乡村卫生室中级以上职称医师比重、城乡同质饮水、乡村断面水质达标率、乡村林草覆盖率、乡村垃圾与污水处理率、乡村达标厕所比例、行政村交通通畅率、乡镇集中供热面积等。

（资料来源：李军鹏，社会主义现代化强国评价指标体系初探，国家治理，2022 年 Z1 期）

思考与练习

一、选择题

1. 社会测量主要用在对（　　）的研究。
   A. 自然界　　　　B. 人　　　　C. 物质　　　　D. 社会现象
2. 按照测量的层次从低到高，以下排序正确的是（　　）。
   A. 定类＜定序＜定距＜定比　　　　B. 定类＜定距＜定序＜定比
   C. 定类＜定序＜定比＜定距　　　　D. 定序＜定类＜定距＜定比
3. 利用相同的测量工具，在相似的条件下反复测量相同的人或群体所获得的信度称为（　　）。
   A. 折半信度　　B. 重测信度　　C. 统计信度　　D. 复本信度
4. 测量内容或测量指标与测量目标之间的适合性和逻辑相符性，即测量所选择的项目是否"看起来"符合测量目的和要求的是（　　）。
   A. 内容效度　　B. 准则效度　　C. 结构效度　　D. 专家效度

二、填空题

1. 社会测量的要素主要包括＿＿＿＿、＿＿＿＿、＿＿＿＿和＿＿＿＿。
2. 变量的测量层次主要有＿＿＿＿、＿＿＿＿、＿＿＿＿和＿＿＿＿。
3. 常用的量表类型主要有＿＿＿＿、＿＿＿＿和＿＿＿＿。

三、名词解释

1. 操作化
2. 折半信度
3. 结构效度

四、问答题

1. 选择变量的测量层次时有哪些注意事项？
2. 信度和效度之间是什么关系？如何可以提升信效度？
3. 尝试对以下三个概念进行概念化和操作化：
   （1）主观幸福感；
   （2）社会适应；
   （3）社会资本。

项目六　编制调查问卷

在日常的社会调查中,编制调查问卷是一种比较经济、便捷的获取资料的方式。设计好调查问卷,对于我们顺利开展社会调查,提高调查资料的信度与效度都很重要。某大学班级有一个小组对大学生消费主题比较感兴趣,选择了"大学生消费观调查"作为小组课题,制定好调查方案后,他们开始准备着手编制调查问卷。他们对于调查问卷并不陌生,也填写过不少调查问卷,但从未独立设计过调查问卷,感到有点力不从心,不知从何下手。

请思考:调查问卷的规范结构是什么?设计问卷需要遵循哪些原则和步骤?如何有效设计问卷的问题和答案?

 思维导图

知识目标

1. 了解问卷的类型和结构;
2. 理解问卷设计的原则和步骤;
3. 掌握问题和答案设计的方法和技巧;
4. 了解问卷设计中的常见错误。

> **技能目标**
> 1. 能区分自填式问卷与访问式问卷的差异；
> 2. 能独立设计调查问卷；
> 3. 能辨析问卷设计中的常见错误并修改完善。

> **素质目标**
> 1. 培养设计问卷的研究兴趣；
> 2. 培养实事求是的精神和团结协作的意识；
> 3. 培养严谨认真、求真务实的工作作风。

任务一 认识调查问卷

 案例导入

调查问卷

中国老年社会追踪调查(CLASS)问卷由社区问卷和居民问卷两部分组成。其中，社区问卷的受访者为村/居委会主任、书记和其他主要工作人员，居民问卷受访者为随机抽中的居民，两种问卷均采用访员面对面访问的形式填写。社区问卷和居民问卷的具体内容如下：

• 社区问卷内容为村/居委会的基本情况，如地理位置、能源使用、人口情况、社区服务等基本信息。

• 居民问卷内容为受访者的相关情况，问卷共由 A、B、C、D、E、F、G 部分构成，具体如下：

A 部分为社会人口特征，提供受访者个人最基本信息的背景变量。

B 部分为健康和相关服务，用于衡量老年人身体健康、心理健康、生活自理能力、医疗资源及利用等。

C 部分为社会经济状况，用于调查老年人的职业经历、收入和支出，以及迁移经历。

D 部分是被访者的养老规划与安排，用于分析老年人的退休适应、经济储备、照料服务的获取方式、养老场所的选择等信息。

E 部分包括老年人相关的认知问题以及老化态度问题，该部分不可代答，老化态度问题用于分析老年人的老化态度、养老观念等。

F 部分是老人子女的情况，用于分析家庭代际交换的情况。

G 部分是受访者及其子女的联系方式。

(资料来源：中国老年社会追踪调查官网，调查问卷，http://class.ruc.edu.cn/xmjz/dcwj/a2014n.htm)

知识准备

一、调查问卷的类型

根据社会调查中使用问卷的方法，一般把问卷分为自填式问卷和访问式问卷两种不同类型。自填式问卷即由调查员发送或邮寄给受访者，由受访者自己填写的问卷；访问式问卷即由调查员按照问卷向受访者提问，并根据受访者的回答进行填写的问卷。这两种类型的问卷在设计程序、使用原则、内容与结构等方面相同或相似，只是在使用方法上有一定差别。

调查问卷

二、调查问卷的结构

一般来说，一份完整的问卷应包括封面信、指导语、问题和答案、编码、访问的执行记录等。

（一）封面信

封面信是一封致被调查者的短信。它的作用在于向被调查者介绍和说明调查的目的、调查单位或调查者的身份、调查的主要内容、被调查者的选取方法和对调查结果保密的措施等。封面信的文字要简明，篇幅宜小不宜大，两三百字最好。封面信一般包含以下四方面内容。

1. 调查者的身份

除了写清调查者的单位，最好还能附上单位的地址、电话号码和联系人姓名等，以便消除被调查者的疑虑，体现调查的正式性。

2. 调查的主要内容，即"调查什么"

需要注意的是，在介绍调查的主要内容时，一方面，不能欺骗被调查者；另一方面，既不能含糊地介绍，甚至完全不介绍，也不能过于详细地介绍。

3. 调查的主要目的，即"为什么调查"

在介绍调查的主要目的时，应尽可能地说明其对社会的意义，尤其是对于包括被调查者在内的大众的实际价值，而不能只谈"为了进行科学研究"等。

4. 被调查者的选取方法和对调查结果保密的措施

一般来说，被调查者或多或少存在一定的戒心。为了消除被调查者的戒心，应该在封面信中简明扼要地对相关措施做出说明。

调查问卷封面信的示例如下：

大学生学习状况调查问卷封面信

亲爱的同学：

　　您好！

　　这份问卷的目的在于了解每一位大学生的学习状况，为大学教育体制改革提供参考。请详阅填答说明后，根据您对每一道题的叙述，逐题填写。

　　本问卷的各项答案无所谓好坏、对错，且问卷所得的结果只作为调查研究获取信息的一种参考，不做任何个别呈现，请您依据自己的看法放心地填答，非常感谢您的合作与协助。

教育部××课题组
××××年××月××日

（二）指导语

指导语是用来指导被调查者填答问卷的各种解释和说明。有些问卷的填答方法比较简单,指导语很少,常常只在封面信中用一两句话说明即可;有些问卷的填答方法比较复杂,指导语比较多。另外,还有些问卷的指导语分散在某些比较复杂的调查问题之后,对填答要求、方式和方法进行说明。

调查问卷指导语的示例如下:

填表说明:

1. 请在每一个问题后适合自己情况的答案上打"√"。

2. 如无特殊说明,每一个问题只能选择一个答案。

3. 填答问卷时,请根据自己的实际情况进行填答,不要与他人商量。

(三) 问题和答案

它是问卷的主体和核心,也是问卷设计的主要内容。调查问题设计的好坏是关系到调查活动能否成功的关键因素,对调查问卷的有效性、真实度等起至关重要的作用。从形式上来看,问卷的问题可以分为开放型问题、封闭型问题和混合型问题三大类。

1. 开放型问题

开放型问题是指不为回答者提供具体答案,而由其自由填答的问题。它的优点是被调查者可以充分自由地按自己的方式表达意见,不受限制;其缺点是要求回答者具有较高的知识水平和文字表达能力,所花的时间和精力比较多,且只能进行定性分析,难以进行定量的分析和处理。

2. 封闭型问题

封闭型问题是指在提出问题的同时给出若干个答案,要求被调查者选择其中一个回答。其优点是填写方便,对文字表达能力没有过高的要求,适合进行定量分析;其缺点是失去了开放型问题的丰富生动的回答。根据开放型问题与封闭型问题的不同特点,调查者常把它们用于不同的调查中。

3. 混合型问题

混合型问题是开放型问题与封闭型问题的结合,它实质上是半开放、半封闭的问题类型。

(四) 编码

在以封闭型问题为主的问卷中,为了将被调查者的回答转换成数字,录入计算机进行定量的分析和处理,需要对回答结果进行编码,即赋予每个问题及答案一个数字作为其编码。编码既可以在问卷设计的同时就设计好,也可以等调查资料收集完成后再进行。前者称为预编码,后者称为后编码。在实际调查中,调查者大多采用预编码,因此,预编码也就成了问卷的一个部分。编码一般放在问卷每一页的最右边,有时还可用一条竖线将它与问题及答案部分分开。常见的编码方式如图 6-1 所示。

(1) 您的年龄:_____岁	1~2□□
(2) 您的性别:① 男 □ ② 女 □	3□
(3) 您的文化程度:	4□
① 小学以下 □ ② 初中 □	
③ 高中或中专 □ ④ 大专以上 □	
(4) 您的月收入:_____元	5~9□□□□□

图 6-1 编码示例

（五）访问的执行记录

除编码以外，有些问卷还需要印上被调查者的地址或单位（可以是编号）、调查者的姓名、调查开始和结束的时间、调查完成情况、审核员的姓名和审核意见等。

有的自填式问卷还有结束语。结束语可以是简短的几句话，对被调查者的合作表示真诚感谢；也可以稍长，并询问一下被调查者对问卷设计和调查本身的看法及感受。

 调查案例

拓展阅读

××社区长者服务需求调查问卷

亲爱的社区老年朋友：

为更好了解社区老年朋友们的需求，以便为大家提供更有效的优质服务，我们特组织了此次调查。本调查随机选择调查对象，被调查者均是匿名的。您的回答将代表众多的老年朋友，请您如实填写。调查问题的回答均无对错之分，调研结果供研究和服务项目制定的参考之用。真诚感谢您的参与和配合！

××社区党群服务中心

二〇二二年九月

【填写说明】

1. 每题有若干选项，请在符合您情况选项的字母上打"√"；如果选择其他，请在"＿＿"上直接填写。
2. 没有特别说明，每题只能选择一个答案，多项选择题会在题目后面注释。
3. 如需文字表述的，请填写相关内容。

第一部分：基本信息

A1. 您的性别＿＿＿＿
　　① 男　　② 女

A2. 您的年龄＿＿＿＿＿＿＿岁

A3. 您的婚姻状况＿＿＿＿＿
　　① 已婚　② 丧偶　③ 分居/离异　④ 单身　⑤ 其他＿＿＿＿＿

A4. 您的受教育程度＿＿＿＿＿
　　① 不识字　② 小学　③ 初中　④ 高中/中专　⑤ 大学及以上

A5. 您现有子女＿＿＿＿＿人；其中儿子＿＿＿＿＿人，女儿＿＿＿＿＿人

A6. 您的身体状况＿＿＿＿＿
　　① 良好　② 一般　③ 患病　④ 残疾

A7. 您的行动能力＿＿＿＿＿
　　① 能自如行走　② 行动较缓慢　③ 需辅助器　④ 完全卧床

A8. 您的生活自理情况＿＿＿＿＿
　　① 完全自理　② 部分自理　③ 不能自理

A9. 您的居住情况＿＿＿＿＿
　　① 独居　② 与儿女同住　③ 与配偶同住　④ 其他＿＿＿＿＿

A10. 您个人每月的平均收入约为_____
　　① 1 500元以下　② 1 501～3 000元　③ 3 001～4 500元　④ 4 501～6 000元
　　⑤ 6 001元以上

A11. 您的医疗保险情况_____
　　① 职工医保　② 城乡医保　③ 没有　④ 其他_____

A12. 您的户籍是_____
　　① 本地　② 外地

A13. 您有多少朋友_____
　　① 2人以下　② 3～5人　③ 6～9人　④ 10人以上

第二部分：老年人服务需求

C1. 对于下列服务内容，您的需求度如何？（请打"√"）

需求类型	服务项目	需要程度					付费方式		
		急需要	较需要	一般	不太需要	不需要			
生存需求	1. 家政服务	5	4	3	2	1	无偿	低偿	有偿
	2. 上门医疗护理	5	4	3	2	1	无偿	低偿	有偿
	3. 帮助日常购物	5	4	3	2	1	无偿	低偿	有偿
	4. 日间照料服务	5	4	3	2	1	无偿	低偿	有偿
	5. 老年人服务热线	5	4	3	2	1	无偿	低偿	有偿
	6. 老年人饭桌送饭	5	4	3	2	1	无偿	低偿	有偿
	7. 慢性病的预防与护理	5	4	3	2	1	无偿	低偿	有偿
	8. 老人防摔训练	5	4	3	2	1	无偿	低偿	有偿
一般需求	9. 老年疾病信息咨询	5	4	3	2	1	无偿	低偿	有偿
	10. 健康护理服务	5	4	3	2	1	无偿	低偿	有偿
	11. 社康治疗	5	4	3	2	1	无偿	低偿	有偿
	12. 老年人健康档案	5	4	3	2	1	无偿	低偿	有偿
	13. 老年人心理健康知识教育	5	4	3	2	1	无偿	低偿	有偿
	14. 夫妻关系调试	5	4	3	2	1	无偿	低偿	有偿
	15. 子女关系调试	5	4	3	2	1	无偿	低偿	有偿
	16. 临终关怀	5	4	3	2	1	无偿	低偿	有偿
	17. 哀伤辅导	5	4	3	2	1	无偿	低偿	有偿
	18. 情绪疏导	5	4	3	2	1	无偿	低偿	有偿
	19. 聊天解闷	5	4	3	2	1	无偿	低偿	有偿

续表

需求类型	服务项目	需要程度					付费方式		
		急需要	较需要	一般	不太需要	不需要			
发展需求	20. 终身学习与老年大学	5	4	3	2	1	无偿	低偿	有偿
	21. 邻里互助组	5	4	3	2	1	无偿	低偿	有偿
	22. 书法兴趣班	5	4	3	2	1	无偿	低偿	有偿
	23. 纸艺、丝网花工作坊	5	4	3	2	1	无偿	低偿	有偿
	24. 太极训练	5	4	3	2	1	无偿	低偿	有偿
	25. 游园会	5	4	3	2	1	无偿	低偿	有偿
	26. 重阳登高	5	4	3	2	1	无偿	低偿	有偿
	27. 健康讲座	5	4	3	2	1	无偿	低偿	有偿
	28. 各种球类训练	5	4	3	2	1	无偿	低偿	有偿
	29. 合唱培训	5	4	3	2	1	无偿	低偿	有偿
	30. 老年志愿者服务队	5	4	3	2	1	无偿	低偿	有偿
	31. 舞蹈培训	5	4	3	2	1	无偿	低偿	有偿
	32. 戏剧培训	5	4	3	2	1	无偿	低偿	有偿
	33. 绘画培训	5	4	3	2	1	无偿	低偿	有偿
	34. 棋艺培训	5	4	3	2	1	无偿	低偿	有偿
	35. 串珠手工坊	5	4	3	2	1	无偿	低偿	有偿

C2. 您希望服务活动的开展时间为(可多选)_____
① 节假日上午　② 节假日下午　③ 工作日上午　④ 工作日下午
⑤ 工作日晚上　⑥ 其他_____

C3. 在需要帮助时,您喜欢接受以哪些方式获得帮助(可多选)_____
① 社工组织成长小组　② 讲座　③ 寓教于乐的活动　④ 小组研讨
⑤ 与社工结对　⑥ 熟悉朋友帮助　⑦ 可信任机构组织人员上门
⑧ 网络聊天　⑨ 其他_____

C4. 您对社区养老服务还有哪些需求,请写在下面:
_____
_____

问卷调查结束,再次感谢您的合作!

 任务实训

任务实训单

实训目标	1. 回顾学习过的知识,熟悉调查问卷的特点和结构。 2. 以小组为单位,依据本组的调查课题,设计调查问卷,并派小组代表从调查问卷的结构角度进行陈述。
实训环境	1. 拥有与小组调查问卷相关书籍的阅览室。 2. 具备网络查询功能的电脑。
实训内容及要求	【实训内容】 1. 熟悉选题的范围并能根据所学习的社会学、社会工作、社区管理理论、社区服务理论等专业知识选择调查课题。 2. 根据社会实际,有目的有针对性地选择调查问卷题目。 3. 利用调查问卷的结构初步确定的调查问卷题目是否合适,选题应大小适中,具有可行性。 【实训要求】 1. 理解测量的信度与效度的关系,以及影响社会调查信度与效度的因素。 2. 能针对所选课题设计出相对科学、完整的调查问卷(量表或访谈提纲)。 3. 每组分工合作实施调查。
实训步骤	1. 将班级分成若干小组,每组 4~6 人。 2. 每组根据本组的兴趣,讨论确定一至两份调查问卷的方向。 3. 每组用一周的时间确定调查问卷的具体题目。 4. 每组派一名代表在课堂上介绍本组的调查问卷题目及依据。
实训考核评价	【评价载体】 书面作业和 PPT 汇报。 【评价指标】 1. 调查问卷题目是否具有调查价值,占 35%。 2. 调查问卷信度和效度,占 35%。 3. 小组成员合作情况,占 30%。

任务二 问卷的设计原则与步骤

 案例导入

中国综合社会调查(CGSS)调查问卷设计

中国综合社会调查(Chinese General Social Survey,CGSS)是我国最早的全国性、综合性、连续性学术调查项目,由中国人民大学中国调查与数据中心负责执行。遵照国际标准,自 2003 年起,每年一次,对中国境内各省、市、自治区 10 000 多户家庭进行连续性横截面调查。

中国综合社会调查(CGSS)的宗旨是系统而全面地收集中国人行为、态度以及生活、

工作的基本信息,进一步反映中国人的行为与思想模式以及社会结构,通过持续性的调查反映中国社会变迁的趋势,并推动跨国比较研究的发展。基于这一宗旨,中国综合社会调查(CGSS)的调查问卷由三部分构成。核心模块:调查全部样本,年度调查,固定不变;主题模块:调查全部样本,每5年重复一次,两次调查内容重合率>80%;附加模块:调查1/3或1/4随机样本,不确保重复周期和内容。其中核心模块与主题模块主要服务于描述与解释社会变迁的宗旨,扩展模块则主要服务于跨国比较研究的目的。

具体就核心模块而言,在研究设计中其具有以下特点:

1. 在整个研究周期内,核心模块是保持固定不变的。在每次年度调查中,核心模块是必然存在的一个部分。

2. 核心模块在调查中,平均用时应在 30 分钟。

3. 核心模块的目的在于对于被调查者给出一个基本而全面的图景,其特点在于求全面而不求深入。如需要对某一方面的主题进行深入研究,则通过在某次双年度调查中加入此方面的主题模块来实现。

4. 核心模块的基本功能在于给建立各种分析模型提供必要的内生变量和外生变量。

(资料来源:中国综合社会调查官网,项目概况、调查问卷,http://cgss.ruc.edu.cn/xmwd/dcwj.htm)

 知识准备

一、问卷设计的原则

(一)目的性原则

问卷设计时一定要具有针对性和目的性,因为所有的问卷调查都是有主题和目的的,因此问题要紧紧围绕研究主题来进行设计。

(二)简洁性原则

问卷要具有简洁性,主要体现在三个方面:一是调查内容一定要简明,没有价值或者是关系不大的问题最好不要采用,要力求题目不重复。二是回答问卷的时间要简短,一般问卷的问题不适宜过多,因为这样回答一份问卷需要比较长的时间,要为受访者考虑,很多人做比较长时间的调查会影响调查的心理,从而影响问卷的准确性。三是问卷的形式也要简明易懂,问题设计的方式有很多种,一般一份问卷里最好不要出现太多种问卷设计的格式,不利于调查开展。

(三)适用性原则

问卷设计必须考虑到受访者的能力和条件,针对不同群体设计出相对应的问卷,以减轻所调查群体在问卷填答中的障碍。对于涉及受访者敏感性和隐私性的问题,要注意问题表达的方式,减轻受访者在心理上和思想上可能产生的顾虑以及由此给问卷的回答带来的阻力。

二、问卷设计的步骤

一份好的问卷要经过多次的反复才能够形成。在正常情况下,问卷设计要经过以下

问卷设计原则与步骤

几个步骤:

(一) 探索性工作

探索性工作是问卷设计工作的第一步,是调查者在设计问卷之前必须进行的一项重要工作,是为了给调查问卷的设计打好基础,是整个调查研究工作从研究设计阶段走向资料收集阶段的过渡。其目的在于使调查者熟悉和了解一些基本情况,以便对各种问题的提法和可能的回答有一个初步的、感性的认识。

探索性工作最常见的做法如下:问卷设计者通过非结构式访谈的方式,围绕所研究的问题,直接与不同类型的被调查者交流,从中初步掌握各种问题的提问方法、可能的答案种类、适当的用语等,帮助调查者对封面信设计、问题的顺序与数量、问题与答案的设计形式,以及调查中可能存在的障碍等方面形成客观的认识,使问卷设计及调查工作更加有效率。此外,观察法也是探索性工作中常用的方法。

(二) 设计问卷初稿

经过探索性工作之后,调查者就可以动手设计问卷初稿了。具体做法有两种:一种是卡片法,另一种是框图法。

1. 卡片法

卡片法的第一步是根据探索性工作所得到的印象和认识,把每一个问题写在一张卡片上。第二步是根据卡片上问题的主要内容,把卡片分成若干堆,把询问主体相同的问题卡片放在一起。第三步是在每一堆问题卡片中,按合适的询问顺序对卡片进行排序。第四步是根据问卷的整体结构排序,使卡片连成一个整体。第五步是从回答者阅读和填写问卷是否方便、是否会有心理压力等角度,反复检查问题的顺序及连贯性,对不当之处逐一调整和补充。最后根据调整好的问题卡片完成初稿。

2. 框图法

与卡片法不同,框图法的第一步是根据研究假设和所需资料的内容画出整个问卷的各个部分及前后顺序的框图。第二步是具体写出每个部分的问题和答案,并安排这些问题的顺序。第三步是根据回答者阅读和填写问卷是否方便,对所有问题进行检查、调整和补充。最后将调整后的结果打印成初稿。

(三) 试用问卷初稿

设计好的问卷初稿不能直接用于正式调查,调查者必须经过试用这一重要环节来对问卷初稿进行检验,并在此基础上对问卷进行修改和完善。试用问卷初稿的具体方法有两种:一种是客观检验法,另一种是主观评价法。

1. 客观检验法

客观检验法的具体做法是首先将问卷初稿打印若干份,其次采取非随机抽样的方法选取一个小样本,用这些问卷初稿进行调查,最后认真检查和分析试调查的结果,发现问题和缺陷并进行修改。检查和分析的内容有以下四个方面:

(1) 回收率。如果回收率较低,如在60%以下,则说明问卷设计有较大的问题。

(2) 有效回收率,即扣除各种废卷后的回收率。它比回收率更能反映问卷初稿的质量。因为收回的废卷越多,说明回答者填答完整的问卷初稿越少,这也就意味着问卷初稿中的问题可能较多。

（3）填写错误。填写错误的情形主要有两类：一类是填答内容的错误，即答非所问。这是由于回答者对题目含义不理解或误解。对于这种情况，一定要仔细检查问题的用语是否准确、清晰，含义是否明确、具体。另一类是填答方式的错误。这主要是由于问题形式过于复杂，指导语不明确等。

（4）填答不完全。填答不完全的情形主要有两类：一类是问卷中某几个问题普遍未被回答；另一类是从某个问题开始，后面部分的问题都未被回答。对于前一种情况，要仔细检查这几个问题，分析被调查者未回答的原因，然后改进；对于后一种情况，则要仔细检查中断部分的问题，分析被调查者未回答的原因。

2. 主观评价法

主观评价法的具体做法是将设计好的问卷初稿抄写或复印若干份，分别送给该研究领域的专家、其他研究人员以及典型的被调查者，请他们直接阅读和分析问卷初稿，并根据他们的经验和认识对问卷进行评论，指出不妥之处，提出一些建议和意见。

（四）修改定稿并印刷

根据上述方法找出问卷初稿中所存在的问题后，逐一对问卷初稿中的问题进行认真分析和修改，最后定稿。在对修改后的问卷进行印刷的过程中，同样要十分小心和仔细。无论是版面安排上的不妥，还是文字、符号的印刷错误，都将直接影响最终的调查结果。只有经过试用和修改，并对校样反复检查后，才能把问卷送去印刷，用于最终的正式调查。

试用与修改这两个步骤可以反复多次进行，直到在问卷试用中没有发现任何问题。定稿之后的问卷就可以进入印刷程序了。

调查案例

拓展阅读

中国宗教调查（CRS）问卷设计

中国宗教调查（China Religion Survey，CRS）是中国人民大学中国调查与数据中心（NSRC）重要的常规调查项目之一，是我国首个严格按概率抽样的原则执行，从个人、组织、区域多个层次全面反映我国宗教状况与发展趋势的学术性社会调查项目。

2013—2015年的调查以宗教场所与县区宗教状况为中心，包括宗教场所调查和县区宗教状况调查。调查采用多阶段的概率与规模成比例的抽样方法，以区县为基础，在全国31个省、直辖市、自治区范围内抽取了243个县级单位，约5 000家宗教活动场所为调查样本，该样本在全国范围内具有代表性。受访者包括宗教主管部门官员和宗教场所的负责人。

中国宗教调查项目旨在记录并解释我国宗教的现状与变迁，全面收集我国宗教不同层次的基础数据，综合反映我国社会转型时期的宗教发展状况，为相关学术研究及宗教政策的制定提供具有全国代表性的多层次基础数据支持。该调查具有以下特点：①既面向国际又立足本土的问卷设计；②覆盖中国1/10的区/县，兼顾少数民族地区与宗教大县；③对我国五个特大城市进行了全面普查；④聚焦宗教场所的四大特性——组织性、宗教性、社会性与政治性；⑤多轮次的追踪调查，全面记录宗教场所的变迁。

中国宗教调查问卷由宗教场所问卷和县（区）宗教状况问卷组成。其中，宗教场所问卷的受访者为场所负责人，县（区）宗教状况问卷的受访者为宗教局的官员。这两份问卷主要采取面访的方式填写。但是，有些宗教场所问卷也采取了其他填写方式（如组织到宗教场所或宗教局集中填写）。

宗教场所问卷调查的是宗教场所的基本情况。问卷的结构如下：

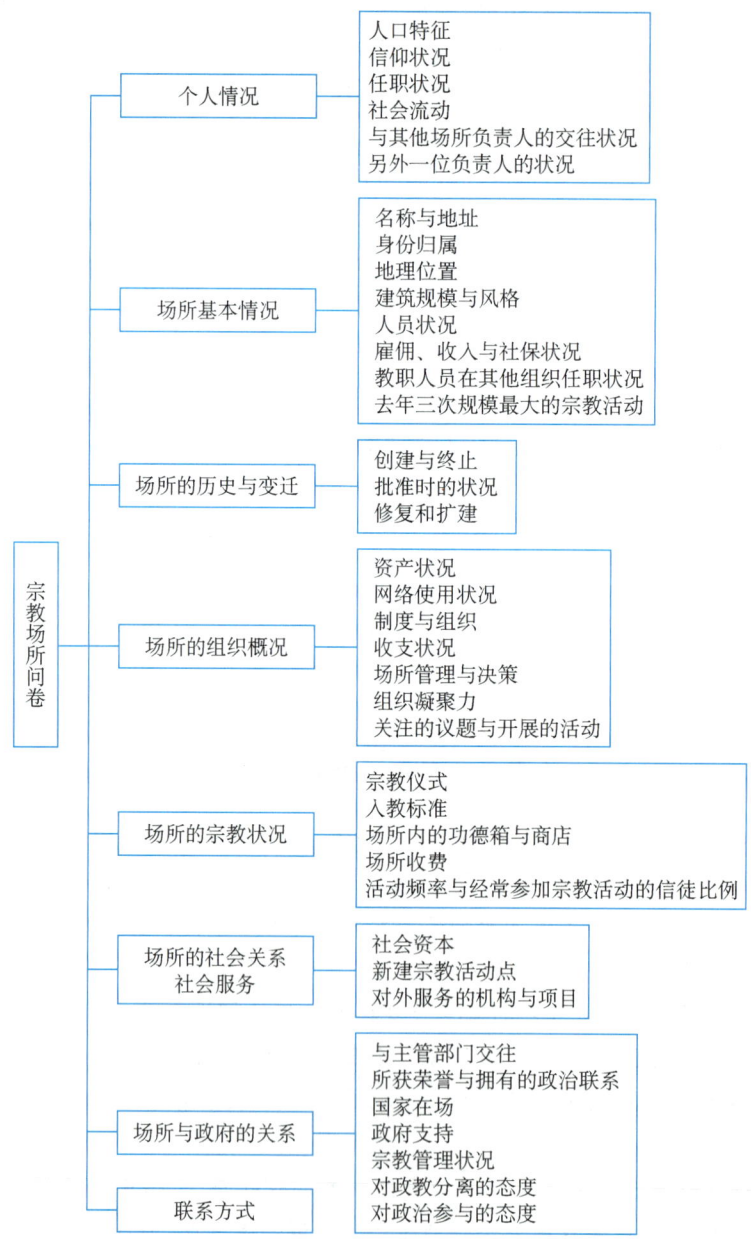

县（区）宗教状况问卷的主要内容为县区宗教场所、教职人员和宗教管理的基本情况。问卷的结构如下：

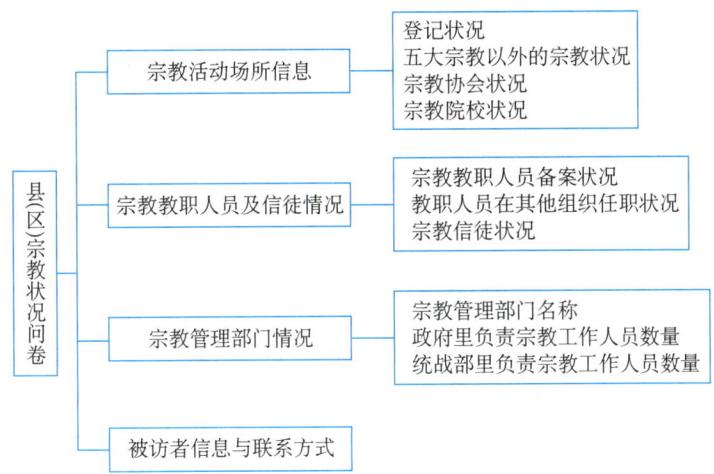

(资料来源:中国宗教调查官网,项目概况、调查问卷,http://crs.ruc.edu.cn/xmwd/dcwj.htm)

 任务实训

任务实训单

实训目标	以小组为单位,讨论小组选定的调查课题,按照探索性工作、设计问卷初稿、试用问卷初稿、修改定稿等步骤对调查课题进行调查问卷的设计,并派小组代表进行陈述。
实训环境	1. 拥有与小组课题项目相关书籍的阅览室。 2. 具备网络查询功能的电脑。
实训内容及要求	【实训内容】 1. 查阅跟小组课题相关的文献资料,开展问卷的准备工作。 2. 根据小组实际情况,明确调查内容,运用卡片法或者框图法设计问卷初稿。 3. 运用客观检验法或者主观评价法对问卷进行试调查。 4. 结合试调查问卷的建议,对问卷进行修改和定稿。 【实训要求】 能严格按照问卷设计的步骤进行设计和完善,让设计出来的问卷具有可操作性。
实训步骤	1. 开展问卷的准备工作。 2. 明确调查内容,设计问卷的初稿。 3. 对所设计的问卷进行试调查。 4. 对问卷进行修改和定稿。 5. 每组派一名代表在课堂上分享本组所设计出来的问卷初稿。
实训考核评价	【评价载体】 书面作业和PPT汇报。 【评价指标】 1. 问卷题目和调查内容是否明确,占35%。 2. 设计问卷是否按照步骤进行,占35%。 3. 小组成员合作情况,占30%。

任务三 问题和答案的设计

案例导入

中国家庭追踪调查(CFPS)

中国家庭追踪调查(China Family Panel Studies,CFPS)旨在通过跟踪收集个体、家庭、社区三个层次的数据,反映中国社会、经济、人口、教育和健康的变迁,为学术研究和公共政策分析提供数据基础。

CFPS重点关注中国居民的经济与非经济福利,以及包括经济活动、教育成果、家庭关系与家庭动态、人口迁移、健康等在内的诸多研究主题,是一项全国性、大规模、多学科的社会跟踪调查项目。CFPS样本覆盖25个省、直辖市、自治区,目标样本规模为16 000户,调查对象包含样本家庭中的全部家庭成员。CFPS在2008、2009两年在北京、上海、广东三地分别开展了初访与追访的测试调查,并于2010年正式开展访问。经2010年基线调查界定出来的所有基线家庭成员及其今后的血缘/领养子女将作为CFPS的基因成员,成为永久追踪对象。CFPS调查问卷共有社区问卷、家庭问卷、成人问卷和少儿问卷四种主体问卷类型,并在此基础上不断发展出针对不同性质家庭成员的长问卷、短问卷、代答问卷、电访问卷等多种问卷类型。

[资料来源:中国家庭追踪调查官网,中国家庭追踪调查(CFPS),http://www.isss.pku.edu.cn/cfps/]

知识准备

一、问卷问题的设计

一般来说,问题的题型有如下八种。

(一)填空式

填空式是在问题后画一短横线,请受访者直接在空白处填写。

例1:您的年龄:_____岁

填空式适用于对受访者来说容易回答和容易填写的问题,一般是填写数字。比如受访者的年龄、家庭人口、收入、从事某项活动的时间及对事物的评分等。

(二)二项选择式

二项选择式的答案只有是和不是(或其他肯定与否定的形式)两种,回答者结合本人的实际情况选择其一。二项选择式主要有以下三种不同的情形:

1. 答案只列举两项,受访者根据自己的情况选择其一。

例2:您的性别:

　　① 男　② 女

2. 答案只有肯定与否定两种,受访者根据自己的情况选择其一。

例3：您是共产党员吗？

　　　① 是　② 不是

例4：您有子女吗？

　　　① 有　② 没有

3. 意见的两极区分，受访者根据自己的情况选择其一。

例5：您对目前学校的教学设备满意吗？

　　　① 满意　② 不满意

例6：您对学校开展新生教育小组的态度如何？

　　　① 赞成　② 反对

二项选择式的特点是答案简单明确，可以严格地把回答者分为两类不同的群体，可以简化人们的回答分布，便于集中、明确地从总体上了解受访者的看法。它的缺点是：一方面，对于态度问题所得到的信息量太少，两种极端的回答类型不能很好地测量出人们在态度上的程度和差异，因而不便于了解和分析回答者中客观存在的不同的态度层次；另一方面，这种问题形式也会使得原本处于中立状态的回答者违心地偏向一方，因而它在一定程度上带有强迫选择的性质。

（三）多项单选式

多项单选式即给出选择的答案在两个以上，回答者根据自己的情况选择其中一个作为回答。这是各种社会调查问卷中采用得最多的一种问题形式，其答案特别适合于进行频数统计和交互分析。在设计上，这种问题形式的关键之处是要保证答案的穷尽性和互斥性。在具体表达方式上，多选单选式又有几种不同类型：

例7：您的受教育程度是？

　　　① 小学　② 初中　③ 高中　④ 大专　⑤ 本科　⑥ 研究生及以上

例8：您是否了解校园周边的环境？

　　　① 是，很了解　② 还好，基本了解　③ 完全不了解

例9：您作为当代大学生，对未来生活的理想是？（限选一项）

　　　① 工作稳定，生活平安，与世无争

　　　② 收入可观，出入体面，生活优裕

　　　③ 事业上有所成就，在自己的领域、行业干得非常出色

　　　④ 成就一番大事业（如成为科学家、政治家、大企业家等）

（四）多项限选式

与多项单选式有所不同的是，多项限选式可以在所列举的多个答案中，要求回答者根据自己的情况从中选择若干个，问题的答案至少有两个。

例10：您平常最主要的交通工具是？（请选择两项）

　　　① 步行　② 自行车　③ 公共汽车　④ 摩托车　⑤ 私家小汽车

　　　⑥ 公务用车　⑦ 出租汽车　⑧ 其他_____

例11：您认为作为一名教师最重要的三条职业素质是什么？（请选择三项）

　　　① 教师职业理想　② 教师职业责任　③ 教师职业态度　④ 教师职业纪律

　　　⑤ 教师职业技能　⑥ 教师职业良心　⑦ 教师职业作风　⑧ 教师职业荣誉

⑨ 其他_____

多项限选式的优点是在某些情况下多项限选式比多项单选式的方式更能反映受访者的实际情况。但另一方面,我们无法从这种形式的问题看出受访者意愿的重要度顺序,只能得出受访者选择的选项在受访者中同等重要的结论,而无法衡量选项之间实际存在的程度的差别。

(五) 多项排序式

多项排序式是主要针对多项限选式的劣势来进行设计的一种问题类型,能够看成是多项单选式和多项限选式的整合。它一方面要求受访者在所给出的多个答案中选择两个以上的答案,另一方面要求受访者对他所选择的这些答案进行重要性排序。

例12:作为社会服务机构管理层,您最期望开展的三个主题培训是什么?(请将答案号码填入下表中)

第一期望开展	第二期望开展	第三期望开展

① 人力资源管理　② 财务管理　③ 服务评估　④ 机构战略　⑤ 项目营运
⑥ 其他_____

(六) 多项任选式

多项任选式即问题的答案至少有两个,由受访者根据自己的实际情况选择其中的若干项。

例13:您作为一线社会工作者,现在的服务领域主要是?
　　　① 老年　② 妇女　③ 儿童　④ 青少年　⑤ 残障人士　⑥ 低保人群
　　　⑦ 禁毒　⑧ 社区矫正　⑨ 其他_____

(七) 矩阵式

矩阵式就是把若干个具有相同答案形式的问题集中在一起形成的问题表达形式。

例14:您和知心好友一起从事下列活动的情况如何?(请在每一行适当的方框内打"√")

	经常	有时	很少	从未有过
① 学习				
② 娱乐				
③ 聊天				
④ 运动				
⑤ 旅游				

矩阵式的好处是能够节约问卷的篇幅,不用将每一个问题以题目和答案的形式重新罗列。由于同类问题集中在一起,回答方式也相同,因此也方便受访者的回答和勾选。为便于调查顺利进行,建议在开展调查时,有针对性地在填写方面给予指导,以避免受访者填写困难。

（八）表格式

表格式从本质上讲是矩阵式的一种变化形式，表格式的特点和呈现的形式和矩阵式非常类似。例如，将例14矩阵式问题换成表格式，则如例15所示：

例15：你和知心好友一起从事下列活动的情况怎么样？（请在每一行合适的表格中打"√"）

	经常	有时	很少	从未有过
学习				
娱乐				
聊天				
运动				
旅游				

从例15可以看出，表格式除了具有矩阵式的特点外，还更加整齐划一和醒目。但应当注意的是，矩阵式和表格式的问题形式虽然具有简单和集中的优点，但是也会让人产生单调感。因此，需要注意在同一份调查问卷中不要使用太多矩阵式和表格式形式的问题。

二、问卷答案的设计

答案是封闭型问题中非常重要的内容，其设计质量的高低直接关系到所收集资料价值的大小，更关系到调查成功与否。问卷中答案的设计应遵循以下几项基本要求。

（一）答案的设计应符合实际情况

例如，调查当前我国企事业单位职工的工资收入状况，如果将答案设计成如下形式：

① 300元及以下 ② 300～400元 ③ 400～500元 ④ 500元及以上

那么被调查者可能因为选项与实际差距过大而无法回答，这种调查结果就没有什么意义。

（二）答案的设计要具有穷尽性和互斥性

1. 穷尽性

穷尽性是指对每个问题所编制的答案要包含所有可能的情况，不能有遗漏。看下面的例子。

您的性别是？（请选择一个）

① 男 ② 女

这个设计就符合穷尽性原则。再看下面的例子。

您最喜欢看哪类电影？（请选择其中一类）

① 故事片 ② 爱情片 ③ 武打片 ④ 儿童片

这四种答案并不是电影的全部种类，不符合穷尽性原则，可能导致有的被调查者无法填答。解决这类问题的办法就是在该问题所有答案的最后列出一项"其他",这样被调查者就可以选择这一答案。

2. 互斥性

互斥性是指答案相互之间不能相互重叠或相互包含,对于每个被调查者来说,只能有一个答案符合他的情况。例如,下面这个问题的答案不是互斥的:

您家有下列物品吗?

① 电器　② 洗衣机　③ 洗漱用品　④ 毛巾　⑤ 家具　⑥ 肥皂

这个问题答案中的"电器"与"洗衣机",以及"洗漱用品"与"毛巾""肥皂"都不是互斥的。

(三) 答案只能按一个标准分类

例如,将问题"您对子女的要求"的答案设计成如下形式:

① 要求严格　② 要求不严格　③ 要求一致　④ 要求不一致　⑤ 没有什么要求

这里,答案的分类就涉及要求严格不严格、要求一致不一致、有没有要求这三个分类标准,被调查者回答起来相当困难。

(四) 程度式答案应按一定顺序排列,前后须对称

例如,表示满意度的程度式答案有"很满意""比较满意""无所谓""不太满意""很不满意"。

三、问卷中问题的语言和提问的方式

对于问题的语言和提问的方式,应注意以下几方面。

(一) 问题的语言要尽量简单

无论是设计问题还是设计答案,都应尽量简单明了、通俗易懂,不要使用一些抽象、复杂的概念和专业术语。

(二) 问题的陈述要尽可能简短

陈述问题时,最好不要使用长句,要使问题尽可能简短、清晰,使被调查者能很快看完,很容易看懂,一看就明白。

(三) 问题要避免带有双重(或多重)含义

双重(或多重)含义是指在一个问题中同时询问了两件(或几件)事情,或者说,在一句话中同时问了两个(或几个)问题。例如,"您的父母退休了吗"就是一个带有多重含义的问题,让被调查者无法回答。

(四) 问题不能带有倾向性

问题的提法和语言不能使被调查者感到应该填什么或者调查者希望他填什么。也就是说,问题的提法不能对被调查者产生某种诱导性,应保持中立的提问方式,使用中性的语言。

(五) 不要用否定形式的提问

在日常生活中,人们往往习惯于肯定形式的提问,而不习惯于否定形式的提问。因此,在问卷设计中,尽量不要用否定形式的提问。

(六) 不要问被调查者不知道的问题

所问的问题都应该是被调查者能够回答的,或者说,被调查者确实具有回答这些问题

的知识能力。如果向被调查者询问他们一无所知的问题,那么被调查者是无法回答的,这样的调查是没有意义的。

(七) 不要直接询问敏感问题

对于个人隐私或其他敏感性问题,人们往往有一种本能的自我防卫心理。如果直接提问,将会出现很高的拒答率。因此,对于这类问题,最好采取某种间接询问的形式,并且语言要特别委婉。

四、问题的数量、顺序及相倚问题

(一) 问题的数量

一份问卷中问题的数量决定了整个问卷的长短。问题数量没有统一的标准,调查者要根据研究目的、研究内容、样本大小、分析方法以及拥有的人力、财力、时间等因素决定。一般来说,问题不宜太多,问卷不宜太长。通常以被调查者能在 20 分钟内完成为宜,时间最长不要超过 30 分钟。

(二) 问题的顺序

问卷中问题的前后顺序及相互之间的联系,既会影响被调查者对问题的回答结果,又会影响调查的进度。一般来说,有以下几个常用的规则:

1. 把简单易答的问题放在前面,复杂难答的问题放在后面。
2. 把能引起被调查者兴趣的问题放在前面,容易使他们紧张或产生顾虑的问题放在后面。
3. 把被调查者熟悉的问题放在前面,生疏的问题放在后面。
4. 一般先问行为方面的问题,再问态度、意见、看法方面的问题。
5. 个人的背景资料一般放在结尾,但有时也可以放在开头。
6. 若有开放型问题,则应放在问卷的最后面。

(三) 相倚问题

在问卷设计中,我们常常会遇到这样的情况:有些问题只适用于样本中的一部分被调查者。相倚问题是指在前后两个(或多个)相连的问题中,被调查者是否应当回答后一个(或后几个)问题,要由他对前一个问题的回答结果来决定,前一个问题称为"过滤性问题",后一个问题称为"相倚问题"。看下面的例子。

您家有孩子吗?

① 有→请问您家有几个孩子?

_____ 个

② 没有(请跳过问题 12~18,直接从问题 19 回答)

五、问卷设计中常见的错误

减少和避免问卷设计中的错误,对于保证社会调查结果的质量有十分重要的作用。在问卷设计的过程中,常见的错误有以下几种。

(一) 概念抽象

对于每个被调查者来说,一个问题应该代表同一主题,只有一种解释。定义不清的问题会产生很多歧义,使被调查者无所适从。问卷中应尽可能不使用抽象概念,而使用具体概念。看下面的例子。

您家属于下列哪一类家庭?

① 核心家庭　② 主干家庭　③ 单亲家庭　④ 联合家庭

此例中所列的家庭类型都是社会学的专业术语,对于一般人来说,他们是不清楚这些抽象概念的,自然无法很好地回答。

(二) 问题含糊

问题含糊是指问题的含义不清楚、不明确或者问题有歧义。例如,在描述时间、数量、频率、价格等情况时,对于像"有时""经常""偶尔""很少""很多""相当多""几乎"这样的词,不同的人有不同的理解。因此,这些词应该用定量描述来代替,以做到统一标准。例如,在考察大学生"离家远近"与"周末回家频率"是否成正比关系的调查中有这样一个问题:

在一个月中,您的回家情况如何?

模糊选项如下:

① 不回　② 偶尔　③ 经常　④ 定期

准确选项如下:

① 少于1次　② 1~2次　③ 3~4次　④ 超过4次

在这个例子的选项中,后者显然比前者精确得多,便于做定量的统计分析。再看下面的例子。

您认为我国现在最需要的是?

① 全面迅速地改变　② 全面缓慢地改变　③ 部分迅速地改变　④ 部分缓慢地改变

在该例中,究竟什么东西需要改变?哪些方面需要改变?是指我国的政治体制、经济体制,还是指人们的思想观念、生活方式?答案中的"全面"包括哪些方面?"部分"是指哪些方面?这些都不清楚。含糊的问题只能得到含糊的回答。

(三) 问题带有倾向性

作为一项测量工具,问卷应该具有客观性,所以提问要尽量客观,保持"价值中立"。问题的提法和语言不能具有诱导性或倾向性。例如,问"您抽烟吗"和"您不抽烟,是吗?"就有所不同。前者是人们之间日常生活习惯中的问法,后者则带有一种希望被调查者回答"是的,我不抽烟"的倾向。又如,在某高校做一项调查,问题是这样的:

您认为高校教师的平均工资水平是否应当提高?

① 工资偏低,应当大幅度提高

② 应当小幅度增加

③ 虽然偏低,但为了学校建设,可以暂时不提高

④ 和劳动生产率相比,工资不算低,不应该提高

在该例中,问题的提法明显带有倾向性,形成对被调查者的一种诱导。如果改为"您认为高校教师的平均工资水平如何?"就可以消除这种倾向性,与答案也更为一致。此外,在问题中引用或列举某些权威的话,或者运用贬义或褒义的词语,都会使问题带有倾向性,对被调查者形成诱导。

(四)问题提法不妥

问题形式的选择具有相当的艺术性,合理的形式选择与处理应使被调查者愿意,并且以最小的努力就能提供客观、真实的答案;不恰当的形式选择会导致被调查者不愿意或不能够提供问题所要求的信息。看下面的例子。

您家每个人平均每年的食品支出是多少?

您每个月的工资收入是多少?

人们都说甲品牌电视机比乙品牌电视机好,您是不是也这样认为?

这三个问题都存在形式运用不当的问题。第一个问题要求被调查者付出额外的努力,进行复杂的计算。首先把每个月的食品支出估算出来,然后乘以12,最后除以家庭成员数,得出结果。这样烦琐的计算可能使被调查者单方面结束访问。第二个问题涉及个人隐私,直接提问时容易被拒绝。第三个问题带有引导性倾向,会影响被调查者的选择。再看下面的例子。

请您判断下列说法是否正确。

项目	正确	错误	不知道
① 打和骂是家庭教育中不可缺少的方式			
② 对孩子应该多表扬、少批评			
③ 孩子吃得好,就能很快聪明起来			

要求被调查者"判断正确与否",就等于把被调查者推进考场,让其进行考试一样。毫无疑问,这对被调查者的心理是一种巨大的压力。尤其是当被调查者遇到不太理解或拿不准的问题时,这种压力更大。因此,把这种提法改为"您是否同意下列看法?"再把答案中的"正确""错误""不知道"改为"同意""不同意""不一定",就比较合适一些。

(五)问题有多重含义

这种问题在实际设计问卷时经常出现。看下面的例子。

你们班的同学尊敬老师吗?

① 很尊敬　② 比较尊敬　③ 不大尊敬　④ 很不尊敬

显然,这也是一个有多重含义的问题,即在一个问题中,同时询问了几十个同学的不同情况。如果调查者把问卷发到学生手里,有的学生可能会在旁边答"有的比较尊敬,有的很不尊敬",这就说明问卷在设计时出了问题。再看下面的例子。

您的父母再婚了吗?

① 再婚了　② 没有再婚

其实,这问的是两个问题,即"您的父亲再婚了吗?"和"您的母亲再婚了吗?"如果出现父母中只有一方再婚而另一方没有再婚的情况,就无法回答了。

(六)问题与答案不协调

在封闭型问题中,问题和答案是一个不可分割的整体,二者之间必须相互协调、密切配合。看下面的例子。

您认为自己是否有调离的可能?

① 十分困难　② 比较困难　③ 不太困难　④ 十分容易

此问题问的是"是否有调离的可能?"则回答应该是"有可能""没有可能""有一定可能"等;若问的是"调离是否困难?"才应该用上述答案。再看下面的例子。

您喜欢看哪一类报纸?

	经常看	有时看	很少看
① 时事政治	□	□	□
② 科普知识	□	□	□
③ 人物传记	□	□	□
④ 体育娱乐	□	□	□

显然,上面这个例子中的问题与答案不协调,问的是报纸类别,而答案是每一类报纸的阅读频率。

拓展阅读

调查案例

南山区社区老年人养老服务需求调查问卷

尊敬的老年朋友:

本调查旨在了解目前南山区老年人的生活状况和养老需求,为南山区政府及有关部门制定养老政策及完善养老服务体系提供依据。本调查是匿名的,您的回答非常重要。调查问题的回答均无对错之分,调研结果供研究参考之用。

问卷中的问题,没有注明"多选"的均为单选题,请在相应选项前面的序号上打"√";选择"其他"的题目,请在"_____"注明答案。

南山区养老服务现状研究课题组
2023年4月

Q1. 居住街道_____
　　① 南山街道　② 南头街道　③ 西丽街道　④ 沙河街道
　　⑤ 蛇口街道　⑥ 招商街道　⑦ 粤海街道　⑧ 桃源街道
Q2. 居住社区_____

第一部分　个人基本信息

A1. 您的性别_____
　　① 男　② 女
A2. 您的年龄_____
　　① 50~59岁　② 60~69岁　③ 70~79岁　④ 80~89岁　⑤ 90岁以上
A3. 您的户籍_____
　　① 深圳户籍　② 非深圳户籍
A4. 您的婚姻状况_____
　　① 有配偶住一起　② 分居/离异　③ 丧偶　④ 未婚　⑤ 其他_____

A5. 您的受教育程度_____
　　① 未接受教育　② 小学　③ 初中　④ 高中/中专　⑤ 大学及以上
A6. 您退休前职业_____
　　① 公务员或机关事业单位职工　② 企业职工　③ 个体经营　④ 务农
　　⑤ 其他_____
A7. 您现有子女_____
　　① 0人　② 1人　③ 2人　④ 3人　⑤ 4人及以上
A8. 您觉得自己的身体状况_____
　　① 完全自理　② 基本自理　③ 较差,部分生活需要协助
　　④ 很差,大部分生活需要照顾
A9. 您的居住情况_____
　　① 独居　② 与配偶同住　③ 与儿女同住　④ 与配偶、儿女同住
　　⑤ 其他_____
A10. 您在深圳居住时间_____
　　① 半年以下　② 半年以上,三年以下　③ 三年以上,十年以下　④ 十年以上
A11. 您个人每月的平均收入约为_____
　　① 无收入来源　② 1 000元及以下　③ 1 001～3 000元　④ 3 001～5 000元
　　⑤ 5 001～7 000元　⑥ 7 001～9 000元　⑦ 9 001元及以上
A12. 您收入的来源有哪些?(可多选)_____
　　① 退休金　② 基本养老保险金　③ 劳动收入　④ 子女赡养费
　　⑤ 政府(集体)救助　⑥ 企业养老补贴　⑦ 投资回报/储蓄/收租等
　　⑧ 其他_____
A13. 您平均每月医疗费支出_____
　　① 500元及以下　② 501～1 000元　③ 1 001～2 000元　④ 2 001～3 000元
　　⑤ 3 001元及以上　⑥ 无医疗支出
A14. 您的医疗保险情况_____
　　① 机关事业单位医保　② 职工医保　③ 城乡居保　④ 新农合
　　⑤ 其他_____
A15. 您能承担这些医疗费吗?_____
　　① 完全可以　② 基本能　③ 有一定困难　④ 不能
A16. 您会(用电脑或手机)上网吗?_____
　　① 会　② 不会
A17. 您主要由谁照顾?_____
　　① 自己　② 配偶　③ 保姆　④ 儿女　⑤ 孙辈　⑥ 其他_____
A18. 您现在是否在照料其他人?_____
　　① 是　② 否(跳答B1)
A19. 您需要照顾的人是?_____
　　① 孙辈　② 父母　③ 配偶　④ 子女　⑤ 兄弟姐妹　⑥ 其他_____

第二部分　老年人服务现状

B1. 您对社区服务设施的满意情况：

服务设施	是否配备			是否使用过				服务满意程度			
	有配备	未配备	不清楚	经常	偶尔	极少	从未用过	很不满意	不满意	满意	很满意
1. 社区图书室	①	②	③	①	②	③	④	①	②	③	④
2. 日间照料中心	①	②	③	①	②	③	④	①	②	③	④
3. 社区老年食堂	①	②	③	①	②	③	④	①	②	③	④
4. 党群服务中心	①	②	③	①	②	③	④	①	②	③	④
5. 星光老年之家	①	②	③	①	②	③	④	①	②	③	④
6. 社区老年大学	①	②	③	①	②	③	④	①	②	③	④
7. 社区托养机构	①	②	③	①	②	③	④	①	②	③	④
8. 老年活动中心	①	②	③	①	②	③	④	①	②	③	④

B2. 您认为社区服务设施和活动场所_____
　　① 非常欠缺　② 欠缺　③ 尚可　④ 充足　⑤ 非常充足

B3. 您觉得社区最急需建设什么设施？_____
　　① 老年活动中心　② 社区老年大学　③ 社区托养机构　④ 社区老年食堂
　　⑤ 其他_____

B4. 您对社区养老服务的整体满意情况_____
　　① 很不满意　② 不满意　③ 满意(跳答 B6)　④ 非常满意(跳答 B6)

B5. 您对社区养老服务不满意,主要因为(可多选)_____
　　① 服务供给不多　② 服务主体不专业　③ 服务内容不丰富　④ 服务价格较高
　　⑤ 服务设施不足　⑥ 服务态度不好　⑦ 其他_____

B6. 街道/社区为您提供了哪些服务？(可多选)_____
　　① 定期探望　② 上门陪聊　③ 家政服务　④ 物品代购　⑤ 陪同看病
　　⑥ 居家改造　⑦ 免费体检　⑧ 上门看病　⑨ 社区托养　⑩ 文娱活动
　　⑪ 高龄津贴　⑫ 低保救助　⑬ 老年优待证办理　⑭ 其他_____

B7. 您平时活动范围和生活习惯：

	娱乐	购物	医疗保健
1. 出行频率	平均每周____次	平均每周____次	平均每月____次
2. 出行范围	① 500米及以内　② 501～1 000米　③ 1 001～3 000米　④ 3 001～5 000米 ⑤ 5 001米及以上		
3. 最常去的地方	① 超市/菜市场　② 公园　③ 星光老年之家　④ 社区党群服务中心 ⑤ 社区图书室　⑥ 自家楼前后　⑦ 社区外　⑧ 社区卫生服务中心 ⑨ 大医院　⑩ 其他_____		
4. 交通方式	① 步行　② 公交　③ 地铁　④ 出租车　⑤ 自行车　⑥ 私家车　⑦ 其他_____		
5. 交通时间	① 10分钟以内　② 10～30分钟　③ 31～60分钟　④ 60分钟以上		
6. 选择地点最看重的因素(多选)	① 离家近　② 比较熟悉　③ 人多热闹　④ 习惯了　⑤ 交通便利 ⑥ 商品种类丰富　⑦ 其他_____		

第三部分 老年人需求情况

C1. 您是否打算在深圳养老？_____
　　① 打算在深圳养老　② 不会在深圳养老　③ 还没有打算

C2. 如果您留在深圳养老，您会选择哪种养老方式？_____
　　① 在家里养老，与子女同住　② 在家里养老，与子女分开　③ 社区托老机构
　　④ 养老院　⑤ 不清楚

C3. 如果选择居家养老，您希望社区提供哪些服务？（可多选）_____
　　① 上门照料：喂饭、助浴等　　　　　② 家政服务：洗衣做饭、打扫卫生等
　　③ 日托看护　　　　　　　　　　　　④ 医疗保健：测血压、专业护理等
　　⑤ 环境改造：居家养老环境改造、养老设施租赁等
　　⑥ 老年教育：老年大学、健康讲座等　⑦ 文体娱乐：老年活动室、图书室等
　　⑧ 餐饮服务：老年食堂、送餐上门等　⑨ 精神慰藉：陪聊、心理咨询等
　　⑩ 社会参与：志愿服务、互助养老等　⑪ 都不需要　⑫ 其他_____

C4. 如果选择社区托养机构，您希望机构提供哪些服务？（可多选）_____
　　① 营养膳食　② 生活照料（如协助洗浴、修剪指甲、协助如厕等）　③ 文化娱乐
　　④ 医疗康复　⑤ 心理疏导　⑥ 都不需要　⑦ 其他_____

C5. 如果社区托养机构可以提供上门服务，您希望提供哪些服务？（可多选）_____
　　① 上门护理　② 上门看病　③ 上门清洁　④ 聊天解闷　⑤ 陪同看病
　　⑥ 帮助日常购物　⑦ 康复治疗　⑧ 法律援助　⑨ 老年餐桌服务
　　⑩ 都不需要　⑪ 其他_____

C6. 您选择社区托养机构，最看重的因素有？（可多选）_____
　　① 离家距离　② 价格　③ 居住环境　④ 伙食　⑤ 照料服务内容
　　⑥ 护工的服务素质　⑦ 医疗条件　⑧ 硬件设备　⑨ 安全保障
　　⑩ 其他_____

C7. 您希望社区老年食堂采用什么样的供餐方式？_____
　　① 餐厅用餐　② 送餐入户　③ 固定地点取餐　④ 以上全选

C8. 您希望社区老年食堂提供哪些餐饮服务？（可多选）_____
　　① 早餐　② 午餐　③ 晚餐

C9. 您可以接受的正餐（午餐和晚餐）的价格范围是？_____
　　① 10元/人/餐　② 15元/人/餐　③ 20元/人/餐　④ 20元以上/人/餐
　　⑤ 其他_____

C10. 如果选择机构养老，您会选择哪种类型机构？_____
　　① 公办养老院　② 离家较近的社区养老院　③ 民办养老机构
　　④ 高档养老院　⑤ 老年公寓等高档养老社区　⑥ 其他_____

C11. 您选择机构养老的首要原因_____
　　① 生活不能自理　② 儿女不在身边或无子女照顾　③ 医护水平高
　　④ 老年一人独居　⑤ 高档养老设施服务和环境好　⑥ 入住费用合理
　　⑦ 有相互信任理解的朋友一起入住　⑧ 其他_____

C12. 您选择养老机构,考虑的首要因素是_____
① 服务质量的好坏　② 收费价格的高低　③ 硬件设施的好坏
④ 地理位置的远近　⑤ 养老院的性质是公办还是民办　⑥ 其他_____

问卷调查到此结束,感谢您的合作!

任务实训

任务实训单

实训目标	按照所选择的主题,在教师指导下,设计问卷的问题和答案,并派小组代表进行陈述。
实训环境	1. 拥有与小组课题项目相关书籍的阅览室。 2. 具备安装了办公软件,能完善问卷的电脑。
实训内容及要求	【实训内容】 1. 查阅与小组课题相关的文献资料,进行问卷问题和答案的设计。 2. 根据小组实际情况,设计填空式、二项选择式、多项单选式、多项限选式、多项排序式、多项任选式、矩阵式、表格式等问题和答案。 【实训要求】 能用简洁精练的语言清楚、明确地设计问卷的问题和答案,让问题和答案具有可操作性。
实训步骤	1. 查阅相关文献,进行问卷分析。 3. 小组讨论,确定问卷的问题和答案的类型。 4. 对所确定的类型进行操作化处理。 5. 每组派一名代表在课堂上陈述完善之后的问卷问题和答案。
实训考核评价	【评价载体】 书面作业和PPT汇报。 【评价指标】 1. 问题和答案类型是否丰富和多元,占35%。 2. 问题和答案的设计是否准确,占35%。 3. 小组成员合作情况,占30%。

思政小课堂

新时代高质量发展的人口机遇和挑战
——第七次全国人口普查公报解读

第七次全国人口普查是中国在站上"两个一百年"奋斗目标历史交汇点前夕所开展的一项重大国情国力调查。在党中央坚强领导下，第七次全国人口普查有效地经受住新冠肺炎疫情防控的严峻考验，平稳地完成了挨户采集逐人登记的系统工程，最终获取了翔实的统计数据，形成了扎实的数据公报。这为我们进一步地完善人口发展战略、更长远地制定经济社会发展规划，从而切实地推动高质量发展，提供了不可多得的数据支撑。

相比以往历次全国人口普查，第七次全国人口普查顺应了新时代信息技术发展的大趋势，实现了一系列质量控制方法的新突破，从而做到了将人口基数查得更实、人口底数摸得更清。其一，第七次全国人口普查全面启用电子化的方式采集数据。700余万名普查人员持平板电脑或智能手机，深入数以亿计的家庭户及集体户，一举告别过去纸表手记这种效率相对不太高、质量可能受影响的数据采集方式。第七次全国人口普查同时还增设了普查对象联网自主填报通道，更好地满足了人们对于普查工作灵活性、隐秘性等方面的要求。电子化的方式确保数据可直接上报和实时核准，扎牢了普查的质量控制全过程中最关键的一道"篱笆"。其二，第七次全国人口普查充分利用部门行政记录校验数据。作为在证明公民有效身份、保障公民合法权益、便利公民社会活动等多方面具有特殊重要意义的信息，身份证号被首次列入普查的主要内容。这使得第七次全国人口普查可以同公安部门户籍登记、卫健部门妇幼统计等在内的大数据相挂钩，彼此间实现了各取所长、互通有无、查漏补缺，用大数据改善普查工作，推动数据质量控制技术更上一个"台阶"。依靠着推陈出新、多管齐下的质量控制举措，第七次全国人口普查总体上契合了求真求实、不重不漏的调查设计"初心"，漏登率仅为 0.05%，属于国际上公认的低漏登水平，高质量普查为高质量发展提供有力的信息支持。特别是在全球首屈一指的人口大迁移大流动环境下，交出这样一份"答卷"更是殊为不易。

数量、结构、素质、分布是人口的基本范畴，第七次全国人口普查主要数据公报从这些方面出发，清晰地绘制出中国近 10 年间的人口发展"全景图谱"。

从人口数量看，近 10 年间，中国总人口数增长速度延续放缓势头。2020 年，大陆地区人口总体规模达到 14.1 亿人，相较于 2010 年"六人普"时，增加 7 205 万人，其年平均增长率为 0.53%。这一增量比从 2000 年"五人普"到 2010 年"六人普"的 10 年间减少 185 万人，增速降低 0.04 个百分点。显然，中国人口高速甚至于超高速增长的时期已渐行渐远，人口惯性增长阶段正渐趋尾声，人口零增长乃至负增长的时代则渐行渐近。"十四五"时期预计将是 21 世纪最后一个人口完全正向增长的发展规划期，而到"十五五"时期，我们会迎来中国人口总量的"拐点"。人口增长势头放缓以至扭转，主要是出生人口数量下降的结果。党的十八大之后，生育政策调整完善步伐明显加大加快，面对着城镇化水平增长、受教育程度提高、离婚不婚率上升等诸多生育水平下行因素的持续影响,相当程度地推迟延缓了生育水平走低态势。但是因育龄妇女规模在减小、结构在老化等,出生人口数量降低的大走向不会根本改变,总人口数趋于零增长乃至负增长的基本面不会根本改变。迈入人口零增长乃至负增长时代,是中国在人口领域所面对的"百年未有之大变局",是促进人口长期均衡发展进程需关注的先导性议题,深刻影响着高质量发展的劳动力供给量、消费者需求量等。

从人口结构看,近10年间,中国已跨过了第一个快速人口老龄化期,我们很快还需应对一个更快速的人口老龄化期。2020年,大陆地区60岁及以上的老年人口总量为2.64亿人,已占到总人口的18.7%。自2000年步入老龄化社会以来的20年间,老年人口比例增长了8.4个百分点,其中,从2010年"六人普"到2020年第七次全国人口普查的10年间升高了5.4个百分点,后一个10年明显超过前一个10年,这主要与20世纪50年代第一次出生高峰所形成的人口队列相继进入老年期紧密相关。而在"十四五"时期,20世纪60年代第二次出生高峰所形成的更大规模人口队列则会相继跨入老年期,使得中国的人口老龄化水平从最近几年短暂的相对缓速的演进状态扭转至增长的"快车道",老年人口年净增量几乎是由21世纪的最低值(2021年出现)直接冲上最高值(2023年出现)。

积极应对人口老龄化的现实迫切性空前凸显,党的十九届五中全会应势而为地将其上升至国家战略的高度。未来直至21世纪中叶后,中国老年人口数量增长的步伐尽管时快时慢,但不会停,通过在劳动供给、财富储备、科技创新及产品服务供给等多方面持续发力,人口老龄化给高质量发展带来的压力有望得到化解,甚至于向动力转换。

从人口素质看,近10年间,中国人口教育水平又有新的较大幅度跨越,我们可在高等教育大众化时代中收获更多"人口质量红利"。2020年,大陆地区每10万人中具有大学文化程度的达到15 467人,比2010年"六人普"时高出6 537人,高中文化程度的相应比例同期也有升高,初中文化程度、小学文化程度比例以及不识字率则在降低。这无疑是新中国成立后,特别是改革开放后,教育事业持续发展所结出的"硕果"。义务教育推行、高中教育普及,特别是高等教育进入大众化阶段等一系列教育改革发展举措,未来还将推动中国人口教育水平不断迈向新的高度,从而以更加优质充裕的人才人力资源夯实创新驱动发展战略实施根基。高质量发展应当把劳动年龄人口数量减少、结构老化等方面的劣势寓于劳动年龄人口素质提高的优势中,从而释放新动力、激发新活力。

从人口分布看,近10年间,中国常住人口城镇化率在突破50%后仍保持快速增长趋势,我们还将延续大规模的乡城迁移流动。2020年,大陆地区常住人口城镇化率达63.9%,相较于2010年"六人普"时的49.7%,上升了14.2个百分点。人口迁移流动是城镇化率从2010年"六人普"到2020年第七次全国人口普查相继冲上50%和60%大关的主推动力,广东省也由此继续成为人口数量第一大的省份。从发达国家城镇化的一般规律看,中国当前仍然处于城镇化率有潜力以较快速度提升的发展机遇期,"十四五"时期可突破65%的城镇化率,城乡之间因此还将呈现出大迁移大流动的基本格局。在以人为核心的新型城镇化战略推动下,历史上千百年的"乡土中国"正日益发展为"城镇中国",这可成为实现高质量发展的重要力量"源泉"。

开发好、利用好第七次全国人口普查这一数据"宝藏",将为新人口特征下有新思路、新人口形势下有新对策更好贡献力量。

(资料来源:翟振武,新时代高质量发展的人口机遇和挑战——第七次全国人口普查公报解读,经济日报新闻客户端,https://proapi.jingjiribao.cn/detail.html?id=339961)

思考与练习

一、选择题

1. 在实际工作中,问卷的设计有两种具体方法,即(　　)。
   A. 问答法和修改法　　　　B. 卡片法和框图法
   C. 客观法和评价法　　　　D. 主观法和试样法

2. 问题"您觉得您的知识水平和实践经验能否适应工作的需要?"所犯的错误是(　　)。
   A. 问题含糊　　　　　　　B. 问题带有倾向性
   C. 问题有双重含义　　　　D. 问题提法不妥

3. 下列阻碍问卷调查的因素中,属于客观因素的是(　　)。
   A. 问卷涉及隐私问题,被调查者产生顾虑
   B. 问卷封面信解释不够,被调查者缺乏合作积极性
   C. 问卷内容脱离生活实际,被调查者对调查缺乏兴趣
   D. 被调查者很难看懂调查问卷

4. 以下调查问卷中的这道问题所犯的错误是(　　)。
   你认为你是否有调离的可能?
   ① 十分困难　② 比较困难　③ 不太困难　④ 十分容易
   A. 问题提法不妥　　　　　B. 问题带有倾向性
   C. 问题与答案不协调　　　D. 问题模糊

5. 阻碍问卷调查的各种因素中,属于主观因素的是(　　)。
   A. 被调查者因问卷内容太多产生畏难情绪
   B. 被调查者阅读能力带来的限制
   C. 被调查者理解能力带来的限制
   D. 被调查者记忆能力带来的限制

二、填空题

1. 问卷在结构上一般包括五个部分,即封面信、指导语、问题和答案、_____、_____。
2. 问卷设计的步骤依次是_____、_____、_____和_____。
3. 总的来说,问题有三种基本类型,即_____、_____和_____、
4. 问题"您父母退休了吗? ① 已退休　② 没有退休"所犯的错误是_____。

三、名词解释

1. 问卷
2. 封闭型问题
3. 相倚问题

四、问答题

1. 问卷设计中,对问题的语言表达和提问的方式有哪些常用的规则?

2. 安排问卷中的问题顺序时,应按照什么样的规则?并说明理由。
3. 请以"小区居民娱乐和休闲生活"为调查课题设计一份自填式问卷的封面信和指导语。
4. 请以"大学生的爱情观"为调查课题进行问题设计,问题的形式应包括:填空式、多项任选式、矩阵式和表格式。

项目七　收集调查资料

情境导入

某班级的社会调查课实训时，A小组选择了"大学生上课使用手机情况调查"议题，小组成员围绕所选议题开展了讨论，讨论的内容主要是资料收集的方法和质量保障。有组员认为这个选题必须运用定量调查法，也有组员认为定性调查也是需要的。在讨论具体实施时，大部分组员认为问卷调查必不可少，也有组员认为仅用问卷调查难以发现深层次的问题，还需要采取观察法、访谈法等。

请思考：调查资料的收集有哪些具体方法？这些方法又有哪些优缺点？如何保障调查资料的质量？

思维导图

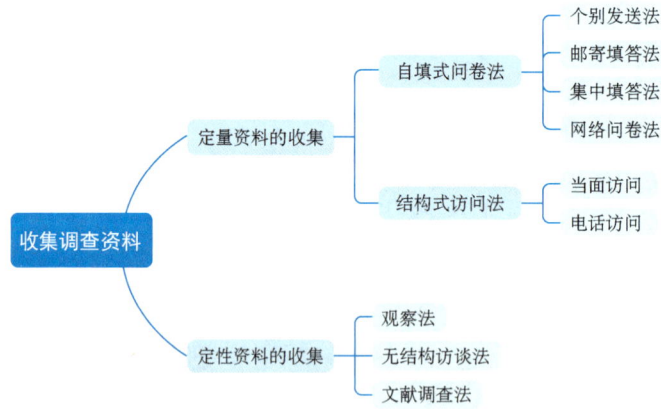

学习目标

知识目标

1. 了解定量资料收集的含义和分类；
2. 了解定性资料收集的含义和分类；
3. 熟悉定量资料收集的途径和方法；
4. 熟悉定性资料收集的途径和方法。

项目七　收集调查资料

> **技能目标**
> 1. 能区分定量资料与定性资料；
> 2. 能正确使用定量资料收集方法；
> 3. 能正确使用定性资料收集方法。

> **素质目标**
> 1. 培养质量意识，提高社会科学研究的严谨性和科学性；
> 2. 培养批判性思维与质疑的科学精神；
> 3. 培养认真严谨、勤于思考的探究素质；
> 4. 培养社会责任感、使命感，厚植家国情怀。

任务一　定量资料的收集

案例导入

塞尔蒂兹：社会关系中的研究方法

研究方法就像交通工具一样各不相同。步行或者乘汽车、坐飞机穿过一个国家，每种方式都将使你对这个国家产生不同的印象。飞机航线、公路和小路是以不同方式在这个国家旅行的途径，它们不会都通向同样的地方。有的地方只能靠步行到达，而另一些地方则要乘汽车或坐飞机才能接近。对于研究方法来说，也同样如此。每一种方法都提供了一种不同的观察现实世界的角度，而现实世界的某些方面也仅仅只能用某一种方法去观察。

知识准备

一、定量研究与定性研究

调查研究是社会研究中运用最多的一种方式，就是常说的社会调查。调查研究分为定量研究和定性研究两大类。定性研究和定量研究从不同的角度，在不同的层面，用不同的方法对同一事物的"质"进行研究。

（一）定量研究

定量研究又称为量的研究，定量研究通常从既有的理论出发，提出理论假设，然后通过问卷等工具收集经验证据来验证预想的模型、假设或理论，这是一个从一般到特殊的演绎过程，突出的是对既有的理论验证或推广。定量的调查研究将问题与现象用数量来表示，进而去分析、验证、解释，从而获得意义，指向的是"是什么"的研究，以求得到客观事实。

(二)定性研究

定性研究又称为质的研究。定性研究没有理论在先,它是一个创立理论的过程,通过访谈和个案等方法收集相关资料,侧重于对社会现象的深入挖掘和把握,从中概括出论题、论断或理论,本质上是一个从个别到一般的归纳过程。定性调查指向的是"为什么"的研究,即通过对事件或事物中所反映出来的杂乱无序的信息进行理论处理,使之有章可依。

(三)定量研究与定性研究的联系

定性研究和定量研究的关系问题是当代社会学中的前沿问题,被夸大的社会学中认为二者之间似乎存在着不可逾越的鸿沟。但是认真去学习后,就会发现二者之间并不是存在一条不可逾越的鸿沟,也不能简单地分出孰优孰劣,二者各有长处,互相补充,二者之间是统一的,不可分割。

定性研究和定量研究都属于社会学方法。定性研究是主要由熟悉情况和业务的专家根据个人的直觉、经验,凭研究对象过去和现在的延续状况及最新的信息资料,对研究对象的性质、特点、发展变化规律作出判断的一种方法。定性研究根据研究判断提出初步意见,然后对相关意见进行综合汇总,作为预测未来状况和发展趋势的主要依据。定量研究是指运用现代数学方法对有关的数据资料进行加工处理,统计数据,建立反映有关变量之间规律性联系的各类预测模型,并用数学模型计算出研究对象的各项指标及其数值的一种方法。

一般认为,定性研究是定量研究的基本前提,定量研究是定性研究的进一步深化。这里必须指出,虽然定性研究对数学知识要求比较低,但是两种研究方法没有孰优孰劣之分,不能把二者截然分开。相比较而言,定量研究因为采用高深的数学知识,所以显得比较"科学",而定性研究较为"粗糙"一点,但是这种方法应用面比较大,适合于一般投资者和经济工作者,因为它在数据资料不充分或者研究者数学知识比较薄弱的情况下比较适用。二者是互补互促的关系。

1. 定性研究有助于定量研究

(1)定性研究产生的假设可以由定量研究来检验,比如问卷调查者具有丰富的有关地方和组织的知识,有利于设计调查的问题项目。

(2)定性研究产生的深度访谈资料可以用来设计问卷的指标。

(3)定性研究资料可以用来分析定量研究数据,比如人种志(对人类特定社会的描述性研究项目或研究过程)的资料可以帮助对调查数据进行路径分析。

2. 定量研究有助于定性研究

(1)定量研究有助于定性资料的收集,比如对调查资料的分析有助于进一步做好人种志调查,挑选适当的研究案例等。

(2)定量研究可为定性研究样本的选择提供帮助,比如问卷资料为深度访谈对比组的选择提供依据。

定量资料收集方法主要指采用问卷法来收集资料,总的来说,有两种基本类型:一种是自填式问卷法,另一种是结构式访问法。在这两种基本类型中,根据具体实施方法的不同,可进一步划分出不同的子类型,如图7-1所示。

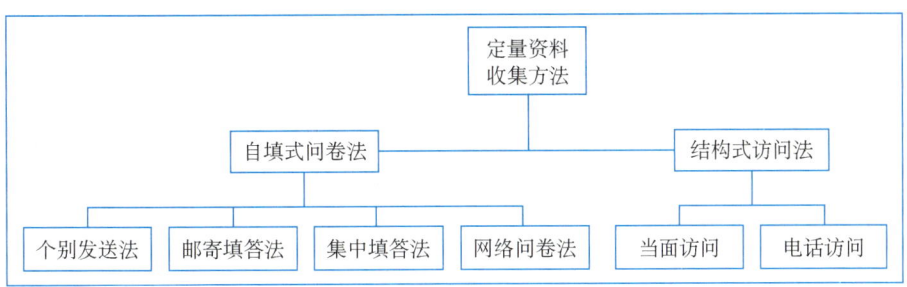

图 7-1　定量资料收集方法的类型

二、自填式问卷法

（一）自填式问卷法概述

自填式问卷法是指调查者将问卷表发送（或者邮寄）给被调查者，由被调查者阅读和填答，然后由调查者收回的资料收集方法。

自填式问卷法具有以下优点。

1. 节省时间、经费和人力

由于自填式问卷法可以在很短的时间内调查很多人的情况，不用遴选对象进行一对一访问和交谈，十分省时、省力；若采用邮寄的方式，还不受地域范围的限制。因此，采用这种方法收集资料具有很高的效率。

2. 具有很好的匿名性

对于某些社会现象或者有关个人隐私、社会禁忌等敏感性问题，被调查者往往难以同陌生人交谈。由于自填式问卷法一般不要求署名，填写地点可在被调查者家中，并且调查者可以不在场，由被调查者独自进行填答，不受他人干扰和影响，故它可大大减轻被调查者的心理压力，有利于被调查者如实填答问卷，进而使调查者收集到客观、真实的资料。

3. 可以避免某些人为误差

由于自填式问卷法采用的是统一设计和印刷的问卷，因而无论是在问题的表达、答案的类型方面，还是在问题的先后次序、填答方式方面，所有问卷都是完全相同的。因此，自填式问卷法在很大程度上排除了不同调查者所带来的影响，这样就可以尽可能地避免某些人为压力所造成的误差。

自填式问卷法具有以下缺点。

1. 问卷的回收率有时难以保证

由于自填式问卷法十分依赖于被调查者的合作，因此，当被调查者对该项调查的兴趣不大、态度不积极、责任心不强，或者被调查者由于受时间、精力、能力等方面的限制而无法完成问卷填答工作时，问卷的有效回收率常常受到影响。

2. 对被调查者的文化水平有一定要求

因为被调查者只有看得懂问卷，理解问题及答案的含义，理解填答问卷的正确方式，才能按要求填答问卷。但实际生活中并不是所有人都具有这些能力，特别是对于一些文化水平较低的群体，不宜使用自填式问卷法。因此，自填式问卷法的适用范围常常受到限制。

资料收集方法

3. 调查资料的质量常常得不到保证

这主要是因为采取自填式问卷法时,被调查者往往是在没有调查者在场的情况下填答问卷的,即他们填答问卷的环境是调查者无法控制的。对于理解不清的问题,他们无法及时向调查者询问,各种错答、误答、缺答、乱答的情况时有发生,导致问卷调查资料的质量比较差,可信度不高。这正是当前自填式问卷法面临的主要问题。

(二) 自填式问卷法的分类

1. 个别发送法

个别发送法是自填式问卷法中最常用的方法。它的一般做法是:调查者将问卷印好以后,由调查者依据所抽取的样本,将问卷逐份发送到被调查者手中,同时,调查者讲明调查的意义和要求,请被调查者合作填答,并约定收取问卷的时间、地点和方式。例如,约定三天后由调查者上门收取,或三天内被调查者自行投入设在某处的回收箱(类似信箱、投票箱)等。当然,在有些情况下(如调查的内容不涉及敏感的问题时),问卷也可以由某种行政组织代为发放和回收。

个别发送法既不像邮寄填答法那样调查者与被调查者完全不见面,又不像结构式访问法那样调查者与每一个被调查者都交谈相当长的一段时间,而是介于二者之间,较好地处理了调查者与被调查者之间的关系。个别发送法在操作上的特点使它具有邮寄填答法和结构式访问法的许多优点,同时,又避免了二者的许多缺点。例如,个别发送法比较节省时间、人力和经费;调查者可以向被调查者进行解释和说明;可以保证比较高的回收率;调查具有一定的匿名性;可以减少调查者所带来的某些偏差;被调查者有比较充分的时间对问卷进行阅读和思考,还可以在方便时进行填答;等等。

当然,个别发送法同样存在一些不足。例如,调查的范围受到一定的限制,不如邮寄填答法那么广泛;问卷的填答质量不能完全得到保证;等等。

2. 邮寄填答法

邮寄填答法是社会调查中一种比较特殊的资料收集方法。它的一般做法是:调查者把印好的问卷装入信封,通过邮局寄给被调查者,被调查者填答后再将问卷寄回调查机构或寄给调查者。调查者在寄给被调查者问卷时,一般应该同时附上已写好回邮地址和收信人(或收信单位)的信封,以便于被调查者将填答好的问卷顺利寄回。这种方法在西方一些国家中比较普遍,目前在我国采用这种方法来收集调查资料的还比较少。

通过邮寄填答法的方式来收集调查资料不仅可以省掉一大笔调查者的报酬和旅费(这意味着用同样多的经费可以调查更多的对象),还可以不受地域的限制。可以说,邮寄填答法是调查研究中最方便、最便宜、代价最小的资料收集方法。

然而,邮寄填答法在具有自填式问卷法所共有的缺点的同时,还具有两大缺点:一是需要获得被调查者的地址甚至姓名;二是问卷的回收率难以保证。

为了尽量提高问卷的回收率和资料的质量,调查者在采用邮寄填答法时,应注意以下几点:

第一,在说明调查者身份时要慎重,尽可能采用比较正式的、非营利性的、给人以信任感和责任感的身份。

第二,问卷的封面信最好单独打印,并用一个小信封单独装封,再和问卷以及寄回用的空信封一并装入邮寄给被调查者的大信封内。

第三,将往返邮寄时间考虑在内。

第四,以跟踪信或提醒电话来提高回答率。

3. 集中填答法

在条件允许的情况下,调查者也可以采取集中填答法来收集调查资料。集中填答法的一般做法是:先通过某种形式将被调查者集中起来,给被调查者每人发一份问卷;接着由调查者统一讲解调查的主要目的、要求、问卷的填答方法等事项;然后请被调查者当场填答问卷;填答完毕后再统一将问卷收回。收回问卷的方式可以采用投入问卷回收箱的办法,以消除集中填答法给被调查者所带来的某些隐私顾虑。

集中填答法具备以下突出优点:一是比个别发送法更节省时间、人力和经费;二是比邮寄填答法更能保证问卷填答质量和回收率。

集中填答法最主要的局限在于:一是被调查者有时不容易集中。许多调查研究的样本根本不可能集中,而一旦被调查者不能集中,这种方法的优点自然也就不复存在。二是集中填答有时造成的团体压力会影响调查质量。

4. 网络问卷法

网络问卷法指的是研究者利用互联网向特定的对象发送调查问卷,同时也通过互联网收回被调查者填答好的问卷的调查方法。

网络问卷法的优点是方便快捷、节省费用。一方面,它省去了印制、寄送纸质问卷的时间和费用,省去了挑选、培训调查者的时间以及支付调查员报酬等费用,也省去了数据录入的时间和费用;另一方面,填答好的问卷直接被转换成数据库文件,大大减少了录入误差。

网络问卷法的缺点是不能编制抽样框,不能推断总体,无法了解回答者的具体情况,无法判断回答的真实性和可靠性,无法反映非网民的情况和意见。

三、结构式访问法

(一) 结构式访问法概述

1. 定义

结构式访问又称为标准化访问,即按照事先设计的、有一定结构的访问问卷进行访问,是一种高度控制的访问方法,也是社会调查人员在进行资料收集的过程中经常运用的一种方法。由于结构式访问的进行在很大程度上依赖于访问问卷,因而也可以把它看成是以访问的形式进行的问卷调查。

2. 结构式访问法的优点

(1) 访问结果方便量化,可进行统计分析,它是统计调查的一种。与自填式问卷相比,结构式访谈的最大特点是能够控制调查结果的可靠程度。

(2) 回收率高,一般的结构式访问回收率可以达到80%以上,而且回收了的问卷其应答率也高。

(3) 应用范围更广泛,可以自由选择调查物件,也能问一些比较复杂的问题,并且可有选择性地对某些特定问题深入调查,因而大大扩展了应用的范围。

(4)能在回答问题之外对被访问者的态度行为进行观察,因而可获得自填式问卷无法获得的有关问卷的许多非语言讯息。

3. 结构式访问法的缺点

(1)与自填式问卷相比,结构式访问费用高、时间长,因而往往使调查的规模受到限制。

(2)对于具有敏感性、尖锐性或有关个人隐私的问题,它的效度也不及自填式问卷。

4. 结构式访问法的要求

结构式访问是由调查者进行的,因此调查者的态度、素质、经验等对访问结果有决定性的影响,调查者往往不自觉地将自己的主观意见或偏见带到访问过程中,使得调查结果产生偏差。因此,在进行结构式访问时,应当严格挑选调查者。

结构式访问常常用在大规模的社会调查,需要调查者数量较多,这时调查者的素质往往难以确保,而且,众多的调查者之间对问题的理解与处理方式上难以保持一致,会影响访问的信度。因此,在进行结构式访问时,必须事先对调查者加以训练。通过训练使调查者在访问前做好心理、技术、物质以及相关知识的准备。

(二)结构式访问法的分类

根据访问员与被访者是否见面,结构式访问可以分为当面访问和电话访问。

1. 当面访问

(1)当面访问概述

当面访问的基本做法是:研究者先挑选和培训一组调查者,由这组调查者带着访问问卷分赴各个调查地点,按照调查方案和调查计划的要求,与所选择的被调查者进行访问和交谈,并按问卷的格式和要求记录被调查者的各种回答。

在访问中,调查者严格依据调查问卷提出问题,并严格按照问卷中问题的顺序来提问;调查者不能随意改变问题的顺序和题目,也不能随意对问题作出解释。答案的记录也完全按问卷的要求和规定进行。

当面访问的方法与自填法中的个别发送法最为接近,它们都要求调查者逐个找到被调查者。所不同的是,个别发送法中调查者只需向被调查者稍作解释,并将问卷送交给被调查者即可,问卷的填答工作则完全是被调查者的事;而当面访问中,调查者要亲自依据问卷向被调查者进行提问,并亲自记录被调查者的回答。

(2)当面访问的优缺点

同自填式问卷法相比,当面访问法具有以下三个方面的优点:

① 当面访问法能够对调查过程加以控制,从而提高调查结果的可靠程度,这也是它最大的优点。这是因为,一方面,由于调查者当面提出问题,当面听取回答,可以减少被调查者由于对问题理解不清或误解所造成的误答。另一方面,避免了自填式问卷调查中常常出现的由他人代填或由几个人共同商量填答的情况。同时,这种当面提问、当面回答的方式也在一定程度上降低了被调查者给出欺骗性回答的机会,提高了调查结果的真实性。

② 当面访问法具有远高于自填式问卷法的回答率。自填问卷的回收率常常难以保证,这是它的一大缺点。而当面访问法是由调查者来配合完成每一份问卷的,所以回收率往往可以得到很好的保证,一般远高于自填式问卷法的回收率。

③ 当面访问法可以对调查资料的效度与信度进行评估。这是因为调查者在询问和记录的同时,可以对被调查者的表情、态度和行为,甚至对某些家庭状况进行观察,从而帮助分辨和判断被调查者回答的真实性程度。

当面访问法虽在上述几方面优于自填式问卷法,但它也具有一些不如自填式问卷法的缺点:

① 当面访问法的调查费用大大高于自填式问卷法。由于当面访问法必须派出一批调查者,而调查者事先必须进行培训。因而调查者的培训费用、工作报酬以及路途的差旅费等,远比个别分发或集中填答、邮寄问卷所花的费用大。

② 当面访问法所花费的时间也大大长于自填式问卷法。由于自填问卷法可以在很短的时间内对多个被调查者同时进行调查,而当面访问法则必须一个个地对被调查者进行访问,因此,它所需要的时间显然要多得多。

③ 受上述两方面的缺点所影响,采用当面访问法收集调查资料时调查的范围和规模往往受到很大局限。如果没有充足的经费和人力,或者没有足够的时间,访问的人数就不可能很多,调查的范围也不可能很大。

④ 对于某些较敏感问题的调查,采用当面访问法的效果也往往比不上自填式问卷法。这是因为自填式问卷法具有很好的匿名性,可以减轻被调查者的心理压力和思想顾虑。但当面访问法由于有调查者在场,当面提问、当面回答,很多被调查者的思想压力就可能很大,顾虑也可能比较多。这些显然会直接影响到他们回答问题的态度和所提供的答案的真实性及可靠性。

2. 电话访问

(1) 电话访问概述

电话访问是指调查者通过打电话的方法同被调查者联系,并在电话中对被调查者进行调查访问的方法。这种访问方式是随着社会现代化的发展,特别是随着普通居民中电话的普及率越来越高而逐步发展起来的。美国等西方国家大约在二十世纪六七十年代就开展了电话访问调查。我国电话访问的出现则是在最近十几年中的事情。目前,国内运用电话访问正式开展调研工作的教学研机构主要集中在北京、上海、广州、南京、武汉等少数大城市中。

电话访问的一般做法是:

① 根据调查目的和要求设计好电话访问的问卷表,并将问卷表按照"计算机辅助电话访问系统"的格式录入计算机。

② 在系统中设计好随机抽取电话号码的计算机程序。

③ 挑选和培训一组电话访问调查者,这是电话访问中十分关键的一环。

④ 调查者实际开展电话访问。计算机辅助电话访问的最典型的工作方式是调查者坐在计算机前,头戴耳麦,面对计算机屏幕上显示的调查问卷,向电话另一端的被访者提出问题,并将被访者的回答直接录入计算机。研究人员在计算机上监控和管理所有调查者的访问进展情况,及时解决各种特殊问题。当电话访问结束后,所有被调查对象的数据都已录入了计算机,在机器汇总后可以直接用SPSS统计软件进行统计分析。

（2）电话访问的优缺点

电话访问的主要优点是十分迅速。一个样本为几百人的调查，采用电话访问的方式进行，用一天时间就可以完成访问，而且所得资料也已经输入计算机，成为 SPSS 格式的数据，可以马上动手进行统计分析。同时，电话访问的方式相对简便易行，也比较省钱。一般情况下，有些人常常不太愿意别人登门打扰，而对于一个 10 分钟以内的电话访问，也许会更愿意配合。电话访问还有一个很大的优点，就是十分便于对研究人员进行监督和控制，使得电话访问的质量比当面访问更容易得到保证。

电话访问也存在一些不足的地方，主要问题之一是被调查者的选取及代表性方面的困难。从理论上说，电话访问的结果只能推论到有电话的对象这一群体。

在实践中，电话访问必然会遇到如何抽样的问题。如果说，总体中每一个成员都有一部电话，而且每部电话的号码都集中在一本电话号码簿上，那么抽样将是十分简单的。但现实情况是，一方面，电话号码簿上的号码并非正好构成所希望调查的总体（比如希望调查的是全市居民家庭，而电话号码簿上的许多号码却是各种社会组织、单位的办公电话），另一方面，有许多属于所调查群体的号码又没有出现在号码簿上，这样就无法抽到他们。因此，在运用电话访问的方法时，研究者一定要对总体及样本的情况有清楚的认识，尽可能做到抽样的科学性与代表性。

四、问卷法的组织与实施

（一）调查者的挑选

问卷调查实施

组建一支好的调查队伍是实施高质量调查的保证。调查队伍的质量及数量要求根据调查任务的性质、经费和繁重程度来确定。一般性课题都应成立一个调查小组，大型课题往往有若干个调查小组，有几十甚至成百上千个调查者。组建调查队伍时，应对调查者进行挑选，调查者应具备吃苦耐劳、诚实认真、勤奋负责、谦虚耐心等良好品质。

此外，还要注意调查者的特殊条件。特殊条件主要是依据研究的主题、被调查者的特点、社区的性质等来考虑的。例如，依据被调查者的特点来考虑，当被调查者为青年时，应尽量选择青年调查者；当被调查者主要为年龄较高、资历较深、影响力较大的人时，应选择年龄较高的调查者。也就是说，所选的调查者在年龄、职业、社会地位等条件上与被调查者越接近越好。再如，依据社区的性质来考虑，所选择的调查者最好是当地的、同民族的、同宗教的人，这样的调查者更熟悉被访地区的风俗习惯、文化传统、语言特点等，往往能够顺利地开展访问调查。与此同时，受教育程度也是一个十分重要的条件。一般来说，受教育程度较高的调查者，其理解问题、表达问题的能力，以及应用各种调查技巧的能力也较强。但这不是绝对的，比如受教育程度高但缺乏社会生活经验的调查者，往往不如受教育程度稍低但社会生活经验丰富的调查者。

（二）调查者的培训

调查员的选拔培训

调查前应对调查者进行系统的培训。具体来说，对调查者的培训常常包括以下四个步骤和内容：

1. 向调查者介绍该项调查的计划、内容、目的、方法等情况，以便调查者对该项工作有一个整体性的了解，同时，还要就调查访问的步骤、要求、时间安排、工作量、报酬等具体问题进行说明。

2. 介绍和传授一些基本、关键的调查访问技术。

3. 进行模拟调查或访问实习。

4. 明确联系、监督和管理的办法及规定，以保证正式调查工作的顺利开展。包括组织管理措施、指导监督措施、总结交流制度等。

（三）联系被调查者

调查的实施要求调查者与样本中的每一个被调查者都建立暂时的联系。如何顺利地使调查者为被调查者所接受，是每一项调查研究都必须面临和解决的问题。结合我国的情况，联系被调查者可以考虑以下四条途径：

1. 通过正式机构。如果调查者有条件取得某种政府机构或有关部门的认可，通过正式机构从上到下有组织地来联系和接触被调查者，那么调查工作就会十分顺利。

2. 通过当地部门。并不是每个调查者都有条件或机会得到正式机构的认可和支持。那么，一种替换的方式是尽可能取得当地部门的许可和帮助。

3. 通过私人关系。正式机构和当地部门虽然都有很便利的条件，但是也存在一些问题：一方面，他们并不欢迎涉及某些特定主题和内容的调查研究；另一方面，即使调查研究的主题或内容并不敏感，这也总是一件"多余的事"或"额外的事"。因此，这些途径走不通的情况是十分正常的。在此情况下，调查者可以设法去找朋友、同学、亲戚，甚至通过熟人的熟人联系被调查者。

4. 直接与被调查者联系。这是在其他途径都走不通时可以选择的途径。

（四）调查的质量监控与补充调查

在调查的实施阶段，除要求调查者严格按照调查计划的要求和调查进展安排开展调查工作以外，研究人员作为实地调查工作管理者、指导者和质量监控者必须对这一阶段中各个方面的工作进行全面的、及时的把握。其主要任务包括以下几方面：定期召集调查者会议，听取调查者每天的调查工作汇报；建立方便、实用的管理和联系方式，及时解决调查中遇到的新情况和新问题；认真抽查和审核每天完成的调查问卷，发现问题并及时核对；及时总结阶段工作，进一步明确后续任务；适时调整调查进度安排，并根据实际情况进行调查者的重新组织和调查任务的重新分配等。在调查进行的后期，要特别注意防止调查者因疲劳、枯燥感等而出现厌倦情绪和马虎、随意的工作态度，以免其给调查质量带来的影响。此外，在调查实施进度结束前，要及时根据调查中出现的问题进行补充调查。作为调查实施中的最后一个步骤，补充调查对于完善调查资料具有重要的作用。

调查的质量控制

五、问卷法收集资料注意事项

无论采用哪一种具体方法来实施问卷调查，调查者都必须尽最大可能争取被调查者的充分信任，从被调查者那里充分获取信息，高质量地回收问卷。在具体操作过程中，有以下一些值得特别注意的细节和环节。

（一）了解和掌握被调查者的心理

在调查资料收集的过程中，调查者应对被调查者的心理和想法有所认识和理解。

1. 了解被调查者的基本情况和特征，如年龄、性别、职业、文化程度、兴趣爱好和家庭背景等。

2. 分析和理解被调查者的心理与想法。

3. 尽量缩小与被调查者之间的心理距离,消除被调查者的顾虑。

(二) 注重第一印象

在任何一项调查中,调查者都需要接触被调查者,与被调查者见面时的"第一印象"十分重要,正式、友善、礼貌是这种第一印象的基本标准。调查能否顺利进行,在一定程度上与这种最初的见面和接触有关。因此,调查者要注意以下几点:

1. 在外表上,调查者要注意衣着普通、大方,仪表整洁、亲切,要显示和加强调查者角色的正式性。

2. 在态度上,调查者要注重礼貌、诚恳、真实,以获得被调查者心理上的接受。

(三) 重视开场白

对于任何一个被调查者来说,他们并没有牺牲个人时间来接受调查的义务,因此,调查者在与被调查者见面时,首先要向他们表示占用时间的歉意,如"对不起,影响了您的休息"等。除表示歉意以外,开场白一定要说好。好的开场白可以消除被调查者的各种疑虑和戒备心理,激发被调查者回答问题的意愿。开场白要简明扼要、意图明确、重点突出、亲和力强。开场白主要说明调查者的身份、调查的性质和大致内容,并解释是怎样抽选到该被调查者的、说明不会占用对方太多时间、表示希望得到对方的支持等。下面是某大学学生在入户进行"社区卫生服务质量调查"时的开场白:

您好! 我叫××,是××大学社区管理与服务专业的学生,这是我的学生证(出示学生证)。我们正在进行一项有关城市社区卫生服务质量问题的社会调查。我们从全市抽选了 300 位市民作为代表,您是其中的一位。我只会占用您 15 分钟的时间,希望您支持我们的调查,谢谢。

(四) 做好接触被调查者之前的准备

进行调查访问前,调查者要对被调查者的选取方式、基本特征、调查访问的程序要求、调查问卷的内容等有尽可能明确的认识。除准备好调查所用的问卷(和纪念品)以外,调查者还应随身携带能证明个人身份的有关证件和标志。

(五) 善于互动和提问

进入正题之前,调查者可以先谈被调查者较熟悉的事情,然后逐步地把话题引向调查内容。开始时,提问的速度慢一些,使被调查者有一个逐步适应的过程。在访问的过程中,调查者要始终注意控制访问的节奏。

拓展阅读

调查案例

××大学手机市场调查设计方案

一、前言

手机集娱乐功能和通信功能于一体,因其方便、实用而在大学校园内广为流行。为了提高某手机产品在××大学的市场占有率,评估××大学的手机销售环境,制定相应的营销策略,预先进行××大学手机市场调查大有必要。

本次市场调查将以行业市场环境、消费者、竞争者为中心来进行。

二、调查目的

详细了解××大学手机市场各方面的情况,为该产品在该大学的扩展制定科学、合理的营销方案提供依据,特撰写此市场调研计划书。本次调查的主要目的有以下五点:

(1) 全面摸清企业品牌在消费者中的知名度、渗透率、美誉度和忠诚度。

(2) 全面了解本品牌及主要竞争品牌在××大学的销售现状。

(3) 全面了解目前在××大学的主要竞争品牌的价格、广告、促销等营销策略。

(4) 了解××大学消费者对手机消费的观点、习惯。

(5) 了解××大学在校学生的人口统计资料,预测手机市场的容量和发展潜力。

三、调查内容

市场调研的内容要根据市场调查的目的来确定。市场调研分为内部调研和外部调研两个部分,此次手机市场调研主要运用外部调研,其主要内容如下。

(一) 行业市场环境调查

主要的调研内容有以下五个方面:

(1) ××大学手机市场的容量和发展潜力。

(2) ××大学手机行业的营销特点和行业竞争状况。

(3) 学校的教学、生活环境对手机行业发展的影响。

(4) 当前××大学手机的种类、品牌和销售状况。

(5) ××大学手机行业各种产品的经销网络状态。

(二) 消费者调查

主要的调研内容有以下五个方面:

(1) 消费者对手机的购买形态(购买过什么品牌、购买地点、选购标准等)与消费心理(必需品、偏爱、经济、便利、时尚等)。

(2) 消费者对手机各种品牌的了解程度(功能、特点、价格、包装等)。

(3) 消费者对品牌的意识、对本品牌和竞争品牌的了解程度以及品牌忠诚度。

(4) 消费者平均月开支和消费比例的统计。

(5) 消费者理想的手机描述。

(三) 竞争者调查

主要的调研内容有以下四个方面:

(1) 主要竞争者的产品与品牌优劣势。

(2) 主要竞争者的营销方式与营销策略。

(3) 主要竞争者的市场概况。

(4) 主要竞争者的经销网络状态。

四、调研对象及抽样

因为手机在高校具有普遍性,所以全体在校学生都是被调查者。但由于家庭经济背景的差异,全校学生的月生活支出存在较大的差距,从而导致消费购买习惯的差异性。因此,学生在选择手机的品牌、档次、价格上都会有所不同。为了准确、快速地得出调查结果,此次调查决定采用分层随机抽样法,先按住宿条件的不同,将学生分为两层(住宿条件基本上能反映各个学生的家庭经济条件)——公寓学生与普通宿舍学生,然后进行随机抽样。此外,分布在××大学校内外的各个经销商、专卖店也是本次调查的对象,因其规模、档次的差异性,决定采用判断抽样法。

调研对象的具体情况如下:

(1) 消费者(学生)300名,其中,住公寓的学生占50%。

(2) 经销商10家,其中,校外有5家,分别是大型综合商场1家,中型综合商场2家,专卖店2家;校内有5家,分别是综合商场3家,专卖店2家。

消费者样本要求如下:

(1) 家庭成员中没有人在手机生产单位或经销单位工作。

(2) 家庭成员中没有人在市场调查公司或广告公司工作。

(3) 消费者在最近半年内没有接受过类似产品的市场调查测试。

(4) 消费者所学专业不能为市场营销、调查或广告类。

五、调查者的规定、培训

(一) 规定

(1) 仪表端正、大方。

(2) 举止谈吐得体,态度亲切、热情。

(3) 具有认真、负责、积极的工作精神和职业热情。

(4) 具有把握谈话气氛的能力。

(5) 经过专门的市场调查培训,专业素质好。

(二) 培训

培训必须以实效为导向,本次调查者的培训决定采用培训班集中讲授的方式。针对本次活动,聘请有丰富经验的调查者面授调查技巧、经验,并对他们进行思想道德方面的教育,使其充分认识到市场调查的重要意义,培养强烈的事业心和责任感,端正工作态度和作风,激发对调查工作的积极性。

六、人员安排

根据调研方案,在××大学及市区进行本次调研需要的人员有三种:调研督导员、调查者、复核员。具体配置如下:

(1) 调研督导员1名。

(2) 调查者20名,其中,15名对消费者进行问卷调查,5名对经销商进行深度访谈。

(3) 复核员1~2名,可由调研督导员兼职,也可另外招聘。

如有必要,还可配备辅助督导员(1名),协助进行访谈、收发和检查问卷与礼品。问卷的复核比例为全部问卷数量的30%,全部采用电话复核方式,复核时间为问卷回收后的24小时内。

七、市场调查方法及具体实施

(一) 对消费者以问卷调查为主

完成市场调查问卷的设计与制作,以及调查者的培训等相关工作后,就可以开展具体的问卷调查了。把调查问卷平均分发给各个调查者,统一选择午餐或晚餐后这段时间开始进行调查,因为此时学生们多待在宿舍里,便于集中调查,能够给本次调查节约时间和成本。调查者在进入各个宿舍时需说明来意,并特别声明在调查结束后,将赠送被调查者一份精美的礼物,以吸引被调查者积极参与,并得到真实、有效的调查结果。在调查过程中,调查者应耐心等待,不可催促。记得一定要求被调查者在调查问卷上写明姓名、所在班级、寝室、电话号码,以便以后进行问卷复核。调查者可以当场收回问卷,也可以第二天收回(这有利于被调查者充分考虑,得出更真实、有效的调查结果)。

(二) 对经销商以深度访谈为主

由于调查形式的不同,对调查者所提出的要求也有所差异。与经销商进行深度访谈的调查者相对于实施问卷调查的调查者来说,其专业水平要求更高。因为时间较长,调查者对经销商进行深度访谈以前,一般要预约好时间,并承诺给予一定报酬。访谈前,调查者要做好充分的准备,列出调查所要了解的所有问题。在访谈过程中,调查者应占据主导地位,把握整个谈话的方向,准确地筛选谈话内容,并快速做好笔记,以得到真实、有效的调查结果。

(三) 通过网上查询或资料查询,调查××大学的相关统计资料

调查者查找资料时,应注意其权威性和时效性,以尽量减少误差。因为其简易性,该工作可直接由复核员完成。

八、调查程序和时间安排

大致来说,市场调研可以分为准备、实施和结果处理三个阶段。

1. 准备阶段

它一般分为界定调研问题、设计调研方案、设计调研问卷或调研提纲三部分。

2. 实施阶段

根据调研要求,采用多种形式,由调研人员广泛收集与调查活动有关的信息。

3. 结果处理阶段

将收集的信息进行汇总、归纳、整理和分析,并将调研结果以书面的形式——调研报告呈现出来。

客户确认项目后,有计划地安排调研工作的各项日程,用以规范和保证调研工作的顺利实施。按照调研的实施程序,可以分为以下八个小项来对时间进行具体安排:

(1) 调研方案和问卷的设计:3个工作日。

(2) 调研方案和问卷的修改、确认:1个工作日。

(3) 项目准备阶段(人员培训、安排):1个工作日。

(4) 实地访问阶段:4个工作日。

(5) 数据预处理阶段:2个工作日。

(6) 数据统计分析阶段:3个工作日。

(7) 调研报告撰写阶段:2个工作日。

(8) 论证阶段:2个工作日。

九、经费预算

(1) 策划费:1 500元。

(2) 交通费:500元。

(3) 调查者培训费:500元。

(4) 公关费:1 000元。

(5) 访谈费:1 000元。

(6) 问卷调查费:1 000 元。

(7) 统计费:1 000 元。

(8) 报告费:500 元。

总计:7 000 元。

十、附录:人员具体分工安排

(1) 参与人员:(略)。

(2) 项目负责人:(略)。

(3) 调查方案和问卷的设计:(略)。

(4) 调查方案和问卷的修改:(略)。

(5) 调查者培训:(略)。

(6) 调查者:(略)。

(7) 调查数据处理:(略)。

(8) 调查数据统计分析:(略)。

(9) 调查报告撰写:(略)。

(10) 论证人员:(略)。

(11) 调查计划书撰写:(略)。

 任务实训

任务实训单

实训目标	1. 回顾学习过的知识,掌握定量调查资料收集方法的知识和技能。 2. 运用问卷调查资料的收集方法,以小组为单位,讨论并确定小组的定量调查方法,设计调查方案,并通过线上或者线下实施调查。
实训环境	1. 实训室或者多媒体教室。 2. 具备网络查询功能的电脑。
实训内容及要求	【实训内容】 1. 熟悉定量调查资料收集方法的知识,能运用常见的定量调查方法实施资料收集,如问卷调查法、结构式访谈法等。 【实训要求】 1. 能运用随机抽样理论,针对具体情况选用适当的随机抽样方式抽取调查对象。 2. 能较迅速地取得调查对象的信任,与调查对象交流,完成资料收集。 3. 能及时、准确地记录调查资料。
实训步骤	1. 由相关专业课的老师对每个实训小组全程跟进指导。 2. 将班级分成若干小组,每组 4~6 人。 3. 每个小组选择 1~2 个定量调查方法实训。 4. 每个小组需在 2 周的时间内完成实训。 5. 实训结束后,每组做好实训总结,并以 PPT 形式在课堂汇报。
实训考核评价	【评价载体】 实训报告和 PPT 汇报。 【评价指标】 1. 调查设计方案是否可行,占 35%。 2. 实训报告是否规范,占 35%。 3. 小组成员合作情况,占 30%。

任务二　定性资料的收集

案例导入

观察的效力

《美国文摘》曾经报道,恩维罗塞尔市场调查公司有一个叫昂得希尔(Underhill)的人,他是著名的商业密探。进行调查时,他一般会坐在商店的对面,静静地观察来来往往的行人。与此同时,他的同事正在商店里进行调查工作,他们负责跟踪在商品架前徘徊的顾客,主要调查目的是找出商店生意好坏的原因,了解顾客走出商店后如何行动,以及为什么许多顾客在对商品进行长时间挑选后还是失望地离开。通过他们的反馈,许多商店在日常经营过程中都制定了多项实际的改进措施。

有一家音像商店由于地处学校附近,大量青少年经常光顾。恩维罗塞尔市场调查公司调查发现,这家商店把磁带放置过高,身材矮小的孩子们往往拿不到,从而影响了销售量。昂得希尔指出,应把商品降低18英寸(1英寸=0.025 4米)放置,结果销售量大大增加。

还有一家叫伍尔沃思的公司发现,商店后半部分的销售额远远低于其他部分。昂得希尔通过拍摄现场和观察揭开了这个谜:在销售高峰期,现金收款机前的顾客排着长长的队伍,一直延伸到商店的另一端,妨碍了顾客从商店的前面走到后面。针对这一情况,商店专门安排了结账区。结果,商店后半部分的销售额迅速增长。

阅读以上材料,回答以下问题:

1. 一般音像商店的磁带应该怎样摆放,才能尽可能地"暴露"在各个年龄段的消费者面前?

2. 为了缓解人们排长队结账而产生的无聊情绪,商店还可以怎样做?

知识准备

定性调查是研究者通过访谈、现场观察及查阅文献了解人们对某一事物或现象的经历、观点、见解、想法、感觉,收集定性资料,并按一定的主题、类别进行编码、归纳推理的过程。由此产生的见解、知识、观点和理论假设即为定性调查结果。所得到的定性资料是对事件发生过程真实、详细的描述和引用被访谈者经历、见解的文字性材料。定性调查是社会学、人类学常用的研究方法,也常见于国外医学研究领域。

定性调查常见的收集资料方法有观察法、访谈法、文献法。

一、观察法

(一) 观察法概述

观察法是指调查者带有明确的目的,通过自己的感觉器官及辅助工具,直接从社会生活的现场收集资料的调查研究方法。在科学实验和调查研究中,观察法具有加强人们的感性认识,启发人们的思维,导致新的发现的优点。

与日常观察相比,观察法具有以下五个特点:

(1) 观察法是调查者有目的、有计划的观察。

(2) 观察法是系统的观察。

(3) 观察法是在一定理论指导下的观察。

(4) 观察法是借助一定观察工具进行的观察。

(5) 观察法是对当前正在发生的、处于自然状态下的社会现象的观察。

(二) 观察法的优点和局限性

1. 观察法的优点

与其他资料收集方法相比,观察法具有如下优点:

(1) 能直接获取资料。在实地观察中,不需要其他中间环节,调查者可以直接感知观察对象,获取生动、具体的感性资料。特别是观察者参与观察,能掌握大量第一手资料,这是其他间接调查方法无法比拟的。观察法是收集非语言行为资料最有效的方法。

(2) 能直接观察自然状态下比较可靠的社会现象。采用观察法时,调查者直接到现场观察发生在自然状态下的社会现象,这样就可以避免观察对象在活动中故意作假。与书面调查和口头调查相比,观察法的可靠性高得多。

(3) 获取的资料及时、生动。由于观察法观察到的是正在发生的事情,是观察对象的正常活动,能观察到当时当地的真实环境和气氛,所以这样观察到的材料较为及时、生动、形象。

2. 观察法的局限性

与其他科研方法一样,观察法有其自身的局限性。具体表现在以下四个方面:

(1) 受调查者自身的限制。由于观察是由人来直接进行的,而且主要由人的感觉器官来进行,这就必然带有某些局限性。人的感觉器官是有一定限度的,所以观察结果会受到人的主观意识的影响,人们在观察问题时容易加入自己的情感、好恶,使观察结果带有主观性;观察的结果还会受到调查者的知识、能力的限制等。

(2) 受时间、空间条件的限制。一些社会活动都是在一定的时间、空间中进行的,超过一定的时间、空间或范围就观察不到了。例如,我们现在就不能亲临现场,观察火箭发射的情况,如果想知道那时的情况,只能靠查找文字资料和观看影视资料。

(3) 受观察对象的限制。有些观察对象进行的活动事先不容易预测,发生时无法及时观察,如地震、抢劫行为等。有些观察对象的活动不好控制,如犯罪团伙的内部活动等。

(4) 不适用于大面积调查。作为社会调查的重要方法之一,观察法有很多优点,但也存在一些不足。因此,它最好与其他方法结合起来使用,互相补充,以求取得好的调查研究成果。

(三) 观察法的类型

1. 根据观察的场所分类:实验观察和实地观察

(1) 实验观察也称条件观察或控制观察。在这类观察中,周围的条件和观察的环境可由观察者规定,观察者能控制观察对象和观察变量,并采用标准的观察程序和手段进行观察,收集有关研究资料。由于观察程序标准化、观察问题结构化,因此,控制观察能够克服因观察者主观情绪产生的误差,具有严密性和精确性的特点。采用这种观察法,对观察人员和观察手段都有较高的要求。观察者事先要对观察对象有一定的了解,要制定严格的观察计划,并能运用自如地掌握观察工具。

(2)实地观察也称自然观察,是观察者在自然情境中,对观察对象不加干预和控制的状态下考察观察对象各种心理活动和行为表现,收集研究资料的一种方法。自然观察的优点在于它是在现实生活自然情境中进行的,因此,它了解的情况更真实。自然观察的缺点在于不能在必要时反复观察,难以为确定情境事物与行为之间的关系提供充分的资料,只能观察到被观察者在活动中的某些外部表现,不能对被观察者心理活动施加影响,更深入地了解它的过程。自然观察的优点和局限性决定了它只能作为搜集初级资料的方法或其他观察法的辅助方法。

2. 根据观察者的角色分类:非参与观察和参与观察

(1)非参与观察又称局外观察或非介入观察,是观察法的一种,与参与观察相对。非参与观察是指观察者以局外人的身份,从旁对正在发生的某种活动或观察对象的活动,不干预其发展和变化,只在外部记录研究对象的行为表现和活动进程。一般非参与观察时间短,观察内容简单而不深入。但作为了解表面情况、增加感性认识、发现某些问题、搜集信息等还是有益的、必要的。

(2)参与观察又称内部观察或介入观察。参与观察要求观察者参加到被观察的对象所在的群体和组织中,作为其中一员,共同生活,并参与日常活动。这种观察常用于人类学、社会学、案件侦破和党政工作等观察研究中。例如,过去常说的"蹲点观察",就是一种参与观察。参与观察的优点是了解情况细致、深入,能掌握第一手材料,能发现一些未曾料到的情况、问题,积攒经验,还可以对某些不甚了解的问题追根究源,查明原委和症结。参与观察的缺点是参与观察者一般要表明自己的身份、目的等,使观察的客观性受到影响。

3. 根据观察的程序分类:结构式观察和非结构式观察

(1)结构式观察是指按照一定的程序、采用明确的观察提纲或观察记录表格对现象进行的观察。它与结构式访问的形式有些相似。通常,结构式观察多采取局外观察的方式进行。其观察的内容是固定的,调查者根据统一的要求,对每一个观察对象进行统一的观察和记录,因而其结果可以用来进行定量分析。表 7-1 是一份对书店的人们进行结构式观察所用的观察表。

表 7-1 书店观察表

1. 观察开始时间:____时____分	观察结束时间:____时____分
2. 个人细节: 男 □ 女 □ 已婚 □ 未婚 □ 不知道 □	
3. 年龄估计:10多岁 □ 20多岁 □ 30多岁 □ 40多岁 □ 50多岁 □ 60岁及以上 □	
4. 职业或身份:_____ 不知道 □	

续表

5. 单独一人 □　　　____个同伴　　　同伴是谁_____	
6. 买了几本书:_____本　　　一本也没买 □	
7. 进书店时的最初行为:_____	
8. 与售货员的接触情况:_____　　　一个也没接触 □	
9. 与其他顾客的交谈情况:_____　　　一个也没交谈 □	
10. 翻阅书籍情况:翻阅了几本_____ 　　　共看了多长时间_____　没有翻阅 □	
11. 其他情况描述_____	
12. 根据上述观察判断对象的目的性程度,并在下列线段的适当地方标出。 　　　－3　　－2　　－1　　0　　1　　2　　3 　　　_____ 　　　有目的的　　　　　　　　　随便浏览的	

[资料来源:风笑天,社会研究方法(第五版),中国人民大学出版社,2018年]

(2) 非结构式观察也称为无控制调查,是一种大致确定观察内容和观察对象的方法。它没有严格的观察计划,使用结构比较松散的观察提纲,观察的标准化程度较低,观察问题的结构性不强。非结构式观察一般对所要研究的对象不太了解,没有明确的理论框架。实施观察时,方法也比较灵活,通常只确定研究的目的和任务,以及观察的主要对象。对于观察的步骤只做粗略的设想。非结构式观察一般在自然场所中进行,但也有少数是在实验室内进行的。非结构式观察的优点很多,不过它有两点不足:一是不同的调查者往往有不同的结论;二是调查者参与的程度越高,资料的主观色彩越浓。所以,采用此种方法的调查者要慎重地实施每个步骤,牢记自己的任务,避免出现以上两点不足。

4. 根据观察的对象分类:直接观察和间接观察

(1) 直接观察是指研究者不用任何仪器,只凭自己的感觉器官所进行的观察。获得第一手资料,边听边看边记录。例如,日本某皮鞋制造商生产的皮鞋各个方面都不尽如人意,销路不畅。于是,制造商相关负责人就每天到飞机场附近给外国旅行者擦皮鞋,在擦皮鞋的过程中,他仔细观察皮鞋的品牌、质地、皮革质量、皮鞋的缝制技术。很快,他掌握了外国名牌皮鞋的制造技术和标准,改进了公司的产品质量,最终,该皮鞋公司的产品成为日本市场的畅销品。皮鞋制造商应用的就是一种直接观察法。

(2) 间接观察是指利用仪器或技术手段为中介,间接地对现象或行为进行观察,获得资料。录音、录像是常用的技术手段。例如,美国菜市场研究机构的研究人员通过分析人们家中垃圾箱里垃圾的成分,研究人们的消费产品种类、品牌以及消耗量等日常消费情况。研究得出了许多有趣的结论,例如,穷人与富人食用肉类以及牛奶的数量相当;与富人相比,穷人需要更多的维生素、家用清洁剂、儿童玩具以及书籍。又如,夏季里从垃圾桶内的丢弃物中观察冷饮包装纸的品牌,可以得知什么牌子的冰棒在该地销量最大;从废易拉罐的分类整理中,可以得知什么牌子的啤酒、饮料在当地最畅销;从损坏的玩具中可以区分出玩具的什么部位最容易被儿童弄坏;等等。

(四) 观察法应遵循的原则

1. 客观性原则

进行社会调查的目的是收集真实、可信的资料,通过对资料进行科学分析得出正确的结论。观察法要求得出的结论必须可靠,必须客观、真实地反映事物本身。

在观察过程中,调查者必须坚持客观性原则,即调查者必须做到观察对象是什么情况,就如实地记录什么情况,不能按照主观意志和自己的好恶任意增减或歪曲事实;也不能只记载对自己有利的事实,而不记载对自己不利的事实;更不能为了充实自己的研究记录,编造根本不存在的事情。

2. 全方位原则

社会中任何事物的构成都是多方面、多层次的,我们在进行社会调查时,必须从不同的角度、侧面和层次对其属性、联系和表现进行多方面的观察,才能认识到事物的全貌。

3. 深入性原则

事物的形成往往都是复杂的,要想了解一个事物的本质,调查者必须深入进去,进行细致的观察,不能走马观花,进行浮光掠影式的调查。

4. 持久性原则

事物的发展是一个持续的过程。观察事物时,很难在短时间内了解一个事物的全貌。另外,事物在其发展过程中总是千变万化的,时常受到一些偶然因素的影响。要想了解它的真实面貌,调查者必须坚持持久观察。

5. 遵守法律和道德原则

在观察过程中,调查者要遵守国家的法律。对于法律上进行了限制的场所,不要随意观察。例如,法律规定禁止非法侵入公民的住宅,保护公民的通信自由和通信秘密。在观察过程中如果需要进入民宅,首先要征得房主人的同意,不可随便闯入。调查时要遵守社会道德,不能做违背观察对象意愿的事情。对于观察对象不让观察的事物,不要强行观察。特别是在了解少数民族和宗教情况时,要遵守少数民族的风俗习惯和宗教的清规戒律。

(五) 观察法的实施程序

1. 明确问题

明确问题即选择和确定研究问题,当然,在明确问题的过程中,也基本上确定了调查者与观察对象,因为研究问题的选择和确定必须考虑在某一特定的情境里调查者能否进行自然观察。例如,研究"教师期望对师生交往的影响"时,需要考虑在哪个年级进行,调查者应具备哪些知识、能力和观察技能等。

2. 制定观察计划

在观察计划中,应明确规定观察的目的、重点、范围、次数,需要收集的材料,每次观察的时间,采用的仪器,制定的表格以及填写的要求等。

3. 做好观察准备

观察准备是否充分,往往影响观察的成败。只有进行周密的观察准备,调查者才有可能准确地收集材料。观察准备的主要工作有:

（1）确定观察的项目和指标。根据课题和研究计划的要求，将要观察的方面具体化和指标化。具体化就是将要观察的方面具体为几个可以加以观察的项目。指标化就是给需要观察的项目选定一个可以评价、记录并显示出不同程序与水平的指标体系。

（2）选择观察的途径和方法。观察的途径和方法可因人而异，因课题而定。观察的方法通常与观察的途径有关联，常用的方法是直接参与。

（3）观察取样。观察往往不能面向全体，而要加以取样。常用的观察取样方法见表7-2。

表7-2 常用的观察取样方法

取样方法	特　点
对象取样	选取特定的对象进行观察
时间取样	在特定时间内观察所发生的行为
场面取样	有意识地选择一个自然的场面
事件取样	观察一个事件的完整过程
阶段取样	选择某一阶段（如期中、期末）进行有重点的观察
追踪观察	对观察对象进行长期的、系统的观察，以了解其发展的全过程

（4）设计观察表格及记录方法。设计观察表格时，要规定观察材料的记录方法。记录观察材料一般有三种方法，见表7-3。

表7-3 观察材料的记录方法

记录方法	特　点
评等法	对观察对象所表现的特征按所属等级，在表格中画圈或做其他记号
频数记录法	以符号"√"记录观察对象某项行为出现的次数
连续记录法	利用录音机、录像机等对整个过程加以记录

（5）其他准备。包括仪器、人员培训、分工及应变措施等。

4. 按照计划进入现场实施观察并做好记录

进入现场要注意两点：一是选好观察位置，获得较好的角度和光线以保证观察有效、全面、精确；二是不惊扰观察对象或与观察对象打成一片。如果是间接观察、非参与观察，最好不要让观察对象知道；如果是直接观察、参与观察，要与观察对象建立和谐、良好的关系，以免观察对象产生戒备心理。

实施观察要注意看、听、问、查、思等互相配合，达到最佳效果。观察时还要及时做好现场记录，记录要准确、全面、有序。

5. 整理与分析观察材料

观察材料要加以整理和分析，为下一步撰写研究报告做准备。整理材料可分为以下四个步骤：

（1）检查所有记录的材料，看分类是否恰当。如果有遗漏和错误，要设法补充记录和改正错误，以免时间久了无法补充和修正。

（2）检查已整理好的材料的全面性。如果需要的材料还没有收集到，就要延长观察时间继续观察，直到所需材料基本齐全。

（3）如果观察材料数量较少，按记录的时间顺序存放保管即可；如果观察材料数量较多，要分类存放以便查阅。

（4）整理观察材料后，需要加以说明的，要详细地加以说明。及时清理收集的材料，以免时间久了忘记或产生疑问。

6. 提出观点并撰写研究报告

根据对观察材料的分析，提出自己的观点并加以论证，最后撰写研究报告。仅借助观察法往往不能完成对一个课题的系统研究。通过观察所收集的材料常常要与调查者利用其他研究方法所获得的信息融为一体后，才能提出观点并加以阐述。

（六）观察法的技巧

1. 消除观察对象的戒备心理

为了消除观察对象的戒备心理，可以通过当地政府或在群众中有威望的人物做必要的引荐和介绍，以取得观察对象的支持、帮助和信任。

2. 深入观察对象的生活，尽可能参加观察对象的各项社会活动

调查者必须深入观察对象中，与他们共同参加劳动，一起工作和生活，才能和观察对象打成一片，取得他们的信任。这样做不但能了解观察对象是怎样做的，而且能了解他们是怎样想的；不但能观察到观察对象的工作，而且能了解他们的兴趣、爱好、道德水平、行为习惯、人际关系、政治态度，以及一些不易被外人了解的活动。如果到农村考察，调查者就要与农民同吃、同住、同劳动，这样才能了解他们劳动的艰辛，了解他们对一些政策的意见和要求。

3. 尊重观察对象的风俗习惯、语言、道德规范，顺应观察对象的生活方式

要想取得观察对象的好感和信任，调查者就必须尊重其在饮食起居、迎送宾客、服饰打扮、言谈举止等方面的风俗习惯，也应该尽量学会，这样才能与观察对象融为一体，建立信任和友谊，为达到观察目的创造良好的条件。

4. 参与群体活动和个别接触相结合

作为社会调查的研究人员，调查者既要重点深入了解个别观察对象，又要尽可能广泛地接触和了解观察对象的群体。接触个别观察对象有利于了解一些在公开场合不易展现的，但又真实的情况，如对一些个别事件和个别领导人的意见等。调查者经常参加群体活动，能够拉近与观察对象之间的关系，取得他们的信任和合作。

5. 给观察对象提供帮助

当观察对象需要帮助时，在条件允许的情况下，调查者应尽量给他们提供帮助。例如，帮助他们解决纠纷、向他们提供信息、为他们的发展生产出谋划策、帮助他们解决一些认识问题、在生活上给他们以关怀和帮助等。只有在调查中与观察对象建立起亲密无间的关系，调查者才能得到一些更深入的珍贵资料。

二、无结构访谈法

访谈法也是一种常用的社会调查方法，访谈法分为结构式访谈和无结构式访谈，结构

式访谈即标准化访谈,是定量调查常用的方法。定性调查常用的访谈是无结构式访谈。

(一) 无结构式访谈的含义

无结构式访谈又称为非标准化访谈,或者深度访谈、自由访谈。它是一种无控制或半控制的访谈,事先没有统一问卷,只有一个题目或大致范围或一个粗线条的问题大纲。与结构式访谈相比,它事先不预设问卷、表格和提出问题的标准程式,只给调查者一个题目,由调查者与被调查者就这个题目自由交谈,调查对象可以随便地谈论自己的意见和感受,而无须顾及调查者的需要,调查者事先虽有一个粗略的问题大纲或几个要点,但所提问题是在访问过程中边谈边形成、随时提出的。因此,在这种类型的访问中,无论是所提问题本身和提问的方式、顺序,还是被调查者的回答方式、谈话的外在环境等,都不是统一的。

访谈通常使用开放的形式,或者在研究早期采用开放式,随后逐步缩小范围,采用半开放式。访谈结构应灵活宽松,为被访者用自己的语言表达其想法留有充分的余地。在访谈的过程中,访谈者应注意被访者对问题的定义和思维方式,遵循他们的思路,用他们的语言表述来讨论问题。

访谈的具体形式应该因人而异,不必拘泥于同一程式。尽管访谈者一般都事先备有一份访谈提纲,列出访谈者根据文献和个人经验认为应该了解的问题,但提纲只是起一种提示作用。如果被访者没有提到访谈者认为重要的问题,访谈者可以在访谈结束时用开放的方式询问对方的意见。访谈者提问时应注意询问被访者个人的意见,以免对方使用当时流行的"口号式"语言而忽略了个人的看法和感受。

为了避免被访者使用抽象的、概括性的语言,访谈者还可以详细询问事件的细节以及有关人物的行为反应。对细节的描述可以将被访者的注意力集中在具体可见的事情上,引发他们的情感表露。被访者的非语言行为对于了解他们的心理活动也非常重要,在访谈过程中,访谈者可以同时观察被访者的面部表情和形体动作,并记录下来。

(二) 无结构式访谈的特点

1. 弹性大,可充分调动访谈者与被访者的积极性。

2. 与结构式访谈相比,无结构式访谈的访谈者能对问题进行全面、深入的了解。

3. 无结构式访谈不仅能获得与研究问题有关的丰富的社会背景材料,还能获得有关研究对象生活与行动于其中的环境的生动的感觉。

4. 与结构式访谈相比,无结构式访谈比较费时,从而使调查的规模受到很大的限制。

(三) 无结构式访谈的类型

无结构式访谈的类型有重点访谈、深度访谈、客观陈述式访谈、座谈会(集体访谈)。

1. 重点访谈

重点访谈又称为集中访谈,是集中于某一特定问题的访谈。重点不是指对访谈对象的重点挑选,而是指访谈所侧重的内容。它通常针对的是访谈对象在一定情境中因为受到某种刺激而产生的特殊反应,调查研究者从这些反应中获取信息,再进行分析、解释。调查研究者须事先对情境本身有所研究,即通过深入分析这一情境的主要因素、模式及条件等,得出有关的若干假设,并根据这些假设提出若干侧重点,然后根据这些侧重点进行访谈,搜集有关个人的经历或特殊感受的资料。

重点访谈实际上是一种半结构式访谈,并不是完全无结构的,即虽然没有事先确定问卷或访谈提纲，但主题和侧重点是预定的。在实际访谈中，访谈者也往往预设一些问题，既有封闭式的，又有开放式的，由访谈对象根据这些问题自由陈述自己的经验和认识。访谈员可以根据情况随时提出新问题，调整预设问题，以获得事先未曾预料的大量新资料。

重点访谈适用于调查人们由于某种特殊经历而引起的态度变化。但是，此方法的使用需要具备较高的技巧和想象力，对访谈者的素质要求很高，而且所收集的资料多是不可比较的，分析解释的难度较大，因此不适用于定量分析。

2. 深度访谈

深度访谈是一种无结构的、直接的、一对一的访问形式。访谈过程中，由掌握高级访谈技巧的调查者对调查对象进行深入的访谈，用以揭示调查对象对某一问题的潜在动机、态度和情感，最常应用于探测性调查。应用范围包括：详细了解复杂行为、敏感话题或对企业高层、专家、政府官员进行访问。

深度访谈与重点访谈相似，都是一种半结构式访谈。访谈是灵活机动的、无一定之规的，但事先也选取了问题的某些方面作为访谈重点。在深度访谈中，也经常会出现意外的信息。访谈员可以像重点访谈那样就这些意外的信息进行充分交流和探讨，使调查研究更加全面和深入。

3. 客观陈述式访谈

客观陈述式访谈又称非引导式访谈，是让访谈对象客观地陈述对自己和周围社会的认识，即访谈者鼓励访谈对象把自己的信仰、价值观、行为以及生活环境客观地加以描述。这一方式常用于了解有关个人、组织、群体的客观事实及访谈对象的主观态度。

在这一类型的访谈中，访谈者基本上只是一个听众。访谈一般从中性的简单提问开始，在访谈过程中，访谈者的所有提问几乎完全依赖于尽可能中立的简单插问，以避免访谈员的主观因素对访谈对象的影响，使回答者能自由地谈出其最深层的主观思想，自然流露出甚至连访谈对象自己都不意识或不愿承认的感情。访谈员从访谈对象那里获得客观资料后，再进行加工，形成对这些资料的某种解释。

4. 座谈会（集体访谈）

座谈会也就是调查会，是一种无结构式集体访谈，即将调查对象集中起来进行共同讨论。

(1) 座谈会的特点：访谈过程不仅是调查者与被调查者的社会互动过程，也是调查对象之间的社会互动过程。要求调查者有更熟练的访谈技巧及组织会议的能力。

容易产生一种"团体压力"，个人可能会顺从多数人的意见，而不敢表达异见。因此，对一些敏感的问题，不宜采用这种方法。与个别访问相比，集体访谈更难做深入细致的研究。

(2) 座谈会的应用：这一方法常被用于验证或调查集体行为与群体关系的倾向，以及心理治疗和企业及组织诊断。

(3) 座谈会的要求：调查会人数以 5~7 人为宜，最多不要超过 10 人。参加调查会的人员一般应具有代表性，了解情况，敢于发言，最好是相互信任、有共同语言的人。访谈前应将访问的具体内容、要求和到会人员的名单告知参加座谈会的全体调查对象。正式访问前，访问者应做好充分的准备、拟定好访问提纲。

(4) 座谈会的方式:头脑风暴法,即会议主持者不说明会议的明确目的,而只就某一方面的总议题,请到会者自由发表意见,会议主持者不发表意见,更不对别人的意见内容提出评论。反向头脑风暴法,即会议首先列出某方面的问题,参加者不仅自己发表意见,而且必须针对别人的意见展开批评与评价,以寻求解决问题的途径。

(5) 注意事项:座谈会上要避免让某些权威人士的发言左右其他人的发言,或受座谈会主持人的意见左右,而要使各种意见都能得到充分发表。

(四) 无结构式访谈的要点

1. 访谈前,要对访谈的主要目标和所要了解的主要内容有一个明确的认识。
2. 访谈前最好能对被访者的各方面情况和特征有一定的了解。
3. 访谈的时间和地点的确定应该以被访者方便为主要原则。
4. 访谈时,开场白一定要说好。
5. 访谈是一种真正的艺术,所得资料的可靠性在很大程度上取决于访谈员在这方面的表现。
6. 在被访者回答问题的过程中,访谈员要专心听,并认真记笔记。
7. 掌握正确的记录方法。现场记录可以使用三种方式:

(1) 观察型记录,记下访谈者看到和听到的东西;

(2) 方法型记录,记下访谈者自己所使用的方法以及这些方法对访谈的作用;

(3) 内省型记录,记下访谈者个人因素对访谈的影响,如性别、年龄、职业、相貌、衣着、言谈举止、态度等。

访谈时间和地点的确定应该以被访者方便为主要原则。在访谈前,访谈者应该向被访者介绍研究课题,并和被访者就访谈次数、时间长短及保密原则达成协议。如果被访者同意,最好将谈话内容录音。

由于定性研究强调使用被研究者自己的语言对有关材料进行分析和再现,录音可以帮助研究者日后分析材料和撰写报告。此外,录音还可以使研究者将全部注意力放到被访者身上,使被访者感到自己所说的内容十分重要,愿意开放自己,和访谈者进行更深层次的交流。但在某些情况下,录音也会产生负作用。如果良好的访谈关系尚未建立起来,被访者感到不安全,录音有可能使他们感到紧张不安,甚至选择隐瞒那些今后有可能对他们带来不利后果的信息。

在被访者不同意录音的情况下,访谈者可以在访谈中和访谈后尽可能记录下访谈内容,特别是被访者使用的原话。访谈过后,访谈者应尽早对访谈结果进行分析处理,并撰写备忘录。备忘录可分为:

(1) 描述型:报告访谈结果;

(2) 解释型:对结果作出初步的解释;

(3) 理论型:建立最低层次理论;

(4) 方法型:讨论访谈时使用的方法及其对研究过程的影响。

(五) 访谈法的程序与技巧

访谈是一种互动的社会交往过程,在这种互动过程中,访谈者只有与被访者建立基本的信任与一定的感情,并根据对方的具体情况进行访谈,才能使被访者积极提供资料。这就要求访谈者必须具备良好的访谈技能,并能掌握和灵活运用访谈的各种技巧。一般来说,访谈过程大体可以分为访谈准备、访谈过程的控制、结束访谈和记录访谈结果等阶段。

1. 访谈准备

(1) 准备详细的访谈提纲。要根据研究的目的和理论假设,准备详细的访谈提纲,并将其具体化为一个个访谈问题。访谈问题要能涵盖研究主题所涉及的范畴,又要有层次性,提问的方式、用词的选择、问题的范围要适合被访者的知识水平和习惯,简单明了,通俗易懂。问题编制完成后,最好请有经验的调查者或同行提出修改意见,有条件的可进行小范围的"预访"。

(2) 选择、了解被访者。访谈前,要尽可能收集有关被访者的材料,对其经历、个性、地位、职业、专长、兴趣等有所了解,了解得越清楚,访谈时就会越有针对性;要分析被访者能否提供有价值的材料;要考虑如何取得被访者的信任和合作。

(3) 培训访谈者。访谈者是调查成败的关键。为了能够达到良好的调查结果,使收集到的数据可靠、可信,在每一项调查开始前,一般都要对访谈者进行培训。如果有可能,在正式访问前,还要进行模拟访问。

(4) 确定访谈的方式与进程。为了使访谈能获得实效,须事先安排访谈行程,将访谈者、被访者、访问日期和时间做适当的安排。访谈时间最好是被访者工作、学习不太繁忙,并且心情比较舒畅的时候。访谈地点和场合的选择要从方便被访者的角度来考虑,要有利于形成畅所欲言的访谈气氛,要有利于被访者准确地回答问题。一般来说,有关个人或家庭的问题,以在家里进行访谈为宜;有关工作方面的问题,以在工作地点进行访谈为宜。但是,如果被访者不愿在家里或工作地点会见访谈者,也可以选择其他合适的场所进行访谈。

(5) 准备访谈所需的材料与工具。访谈前,要对访谈内容所涉及领域的相关知识有一个充分的了解,对有关材料和设备做充分的准备,如访谈记录表、各种证明材料、证件、录音机、录音笔、摄像机等。

2. 访谈过程的控制

(1) 做自我介绍与访谈介绍。访谈者在接近被访者时,首先要做自我介绍,必要时可出示身份证明,然后要说明来访的目的以及进行这项研究的原因,进而强调本研究的重要性,请求对方的支持与合作。此外,访谈者还要告诉被访者他是如何被选出来的,并承诺保证对答案中涉及的个人信息进行匿名化处理,为其保密。通过这些介绍,消除被访者的顾虑,营造融洽的谈话氛围。

(2) 提问要清楚、明确。所提问题要口语化,语气委婉,让被访者一听就明白其意思。若采用结构式访谈,则必须使用统一的访谈问卷,按事先准备好的访谈问题依次提问,不得任意增删文字或更改题目顺序。若采用非结构式访谈,则要求所提实质性问题短小、具体,尽量避免使用深奥、抽象的专业术语。在提问的过程中,发问要自然顺畅,发问的语气和态度不要咄咄逼人,不可像老师问学生、法官审犯人那样。对被访者的跑题、转换话题和追问等,要根据当时的情境,及时而自然地进行。

(3) 要耐心地听取回答,不要给予任何评价。访谈者发问后,要有礼貌地、耐心地倾听被访者的陈述,一边听,一边记录。访谈者对所提的问题要保持客观、公正的立场,当被访者对问题不理解或理解错误时,访谈者可以重复问题,有时也可以适当地做些解释,但不能给予任何暗示。尤其是当涉及不同的观点或是有争议的问题时,访谈者更应该保持中立态度。无论被访者回答正确与否,都不宜做肯定或否定的评价,不要发表见解,不要表示批评、惊讶、赞成或不赞成的态度。但是,在问答过程中,访谈者要适当地给予积极的反馈,让被访者明白自己的角色。例如,访谈者可以不断地使用"是""懂了""明白了""请继续说"等非指导性的话语,或用点头、目光和手势等非语言信息鼓励被访者继续讲下去。

(4) 积极维持被访者的访谈动机。被访者的合作是访谈得以成功的必要条件。当访谈双方的关系趋向紧张,被访者情绪低落,开始厌倦回答问题时,访谈者必须设法缓解紧张气氛,可以转换一个被访者感兴趣的话题,也可以暂停交谈,休息放松一下,借此来维持访谈动机。

(5) 注意非语言交流。访谈是通过语言交流传递信息的,但是除语言以外,服饰、语气、目光、动作、姿态等也能表达某种意义。有时,非语言行为比语言行为更能表现交谈双方的态度、关系及互动的状态。因此,访谈者要善于察言观色,分析和利用有关的身体语言信息。例如,在访谈过程中,被访者连连点头,意思是"赞成""同意";匆匆记录问题,表示问题可能非常重要;与访谈者保持人际距离较远,可能暗示其对访谈不感兴趣或怀有敌意;东张西望,表明其注意力已经转移;频频看钟表,意味着其希望尽快结束访谈;等等。

3. 结束访谈

结束访谈是访谈的一个十分重要的阶段和步骤,绝不是无足轻重的一个细节。

(1) 访谈结束时机的掌握。在一般情况下,被访者保持注意力的时间如下:电话访谈为20分钟左右;结构式访谈为45分钟左右;集体访谈和非结构式访谈不超过2小时。以上这些数据可供访谈者实施访谈时参考。至于一次访谈究竟以花多少时间为宜,应根据访谈的实际情况灵活控制,以不妨碍被访者的正常工作和生活秩序为原则,如被访者要上班或上课、到了该吃饭的时间等,则应及时结束或中止访谈。另外,还要时刻观察被访者在访谈过程中的情感表现。例如,被访者说话音调的转变、节奏的变慢,以及某些行为的暗示等。当感到被访者有点不耐烦,或不停地看时间,或已超过事先约定的时间,或家中来了客人需要接待,或有要事需要处理时,访谈者应该考虑尽快结束访谈。当感到交谈难以进行、话不投机时,也是该结束访谈的时候了。

当然,有时被访者十分健谈,访谈者难以用自然轻松的方式结束访谈。这时,访谈者可有意地给对方一些语言和行为上的暗示,表示访谈可以结束了。例如,"您还有什么想说的吗""您对今天的访谈有什么看法",或断开话题问对方"您今天还有什么安排",或做出准备结束访谈的姿态,如开始收拾录音机、合上记录本等。

(2) 结束语。访谈结束时,不要忘记对被访者的支持与合作表示感谢。应该向被访者表示通过访谈获得了很多有价值的材料和信息,学到了很多知识。如果这次访谈尚未完成任务,还需进一步调查,则必须与被访者约定再次访谈的时间和地点,最好还能简要说明再次访谈的主要内容,让被访者有一个思想准备。

4. 记录访谈结果

(1) 访谈记录的基本要求。访谈的目的是收集资料,资料的收集是由访谈者的记录而来的。访谈记录的基本要求包括:①在访谈过程中,要随问、随听、随记,以免遗忘有关信息。②要逐字逐句地记录，尽量记录被访者的原话，不要添油加醋。③少做概括性的记录，不要对被访者的回答内容做摘要，以免掺入主观成分。④访谈记录表上要写明访谈者的姓名、访谈日期、时间、地点等资料，以便于分析和参考。⑤在访谈记录中，除被访者的问答以外，追问、评注、解释、访谈情境和特殊事件的描述等部分需要加括号，以示区别。

（2）访谈记录的主要方式。关于访谈记录，从记载的时间上来划分，有现场纸笔记录和事后记录两种；从手段上来划分，有纸笔记录手段和辅助记录手段。

① 现场纸笔记录。现场纸笔记录是指一边访谈，一边用纸笔进行记录，需要征得被访者的同意。其优点是资料完整，不带偏见，但可能会影响访谈的进行。访谈现场的记录主要是内容型记录，记录的是被访者所说的内容。有时可以记录访谈者在访谈过程中看到的东西，如访谈的环境和被访者的行为、神情、反应等；有时也记录访谈者自己在访谈现场的感受和体会，对事实做简略的评论。通常采用的现场纸笔记录方式主要有以下三种：一是速记，即用缩略语和特定的符号来全面记录被访者的回答，这种记录方式需要速记的技巧，事后还要对速记进行翻译和整理；二是详记，即用文字当场做全面、详尽的记录，这种记录方式往往记录不全，因为纸笔记录的速度跟不上说话的速度；三是简记，即只记录访谈者感兴趣的内容和要点，这种记录方式比较常用，为了快速、准确地记录，通常要有访谈记录表，访谈者只需在事先设计好的记录表上勾勾画画，做上记号。

② 事后记录。事后记录是指访谈之后靠记忆来补记访谈的内容。这种方式适用于被访者不希望现场记录，或现场记录会使访谈显得过于正式、拘谨，影响被访者回答的情绪等情况。但事后记录会因记忆不准或遗失而影响资料的完整性，一般需要其他辅助手段来进行。

③ 辅助记录手段。纸笔记录往往难以获得完整的访谈资料，为了获得更完整的访谈资料，可以利用录音、录像的方式来辅助访谈，避免纸笔记录的误差，使整个访谈情境可以重复、再现，便于资料的分析和整理，访谈者也不必为纸笔记录而分心，可以专心于访谈内容。录音、录像是一种比较理想的访谈记录方式，但它的运用必须征得被访者的同意。如果被访者不喜欢访谈被录音、录像，则访谈者不能强求。

三、文献调查法

（一）文献调查法的含义

"文献"是指记录有关知识的一切载体，是指把人类知识用文字、图形、符号、声频和视频等手段记录下来的所有资料，包括图书、报刊、学位论文、档案、科研报告等书面印刷品，也包括文物、影片、录音、录像、幻灯等实物形态的各种材料，以及计算机使用的磁盘、光盘和其他电子形态的数据资料等。

文献调查法也称文献研究法，是指围绕特定的调查主题与问题收集和分析研究各种现存的有关文献资料，从中选取信息，以达到研究目的的方法。文献调查法是一种既古老又富有生命力的科学研究方法，具有历史性、间接性、非介入性。文献调查法不与研究对象直接打交道，而是间接地通过查阅各种文献获得信息，一般又称为非接触性方法。

(二)文献调查法的优点和局限性

1. 文献调查法的优点

(1) 超越时空条件的限制。每个人的亲身实践和经验总是受到时间和空间的限制,我们无法亲历前人的生活,也不可能直接观察、访问前人的思想和活动。即使是同时代人,因经费、时间等因素的限制,研究者也无法对难以接近的研究对象进行研究。

(2) 真实性、准确性高,比较可靠。一般文献并不是以研究为目的而留下的,它多是在事件发生的当时,真实自然地记录下来的,信息真实度很高,而且研究者在收集资料的过程中,一般不会对收集的资源进行改动,也不会受到原留下文献资料者的直接言行的影响,从而避免了对象反应性的干扰,而这种干扰在访谈、实验等方法中很难避免,会影响研究结果的准确性。

(3) 实施简便易行、费用较低。与实地调查法、访谈调查法等直接接触法相比,文献调查法具有方便、自由、费用低等优点。只要查到文献,随时随地都能进行研究,不受研究对象、研究场所和研究情景等因素的限制。

2. 文献调查法的局限性

(1) 文献的代表性较差。文献资料大多以文字的形式记载。这就决定了文献资料能否被创造出来与文献撰写人的受教育程度有关,程度越高,文献被创造出来的可能性越大。所以,某一历史阶段保留下来的文献可能具有一定的阶级局限性,仅反映某一社会阶级的情况,不具有代表性。

(2) 文献的真实性较差。文献资料的编写常常带有原作者的主观偏见,有一些文献出于个人原因常常出现夸大、偏袒甚至捏造。同时,许多文献的内容与客观事实之间总是有一定的差距,历史局限性、时代特征和阶级烙印都会不可避免地反映在文献中,对文献的信度产生影响,而文献研究者往往无法控制这些因素的出现。

(3) 文献收集的难度较大。许多研究领域几乎没有文献留存,或是保留下来的文献常常由于主观性过强而无法使用。此外,还有一些政府机关的文献和档案出于保密的原则而不外借,一些未公开发表的文献如果没有当事人的许可也不能使用。这就加大了文献的收集难度,造成了文献的不足。

(4) 文献的信度和精确度不高。文献的信度,一方面取决于原始文献的真实情况,另一方面还取决于研究者的推理能力和分析能力。研究者通常根据自己背景经验对文献的信度进行判断,由于缺乏统一的标准,判断的可信度和精确度无法保证。

(三)文献调查法的要求

查找文献的基本要求可以概括为准、全、高、快四个字。

(1) "准"是指文献查找要有较高的查准率,能准确查到所需的有关资料。

(2) "全"是指文献查找要有较高的查全率,能将需要的文献全部检索出来。

(3) "高"是指查找到的文献专业化程度要高,并能占据该领域的制高点。

(4) "快"是指查找文献要快捷、迅速、有效率。

(四)文献调查法的实施步骤

(1) 明确调查课题的中心内容,确定查阅文献的范围。

(2) 选择适当的检索工具,由近及远地查阅文献目录。

(3) 根据查阅文献的范围和文献的可能来源,确定检索途径和方法,如按内容、按分类、按作者或其他线索进行检索,都要分析考虑后才能确定。

(4) 通过图书目录、期刊目录和各种联合目录,找到需要查阅的原始文献、二次文献或三次文献。

(5) 对文献内容有一个基本的了解之后,要对文献进行筛选,把有价值的文献,包括各个时期有代表性的文章、专著、数字、资料和音像制品等收集起来,保存下来。

(五) 文献收集的要点

要想在大量的文献资料中收集到有用的文献,研究者要做到三点:首先,要掌握文献类别,了解国内外各种文献资料的概况、特点及获得的方法,熟悉主要文献索引和目录分类,掌握文献检索的基本技能。其次,明确研究课题的性质和范围,划定搜寻方向。最后,筛选并确定所需要的主要文献,积累和保存相关文献。

1. 文献类别

历史事件或研究成果的记载及流传的方式是多种多样的,这使文献的形成和类别呈现出多样性的特征。主要有以下几种类别:

(1) 按照文献资料的加工程度,文献可以分为零级、一级、二级、三级文献。

零级文献指未经发表和修饰的最原始文献,如未经发表的书信、手稿、讨论稿、草案和原始记载等。此外还包括一些口头谈话记录及文物、教学材料和学生作业样本等。这类文献大多数不是为教育研究而撰写的。

一级文献一般指记录事件、研究成果、新知识或技术的专著、论文和调查报告等,是事件实际目击者和参与者的叙述报告。

二级文献是指对一次文献加工整理,摘录内容要点,并按一定方法编排成系统的文献,如书目、题录、文摘、索引等出版物。这些文献有报道性、检索性、汇编性和简明性等特点。

三级文献是在二级文献的基础上,对一级文献进行系统地整理并概括论述的文献。此类文献具有主观综合的性质,反映了文献加工者对一次文献的主观见解,是众多一次文献的综合研究结果。例如,教育研究动态综述、教学专题评价、教学进展报告等。

(2) 按照文献的公开化程度及来源,文献可分为正式文献和非正式文献。

正式文献是指国家颁布的法规政策,各级行政部门、学校等制定或发布的工作计划、工作总结、指示、命令等,还包括已出版或发表的著作、报刊、年鉴、统计资料、学术论文、研究报告等。

非正式文献是指未正式出版发表的各种著作、论文、报告、计划,以及未出版发表的调查资料、统计资料等。私人的通信、日记、笔记、个人声明也是非正式文献。

(3) 按照文献的载体形式,文献可分为文字文献、音像文献、机读文献等。

文字文献是以纸为媒介,用文字表达内容,通过铅印、油印和胶印等方式记录、保存信息的文献。这类文献数量巨大,是信息的主要载体。

音像文献是以声频、视频为媒介的文献,主要有图片、胶片、唱片、电影、电视、幻灯、录像、录音等。这类文献形象直观,易于传播。

机读文献以磁盘、光盘为媒介。阅读这类文献需要使用计算机,其文献存储密度高,易于复制,而且检索速度快。

2. 文献载体

（1）书籍。书籍包括教育专著、教科书、资料性工具书及科普读物等通俗性读物。

（2）报纸和期刊。报纸是以刊登新闻和评论为主的定期连续出版物。报纸发行范围广,信息时效性高,但材料不系统。我国目前出版发行的与教育有关的报纸有:《中国教育报》《教育时报》《教师报》《上海教育报》《浙江教育报》等。期刊是定期或不定期的出版物。教育学科的期刊主要有三类:一是杂志,刊载学术论文、研究报告、文摘、综述、评述与动态,兼容性较强;二是会报、集刊、丛刊、会刊及高校学报,一般刊登学术性、专业性较强的文章;三是文摘及复印资料,经过专门人员精选成册定期出版,并附有一定时期内主要文章的篇目索引,帮助研究人员及时掌握有关课题的文献概况。

（3）档案类。档案主要包括年鉴、学术会议论文集、学位论文等。

（4）日记、信件、回忆录和自传。这些都是当事人亲自所写的第一手资料。日记是人内心的真实流露,一般信件用于传递和表达感情,对研究他们的思想、感情、行为、性格有很高的价值。回忆录和自传有相似的地方,也有一定的区别。回忆录是作者对于自己在某一时期内的一些特殊经历的描述,而自传是对作者从某一阶段起直至目前的生活历史,按时间顺序给出的连续性记述,自传唯一的中心人物是作者。

（5）政策、法规、文献汇编。指政府机构发布的公文资料。体现了某一时期官方的方针、政策、制度、法规等,具有政治上的严肃性、理论上的准确性、数据上的可靠性。

（6）电子资源。随着信息时代的高速发展,网络越来越普及,人们习惯从网上通讯、查阅资料、传递和获取最新最快的信息。网站内容丰富,通过计算机可以进入国内外的著名大学、研究机构和图书馆的信息系统获取最新信息。电子邮箱是提供信息交流的主要通讯方式,能便捷地交流信息,传递数据。还可以传递文件、图像、声像等信息。电子公告板是在计算机网络上建立的电子论坛,人们可以通过公告板张贴需求或需要提供的帮助的便条,可以自由地发表自己的见解并同国内外的学者进行学术交流。

3. 文献检索

文献检索就是根据研究的目的查找所需要的文献,以满足研究的要求。文献检索的途径和方法分为两大类:手工检索和计算机检索。

（1）手工检索

手工检索是根据文献的外表特征和内容特征,利用目录、索引、文摘等检索工具来查找和获得所需要的文献的方法。文献外表特征包括作者名、书名（或论文名）、代码;内容特征包括分类体系、主题词。文献的五个特征构成了文献检索的五条途径。

手工检索主要是通过检索工具完成,检索工具包括书目、文摘、索引等。利用检索工具查找文献资料的方法有顺查法和倒查法。

顺查法,即由远到近,逐年逐月按顺序查找;倒查法,即由近至远,按时间顺序由现在向以前查找。一般来说,顺查法有利于了解与调查课题有关的各类问题发展过程的全貌,但要花费较多的时间和精力;倒查法可以节省时间和精力,能够较快地了解到与调查课题有关的各类问题的最新动态,但查找的文献可能不系统、不全面。无论是顺查还是倒查,都应该按照调查课题的时间跨度来决定查找文献的时间跨度。

① 目录。目录是检索工具中历史最悠久、使用最广泛的检索工具。国内权威的目录有:《全国总书目》(1949年至今),新闻出版总署信息中心、中国版本图书馆编(一年一册);《全国新书目》(月刊),中国版本图书馆编。

② 索引。索引提供文献标题或主字码编目的篇名,但不提供文献的任何文摘或其他描述。索引是将图书、报刊资料中具有检索意义的信息如词语、人名、书名、刊名、篇名、主题等分别摘录或加以注释、记明出处页码,按字的顺序或分类排列,附在书后或单独编辑成册。

其中《全国报刊索引》(月刊,上海图书馆编辑出版)是查找解放后报刊资料的主要工具之一,《复印报刊资料》(年刊,中国人民大学书报资料中心编辑发行)是很实用的专业文献检索工具。

③ 文摘。文摘是以简洁的形式对文献内容作简明的介绍、摘录或描述。它提供的信息比书目和索引更多。根据编写的目的和用途,文献可分为指示性文摘和报道性文摘。指示性文摘仅仅提供主要的线索和简要的内容,报道性文摘更详细一些,一般包括了原文的主要内容及原文的主题范围、观点、思想方法和重要数据、推理过程和论证结果等。

(2) 计算机检索

随着信息技术的迅速发展,计算机检索已经成为一种新型的文献检索工具。计算机网络是以共享资源为主要目的而连接起来的若干计算机系统的集合。由于计算机检索搜索范围不受限制,可以随时查阅所需的文献,而且速度快,正在逐步取代传统的书本式检索工具、卡片目录等方式。许多大型的综合性图书馆都建立起计算机文献检索系统,并提供信息服务。研究者可以通过计算机网络检索信息或通过下载、拷贝或打印等方式保存文献。利用计算机网络检索信息的基本步骤如下:

① 确定需要检索的问题和范围。在检索的过程中可以根据实际情况进行调整,如果检索到的文献资料过多,则可以缩小检索的范围,反之则扩大范围。

② 选择要检索的数据库。在查询的过程中,可能会有多个数据库可以使用。在进行选择时,可以对资料的权威性、创新性等方面进行考虑,做出筛选。

③ 选择用来检索的主字码。主字码就是要查找的内容。主字码不能随意确定,要选用检索系统认可的词或短语。主字码有作者名、书名或篇名、关键词等,其中关键词检索最为常见和便捷。

④ 选择材料。通过主字码检索,可以查询到相关参考文献的数目,通过参考文献刊登的期刊的权威性、发表日期等信息或调整主字码的方法筛选文献信息。

⑤ 保存文献资料。通过下载、复制或打印等方式保存文献。

4. 文献积累

文献积累是收集文献工作的另一个方面。每一个研究课题都需要汇集积累一定的文献资料,而每一个课题的研究过程也是一个新的文献资料的积累过程。文献积累在内容上要尽量全面。所谓"全面",要求研究者不仅收集课题所涉及的内容,还应注意收集由不同的人从不同的角度对同一问题的同一方面的记载或评论的文献,以及不同的甚至是相反的观点,不要轻易否定或忽视与自己相左的观点。

文献积累可以把文献完整地保存下来,也可以通过写读书笔记、做卡片、剪报和复印等方式,有重点地采集与自己课题有关的部分。

(1) 读书笔记。读书笔记是记录、整理文献资料的主要方法。做读书笔记有标记、批注、摘录、提要、札记、综述等多种方式。读书笔记的积累价值不仅是提取并积累了文献中对研究者来说最有价值的部分,而且积累了研究者对文献的评价和自己在研究过程中出现的新思想和新观点,这对研究的进行具有重要的影响。

① 标记,就是在书面文献的有关内容上做记号。

② 批注,就是在文献的上下左右的空白处写上简单的评语、疑问、体会等。这种记录形式和标记一样,具有简单、方便、不受限制等特点。

③ 抄录,就是把文献中有价值、有用的部分记录下来。抄录有全录和摘录两种方式。全录是将文献资料一字不漏地全部记录下来;摘录则是根据自己的需要,用自己的语言把原文的基本观点、主要事实和数据简单地记录下来。摘录时应注意不能打乱原文的结论、顺序,不能曲解原意,更不要随意发挥。摘录可以加评语,也可以不加评语。如果加,应该把摘录内容和评语部分分开。摘录的重点在"摘",而不是"评"。

④ 札记,就是在全面阅读文献后,将阅读心得、感想、疑问、意见等记下来。札记是一种带有初步分析研究性质的文章摘录形式,在对文献的分析研究和选择应用上,比其他摘取方式更进了一步。

⑤ 综述,就是围绕某一问题,阅读一批文献资料后,将各种资料综合归纳写成的笔记。综述的最大特点是全面性和概括性。综述是对已知信息的整理,因此,它能够客观、准确地反映别人或原有文献的观点。

(2) 卡片。卡片常用的形式有三种:

① 目录卡。每张目录卡上记载一份文献的名称、作者姓名、文献出处、公开发表或出版或成文的时间及文献共有几页。

② 内容提要卡。在目录卡的基础上,加上卡片制作者自编的或摘录下的该文献的内容提要。

③ 文摘卡。先写上目录卡的内容,然后摘录研究者自己认为最重要的、有价值的一段文字的全文,并标明该段文字在文献中的页码,这就构成了文摘卡。

(3) 剪报和复印。剪报是将报纸上有价值的内容剪下来,分类保存,以便日后使用时查找。复印是将有价值的、有用的资料部分或全部复制下来。

此外,资料记录还可以采用扫描、计算机输入等现代记录方式,将内容存储到计算机中,这种方法既方便、快捷、卫生,又占据很少的空间。

 调查案例

劳动教育的"痼疾"与"药方"
——基于对9位大学生的访谈(节选)

一、研究方法

本研究采用质性研究方法,以回溯研究为主。回溯研究能够以已知事实作为研究的逻辑起点,由已知事实推断产生这一事实的缘由。因此,回溯性研究能够以当代大学生劳

动素养现状为事实依据,考察中小学阶段劳动教育的效果。同时,个体对早期消极事件的知觉实际上是相当准确和稳定的,因此,大学生对于其在中小学阶段的劳动教育经历的回忆具有较高的可靠性,能够作为回溯性研究的依据。由于具体研究范畴"接受劳动教育经历"属于生活经验,本研究也带有现象学或阐释学的传统。

(一)研究对象的选取

本研究以9位大学生为具体研究对象。他们都是北京高校的硕士研究生或本科生,年龄为22~26岁,接受基础教育的时间均在2020年前,彼时《义务教育劳动课程标准》和《纲要》尚未颁布,因此,他们在中小学阶段接受的劳动教育课程缺乏《纲要》的科学指导,但其指出的部分问题如今依然存在。此外,大学生已经经历过完整的中小学教育,且具备一定的学术素养,以大学生为访谈对象回溯其中小学劳动教育经历得到的访谈结果不仅更全面、更具有整体性,而且能够保持较高的中立性和客观性。

表7-4 访谈对象基本信息

代码	性别	访谈方式	访谈时间	身份
ZXC	男	单独访谈	20230601	硕士在读
PCB	男	小组访谈	20230412	硕士在读
GY	男	单独访谈	20230412	硕士在读
ZHQ	女	小组访谈	20230412	硕士在读
XHC	男	单独访谈	20230606	已工作
LX	男	单独访谈	20230419	硕士在读
FJK	男	单独访谈	20230531	硕士在读
BYQ	女	单独访谈	20230611	本科在读
QZX	男	单独访谈	20230609	硕士在读

(二)资料的收集

收集资料采用访谈法,以半结构化的访谈方式深入了解大学生在基础教育阶段接受劳动教育的经历和感受。访谈包括三个方面,即对日常生活劳动教育、生产劳动教育和服务性劳动教育的回忆。研究者以此为横轴、纵轴设置访谈问题。

二、研究结果

(一)日常生活劳动教育:在教育实践中被忽视

《纲要》规定,"日常生活劳动教育立足个人生活事务处理,结合开展新时代校园爱国卫生运动,注重生活能力和良好卫生习惯培养,树立自立自强意识"。通过访谈发现,相较于《意见》的要求,受访者在中小学阶段接受的日常生活劳动教育的问题主要体现在:缺乏生活技能培训,例如烹饪、家居美化、电器修理等;缺乏正确的劳动价值观和热爱生活的引导,使得日常生活劳动被认为是机械的、枯燥的。

日常劳动教育缺乏劳动技能教育。一方面,有些教师对劳动教育认识不到位或不够重视,在劳动实践中替学生"劳动"。有受访者表示:"我们当时只是浇水,包括播种是我们来做,但其实很多任务应该还是老师完成的。"(ZXC)另一方面,部分教师对劳动教育的本质和意义缺乏正确认识,把让学生劳动当作树立教师权威或惩罚、规训学生的手段:"那个老师就是为了折磨我们,完全让我们按照他的要求做。只是这个事是好的,但是不一定非要蹲下来擦。"(ZHQ)这样的形式化的劳动教育中包含大量的无意义内容,导致部分受访者认为"老师就是为了折磨我们才安排部分劳动内容"(ZHQ),从而对劳动产生负面印象,消解了劳动教育的意义和作用。

在访谈中,受访者均表示渴望得到更多的日常生活劳动教育,并希望在劳动教育课程中加入一些复杂劳动。但劳动教育课程缺少此方面的内容,日常劳动教育一般以值日和大扫除的形式出现,包括清洁走廊、扫雪、扫落叶、除草以及耕种"校园农场"等,例如有受访者表示"当时种过菜,就是种一些蔬菜"(ZXC)。有受访者提出他们其实认可并需要关于日常劳动技能的学习,例如受访者说道:"我觉得做饭能力就非常重要,还有洗衣等家务劳动,甚至包括照顾孩子等(都是应当掌握的重要的劳动技能)。"(GY)"再加点儿生活上能用甚至实用的会更好,像日本的很多学校都有烹饪课。"(LX)甚至受访者直言不讳地说:"我觉得我会剪纸远不如我会做饭啊。"(GY)

在访谈中,我们发现缺乏实用性劳动技能的学习严重影响受访者的劳动素养。

首先,缺乏必要的日常劳动技能学习导致受访者日常劳动能力不高。《纲要》对中小学劳动教育的目标和内容作了清晰规定,包括树立正确的劳动观念、具有必备的劳动能力、培养劳动精神、养成良好的劳动习惯和品质。对中小学生在不同阶段应具备的劳动能力,《纲要》也作出了详细的规定。但在访谈中我们发现,受访者往往达不到《纲要》对大学生应具备的劳动能力的要求,有的甚至不具备《纲要》中规定的中小学生应具备的劳动能力。以厨艺为例,《纲要》要求初中生能承担一定的家庭日常烹饪工作,但在访谈中一些受访者直接表示"不会做饭",也有受访者更具体地提到自己烹饪简单菜肴(炒米饭)时的失败经历:"(炒米饭)会焦,它越炒越黏,然后它们就变成了年糕一样的……对材料不了解。"(ZHQ)而当代大学生劳动能力不足已是普遍现象。2020年一项面向781名大学生的问卷调查显示:大学生劳动素养总平均分为4.084(满分为5分),五个维度具体素养的得分均数在3.92—4.23,其中劳动价值观分数最高,劳动能力分数最低。

其次,劳动能力不足带来的挫败感又会阻碍受访者劳动兴趣的发展,最终不利于其树立正确的劳动观。具体表现为:受访者主动劳动的意愿不高,一般的家务劳动只是"偶尔做,频率不高",家庭经济条件较好的受访者有时会选择花钱请人帮忙。考虑到在家庭内部可能存在父母代劳或请家政人员等影响受访者劳动意愿的情况,研究者访谈关于在学校宿舍的劳动情况,受访者表示,只在"卫生比较堪忧的情况下谁看不过去的时候谁墩地、打扫"(ZXC)。中小学对劳动能力培养不足对被访者成年后劳动兴趣的影响路径具体表现为:在中小学阶段学校和家庭忽视日常生活劳动教育,导致受访者缺乏必要的劳动能力,而劳动能力的缺乏又影响受访者成年后的自我劳动体验,失败成为他们在成年后尝试复杂日常劳动的"主旋律",进而影响劳动兴趣,降低了他们主动劳动的意愿和频率。例如,在访谈中,有受访者就明确表示:"我的烹饪实践就是在一次次地失误和试错,同时,我尝试做饭的激情也慢慢消失殆尽。"(ZHQ)

(二)生产劳动教育:形式单一且内容匮乏

《纲要》指出:"生产劳动教育要让学生在工农业生产过程中直接经历物质财富的创造

过程,体验从简单劳动、原始劳动向复杂劳动、创造性劳动的发展过程,学会使用工具,掌握相关技术,感受劳动创造价值,增强产品质量意识,体会平凡劳动中的伟大。"但由于缺乏实训基地以及学工学农活动,中小学阶段的劳动教育基本不具备生产属性。受访者普遍表示受教育经历中生产劳动教育缺失。这使得学生既没有接触生产劳动的机会,也没有具身体验、领悟劳动与价值的关系的机会。

劳动课程的内容安排多偏重艺术性,生产劳动技能教授较少甚至没有,劳动教育畸变为"劳动教育 show",即学习制作可供展示的手工艺品。在访谈中,此现象相当普遍。很多受访者都提到学校将手工制作作为劳动课的内容:"当时教过我们的基本就是一些手工,比如剪纸啊,或者用那种特制的木头拼接一些小玩意儿之类的"(LX),"拿刻刀刻刻纸,刻各种图案"(GY)。不仅如此,劳动课内容的安排也缺乏系统性,从小学到高中均把剪纸等手工制作作为劳动课的主要内容:"(小学)拿刻刀刻刻纸,刻各种图案……我高中还参加过剪纸课程,是我们中学的一个特色课程。"(GY)"(中学)还是停留在编编(织)东西""而且感觉劳动课每节课教的内容关系也不是很大,不太成体系"(LX)。这些艺术性较强的内容在一定程度上能够提升学生的审美水平、传承中华优秀传统文化,但因较少涉及生产劳动技能和工具的使用,所以对实际生活中劳动技能的掌握帮助并不大。和日常生活劳动一样,由于缺乏系统的内容安排,受访者学习生产劳动工具的使用方法和生产劳动技能的机会不足,导致受访者生产劳动能力不足,使得受访者因不擅长艺术类劳动且无法习得有用的生产劳动技巧,因屡次失败而厌恶、躲避劳动,不能在劳动中获得肯定和幸福感,进而陷入自我否定中,影响受访者形成正确的劳动价值观。有受访者倾诉:"我经常做不出来(劳动课规定的东西)。我动手能力巨差,也没学到啥东西,然后我(在劳动课上)特别痛苦,所以我特别讨厌那个课。"(XHC)

生产劳动教育的另一项主旨是收获职业体验、培养职业兴趣与增强生涯规划的意识和能力。《纲要》明确提出,高中阶段的劳动教育应让学生获得真切的职业体验,培养职业兴趣。而职业体验对学生的生涯规划有着奠基作用。在生产劳动教育中,职业体验应当发挥"引导学生通过'实操''角色扮演'等方式亲身体验相关职业的奥秘"的作用,从而使学生增强对不同职业的工作内容、工作方法、所需的职业品质及自身的职业兴趣的了解,实现对学生职业规划和生涯规划的启蒙。而中小学阶段恰好处于"个人职业生涯的准备期、技能认知的敏感期、职业发展的关键期",因此,这一阶段的劳动教育更需重视学生的职业体验。但生产劳动教育的缺失使学生失去了职业体验的机会,进而影响其生涯规划。

(三)服务性劳动教育:形式化现象严重

《纲要》指出:"服务性劳动教育让学生利用知识、技能等为他人和社会提供服务,在服务性岗位上见习实习,树立服务意识,实践服务技能;在公益劳动、志愿服务中强化社会责任感。"志愿服务和社区活动中的劳动教育是学校劳动教育的重要补充与延伸。良好的劳动实践活动能够使受教育者通过劳动实践,将学到的劳动技能应用于社会服务、生产体验活动,从而使受教育者体会到劳动的意义,培养受教育者的服务意识,使受教育者与社会和他人建立连接。受访者在中小学阶段普遍参与过服务性劳动实践,不同学校服务性劳动的具体形式有所不同,但"志愿活动盖章、做手抄报等"(LX)较为常见。

服务性劳动的特点是形式丰富、多元,但受访者反映在中小学阶段参与服务性劳动的形式化问题比较严重。几乎所有受访者均表示在劳动实践活动中遇到了形式化问题,包括未劳动即获得社区等单位提供的劳动证明,未能真正参与到劳动活动中。这使得受访者对劳动教育产生负面印象,降低了受访者未来参与社会劳动和公益活动的积极性,让受访者"在小小的年纪感受到形式主义的过程"(LX),但又被迫参与到这个过程中,因为"毕竟每年都要填"(LX)。长此以往,受访者的正确劳动价值观的树立受到严重影响,对服务性劳动活动和志愿活动的好感不断降低,且这种负面影响可能持续相当长的时间,并影响大学阶段的劳动教育。比如有受访者提出:"就会产生刻板印象,大学后甚至第一感觉是很多志愿活动也都是走形式。"(LX)由此可见,形式化的劳动教育会让受访者质疑志愿活动的价值和真实性,降低受访者参与的主动性,特别是未来主动投身公益活动的意愿。

三、讨论与建议

《纲要》以及研究者将劳动教育分为日常生活劳动、生产劳动和服务性劳动教育三个类属,但在教育实践中三种劳动教育的内容有重叠,尤其是生产劳动教育、生活劳动教育在功用和价值上都密不可分。但不同的劳动教育在实际操作中各有其典型问题,所以本研究仍以《大纲》对劳动教育的划分为框架,提出有针对性的建议。

(一)日常劳动教育更需家庭配合

提高日常生活劳动教育质量要从以下几方面做起。首先,家校社协同开展劳动教育,在日常劳动教育中尤其要发挥家庭的作用。博尔诺夫(Bollnow)认为,住宅是人行为活动的原点,"儿童在与其狭小的空间环境的关系中发展的品质超越空间关系进而对创造和获得一个井井有条的环境具有决定性意义",而家长是提供这一环境和"超越"的机会重要角色,家庭是实施劳动教育的第一课堂。家长应该将家务劳动教育贯穿到生活中的点点滴滴,在做好安全防护的前提下,让孩子尝试多种家务劳动,从小培养其正确的劳动习惯。其次,面对"不同劳动者地位有差异"以及功利主义的社会风气,要将劳动价值观教育放在劳动教育的首要位置。研究发现,学生的劳动价值观多落实在宏观层面(如尊敬劳动者、珍惜劳动成果等),但具体到对日常劳动的认识,仍需学生通过具身认知、体验参与形成正确的劳动价值观,通过培养劳动技能进一步提升劳动素养。这就需要家长以身作则,与孩子一起完成家庭日常劳动。同时,家长要向孩子传达正确的劳动价值观。最后,作为专业的教育机构,学校应为家长和学生提供帮助指导,推出与学生生活更贴近的劳动教育内容。

(二)生产劳动教育需融入职业化教育

《义务教育劳动课程标准》指出:劳动素养是"学生在学习与劳动实践过程中逐步形成的适应个人终身发展和社会发展需要的正确价值观、必备品格和关键能力,是劳动课程育人价值的集中体现"。参与生产劳动实践有利于劳动素养的提升。因此,首先,应当保证学生参与生产劳动实践的频次,使学生有充足的机会接受生产劳动教育。学校应当自主开发劳动教育课程,激发校本课程活力,积极拓宽视角,通过学校文化和教育生活改造开展劳动教育,充分调动可用的生产劳动教育资源。其次,应让学生走出课堂,深入一线工作环境,近距离、亲身体验不同职业劳动。学校应为学生提供实习、实践平台,通过建立职业体验基地,或与社会机构合作,整合资源,让职业体验教育落地。这就需要家校社各主体合作创新生产劳动教育的形式,学校主导、社会各界参与,"创新生态教育、对话教育、非物质劳动教育、数字劳动教育等相关教育形式",将生产劳动的特殊性转化为生产劳动教育的多样性,使生产劳动教育与科学技术、时代发展有机结合,确保生产劳动教育所学能够为提升学生的生产劳动能力和做好生涯规划提供切实帮助。最后,可依托附近工厂、农场、企事业单位、商业场所等开展生产劳动和职业体验活动,可与博物馆、科普馆、生态园、工作坊、农业种植园等场馆和劳动实践场所结盟,建设中小学生校外体验馆和劳动实践活动基地,共同构建起以体验和参与生产劳动为内容的、为职业生涯规划服务的校外实践型劳动教育课程。

(三)服务性劳动教育需争取社会支持

首先,学校和教师有引导与评价的义务,但本访谈的被访者和社会组织都认为社会实践、社区服务的评价机制是"文本性"的,在实践中着重于文本和图片、照片的形式。其次,学校教师与学生基本没有权力介入社区管理,其中隐藏的深层原因是学校与社会组织间联系与沟通对接不紧密。最后,在劳动教育评价环节,《纲要》提出"以劳动教育目标、内容要求为依据……将过程性评价和结果性评价结合起来,健全和完善学生劳动素养评价标准、程序和方法",但目前劳动教育落实过程中不仅缺少学生评价,而且缺乏社区组织评价。在实际工作中,社区组织在劳动教育协同机制内的定位、功能和职责不明确,缺乏评价约束机制,最终使得社区在组织和承接服务性劳动教育时流于形式。如果以学生具身认知、切实有效地参与服务性劳动教育为目标,则需要在培养劳动价值观、劳动素养的基础上建立保障制度。此前,在硬件保障以及制度建设不完善的阶段,中小学主要通过参观、讲解为主的方式参加社区活动的情况有其历史局限。《纲要》与《意见》的颁布和实施,令我国劳动教育有了更具体的制度要求和更充分的物质基础以实现"七有"(有场所、有设备、有教师、有课时、有教材、有科研、有展示)的保障,在此基础上,更应廓清有关部门和教育工作者的权责,确保劳动教育评价系统和督导切实落地、有效运行,以充分发挥系统化的劳动教育的保障作用和实现主体性参与。

综合来看,服务性劳动之重点在服务,其目的在于让学生利用所学服务他人和社会,从而树立正确的劳动价值观。服务性劳动需要学生在劳动过程中与他人建立深度连接,培养受教育者对社会事务的关心和服务社会、他人的意识。这就决定学生只有走出校园,进入社会,才能接受完整的服务性劳动教育,其中教育平台至关重要。社区作为学生接触他人和社会最基本、最安全的场所之一,在提供服务性劳动教育平台方面责无旁贷,这也是社区服务社区居民的职能要求。因此,使服务性劳动教育发挥效力不仅要发挥主体的积极性,更应当完善管理制度,从外部约束散漫的、形式主义的劳动教育。一方面,社区应加强社工的培养与组织,提升社工的专业能力和工作意识,同时,有关部门应协同教育部门为社区组织制定科学规范的考评机制和规范,从而明确社区在协同育人机制中的定位和责任,确保社会组织能够发挥其应有的作用;另一方面,政府部门应给予政策性的指导与资金、人才等物质方面的支持,让社区组织有条件、有能力、有意愿参与中小学生的劳动教育。

(资料来源:李泽昊、姜鹤遥,劳动教育的"痼疾"与"药方"——基于对9位大学生的访谈,少年儿童研究,2024年1月)

拓展阅读

 任务实训

任务实训单

实训目标	1. 回顾学习过的相关知识，掌握定性调查方法。 2. 用文献调查方法收集资料。以小组为单位，收集"大学生学习方式与学业成绩的相关研究"的文献资料，对这一课题进行计算机文献检索，查阅相关文献资料，撰写一篇文献综述。
实训环境	1. 图书馆阅览室、电子资料库。 2. 具备网络查询功能的电脑。
实训内容及要求	【实训内容】 1. 根据选题要求，运用文献调查法收集相关资料，并对收集的文献进行分类，制作文献目录和文献综述。 2. 了解文献资料收集的途径和方法。 3. 会用文献检索的方法和工具。 【实训要求】 1. 小组分工协作，完成实训任务。 2. 小组实训小结，形成汇报PPT。 3. 提交文献综述。
实训步骤	1. 将班级分组，每组4~6人。 2. 小组讨论选题和实训方案。 3. 小组协商分工。 4. 实训实施，组员完成自己的分工任务。 5. 组员完成任务后，小组汇总，对收集的文献进行筛选、分类、排列、汇总。 6. 分析文献并完成文献综述。 7. 制作实训汇报PPT。 8. 班级分组汇报，交流点评。
实训考核评价	【评价载体】 书面作业和PPT汇报。 【评价指标】 1. 文献资料收集情况，占35%。 2. 文献综述质量，占35%。 3. 小组成员合作情况，占30%。

思政小课堂

[初心家书]左权《再带给你十几个字》

"历史是最好的教科书。"革命先辈给家人和同志的亲笔信函,是百年党史中弥足珍贵的红色资源。在党史学习教育中,充分用好这些红色资源,深入品读百年红色书信,对于回望党史源头、汲取信仰力量具有重要价值。今天推送的书信是左权将军写给妻子刘志兰的《再带给你十几个字》。

再带给你十几个字
——左权致妻子刘志兰

(1942年5月22日)

志兰:

就江明同志回延之便再带给你十几个字。

乔迁同志那批过路的人,在几天前已安全通过敌之封锁线了,很快可以到达延安,想不久你可看到我的信。

希特勒"春季攻势"作战已爆发,这将影响日寇行动及我国国内局势,国内局势将如何变迁不久或可明朗化了。

我担心着你及北北,你入学后望能好好地恢复身体,有暇时多去看看太北,小孩子极需人照顾的。

此间一切如常,惟生活则较前艰难多了,部队如不生产则简直不能维持。我也种了四五十棵洋姜,还有二十棵西红柿,长得还不坏。今年没有种花,也很少打球。每日除照常工作外,休息时玩玩扑克与斗牛。志林很爱玩牌,晚饭后经常找我去打扑克,他的身体很好,工作也不坏。

想来太北长得更高了,懂得很多事了,她在保育院情形如何?你是否能经常去看她?来信时希多报道太北的一切。在闲游与独坐中,有时总仿佛有你及北北与我在一块玩着、谈着,特别是北北非常调皮,一时在地下、一时爬在妈妈怀里,又由妈妈怀里转到爸爸怀里来闹个不休,真是快乐。可惜三个人分在三处,假如在一块的话,真痛快极了。

重复说我虽如此爱太北,但是时局有变,你可大胆按情处理太北的问题,不必顾及我。一切以不再多给你受累,不再多妨碍你的学习及妨碍必要时之行动为原则。

志兰!亲爱的:别时容易见时难,分离二十一个月了,何日相聚?

念、念、念、念!愿在党的整顿之风下各自努力,力求进步吧!以进步来安慰自己,以进步来酬报别后衷情。

不多谈了,祝你好!有便多写信给我。

敌人又自本区开始扫荡,明日准备搬家了。拟托孙仪之同志带之信未交出,一同付你。

叔仁

五月二十二日晚

注：

1. 江明，时任冀南军区第二军分区政治委员。
2. 乔迁，八路军前方总指挥部后勤部部长兼政治委员杨立三同志的爱人。
3. 北北、太北，指左太北，左权的女儿。
4. 志林，指刘志林，刘志兰的弟弟。
5. 叔仁，左权原名左纪权、左字林，字叔仁。

牺牲前，左权还在率部掩护中共中央北方局和八路军总部等机关突围转移，目送彭德怀离开后，左权继续指挥突围战斗，直到壮烈牺牲。

1949年，解放军南下准备解放全中国，朱总司令命令所有入湘部队，都要绕道醴陵看望左权的母亲。这个时候，左权的母亲才知道，自己日思夜念的小儿子已为国捐躯7年。

左权母亲请人代笔，为儿子写下这样的祭文："吾儿抗日成仁，死得其所，不愧有志男儿。现已得着民主解放成功，牺牲一身，有何足惜，吾儿有知，地下瞑目矣！"

（资料来源：《初心——红色书信品读》编写组，初心——红色书信品读，人民出版社，2018年）

思考与练习

一、选择题

1. 个别发送法的优点包括(　　)。
   A. 比较节省时间、人力和经费
   B. 调查者可以向被调查者进行解释和说明
   C. 可以保证比较高的回收率
   D. 调查具有一定的匿名性
2. 邮寄填答法的主要优点是(　　)。
   A. 特别省时、省力、省钱
   B. 调查的范围最广,且不受地域的限制
   C. 被调查者可以在他们方便时从容不迫地填答问卷
   D. 回收率比较高
3. 按照访谈者对访谈的控制程度,访谈法可以分为(　　)。
   A. 结构式访谈　　B. 集体访谈　　C. 非结构式访谈　　D. 半结构式访谈
4. 观察法应遵循的原则包括(　　)。
   A. 客观性原则　　B. 全方位原则　　C. 深入性原则　　D. 持久性原则

二、填空题

1. 社会调查中定量资料收集的方法主要有_____和_____两种基本类型。
2. 集中填答法的缺点主要是_____和_____。
3. 根据访谈者与被访者之间的接触方式,访谈法可以分为_____和_____。
4. 按照调查者是否参与观察对象的活动,观察法可以分为_____和_____。

三、名词解释

1. 结构式访谈
2. 参与观察

四、问答题

1. 结合实际,说明自填式问卷法和结构式访问法各有什么优缺点。
2. 举例说明挑选调查者时应考虑的一般条件和特殊条件。
3. 简单描述问卷调查实施过程及其注意事项。

项目八 处理调查资料

情境导入

某班级有一个小组选择"00后大学生的职业价值观"作为调查课题,该小组通过问卷调查、访谈、参与观察、文本分析等多种方法收集了大量的调查资料。在社会调查实施阶段所获得的原始资料还只是粗糙的、表面的和零碎的东西,需要经过整理加工,才能进行分析研究,并得出科学的结论。因此,调查资料的整理工作是社会调查过程中必不可少的一个环节。接下来,该小组团队成员需要对收集的原始资料进行检查、分类和简化,使之系统化、条理化,为进一步分析提供条件。

请思考:通过问卷调查所得到的定量资料和通过访谈、参与观察等得到的定性资料有什么差异?如何对定量资料和定性资料进行处理?

 思维导图

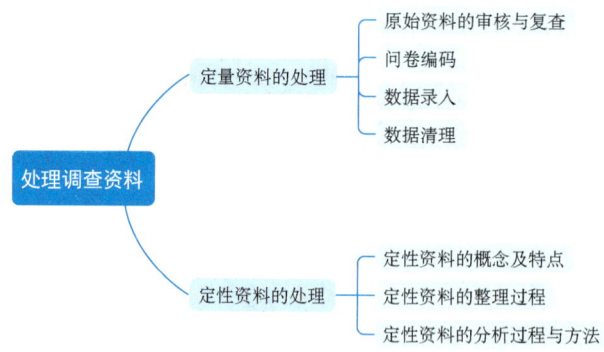

 学习目标

知识目标

1. 了解原始资料的审核与复查方法;
2. 掌握问卷的编码方法;
3. 掌握数据的录入方法;
4. 理解定性资料的概念和特点;
5. 理解定性资料的整理过程和分析方法。

项目八 处理调查资料

技能目标

1. 能对问卷调查资料进行审核与复查;
2. 能对问卷资料进行编码;
3. 能通过 Excel、SPSS 等软件录入问卷数据;
4. 能对定性资料进行整理;
5. 能对定性资料进行分析。

素质目标

1. 培养问题意识,提高对社会科学的研究兴趣;
2. 培养批判性思维与质疑的科学精神;
3. 培养认真严谨、勤于思考的探究素质;
4. 培养社会责任感、使命感,厚植家国情怀。

任务一 定量资料的处理

案例导入

涂尔干与《自杀论》

《自杀论》是法国社会学家涂尔干的著作,他认为,所谓自杀,就是"任何由死者自己完成并知道会产生这种结果的某种积极或消极的行动直接或间接地引起的死亡"。涂尔干通过对数据和材料的分析,从实证主义的角度,对传统的经验论的认识进行了回应。涂尔干的《自杀论》从社会学的角度来分析自杀的类型和影响因素。文中引用大量的事实数据反驳了先前对自杀因素的一些错误认识,批判了从个体心理学角度解释自杀现象的传统理论,建立了用社会事实的因果关系分析自杀的理论,阐述了社会与个人的关系。他认为自杀是一种特殊的社会现象,跟社会环境,包括经济危机、政治危机、社会动荡、改朝换代、工作变迁、生活变化等有密切的关系。当个体与社会团体或整个社会之间的联系发生障碍或产生离异时,便会发生自杀现象。自杀率的高低在不同的国家和地区都有所不同,它与不同的宗教信仰、文化程度高低、两性差异关系也很大。

知识准备

一、原始资料的审核与复查

调查资料收集工作完成以后,接下来就要对这些实际调查得来的原始资料进行审核和复查,以便研究者发现并纠正其中所存在的错误,剔除那些无法重新调查,但又有明显问题的问卷,了解与衡量整个资料收集工作的质量,从而提高资料的真实性和准确性。

原始资料的审核与复查

(一) 原始资料的审核方法

原始资料的审核是资料整理工作的第一步。原始资料的审核是指研究者对调查所收集的原始问卷资料进行初步的审查与核实，校正错填、误填的答案，并将乱填、空白和严重缺答的问卷剔除出来，作为废卷处理。这样做的目的在于使原始资料具有更高的准确性、真实性和完整性，为数据录入与资料统计分析工作打下良好的基础。

原始资料的审核方法主要有两种：一种是实地审核，另一种是集中审核。

1. 实地审核

实地审核是指资料审核工作与实地调查工作同时进行，在完成问卷调查之后离开调查所在地之前，就对已经填写好的问卷进行现场审核。这种审核的优点在于，由于审核工作是紧接在调查工作之后进行的，调查者还没有离开调查现场，所以发现问题时可以及时纠正。如果有漏答的情况，返回去追问成功的可能性也比较高。如果是访问问卷，则调查者还可以根据当时访问的真实情境对问卷中的问题进行纠错或补填。例如，在"性别"这一项上缺答，调查者就可以根据自己的回忆及时补填上。因此，实地审核有利于提高调查资料的质量，而且当调查资料的收集工作全部完成时，资料的审核工作也随即完成了。不足的是，实地审核会在一定程度上影响资料收集工作的进度，延长实地调查的时间。

2. 集中审核

集中审核也称为系统审核，是指先将调查资料全部收回来，再由审核员统一进行审核。如果可能，最后还需要调查者返回原调查地点，就审核中发现的问题对被调查者进行再次访问，以核实那些有矛盾的问题，补填缺答的问题。这种审核的优点在于审核工作是在研究者的指导下集中统一进行的，审核标准相对一致，审核质量也相对较高。不足之处是，对于审核中所发现的问题，因为审核时间与调查时间相隔相对较长，而且调查员访问了很多份问卷以后，很难回忆起某一份问卷调查时的情境，对被调查者的重返访问工作也可能因时间相隔较长或调查地点较远而无法落实，很多时候已经没有办法补救了。换言之，即便是审核中发现了问题，要纠正和弥补这些问题也很困难。从这个意义上来说，集中审核对提高调查资料质量的贡献不如实地审核大。

(二) 原始资料的复查方法

为了确保调查资料的真实性、准确性，除了对原始资料进行上述审核工作以外，通常还要进行复查工作。资料的复查是指研究者按照一定的方法，从所回收的调查资料中随机抽取一定比例（一般为5%～15%）的个案资料，并由研究者自己或委派另外的调查者对个案资料进行第二次调查，以检查和核实第一次调查的质量。

复查的基本做法如下：由研究者自己或委派另外的调查者，在所调查过的样本中，随机抽取5%～15%的个案重新进行调查。一方面，核实原来的调查者是否真的对个案进行过调查（有的调查者会由于各种原因，自编、自填问卷的答案，而实际上并没有将问卷发送给被调查者或访问被调查者）；另一方面，可将两次调查的结果进行对比，以检查第一次调查的质量。

需要注意的是，并不是所有的调查都能进行复查。有些调查由于调查时间相距太长或被调查者的流动、联系方式的变化而使复查工作无法落实。因此，为了资料的复查工作能够顺利进行,研究者在设计调查方案、抽样方案以及问卷时,应当有意识地创造一些可以进行复查的条件。例如,进行问卷设计时,可以在问卷中设置一个调查质量监控信息栏,用于记录被调查者的详细居住地址和联系电话、调查者、审核员、调查时间等信息。

二、问卷编码

通过对问卷的审核和复查,淘汰那些不合格的问卷后,需要对问卷进行重新编码。编码的目的就是将问卷上的文字信息转换成数字信息,实现从问卷到数据的过程,以便录入数据和进行数据的统计分析。

问卷编码

(一)问卷编码的方法

编码就是用数字来代替问卷中每一个问题的回答,即将问卷中的答案转换成计算机能够识别的数字代码的过程。在同一道题目中,每一个编码仅代表一个观点,然后将其以数字的形式输入计算机中,将不能直接计算的文字转变成可直接计算的数字,以便对数据进行分组,将大量文字信息压缩成一份数据报告,使信息更为清晰和直观,方便后期分析。这就使问卷编码工作成为问卷调查中不可缺少的流程,也成为数据整理汇总阶段重要而基本的环节。

通常,问卷中的问题有两类:一类是封闭式问题,即在提出问题的同时,列出若干个可能的答案供被调查者选择的问题;另一类是开放式问题,即不向被调查者提供回答选项,被调查者使用自己的语言来回答的问题。

1. 封闭式问题的编码

(1)单项选择题的编码。单项选择题是指给出的答案至少有两个,回答者根据自己的情况选择一个答案作为回答的题目。一般直接使用问卷设计时赋予每一个答案的数值作为它们的代码值。填空题的编码与单项选择题的编码类似。看下面的例子。

大学生学习生活调查问卷——发展规划篇

1. 你的性别:

① 男　　② 女 √　　　　　　　　　　　　　　　　　<u>2</u>

2. 你是哪一年出生的?

<u>1988</u> 年　　　　　　　　　　　　　　　　　　　　<u>1988</u>

3. 你是几年级的学生?

<u>大二</u>　　　　　　　　　　　　　　　　　　　　　　<u>2</u>

4. 你是独生子女吗?

① 是　　② 不是 √　　　　　　　　　　　　　　　　<u>2</u>

5. 你父母的文化程度:(将答案号码填入横线中)

母亲　　<u>②</u>　　　　　　　　　　　　　　　　　　　<u>2</u>

父亲　　<u>⑤</u>　　　　　　　　　　　　　　　　　　　<u>5</u>

① 小学及以下　② 初中　③ 高中或中专　④ 大专

⑤ 本科及以上

6. 你的家住在:_____　　　　　　　　　　　　　　<u>4</u>

① 本市市区　　② 本市郊县城镇　　③ 本市农村　　④ 本省其他城市市区 √
⑤ 本省其他城镇　⑥ 本省其他农村　⑦ 外省城市市区　⑧ 外省城镇
⑨ 外省农村　⑩ 其他_____

（2）多项选择题的编码。根据多项选择题选择答案的不同,其编码方式可以分为二分法和多重分类法。

二分法:采用 0、1 代码进行编码。看下面的例子。

除本专业的课程学习以外,你有没有准备或参加过以下技能培训:(多项选择题)
① 托福　② 雅思　③ 计算机等级　④ 驾照　⑤ 其他考试

如果我们在问卷设计时设定的是多项选择题,也就是说,有几项选几项,那么这一问题其实就变成了五个小问题。如果回答者选中了某一项,其代码值则为 1;没有选中的答案,其代码值则为 0。例如,被调查者选①③④,则分别输入 1、0、1、1、0。

① 托福　　　　　　　　　　　　　　　　　　　　　　　　　　　1
② 雅思　　　　　　　　　　　　　　　　　　　　　　　　　　　0
③ 计算机等级　　　　　　　　　　　　　　　　　　　　　　　　1
④ 驾照　　　　　　　　　　　　　　　　　　　　　　　　　　　1
⑤ 其他考试　　　　　　　　　　　　　　　　　　　　　　　　　0

多重分类法:用每一个答案前面的数字作为代码值。一般来说,在限制式多项选择题中,限选几项就要设几个变量,用所选择的选项编号作为这几个变量的值输入。看下面的例子。

在下列这些体育活动项目中,您最喜欢参加的有:(限选 3 项)_____
① 篮球　② 足球　③ 排球　④ 乒乓球　⑤ 羽毛球　⑥ 健美操
⑦ 其他_____

如果需设置三个变量,不妨设为 x_1、x_2、x_3,若被调查者选择了②④⑤,则这三个变量的值分别输入 2、4、5。

2. 开放式问题的编码

开放式问题的编码工作需要经过以下四个步骤才能完成:

（1）录入答案。由于录入技术的进步,传统上让调查者对着问卷逐条寻找不同答案,并列在一份大清单上的烦琐做法已不再使用,取而代之的是先全部录入答案,然后按照排序分类统计、形成编码表、实施编码等步骤完成编码工作。

（2）尝试用不同的方法对录入的答案进行排序、归类(许多软件如 Excel、FoxPro、SPSS 等都有按笔画和拼音排序的功能),并结合主观判断,然后合并意思相近的答案,对明显相同的答案统计其出现的次数。看下面的例子。

请问您不喜欢吃巧克力的原因有哪些?

表8-1　不喜欢吃巧克力的原因

原因	次数
价格不合理	5
价格有点贵	4

续表

原因	次数
糖多,怕发胖	10
因为体重增加	8
热量高,怕发胖	8
妈妈说上火	4
天气太热了,易上火	15
天气热,想吃清淡的	6
价格原因	1
……	……

(3) 编码人员及问卷设计者根据调查的目的,对抄出的答案进行进一步归纳,形成类别数量适当的"编码表"。以上面"不喜欢吃巧克力的原因"为例,归纳的结果见表8-2。

表8-2 编码表

合并原因	编码
价格不合理	1
担心发胖	2
易上火	3
……	……

从表8-2中可以看出,答案的数量减少了,每一个保留的答案都是对实际填写的同类答案的总结。

(4) 调查员根据"编码表"中的编码对所有开放式问题的答案进行逐一归类,并在每一个问题旁边写上实际答案在编码表中对应的号码。仍以上面"不喜欢吃巧克力的原因"为例,调查问题对照表见表8-3。

请问您不喜欢吃巧克力的原因有哪些？（需要追问）

表8-3 调查问题对照表

原因	对应编码
热量高,怕发胖	2
价格有点贵	1
……	……

到此为止,问卷上的文字答案经过归纳变成了数字,方便了录入人员的录入和统计。

(二)编制编码手册

由于社会调查的样本规模通常都达到成百上千,所以调查问卷的编码和录入任务往往十分繁重,需要多人共同完成。为了减少误差、保证数据的质量,调查组织者需要编制一份编码手册。

编码手册就是把编码规则用一定的方式呈现出来,以便编码员在进行问卷编码时随时查阅,按照统一的规则进行编码,减少资料转换过程中的人为误差,提高资料转换工作的质量。

根据问卷调查的实施需要,可以进行事前编码和事后编码。为了减少资料录入过程中的误差,尤其是大型数据录入过程的数据规格的统一,保证数据录入的质量。

此外,在数据转换过程中还要注意以下几个问题:①以实施调查问卷的空白问卷作为参考问卷;②有多个编码员时,确保使用统一的编码规则进行工作;③提供编码指南,说明什么时候以及怎样设立一个新的代码;④设立较多较窄的类别优于设立较少较宽的类别;⑤保持编码手册的整洁和清晰。

在编码手册中,研究者要将需要编码的项目和问题一一列出来,逐一规定它们的代码、宽度、栏码、简要名称、答案赋值方式及其他特殊规定等。整个编码手册的格式要规范、统一,指示要明确,且容易理解、便于操作。

(1)提问项目。也称项目名称,指问卷的问题及其编号。一般在预编码时已经确定,事后编码就需要重新进行调整。

(2)变量名称。一般情况下,问卷上的一个问题就是一个变量,但当一个问题操作化为多个小问题时,相应就会有多个变量。这时需要给每个变量取名,也就是用概括、简约的文字说明变量的含义。如性别、出生年月、文化程度等。变量名称特指这种含义的代码,如性别用"S01"表示、出生年月用"S02"表示等。

(3)变量名称标签。即变量名称的含义,是问题所问内容的概括说明。如"您的个人收入是多少?"其含义可概括为"个人收入"。

(4)宽度。指回答问题时选择答案的数码位数的多少。例如,性别选"1. 男"或选"2. 女",选择答案的代码都只有1位数,所以宽度为"1";而年龄至少需要选择2位数,如"09""12""32"等,所以宽度为"2";住房面积常以平方米计算,一般设计为3位数,如"048"平方米、"140"平方米等,所以宽度为"3"。

(5)栏码。是所有编码项目按栏目和宽度综合编写的顺序号。例如,编码栏第一栏一般是问卷的编号,如果调查了900人,那么其宽度为"3",栏码则为"1—3";第二栏是性别,其宽度为"1",栏码则为"4"。可依次类推,按顺序列出每个栏目的栏码。

(6)答案赋值。又称变量值标签,也就是答题者选择的答案及所标示的数码。如性别变量的答案赋值是"1=男;2=女"。

(7)未填写及个别特殊值。又称缺失值,即为未选择或虽选择但答案是用文字填写的"其他"项设计的一些特定代码,如用"9,99,999"表示"不回答";用"8,98,998"表示"不清楚"。

编码手册的结构见表8-4。

表 8-4 编码手册(节选)

项目名称	变量名	变量名标签	宽度	栏码	答案赋值
区	V	城区	1	1	1=武昌;2=汉阳;3=江汉;4=江岸;5=青山;6=汉口;7=洪山
编号	ID	编号	4	2~5	根据问卷上的编码填写
问题 A1	A1	性别	1	6	1=男;2=女
问题 A2	A2	年龄	2	7~8	按实际填答年龄填写,大于99岁的填99
问题 A3	A3	文化程度	1	9	1=小学及以下;2=初中;3=高中或中专;4=大专及以上
……	……	……	……	……	……
问题 A8	A8	个人收入	4	16~19	根据实际数字填写
问题 A9	A9	全家收入	4	20~23	根据实际数字填写,10 000元及以上者填9 999
……	……	……	……	……	……
问题 C1	C11	有几个人	1	39	1=完全清楚;2=大部分清楚;3=小部分清楚;4=不清楚
	C12	叫什么名字	1	40	同上
	C13	在哪里工作	1	41	同上
	C14	性格特点	1	42	同上
问题 C2	C2	串门频率	1	43	1=每周一两次;2=每月一两次;3=半年一两次;4=一年一两次;5=从来不去
……	……	……	……	……	……
问题 F2	F21	平日看电视的时间	3	120~122	将所填的小时数乘以60,再加上所填的分钟数,以总数计
	F22	周末看电视的时间	3	123~125	将所填的小时数乘以60,再加上所填的分钟数,以总数计

有了编码手册,不同的调查员(或专门的编码员)就可以按照同样的标准和方法对收回的问卷进行编码了。表 8-5 为一份问卷资料编码的结果(部分)。

表 8-5 问卷资料编码的结果(部分)

区	汉阳	2
编号	0387	0387
A1	你的性别:① 男　　 √②女	2
A2	你的年龄:39 周岁	39

续表

A3	你的文化程度： ① 小学及以下　② 初中　√③ 高中或中专　④ 大专及以上	3
A4	你的职业属于下列哪一类： ① 生产运输工人和有关人员　　√② 商业人员 ③ 党政企事业单位负责人　　　　④ 服务业人员 ⑤ 党政企事业单位一般工作人员　⑥ 个体经营人员 ⑦ 各类专业技术人员　　　　　　⑧ 离退休人员 ⑨ 其他职业人员(请注明)	2
A5	你的婚姻状况： ① 未婚　√② 已婚　③ 离婚　④ 丧偶　⑤ 其他 _____	2
A6	(此题未婚及无孩子者不填) 请问你有几个孩子？__1__个 其中,有几个孩子和你住在一起？__1__个	1 1
A7	你们家住在一起的有几口人？__4__口人 总共是几代人？__3__代人	4 3
A8	你每个月的收入(包括工资、奖金、补贴等)总共有多少元？__480__元	0480
A9	你们家一个月的总收入大约是多少元？1 100 元	1 100

数据录入

三、数据录入

数据录入是指将在问卷编码部分所标记的符码及文字输入计算机中,形成可供统计软件处理的文件格式的过程。因此,保证这一过程的完整性、准确性及标准化是其最基本的原则。常见的调查数据人工录入方法有两种：SPSS 软件录入和辅助软件录入。

(一) 使用 SPSS 软件录入数据

IBM 公司于 2009 年收购了 SPSS 公司,并将 SPSS 软件命名为 IBM SPSS,SPSS 是英文 Statistical Package for the Social Sciences 的简称,意即社会科学统计软件包。SPSS 是世界著名的统计分析软件之一,被广泛应用于经济、财政、金融、营销、会计、管理及人文社会科学等领域中。

1. SPSS 软件的工作界面

SPSS 软件的工作界面由多个窗口组成,每个窗口都有自己的作用,其中最重要的窗口有三个,即数据编辑窗口、输出窗口和语句窗口。下面对数据编辑窗口和输出窗口进行介绍。

(1) 数据编辑窗口。打开 SPSS 软件后,其默认窗口就是数据编辑窗口(数据编辑器)。数据编辑窗口包括两个视窗：一是数据视窗(也称为数据视图),用于编辑数据,如图

8-1 所示;二是变量视窗(也称为变量视图),用于编辑变量,如图 8-2 所示。需要注意的是,在数据视窗中录入数据之前,必须先在变量视窗中定义变量。

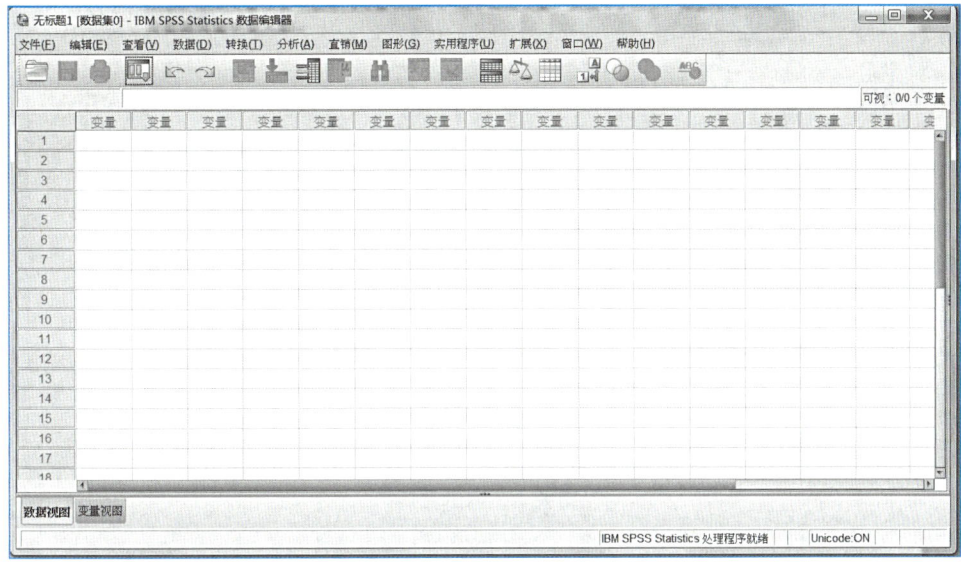

图 8-1　数据视窗

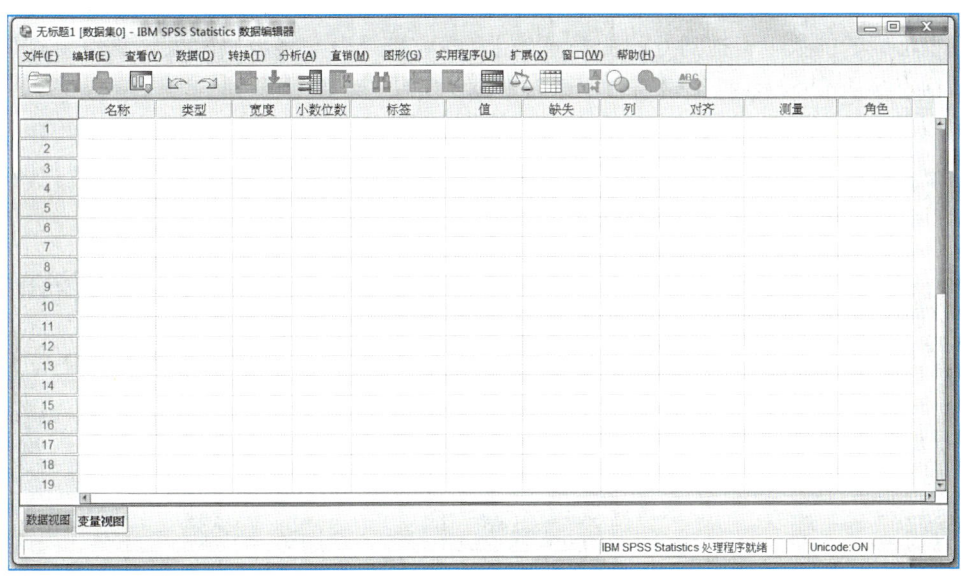

图 8-2　变量视窗

数据编辑窗口的界面从上至下依次是标题栏、菜单栏、工具栏、编辑栏、变量栏、编辑区、视窗切换标签和状态栏。

(2)输出窗口。即查看器,是用于显示与管理 SPSS 软件统计分析结果、报表和图形的窗口。输出窗口的界面由标题栏、菜单栏、工具栏、输出导航区、输出文本区和状态栏构成,如图 8-3 所示。

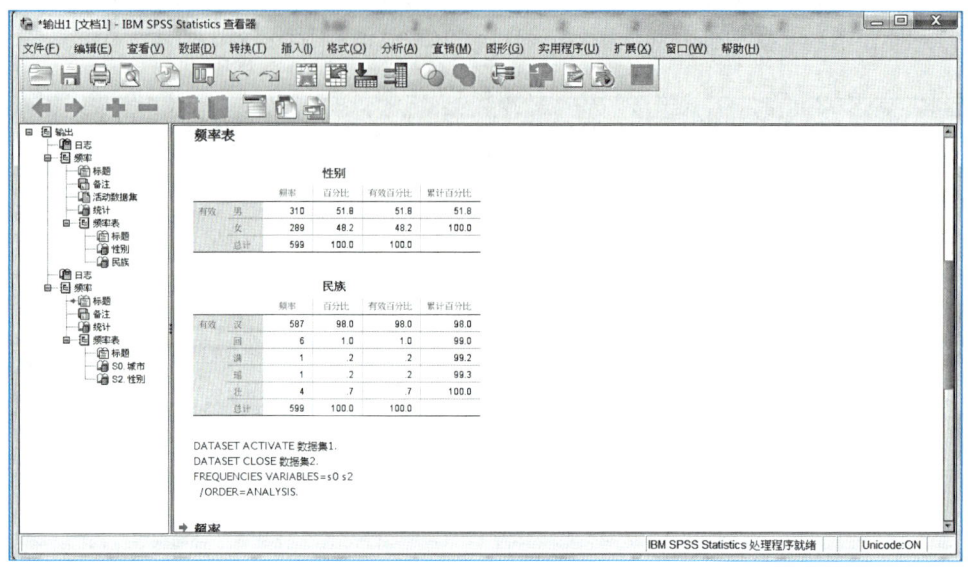

图 8-3 输出窗口

2. SPSS 数据录入方法

数据录入就是将编码后所形成的数码输入计算机。数据录入的方式主要有两种：一种是直接录入，即直接从问卷上将已编好的数码输入计算机；另一种是转录录入，即先将问卷上已编好的数码誊抄到专门的登录表上，再从登录表上将数码输入计算机。这里主要介绍直接从 SPSS 数据编辑窗口中录入数据的方法。具体步骤如下：

第一步，定义变量。输入数据前，首先必须定义变量。在打开 SPSS 软件后，在界面的左下方可以看到"数据视图"和"变量视图"两个标签，只需单击左下方的"变量视图"标签，就可以切换到变量定义界面开始定义新变量，如图 8-4 所示。

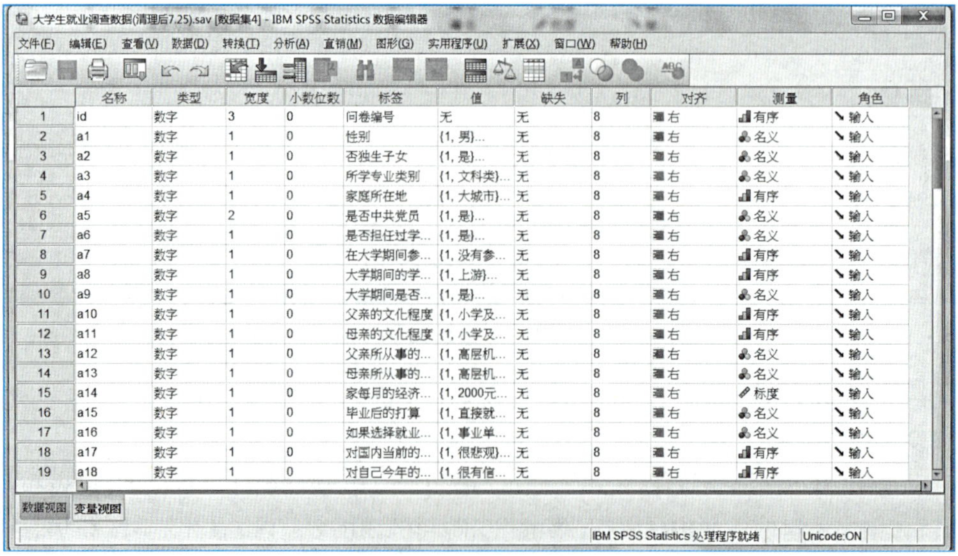

图 8-4 "变量视图"界面

(1) 定义变量名。变量名是变量存取的唯一标志。定义 SPSS 数据文件结构时，应首先给出每一列变量的变量名。SPSS 软件默认的变量名以 VAR 三个字母开头，后面跟补 5 位的数字，如 VAR00001、VAR00015 等。

变量名的取名规则如下：

① 变量名最多可写 64 个字符长度。

② 首字符不能是数字，必须是 26 个英文字母或以下符号之一：@、♯ 或 $。其后可以是除问号(?)、叹号(!)、星号(*)以外的字母、数字、小数点，或其他任意非标点符号的字符。下划线、圆点不能为变量名的最后一个字符。以"♯"为首字符的变量名特指草稿型变量，此种类型的变量只能在命令窗口中使用，在其他地方不可用；以"$"为首字符的变量名特指 SPSS 软件的系统变量，系统变量不可修改，而且在程序中不可用，用户定义的变量不能以"$"为首字符。

③ 变量名不能与 SPSS 软件内部特有的具有特定含义的保留字符相同，如 ALL、AND、BY、EQ、GE、GT、LE、LT、NE、NOT、OR、TO、WITH 等。

④ 系统不区分变量名中的大小写字母，允许汉字作为变量名，汉字总数不能超过 4 个。

⑤ 变量名中不能包含空格。

(2) 定义变量的类型和宽度。SPSS 软件中有三种基本的变量类型，即数值型、字符型和日期型。每一种变量类型的数据在数据编辑窗口中都有其默认的宽度和样式。

① 数值型。数值型是 SPSS 软件中常用的变量类型。数值型的数据是由 0～9 的阿拉伯数字和其他特殊符号，如货币符号($)、逗号(,)、点号(.)组成的。例如，工资、年龄、成绩等变量都可定义为数值型数据。数值型有以下六种不同的表示方法：

标准数值型。标准数值型是系统默认的数据类型。标准数值型数据默认的最大显示宽度是 8 位(含小数点和负号)，小数是 2 位。例如，12345678、－1234567、12345.67、－1234.56。

逗号数值型。逗号数值型数据的整数部分从个位开始，每隔 3 位以一个逗号分隔，用圆点作为小数点。它的默认最大显示宽度是 8 位(含逗号所占的位数)，小数是 2 位。

圆点数值型。圆点数值型数据的整数部分从个位开始，每隔 3 位以一个圆点分隔，用逗号作为小数点。例如，1.234,56。

科学记数法型。科学记数法也是一种数值型数据的表示方式。例如，270 用科学记数法表示为 2.7E+02，其中，E 表示以 10 为底，+02 表示 10 的 2 次方；0.00036 用科学记数法表示为 3.6E－04，其中，E 表示以 10 为底，－04 表示－4 次方。科学记数法默认的显示总宽度为 8。

美元数值型。美元数值型主要用来表示货币数据，在数据前附加美元符号"$"，其默认宽度是 8 位，小数是 2 位。

用户自定义型。用户自定义型是用户利用菜单的 Options 功能来定义的。

② 字符型。字符型数据由一个字符串组成。例如，职工号码、姓名、地点等变量都可以定义为字符型数据。字符型数据的默认显示宽度为 8 位，它不能进行算术运算，并区分大小写字母。字符串中的大写字母与小写字母是截然不同的两个字符，这一点在使用时

要特别注意。

③ 日期型。日期型数据用来表示日期或者时间。例如,生日、成立日期等都可以定义为日期型数据。日期型数据的显示格式很多,包括 dd-mmm-yy(如 15-OCT-99)、dd-mmm-yyyy(如 15-OCT-1999)、yyyyddd(如 1945227)、mm/dd/yy(如 10/15/90)、hh:mm:ss.s(如 01:02:34.75)等。关于日期型,有以下几点说明:

dd 是用两位数来表示的日期数;ddd 是用三位数来表示从一月一日算起的日期数。mm 是用数字表示的月份;mmm 是用英文月份单词的前三个字母表示的月份。yy 是用两位数表示的年份;yyyy 是用四位数表示的年份。hh 表示小时,mm 表示分钟,ss 表示秒。m 用于年与日(字母 y 与 d)之间时表示月份,用于时与秒(字母 h 与 s)之间时表示分钟。

指定了日期型变量的格式后,输入时不一定按指定的格式输入,可以用"/"或"_"作为具体日期的分隔符,按回车键后,系统会自动转换成指定的格式。SPSS 软件以菜单的方式,将所有的日期显示格式列出来供用户选择。

(3) 定义变量名标签。变量名标签是对变量名的进一步说明,当变量名较短时,自身字符不足以表明其具体含义;而当变量比较多时,更需要对变量名的含义加以详细解释。在定义变量窗口中,在"Label"下的单元格中输入标签。例如,"名称"栏的"g"代表性别,则"标签"栏输入"性别"。在统计分析的输出结果中,可以在与变量名相对应的位置显示该变量的标签,或者直接以变量标签代替变量名显示,这有助于理解和分析输出结果。变量名标签定义界面如图 8-5 所示。

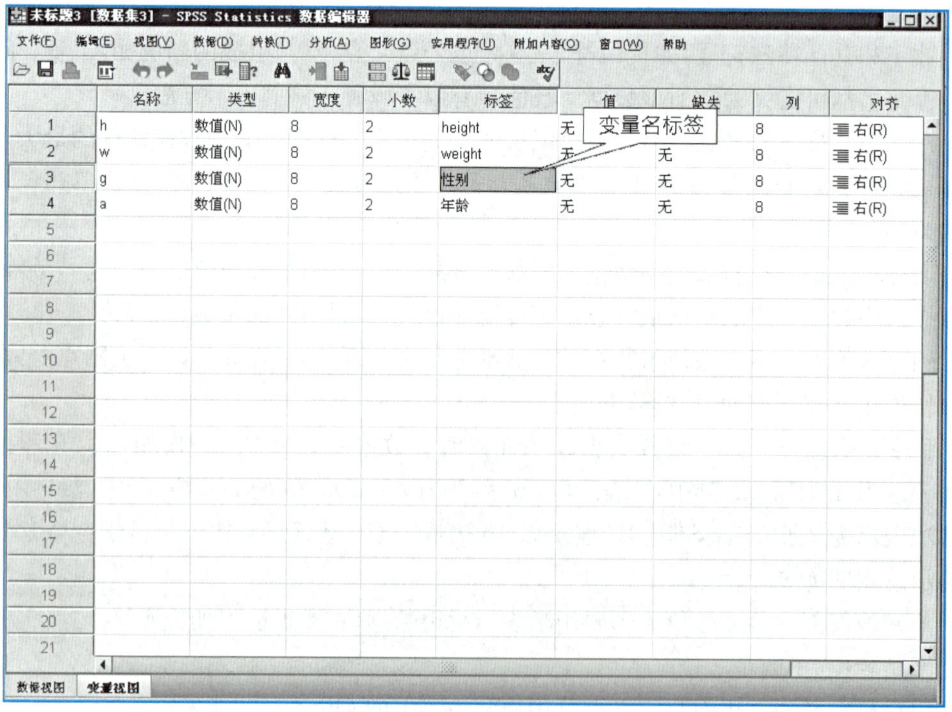

图 8-5 变量名标签定义界面

(4) 定义变量值标签。变量值标签是对变量取值所做的进一步说明,分类变量经常需要定义其取值的标签。例如,对于"性别"数据,用"1"表示男,用"0"表示女。变量值标签是一个可选择的属性,可以定义,也可以不定义,但像性别之类的变量最好给出变量值标签。变量值标签定义界面如图 8-6 所示。

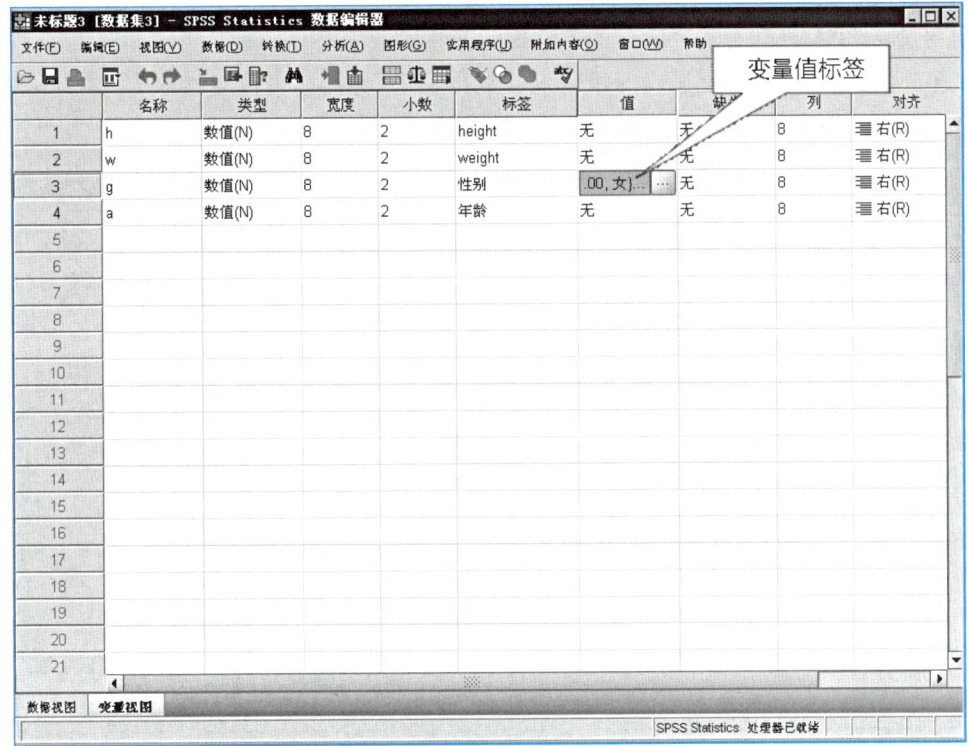

图 8-6 变量值标签定义界面

(5) 定义变量列格式。变量列格式包括变量的列宽度和变量的对齐方式。

① 列宽度。列宽度显示数据的长度。例如,可以单击"Columns"下的单元格,选择列宽数值。定义变量列格式的宽度时,要综合考虑变量类型所定义的长度和变量名所占的宽度,选择较大的一个作为该变量的列格式宽度,这样才能保证变量名和变量值都可以正常显示。

② 对齐方式。对齐方式分为左对齐、右对齐、中间对齐。例如,可以单击"Align"下的单元格选择对齐方式。

(6) 定义变量缺失值。已经输入的失真数据和没有测到或没有记录的数据,以特殊的数字或符号输入数据文件中,统称为缺失值。分析时,缺失值不能使用,要单独处理。各个分析过程对缺失值的处理都有其默认的方法,也可以由用户指定如何处理这些缺失值。

(7) 定义变量的度量标准。变量的度量标准包括定比测度、定距测量、定序测度和定类测度。

① 定比测度和定距测量。定比测度和定距测量(度量),即表示事物数量差别的连续性变量,如身高、体重等。

② 定序测度。定序测度(有序),即表示对事物之间等级或顺序的变量,如文化程度、满意度等。

③ 定类测度。定类测度(名义),即表示事物类别或类型的变量,如民族、宗教信仰、党派等。可以单击"度量标准"下的单元格选择测度方式。一般来说,在 SPSS 软件中,可以把一份问卷上面的每一个问题都设为一个变量,这样一份问卷有多少个问题,就要有多少个变量与之相对应,每一个问题的答案即为变量的取值。

第二步,录入数据。定义好变量后,在"数据视图"界面中可以直接录入和编辑数据。每一列代表一个变量,每一行是数据文件的一个记录,如图 8-7 所示。

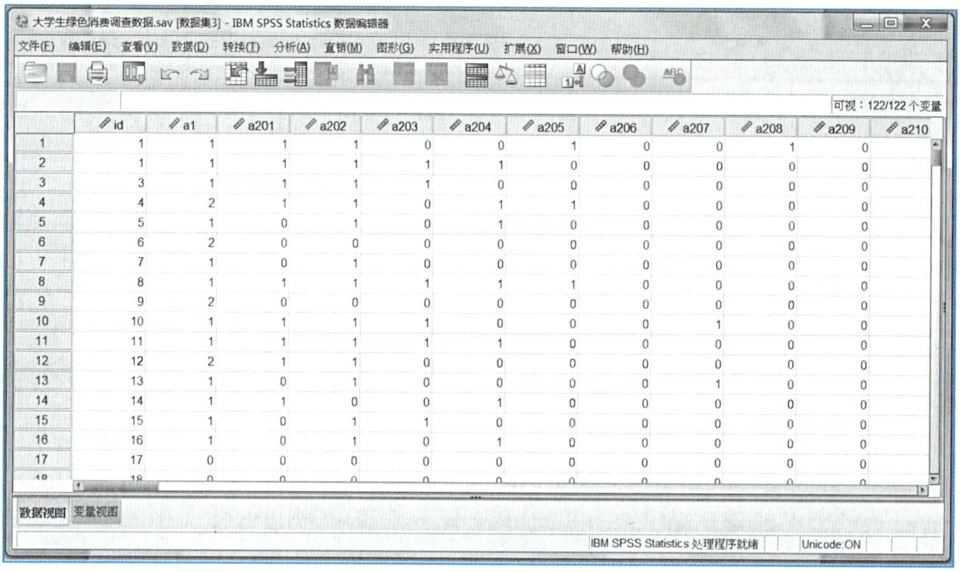

图 8-7 "数据视图"界面

在录入过程中,需要注意以下几点:

(1) 在"数据视图"界面中,可以看到有一个表格,这个表格中的每一行代表一份问卷,也称为一个个案。

(2) 在"数据视图"界面中,可以看到表格上边出现了诸如 A1,A2,A3 的标签名,这其实是在第一步"定义变量"中为问卷的每一个问题取的变量名,即 A1 代表第一题,A2 代表第二题,依此类推。只需要在变量名下面输入对应问题的答案即可完成问卷的数据录入。

(3) 一行代表一份问卷,有几份问卷,就要有几行数据。

第三步,保存数据文件。在 SPSS 软件中,数据文件保存的操作步骤如下:

(1) 使用菜单选项。单击"File"—"Save"或者"File"—"Save as"。

(2) 给出存放数据文件的目录路径和数据文件的用户名,并根据实际需要,选择数据文件的格式和相应的文件扩展名,扩展名默认为.sav。

(二) 使用 Excel 录入数据

使用 Excel 录入数据的操作比较简单,打开 Excel,在第一行对问卷的所有变量进行定义,即输入变量名称及其标签,从第二行开始就可以直接录入问卷数据。Excel 数据录入示例如图 8-8 所示。

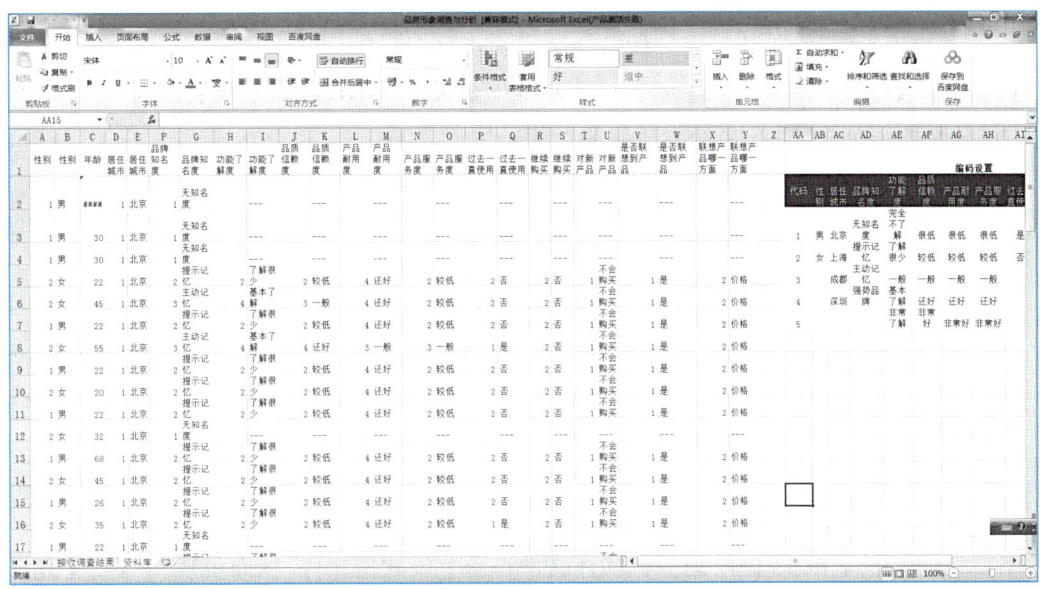

图 8-8　Excel 数据录入示例

（三）使用 FoxPro 录入数据

使用专门的数据管理软件往往更能保证数据录入的正确性。目前较为常用的数据库管理软件有 dBASE、FoxBASE、FoxPro 等，它们形成的主要是某种特定结构（后缀为.dbf）的数据文件。以 FoxPro 软件为例，用它输入数据时，需要先建立数据录入的数据库结构。因为 FoxPro 软件输入完一个数据后有自动跳到下一个数据位置的优势，所以数据输入较为快捷。因此，建立数据库时对每一个变量的位置和宽度的要求较高，只有变量的宽度和位置设置正确，才能保证数据输入的正常进行。在编辑模式下输入数据时，数据输入的方向是按从上向下的顺序进行的，不会出现大片的表格和其他数据，这使得数据输入非常清楚，便于随时检查。一个数据输入完跳到下一个数据栏码时，一般会有声音提示（在声音打开的情况下），不容易出错。FoxPro 软件启动界面如图 8-9 所示。

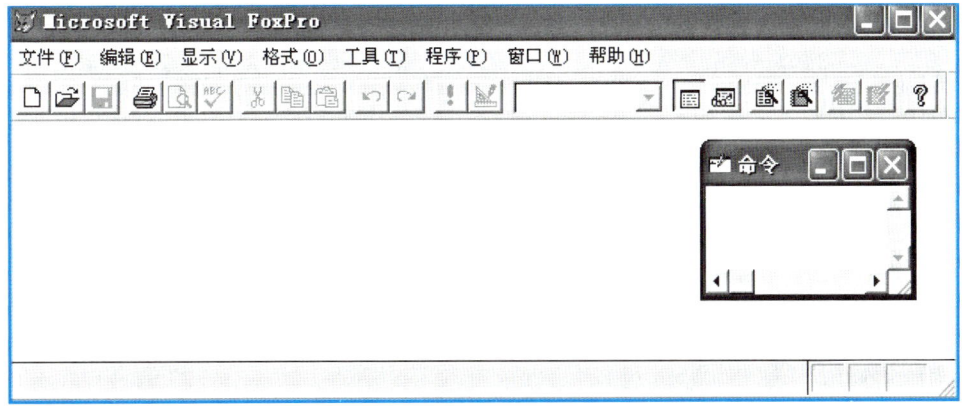

图 8-9　FoxPro 软件启动界面

使用 FoxPro 录入数据的基本步骤如下：

（1）启动表设计器，建立表结构。命令方式：CREATE［盘符］［路径］＜表文件名＞。例如：CREATE student。通过命令 MODIFY STRUCTURE 可以修改表结构，通过命令 LIST/DISPLAY STRUCTURE 可以浏览表结构。

（2）定义数据库（表结构）各字段。输入字段名，定义字段宽度。

（3）输入记录（数据）。命令方式：APPEND。通过命令 LIST/DISP 可以查看输入的数据。

（四）使用 EpiData 录入数据

EpiData 是一款专业的数据录入/管理/分析软件，是一个既可以用于创建数据结构文档，也可以用于数据定量分析一组应用工具的集合。从 EpiData 的基本窗口（图 8-10）来看，数据输入主要包括以下 6 个步骤：

1. 制作调查表描述文件（Define Data）：建立数据录入源程序（.qes），主要包括确定变量、内容提示、确定录入格式等。

2. 生成 REC 数据文件：由数据描述文件自动生成数据文件，从而可使用本文件进行数据录入（.rec）。

3. 建立数据质量控制文件（CHK 文件）：编写检验程序，从而可以实现自动审核、过程控制等功能。

4. 数据输入：利用上面自动生成的数据文件进行数据录入。

5. 数据处理：浏览数据及统计资料。

6. 数据导出：输出及转换数据。

可将录入的数据转换成各种软件（如 SPSS、SAS、Excel 等）能够使用的数据文件。

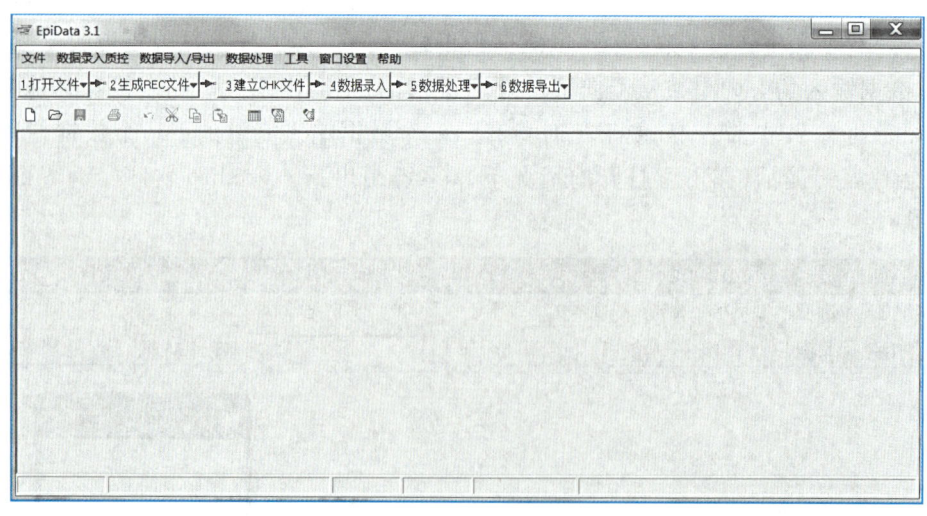

图 8-10　EpiData 软件界面

四、数据清理

数据录入完毕以后，在统计分析前，还需要利用计算机的有关功能，对 SPSS 数据文件中的数据进行清理，保证数据的质量。常用的数据清理方法有以下几种：

(一) 有效范围清理法

对于问卷中的任何一个变量来说,它的取值都有一定的范围,其编码值就在这个范围内。如果数据中的数字超出了这一范围,则可以肯定这个数字是错误的。例如,"性别"这一变量的取值有三种情况,即"1＝男""2＝女""0＝未填写",相应地,其编码值就只有 0、1、2 这三个数字,也即 0、1、2 是"性别"这一变量的有效范围。超出这一范围的数字就是错误的,这时,应当找到原始问卷,并对其进行核对与纠正。我们可以利用 SPSS 软件中的"分析"—"描述性统计"—"频率"命令,把"性别"变量放进去进行频率统计,获得变量的频数频率分布表。观察表中的"有效值"一列,看看是否有超出有效范围的数字出现。如果在计算机输出的这一变量栏中出现了 0、1、2 以外的数字,就可以肯定有错误。这时,可以利用问卷上的编号找到原始问卷进行复查、纠正。

(二) 逻辑一致性清理法

数据逻辑一致性清理是指利用变量与变量之间内在的逻辑关系,对前后数据的合理性进行检验。其前提条件就是要弄清问卷中不同变量之间的关系。

在一份问卷中,不同变量之间可能存在某种逻辑关系。例如,在对青年夫妇的调查中存在一对相倚问题,其过滤性问题是"你们有孩子吗",答案项为"1＝有;2＝没有"。后续性问题是"请问你们的孩子有多大"。如果被调查者在前面已回答了"没有",却在后面出现 4、6 等数字,这就是不合逻辑,可以肯定这些数据有错误或有问题。对于定类变量、定序变量或定距变量,可以采用交互分类(列联表)统计方法,检查变量之间是否存在逻辑毛病。对于存在数量关系的两个或多个变量,可以通过创建新变量的方法检查其逻辑一致性。发现问题时,可以利用"查找"命令查出有关的问卷编号,再找到原始问卷进行纠错。

(三) 数据质量抽查法

有时,尽管对数据资料进行了有效范围清理和逻辑一致性清理,但仍可能有一些错误的数据无法查找出来。在这种情况下,通常采用的办法就是通过随机抽样方法,从全部的问卷中抽取一部分,逐一进行审核、校对,并根据这一部分问卷的审核、校对结果,对全部问卷的数据变量进行评估。最后根据综合评估结果,找到存在的问题,针对问题进行审核。

调查案例

昆明市低保制度实施状况调查(居民)问卷的编码

一、制作编码手册

总的编码原则如下:

1. 以问卷预编码为基准,即预编码是几,编码就是几。例如,预编码为"1＝男;2＝女",如果女被选中,则编码为 2。

2. 限定选项的多项选择题,当选中项少于限定数目时,用 0 补足位数。

3. 不限选项的多项选择题,转换为多个 0、1 变量的单项选择题,选中的编码为 1,未选中的编码为 0。

4. 未填写的编码规则。连续型变量编码为 9、98、989 或 9898，0、1 变量编码为若干个 9，其余的统一用 0、00、000 或 0000 表示(具体几个 0 视宽度而定)。

编码手册表见表 8-6。

表 8-6　编码手册表

提问项目	变量名	变量名标签	宽度	栏码	答案赋值方式（变量值标签）	未填写及个别特殊值
编号	QN	问卷编号	3	1～3		
问题1	w01	性别	1	4	1＝男；2＝女	0
问题2	w02	出生年	2	5～6		98
问题3	w03	文化程度	1	7	1＝未受过学校教育；2＝小学；3＝初中；4＝高中（中专/职高）；5＝大专；6＝本科；7＝研究生及以上	0
问题4	w04	职业	1	8	1＝下岗失业；2＝一般工人；3＝企业专业技术人员；4＝企业管理人员；5＝公务员；6＝教师或科研人员；7＝个体工商户；8＝服务业受雇者；9＝退休；10＝其他	0（注：选10的编码为L）
问题5	w05a	家庭人口数	1	9		0 例外
	w05b	家庭有几代人	1	10		9
	w05c	家庭工作人数	1	11		9
问题6	w06	住房类型	1	12	1＝单位公房；2＝已购单位房；3＝集资房；4＝商品房；5＝租赁房；6＝借住房；7＝其他	0
问题7	w07	住房面积	3	13～15		989
问题8	w08	您对当前居住状况的感受	1	16	1＝非常满意；2＝比较满意；3＝一般；4＝不太满意；5＝很不满意	0
问题9	w09	您家所在的位置属于哪个区	1	17	1＝五华区；2＝盘龙区；3＝官渡区；4＝西山区；5＝其他	0
问题10	w10	对自家经济条件的感受	1	18	1＝非常满意；2＝比较满意；3＝一般；4＝不太满意；5＝很不满意	0

续表

提问项目	变量名	变量名标签	宽度	栏码	答案赋值方式（变量值标签）	未填写及个别特殊值
问题11	w11a	日常交往的主要对象是亲戚	1	19	1=是；0=否	999999（6个9）
	w11b	日常交往的主要对象是朋友	1	20	1=是；0=否	
	w11c	日常交往的主要对象是邻居	1	21	1=是；0=否	
	w11d	日常交往的主要对象是同事	1	22	1=是；0=否	
	w11e	日常交往很少	1	23	1=是；0=否	
	W11f	日常交往的主要对象是其他人	1	24	1=是；0=否	
问题12	w12a	您通常在哪里购物之一	1	25	1=附近商店；2=农贸市场；3=超市；4=百货商场或购物中心；5=专卖店（不含商场中的专卖店）；6=其他	00
	w12b	您通常在哪里购物之二	1	26		
问题13	w13a	您认为城里人找工作主要有哪些困难之一	1	27	1=进城务工人员太多；2=对找工作没信心；3=工资太低，提不起就业动力；4=没技术特长；5=就业竞争太激烈；6=社会没有足够的就业岗位；7=文凭低；8=年龄大；9=其他	0000
	w13b	您认为城里人找工作主要有哪些困难之二	1	28		
	w13c	您认为城里人找工作主要有哪些困难之三	1	29		
	w13d	您认为城里人找工作主要有哪些困难之四	1	30		
问题14	w14	您是否知道本地的最低工资标准	1	31	1=是；2=否	0

二、根据编码手册进行编码

然后，根据编码手册对问卷进行编码。下面是对编号为1的问卷进行的编码。

问卷编号：__1__ 001

昆明市低保制度实施状况调查（居民）问卷

尊敬的女士/先生：

您好！我们是云南大学的学生，现在正在进行一项城市低保制度实施状况的社会调查。目的是了解城市低保制度实施状况及市民对低保制度的看法，为相关部门制定有关政策提供科学依据和建议。您的回答将代表许多和您相似的人的回答，对本次调查十分重要。填写问卷时我们不记名，因此对您不会有任何不利影响，请您不要有顾虑。本次调查大约要占用您15分钟的时间，我们真诚地希望您能协助我们完成这项调查。

感谢您的合作,衷心祝愿您身体健康,万事如意!

云南大学社会学系
2006年3月

填写说明:请在符合您的情况的选项上打"√",或在横线上填写相应的内容。

1. 您的性别: √1 男　　2 女　　　　　　　　　　　　　　　　　　1
2. 您出生于哪一年:19__68__年　　　　　　　　　　　　　　　　68
3. 您的文化程度:
　　1 未受过学校教育　　2 小学　　√3 初中　　4 高中(中专/职高)　　3
　　5 大专　　　　　　　6 本科　　7 研究生及以上
4. 您的职业:　　　　　　　　　　　　　　　　　　　　　　　　　2
　　1 下岗失业　√2 一般工人　3 企业专业技术人员　4 企业管理人员　5 公务员
　　6 教师或科研人员　7 个体工商户　8 服务业受雇者　9 退休　10 其他
5. 您家现在有__3__人(以户口在一起为准),总共__2__代人,有工作的人
　　共__1__位　　　　　　　　　　　　　　　　　　3　　2　　1
6. 您的住房类型是:　　　　　　　　　　　　　　　　　　　　　　2
　　1 单位公房　√2 已购单位房　3 集资房　4 商品房　5 租赁房　6 借住房
　　7 其他
7. 您目前的住房面积是__50__平方米　　　　　　　　　　　　　050
8. 您对当前的居住状况的感受是:　　　　　　　　　　　　　　　4
　　1 非常满意　2 比较满意　3 一般　√4 不太满意　5 很不满意
9. 您家所在的位置属于哪个区:　　　　　　　　　　　　　　　　2
　　1 五华区　√2 盘龙区　3 官渡区　4 西山区　5 其他
10. 您对自家经济条件的感受是:　　　　　　　　　　　　　　　　4
　　1 非常满意　2 比较满意　3 一般　√4 不太满意　5 很不满意
11. 您日常交往的主要对象是:(选多少项不限)　　　　　　100100
　　√1 亲戚　2 朋友　3 邻居　√4 同事(包括以前的)　5 很少交往　6 其他
12. 您通常在哪里购物?(请选出您最常去的两个地方)　　　　2　　3
　　1 附近商店　　　　　√2 农贸市场　　　　　√3 超市
　　4 百货商场或购物中心　5 专卖店(不含商场中的专卖店)　6 其他
13. 您认为城里人找工作主要有哪些困难?(请选出最主要的4项)
　　　　　　　　　　　　　　　　　　　　　　4　　5　　6　　0
　　1 进城务工人员太多　　2 对找工作没信心　　3 工资太低,提不起就业动力
　　√4 没技术特长　　　　√5 就业竞争太激烈　　√6 社会没有足够的就业岗位
　　7 文凭低　　　　　　　8 年龄大　　　　　　9 其他
14. 您知道本地的最低工资标准吗?　　1 是　　√2 否　　　　　　2

[资料来源:赵淑兰,社会调查方法(第二版),机械工业出版社,2020年]

任务实训

任务实训单

实训目标	以小组为单位,对小组课题回收的问卷调查资料进行审核、复查,制作编码手册、进行问卷编码,以及数据的录入和清理。
实训环境	1. 拥有电脑的机房。 2. 安装 SPSS、FoxPro、EpiData 等软件的电脑。
实训内容及要求	【实训内容】 1. 对回收的问卷资料进行审核、复查。 2. 进行问卷编码和制作编码手册。 3. 利用 SPSS、FoxPro、EpiData 等软件录入数据。 4. 对 SPSS 数据进行清理。 【实训要求】 1. 数据录入过程中要及时保存数据,以免电脑电源断电或操作系统故障等。 2. 数据录入时,每一位输入人员都要独立完成各自所要输入的那一部分问卷,不同输入人员的问卷之间,以及同一位输入人员已输入和未输入的问卷之间千万不要混淆,以免造成漏输或重复输入,影响数据的质量。
实训步骤	1. 以小组为单位实施调查,并回收调查问卷资料。 2. 对调查问卷资料进行审核和复查。 3. 利用 SPSS、FoxPro、Epidata 等软件录入数据。 4. 对 SPSS 数据进行清理。
实训考核评价	【评价载体】 数据文件。 【评价指标】 1. 回收问卷的审核和复查,占 35%。 2. 数据录入速度及正确率,占 35%。 3. 数据的清理,占 30%。

任务二 定性资料的处理

案例导入

参与式观察法的经典之作——《街角社会》

作为社会学研究方法的经典著作,《街角社会》由芝加哥学派社会学家威廉·富特·怀特基于其1936年至1940年的实地研究,成书并出版于1943年。《街角社会》所使用的参与观察法被认为是最纯粹的定性研究方法。后世无论哪个学派、无论哪种方法论的捍卫者,均公认它为社会学的经典力作、参与观察法的典范之作,即使是定量研究及统计学的坚守者也不能否认,《街角社会》生动地展现了定性研究、个案研究所达深度的不可替代性。《街角社会》中,威廉·富特·怀特选取波士顿北区意大利人贫民区(书中称之为"科纳维尔")为研究区域,以街角青年为研究对象。为了开展研究,作者加入街角青年帮派"诺顿帮",以其成员身份,置身观察对象的环境和活动中,对街角青年的生活状况、非正式组织的内部结构及交互作用,与相关群体(该区域意裔男大学生)的对比,与周围社会(非法团伙成员和政治组织)的关系加以研究,得出了关于"科纳维尔"社会组织、社会结构及区域问题的结论。

知识准备

一、定性资料的概念及特点

(一)定性资料的概念

定性资料是研究者从实地研究中所得到的各种以文字、符号表示的观察记录、访谈笔记,以及其他类似的记录材料。

(二)定性资料的特点

1. 来源的多样性

实地研究中的定性资料在来源上具有多样性的特征,即既有观察得到的资料、访谈得到的记录,也有其他一些随笔式、日记式、感想式的笔记,还有一些在现场所收集到的与研究问题有关的文字、图片、音像、物品等实物资料。

2. 形式的无规范性

在实地研究中所获得的各种资料,无论是观察记录,还是访谈记录、其他各种笔记,或是实物资料,从内容到形式,往往呈现为一种零碎、分散、杂乱、无固定结构的状态,表现出明显的非规范性特征。

3. 不同阶段的变异性

在不同的研究阶段,定性资料具有不同的形式。例如,在实地参与中研究者得到的是原始记录,在资料整理中所得到的是主题编码、分析备忘录等,而在最终报告中所出现的则是经过选择和处理的资料。

二、定性资料的整理过程

定性资料的整理是系统展开定性资料分析之前的一个重要步骤,主要包括资料审核、整理笔记、建立档案、概念化、编码以及撰写备忘录等具体内容。实际上,在定性资料整理过程中就已经蕴含着对定性资料的初步分析。

(一)定性资料的审核

定性资料的审核是指对原始资料进行审查与核实的过程。其目的就在于消除原始资料中的虚假、差错、短缺、冗余等不符合要求的内容部分,以保证资料的真实性、准确性和适用性,从而为进一步整理分析做好充分准备。定性资料的审核可分为实地审核和系统审核两种类型。实地审核中的资料审核工作与资料收集工作同步进行,边收集边审核;而系统审核则是在资料收集完毕后集中进行的审核。在实地研究中,实地审核非常重要。它可以确保调查者在发现错误、遗漏和矛盾时能及时就地补充和更正。

1. 真实性审核

真实性是资料审核中最起码和最根本的要求,因为错误和虚假的资料将可能导致错误的结论,甚至导致整个研究的彻底失败。真实性审核又叫信度审核,其目的在于判断所收集到的

资料是否真实可靠地反映了研究对象的客观情况。通常情况下,可以采用以下几种方法:

(1) 根据已有的经验和常识进行判断,一旦发现违背经验、不合常理的资料,就要根据事实进行纠正。

(2) 根据材料内在逻辑进行核查,如果发现材料前后矛盾,或明显违背事物发展的逻辑,就要找出问题所在,剔除不符合事实的材料。

(3) 利用资料间的比较进行审核,如在访谈过程中,可以将不同回答者对同一事件的叙述进行比较以判断资料的可信程度。

(4) 根据资料的来源进行判断,一般而言,知情者反映的情况比局外人反映的情况更可靠些,有文字记录在案的情况比听说的情况更可靠些。

2. 准确性审核

准确性主要涉及两个方面的内容:一方面是所收集到的资料是否符合原设计要求及对于分析所研究的问题的效用如何;另一方面是所收集到的资料对于事实的描述是否准确。准确性审核是指将那些离题太远、效用不大或不符合要求的资料予以清除,以保证资料的准确,特别是有关的事件、人物、时间、地点等要准确无误,切忌含混不清、模棱两可。

3. 适用性审核

在对资料的真实性和准确性进行审核后,还要审核资料的适用性,即考察资料是否适合分析与解释。主要包括资料的分量是否合适、资料的深度与广度如何、资料是否完整等。

(二) 整理笔记与建立档案

1. 整理笔记

在实地研究的过程中,通过较长时间的观察、访问、交往、闲聊和参与,研究者会得到大量凌乱无结构、无顺序的现场笔记。经过真实性、准确性和适用性审核后,这些资料仍然是杂乱无章的,还没有条理化和系统化,需要对其进行进一步的整理。与定量资料的整理相比,定性资料整理的工作量更大,难度也更大,主要包括分类建档、编码等具体内容。传统的做法以手工操作为主,将材料分门别类地写在卡片上,分别标以不同的代码,然后按不同的类别归类放置。随着计算机技术的飞速发展和广泛普及,定性资料的整理工作大大简化,效率显著提高。除了分类框架的确定、类别和代码的设置等工作仍必须由研究者来做外,研究者可以越来越多地利用计算机进行定性资料整理和分析。需要注意的是,在将实地记录或现场笔记全部输入计算机时,应做到完全按照实地记录本上的内容和文字录入,不要做任何的修改,而将其复制出的多个备份文件用来进行各种删改、编排、摘录等处理。计算机对定性资料的帮助作用除了体现在文字处理功能上之外,自二十世纪八十年代以来,还逐渐出现了许多专门处理定性资料的分析软件,即"计算机辅助定性数据分析软件"(Computer-Assisted Qualitative Data Analysis Software,简称 CAQDAS),如 Ethnograph、Nvivo、ATLAS.ti 等,这就大大增强了研究者处理定性资料的能力。国内也有学者分析了 CAQDAS 的优势(如提高资料分析的效率和深度)和劣势(如把定性分析定量化、把数据与分析隔离以及对技术的盲从等),并指出我们应该摒弃盲目拒绝和一味迎合的态度,而是结合自己的具体研究问题灵活加以应用。

2. 建立档案

资料分析意味着寻求资料中所隐含的意义和模式,而资料整理的工作正是为寻求和识别这种意义和模式提供基础。在巴比（Babble）看来，"将你们的笔记组织起来建档便是发现意义的第一步。"在资料整理过程中，研究者要着手建立以下四种类型的资料档案：

（1）**背景档案**。特别是对一些研究社会运动或重大社会事件的定性研究，这种档案非常重要。它不仅需要在进入实地进行观察、访谈之前就开始制作，而且还需要在实地研究过程中根据持续发现的有关研究对象的历史随时添加。

（2）**传记档案**。它的对象是实地研究中的各种人物。研究者应该将所有有关某个人物的档案放在一起，以便更加全面地认识这个人物，并从中发现不同事物之间的联系。

（3）**参考书目档案**。将资料分析过程中，甚至整个研究过程中所查阅、记录下来的各种书目、文献资料都系统地整理和归档。

（4）**分析档案**。它根据分析的主题将各种资料分别集中，是资料分析过程中最主要的档案类型。分析档案具有一定的弹性，建立分析档案的工作应该是一个持续的过程，不要在计划开始时就建立一个分析档案系统，然后从头至尾很固执地坚持使用下去。研究者应该根据实地研究过程中新出现的主题，随时补充和修正分析档案。

（三）定性资料的概念化

在社会研究中，概念化能为资料分析提供一个很好的基础和框架。定量研究者通常在收集和分析资料之前就将变量的概念化以及概念的提炼作为变量测量过程中的一部分。但是，对于定性资料分析而言，概念化是资料分析的一个有机组成部分，它在资料收集时就已经开始了，并且与资料分析是同步完成的，研究者需要根据资料来形成新的概念或提炼概念。也就是说，概念化是定性资料分析过程中用以组成资料、赋予资料意义的一种主要方式。

在定性资料整理过程中，研究者往往通过对资料提出评论性的问题来进行概念化或形成概念。这些问题既可以来源于某一学科的专业术语，也可以来源于逻辑推理。前者如"这是行政职能的一种体现吗？""这是行政决策的一个例子吗？""这是行政执行的一种表现吗？""这是行政监督的一种形式吗？"后者如"这一事件的后果是什么？""这一事件在此时此地发生与在彼时彼地发生的方式有何不同？""这些是相同的或者不同的个案吗？""这些是一般的或特殊的现象吗？"实际上，概念化与对定性资料的编码紧密相连，研究者在依据一些类似于以上的问题对资料进行编码的过程中，就实现了将资料概念化。

需要注意的是，在对资料进行概念化的过程中，特别是在对资料进行开放式编码的过程中，研究者应当努力寻找"本土概念"。这些概念是被研究者经常使用的、用来表达他们自己看世界的方式的概念，它们能够更加真切地表现被研究者的思想和情感感受。对于"本土概念"的探寻没有固定的程序可以效法，主要依靠研究者的直觉和经验。当然，它也并非完全无迹可寻。如果一些概念反复被研究者使用，说明这些概念在他们的生活中占据比较重要的位置，带有强烈感情色彩的概念往往比较贴近他们的真实想法。如果研究者相信自己的判断力的话，那些在阅读的时候容易引起其注意的概念通常也说明它们对研究者有吸引力，值得我们关注。

（四）定性资料的编码

不论是定量分析，还是定性分析，它们在对资料进行整理的过程中都包含一个编码阶段。所不同的是，在定量资料分析中，编码是将问卷上的文字资料转换成计算机能够识别的符号，以便计算机能够进行统计和分析。而在定性资料分析中，编码是将原始资料组织到不同的概念类别中,并创造出主题或概念,然后用这些主题或概念分析资料。这种编码不仅可以将零散、混杂的原始资料缩减为便于管理、较为清晰的资料,而且还可以发现资料之间的关系和模式,进行类别化分析。正如凯西·查马兹(Kathy Charmaz)所言:"编码有助于我们获得对资料的新的理解视角,有助于进一步关注资料的收集,而且可以引导我们向着未知的方向前进……编码是形成理论的开始环节。编码表明我们的资料和初步理论已经形成,而初步理论进而解释这些资料并指导进一步的资料收集。"一般来说,对定性资料的编码主要有三种类型:开放式编码、轴心式编码和选择式编码,也有学者将其称为一级编码、二级编码和三级编码。

1. 开放式编码

在初次对所收集的定性资料进行分析时,研究者通常采用开放式编码。其基本思路是,研究者先设置一些主题,同时,将最初的代码或标签分配到资料中,以便将大量零散的、混杂的资料转变成不同的类别。也就是说,研究者首先将原始资料打散,并赋予概念,然后再以新的方式重新组合起来。开放式编码的具体做法是,研究者在仔细认真阅读原始资料的基础上寻找评论的项目、关键的事件或主题并标上记号,然后在记录卡片的边缘写一个初步的概念或标签,再用红笔或其他方式做出明显标记。这是一个在原始资料中寻找抽象概念和意义的过程,研究者应该以一种开放的心态,尽量悬置个人的倾向和学术界的定论,不受任何约束地按照所有资料本身所呈现的状态来确定和完善主题,进行分类,并将所有的码号按照一定的标准进行汇总,最终建立一个编码系统,即编码簿。这个编码簿就是研究者目前对资料进行分析的基本概念框架。开放式编码的主要目的是对资料进行开放式的探究,研究者主要关心的不是原始资料中有什么概念,而是这些概念可以如何使探究进一步深入下去。

2. 轴心式编码

在开放式编码中,研究者要关注于资料本身,不断为资料中所呈现出的各种主题分配编码标签。与此不同,轴心式编码则从一组初步的主题或初步的概念开始,研究者更为关注主题而非资料本身。也就是说,研究者通常戴着一副有关基本的或初步的编码主题这样的"有色眼镜"去阅读和审视资料。轴心式编码通常是在开放式编码的基础上进行的,它是从一组已被组织过的初始码号入手,建立主题之间的相关性,使主题所代表的概念精确化,以及提出新的主题的过程。在此过程中,轴心式编码的主要任务是发现和建立概念类别之间的各种联系,以表现资料中各个部分之间的有机关联。这些联系主要包括以下方面:因果关系、时间关系、语义关系、情境关系、相似关系、差异关系、对等关系、类型关系、结构关系、功能关系、过程关系、策略关系等。在轴心式编码中,研究者每一次只对一个类别属性进行深度分析,并围绕着这个类别属性寻找相关关系,此类别属性即所谓的"轴心"。经过多次的轴心式编码,有关各个类别属性之间的各种联系将变得越来越具体、越来越清晰。此外,在每一组概念类属之间的关系建立起来以后,研究者还需要进一步辨别、判定主要类属和次要类属,并通过比较的方法将它们联结起来。在此基础上,研究者还可以使用新的方式对原始资料进行重新组合连接。

3. 选择式编码

就对资料的整理与分析而言,选择式编码比开放式编码和轴心式编码更深入一层。它不仅要从原始资料中寻找抽象概念和意义,发现和建立概念类别或主题之间的相互关系,而且还要进一步在所有相关概念类别或主题中找到一个可以统领其他类别或主题的核心类别或核心主题,并将所有的研究结果统一在这个核心类别或核心主题的范围之内。

选择式编码最关键的任务是,要在所有的概念类别或主题中经过系统的分析之后选择出一个核心类别或核心主题,并将其他材料都纳入这个核心的分析框架中。这个核心类别或核心主题应该具有如下特征:

(1) 它必须在所有类别或主题中占据中心位置,并且要与大多数类别或主题之间存在意义关联,最有实力成为资料的核心。

(2) 它必须频繁地出现在资料中,并且应该表现的是一个在资料中反复出现的、比较稳定的现象。

(3) 它应该很容易与其他类别或主题发生关联,而非牵强附会式的糅合,并且这种关联在内容上应该非常丰富。

(4) 在基于原始资料而建立起来的、适用于在特定情境中解释特定社会现象的"实质理论"中,一个核心类别或主题应该比其他类别或主题更加容易发展成为一个更具概括性的形式理论。在成为形式理论之前,研究者需要对有关资料进行仔细审核,在尽可能多的实质理论领域对该核心类别或主题进行检测。

(5) 随着核心类别或主题被分析出来,理论自然而然地往前发展。

(6) 它应该允许在内部形成尽可能大的差异性。研究者在不断地对它的维度、属性、条件、后果和策略等进行编码,因此它的下属类别或主题可能会变得十分丰富、复杂。这也是"扎根理论"建构过程中的一个特点,即寻找内部差异。

表 8-7 为三级编码的一个示例。

表 8-7 定性资料三级编码示例

原始资料	一级:开放式编码	二级:轴心式编码			三级:选择式编码
		类属	属性	维度	
我爱人是从事商业服务行业的,当会计,天天很忙,孩子上幼儿园,她得天天接送。我在家时,有我送她;我出来,接送孩子就得她去。她父母身体不太好,有时还得照顾老人。我祖母半身不遂。所以,我父母还得照顾老太太,帮不了我们家的忙。这样,负担全靠她支撑了。我出来时,她也哭过。不让我出来,她觉得她对不起我;可出来了,我又觉得对不起她。她还怕我学成了,变心甩了她;我哪能呀!糟糠之妻不能忘,就凭她支持我出来这一点,以后就得好好营造这个家。我不爱说大话,为社会也好,为国家也好,那都是客观的;主观上主要还是想营造好这个家。没有家,哪有我呀!想她为我付出这么多,这辈子我也得好好爱她。俗话说:"海枯石烂,永不变心。"	家庭负担重 爱人工作忙 小孩小 老人需要照顾 家庭责任分担变化 全部靠妻子承担 妻子用哭表达歉疚和担心 丈夫产生歉疚感 主观与客观 家国同构 夫妻间关系伦理 个体行动时空感 文化传统影响	家庭负担变化 妻子做出反应 丈夫做出反应 夫妻间关系伦理	爱人工作 孩子 老人 责任分担变化 担心 歉疚 表达方式 歉疚 承诺 表达动机 社会地位 家庭责任 回报时间 性别差异 文化传统	忙—不忙 小—大 需要照顾—不需要照顾 部分靠她—全部靠她 高—低 高—低 被动—主动 低—高 高调—低调 主客结合—主客分离 家国同构—家国分离 平衡—不平衡 分担—不分担 现在—未来 口惠—眼泪 变心—坚守	核心类属:夫妻间关系伦理 支援类属:1. 妻子做出反应; 2. 丈夫做出反应。 情境条件:家庭负担变化 因果条件:丈夫外出读研 初步假设: 1. 当双职工家庭上有老下有小、一方长期离家时,会造成夫妻关系紧张。 2. 平衡婚姻稳定的基础有三个:(1)双方的情感状况;(2)社会地位的平衡;(3)家庭责任的分担。当(2)和(3)发生变化时,(1)也会发生变化。 3. 丈夫离家,妻子会比较担忧;而反过来并非如此,而且通常妻子出来的机会比较少。 4. 当丈夫现时无法回报妻子时,通常会使用文化格言作为口惠,高调许诺未来报答;而妻子通常使用"弱者的武器"(眼泪、身体辛劳)来应对。

(资料来源:陈向明,扎根理论在中国教育研究中的运用探索,北京大学教育评论,2015 年第 13 卷第 1 期)

(五）撰写备忘录

在实地研究中，备忘录是田野笔记或实地笔记的一个重要组成部分。大卫·希尔弗曼（David Silverman）指出："在做田野笔记时，你不是简单地记录资料，而是要分析它。"也就是说，在写田野笔记或实地笔记的时候，实地研究者不仅仅是简单而机械地记录各种观察资料和访谈资料，他们同时还需要把自身对研究维度、理论概念的思考，对研究方法、研究策略的看法，对某些人物和某些事件的评论等方面的内容也及时记录在案。这样所形成的文本就是所谓的"备忘录"。备忘录是田野笔记或实地笔记中分析的部分，因而可以说，备忘录是定性研究中编码之外的另一项重要的资料整理和分析手段。备忘录的撰写有助于激发研究者的思想，促使其将分析性解释和经验表现连接起来，并以新的方式看待原始资料和编码，发现和比较资料中的类别属性和意义模式，进而为"扎根理论"的最终建构提供思路和支撑。根据备忘录撰写内容的不同，一般可以将其划分为以下三种类型：

1. 理论备忘录

它主要记录研究者对有关研究维度、理论概念的深层含义、概念之间的关系，以及理论假设等主体的思考。在定性分析过程中，研究者需要不断地对自己所研究的事物进行理论思考，以求理解其发生、存在和变化的意义。因而，即使有些记录在后来被证明是无用的，完整记录下自己的思考过程和结果也是非常重要的。这种理论备忘录通常可以构成编码备忘录的起点。

2. 编码备忘录

编码备忘录又叫分析型备忘录，也是最常用的一种备忘录形式。它主要记录了研究者有关编码过程的想法和思路。编码备忘录将编码标签及其意义对应起来，构成了一个将具体经验资料或粗略证据与较为抽象的理论思考连接起来的通道。每一个编码概念或主题都是形成一篇独立备忘录的基础，编码备忘录正是围绕着对这一概念或主题的相关讨论和反思而展开的。通常而言，这种备忘录是研究者写给自己看的，它是研究者借助书面形式整理自己思想的一种方法，写作时研究者的心态应该轻松、真诚，写作风格应该比较随意，不必刻意使用正规的语言，也不必担心别人的看法。

3. 操作备忘录

它主要记录了研究者对研究方法和研究策略的思考，其中不仅包括对资料收集环境的考察，同时也包括对后续资料收集工作的指导性意见，以及对某些人物和事件的评论。

在定性资料的收集和分析过程中，各种备忘录的撰写是贯穿始终的。随着研究的逐渐深入，研究者需要不断重读和完善这些备忘录，不断与他人讨论备忘录中的想法和概念，同时带着对新议题的关注，不断地查询资料、增写新的备忘录。俗话说得好，"好记性不如烂笔头"。要想从事定性研究，就必须养成随时记笔记的习惯，一有想法就马上记下来，并且及时把记好的笔记组成不同议题的笔记档案。研究者通常会将那些质量好的备忘录加以修改，使其成为最终研究报告的一部分。因而，写好备忘录将会达到事半功倍的效果。

撰写备忘录的方式多种多样、因人而异，每个研究者可能都会采用自己所习惯的方式。而其所使用的工具也非常简单，只需要纸和笔，再加上笔记本、文件夹，以及实地笔记的复印件就可以了。例如，研究者可以先将实地记录复印多份，并根据其内容、主题裁剪成不同的部分,然后添加某些评论和思考,就制成了各种不同的备忘录。计算机技术的发展和手提电脑的普及,大大便利了各种备忘录的撰写。例如,有关实地记录的评论和思考就可以在 Word 文档中通过批注的方式进行呈现。在备忘录的撰写过程中,研究者不仅要随时记录转瞬即逝的思想火花,而且还要反复比较写好的备忘录的异同,将相似的加以合并,并给相同主题的备忘录设立标签。此外,研究者还应该根据写作目的的不同而将原始资料与备忘录区分开来,原始资料是证据,而备忘录则具有概念和理论建构的目的。

三、定性资料的分析过程与方法

(一) 定性资料分析的基本过程

定性资料分析的过程是一个对资料进行分类、描述、综合、归纳的过程。在定性资料分析过程中,研究者往往遵循归纳的逻辑方法,通过对信息的组织、归类和对信息内涵的提取,将诸多具体的、个别的、经验的事件概括、抽象为某种理论认识。一般而言,定性资料分析过程可以贯穿于整个研究的始终,不过对定性资料的分析主要还是在资料收集结束以后进行的,这种分析大致可以分为以下三个不同的阶段。

1. 浏览阅读阶段

分析资料的第一步是认真浏览和阅读原始资料,熟悉资料内容,做到心中有数,这是分析的基础。在对资料进行分析之前,研究者起码应该通读资料两遍,直到感觉已经对资料了如指掌,完全沉浸到了与资料的互动之中。在浏览和阅读过程中,研究者一方面应该采取一种主动"投降"的态度,要把自己相关的前提预设和价值判断暂时搁置起来,让资料自己说话;另一方面,研究者还担负着从多层次、多角度寻找资料意义的任务。

2. 整理编码阶段

在第一阶段浏览和阅读的基础上,研究者开始整理笔记、建立档案,并根据一定的概念和主题对资料进行编码,使得资料之间的逻辑关系更加清晰和系统化。在整理编码过程中,研究者要具有敏锐的判断力、洞察力和想象力,不仅要很快地抓住资料的内容、性质和特点,特别是那些隐藏在文字、语言下面的深层意义,而且还要很快地在不同概念和事件之间建立起联系。经过整理编码阶段以后,先前零碎、分散、独立的原始资料就会转化成为内容框架较为清晰、便于进一步分析的资料。

3. 分析建构阶段

在第一阶段浏览阅读与第二阶段整理编码的基础上,研究者接下来应该着手从内容框架较为清晰的资料中归纳或抽象出解释和说明社会现象和社会生活过程的主要概念或变量关系和模式。在分析建构构成中,研究者一方面要注意挖掘"本土概念",这些概念是被研究者经常使用的、用来表达他们自己看世界的方式的概念,能够更加真切地表现被研究者的思想和情感感受;另一方面,研究者在对这些"本土概念"进行分析和批判的基础上,还要努力建构某种"扎根理论"。

(二) 定性资料的分析方法

1. 连续接近法

连续接近法指通过不断的反复和循环的步骤,使得研究者从开始的一个比较含糊的观念以及杂乱、具体的资料细节,得出一个具有概括性的综合分析的结果。具体地说,研究者要从所研究的问题和一种概念与假设的框架出发,通过阅读和探查资料,寻找各种证据,并分析概念与资料中所发现的证据之间的适合性,以及概念对资料中的特性的揭示程度。研究者也通过对经验证据进行抽象来创造新的概念,或者修正原来的概念以使它们更好地与证据相适合。然后,研究者又从资料中收集另外的证据,来对第一阶段中所出现的尚未解决的问题进行探讨。而在每个阶段,证据与理论之间也不断进行着相互塑造。这种过程就称作"连续接近",因为经过多次的反复和循环,修改后的概念和模型几乎"接近"了所有的证据,并且这种经过连续地、一遍又一遍地修改的概念和模型也更加准确。

2. 举例说明法

举例说明法是用经验证据来说明某种理论,这是定性资料分析中最为普遍的一种方法。根据这一方法,研究者将理论应用于某种事件或背景中,或者根据先前存在的理论来组织资料。这种先前存在的理论提供了一只"空盒子",研究者在资料中将那些可以作为证据的内容集中起来,去填满这只空盒子。当然,这种用来填满盒子的经验证据既可以是支持理论的,也可以是否定理论的。

举例说明法在具体操作上可以分为两种不同的方式:一种方式主要表明理论模型如何说明或解释了某种特定的个案或特定的现象。研究者所列举的主要是一个个案或一种现象的证据。另一种方式则是对一种理论模型的"平行说明",即研究者平行列举多个不同的个案,比如多个不同单位或多个不同的时间周期等,来说明这种理论模型可以应用于多个不同的个案,可以解释或者说明多个个案中的情况。

3. 比较分析法

比较分析法是指从先前已有的理论或从归纳中发展出相关的规律或关系模型的思想,然后研究者将注意力集中在少数规律上,用其他替换的解释与之进行比较,在此基础上进一步考察那些不限于某一特定背景(如某一特定时间、特定地点、特定群体等)的规律性。比较分析法包括一致性比较和差异性比较。

(1)一致性比较法。这种比较法是将注意力集中于各个不同个案中所具有的共同特性上,并通过运用一种排除的过程来进行比较和分析。其基本思想是:研究者先找出不同个案所具有的某种共同的结果特性,然后再比较各种可能的作为原因的特性。如果某种被看作原因的特性不为所有具有共同结果的个案所共有,那么,研究者就将这种特性从可能的原因中排除掉,而所剩下的为所有个案所共有的特性则作为可能的原因保留下来。

(2)差异性比较法。差异性比较法的基本思想是:研究者先找出那些在许多方面都十分相同,但在少数方面不同的个案,然后找出那种使这些个案具有相同的原因和结果的那些特性,同时找出另一组在这种结果上与此不同的个案,即找出那些不出现第一组个案中的结果的另一组个案。这样,研究者就可以比较两组个案,查找那些在不出现结果特性的个案中也没有出现的原因特性。这种没有出现的特性就是结果的原因。

4. 流程图方法

流程图方法主要指的是以历史和现时发展过程为标准,对定性资料所进行的描述。这种方式的最大好处是能够很好地展现事物发展变化的过程。例如,贝克尔(Becker)在其所做的"成为大麻吸食者的过程"的研究中,采取的就是这种流程图的分析方法。这项研究试图概括出个人态度和经历的一系列有关变化,以解释吸食大麻的问题。作者所用的资料来自他们对50个具有不同背景的大麻吸食者的访问记录。这些访问把注意力集中于被访者吸食大麻的经历,探寻他们对于大麻的态度、实际使用情况的变化,以及发生这些变化的原因。最后的概括是一系列态度变化的表述,这些态度变化是在研究者所观察到的各种事例中发生的。正是在这些变化中,个人开始为取乐而吸食大麻。作者的研究报告展示了这一过程的一种流程图:研究结果的第一部分——学习吸食大麻的技术;接着第二部分——学习领悟大麻的效力;接着第三部分——学会喜欢这种效力。研究者利用大麻吸食者自己对吸食大麻的陈述作为研究的基础,并且从这些资料中建立了一种"成为大麻吸食者"的过程的理论。

定性研究是一种理论建构型的研究方式,无论采取什么样的分析方法,都应记住一点:定性研究的分析过程是一个开放式结构,在分析的过程中,研究者可以根据研究的目的,对原始资料进行不同的取舍。但是,不管怎样,研究者在建构相关理论时,都应该建立在原始资料上,而不是凭空杜撰。

拓展阅读

调查案例

青年理想取向工作价值观的产生机制(节选)

一、引言

关于工作意义的讨论一直很受学界关注。工作价值观影响着人们的工作表现和体验。相较于那些仅把工作视为谋生或获得世俗成就工具的人,将工作视为实现个人价值的方式、对工作怀有使命感和理想主义情怀的个体在工作中会表现得更加积极主动,且具有更高的工作效率;同时,持有理想取向工作价值观的人会在工作中更多地体会到快乐、热爱、自尊一类的积极感受,并拥有更高的主观幸福水平。理想取向工作价值观对劳动效率的提升和劳动者的心理健康都有积极影响。

青年群体是社会发展的动力之源,年轻人的工作价值观关系着社会发展的质量《中长期青年发展规划(2016—2025年)》强调,"青年是国家的未来、民族的希望。青年兴则民族兴,青年强则国家强"。青年是国家经济社会发展的生力军和中坚力量,有怎样的青年就有怎样的未来,创造更美好的未来社会,塑造能够引领历史潮流并代表未来的新兴价值观,都需要从青年入手(周晓虹,2018)。基于此现实意义,本研究拟以青年群体为研究对象,探讨其理想取向工作价值观生成的机制。

二、理想取向工作价值观的产生路径

已有研究主要从"社会性"和"个体性"两种路径解释理想取向工作价值观的生成过程,但是以上述影响因素解释工作价值观的形成,仍存在一些难以解释的现象。例如,同样把"社会经济发达"作为影响因素,有的研究发现这一因素促进了理想取向工作价值观的形成,有的研究却发现其抑制了理想取向工作价值观的形成。究其原因,既有研究更多地把研究重点放在寻找对理想取向工作价值观生成具有显著影响的因素上,而较少对价值观生成机制本身进行具体刻画。为降低工作价值观生成过程中因果关系的偶然性,本研究基于社会性和个体性两条分析路径,通过探讨理想取向工作价值观的社会性建构方式,以及理想取向工作价值观的个体采纳机制,分析理想取向工作价值观的产生机制。

三、研究设计和资料来源

本研究采用访谈法收集资料。既有工作价值观的相关研究,多以问卷调查为主要研究方法。但访谈可以与被访者进行深入沟通,从而获得更为细致、丰富的资料。本研究选取处于工作状态的青年作为访谈对象,并参考《中长期青年发展规划(2016—2025年)》对"青年"的定义,将访谈对象的年龄限定为15~34岁;参考国家统计局中国经济景气监测中心编制的《城乡居民收入分配与生活状况调查问卷指导手册》关于"就业"的定义来界定受访者的"工作状态",指连续从事一个月以上、有收入的工作,包括打零工、季节性歇业的工作(如建筑、装修等存在阶段性过渡状态的工作)、家庭帮工,不包括家务劳动者和学生从事的兼职工作。

本研究采用目的性、多点滚雪球的抽样方式,访谈对象涵盖不同行业、职位和工作形式(例如自雇或他雇)的青年,尽可能覆盖多样化的工作类型群体。本研究共完成38人次的访谈,每次访谈时间约为45分钟,受访者年龄集中在16~34岁之间,受访者的职业身份包括服务员、收银员、推销员、公司文员、技术人员、古籍修复师、律师、建筑设计师、创业人员等;其中,在工作中表现出理想取向价值观的劳动者,即以实现个人理想和价值为工作价值的劳动者共17人,表8-8。

表8-8 具有理想取向工作价值观的受访者

姓名	年龄	性别	职业	姓名	年龄	性别	职业
JSW	26	女	教师	WWJ	26	女	古籍修复师
ZHL	28	男	实习医生	JTH	26	男	书画买卖
YSF	34	男	书画鉴赏师	JFY	25	女	导播
HMW	26	女	医药代表	SMC	27	女	社工
HXW	32	男	数据分析师	ZL	32	男	公务员
HZC	28	男	实习医生	HTX	29	女	国企职员
ZYF	28	女	教师	SYF	28	女	审计
WM	30	男	事业单位工作人员	HLL	30	男	自主创业
YZQ	27	男	银行职员				

访谈为半结构式,旨在询问受访者是否具有理想取向工作价值观的问题包括:"你想从工作中获得了什么?""你认为人为什么要工作?你为什么工作?""你觉得工作的意义是什么?"等。考虑到社会性和个体性两条解释路径,除了"什么因素影响了你的工作选择""你为什么会有这样的想法?"之类模糊性问题,笔者还通过"你对工作的看法受到他人的影响吗?"等问题获得社会性相关因素解释,以及"你对工作的看法有什么重大的转变,或是建立的契机吗?"等问题探究工作价值观生成的个体性机制。基于被访者特征及其对问题的回答,笔者会对提问内容和方式进行随机调整。

四、个体对持续性工作的主动合理化

本研究对受访者想要通过工作实现的理想和价值进行归纳时发现,有人希望在工作中创造或制造出自己认可的产品,有人希望通过工作践行自己认可的理念,有人想通过工作成为自己想要成为的人。一位职业为教师的受访者表示,自己工作的目标就是"通过工作帮助学生成长,言传身教,把一些好的品质、好的思维方式教给他们"(JSW,26岁,小学教师);一位审计人员想要通过工作"成为行业里的专家",她认为这是"能够实现自我价值的一个点"(SFY,29岁,审计)。这些受访者的行动发出点都是"自己",目的在于达成自己的意愿,而希望在工作中追求理想和实现自我价值的观念,也是源于个人的主动期望。因此,为工作赋予价值和意义本质上可视为个体试图重新掌控工作行为的尝试。如果说工作的控制权丧失必然伴随着工作价值的缺失,那么对工作赋予理想,便是劳动者试图向工作索要价值,使得工作成为劳动者主动追求自身价值的途径,并在持续性的工作过程中被合理化,一定程度上降低了"不愿工作"的消极心态。

总之,通过从工作中寻找价值,在意义层面对持续性的工作状态进行主动合理化,是理想取向工作价值观生成机制中的个体层面动因。在现代社会,持续性工作几乎是所有劳动者需要遵从的外部性规范,在这个遵从过程中,人们可能因为失去对工作的掌控感而对工作产生厌恶感。为了对这种状态进行自我合理化,人们需要建立自身对工作的控制感,否则就会如马克思所言的"异化"状态一样导致工作价值感丧失,失去生活的意义感。年轻人在理念层面把工作视为追求理想、实现自我价值的方式,建立理想取向的工作价值观,从而重新夺回对工作和生活的掌控权。

五、职业理想"范本"的社会性构建

同一行业的从业者往往具有相似的职业理想。例如,教师的理想是教书育人,医生的理想是救死扶伤,法官的理想是匡扶正义等。通常,职业理想和工作性质相互匹配,某种职业理想似乎就应该包含某些特定内容。例如,厨师的理想理所当然是做出色香味俱全的菜品,如果厨师以惩恶扬善为职业理想,就会产生一种错配感。同样,本研究中的受访者也都表现出与特定工作内容相匹配的职业理想,表8-9。这种"匹配"意味着"理想"并非来自个人的突发奇想,而是一种集体性"共识";也就是说,特定工作的价值被外在于个人的文化结构力量建构和框定,个人的工作理想看似是一种自我定义,实际上是一种社会性定义。

表8-9 部分职业及相应的职业理想

职业	职业理想
教师	帮助学生成长
实习医生	治病救人
书画鉴赏师	传承文化
导播	保障新闻正义
事业单位工作人员	推动社会制度的进步
社工	促进教育公平
公务员	服务百姓
古籍修复师	留存书籍给有需要的人
自主创业	通过调动自己的积极性获得成长
医药代表	减轻病人负担
书画买卖	追求艺术的真

本研究中,教师、医生、公务员这些职业的从业者基本上都能够明确、顺畅地说出自己的职业理想是什么;与之相对,在社会话语和叙事系统中较少获得工作意义描绘的职业,其从业者一般无法清晰地表达出其职业理想和使命是什么。职业身份为收银员、基金经理等一类的受访者,由于社会文化没有为他们的工作预设"理想",导致这些受访者会更多地表示自己的工作"没有什么意义",只能从"养家糊口""获得生存"等工作的基本功能角度去理解工作的价值。

但是,被社会文化设定了职业理想"范本"的工作毕竟是少数,因此可以想见,很多年轻人在工作之初对职业理想的认知会很模糊。例如,受访者YSF在刚成为书画鉴赏师时只是因为"单纯的喜欢",后来在工作的过程中通过"师傅"的"指点",他才懂得书画鉴赏师的价值在于"通过鉴赏传承中国古代书画界先贤的作品,保存能够凝聚民族精神的文物"(YSF,34岁,书画鉴赏师)。正式工作后,年轻人身处的具体工作情境密集地为其提供相关的职业话语叙事,经常能从"领导""前辈"的言行中获得职业价值的正向范本形象。此外,职业理想的相关叙述不仅需要定义哪些行为和价值是被鼓励的,也要定义哪些行为和价值是不被允许的。一位职业身份为实习医师的受访者(ZHL,28岁,实习医生)就表示,主任医生时常告诫他"医生一定要把临床放在首位";由于"中国大部分科研脱离了临床,只是想拿基金、拿课题",这使他"对科研嗤之以鼻",并认为医学科研"可以由专门的人去做";他不认为科研是医生的工作职责,也就不会把科研工作表现优秀视为作为医生职业理想的内涵。部分受访者职业价值的二元评价符码见表8-10。

表8-10 部分受访者职业价值的二元评价符码

工作	正向符码	负向符码
医生	临床、治病	科研
教师	帮助学生成长	和学生较劲
公务员	服务百姓、推动社会进步	自利、腐败
记者	公正	偏颇
审计	报表真实	数据造假
医药代表	减轻病人负担	唯利是图
书画鉴赏	眼力好	"瞎子"
书画买卖	艺术性	沽名钓誉

最终,通过在话语叙事过程中不断描绘工作职责,职业理想和价值逐渐脱离具体的故事语境,被抽象成为价值意义的符号性范本。一切工作内容,无论是指向工作价值的核心内容,还是那些辅助性、琐碎的工作任务,在抽象符号之下都被赋予"理想"的光环。受访者中有一位年轻的社工,以向山区孩子提供学习资助作为其工作目标;她表示,虽然工作中包含很多"杂七杂八的事情",但因为工作本身是在"促进教育公平"和"帮助弱势群体"(SMC,27岁,社工),就让她觉得做这些"杂七杂八的事情"是可以忍受的,也是实现工作价值的一部分。

概言之,社会话语叙事对职业理想"范本"的框定,是理想取向工作价值观生成机制中的社会性基础。作为职业理想"范本"的工作价值被社会文化构建，通过社会和工作语境中话语叙事的二元符码系统对正向工作价值与负向工作价值的界定，特定的工作价值逐渐从具体的故事情境中抽象出来，成为带有意义的符号，社会文化由此完成对职业理想"范本"的建构过程。

六、对两种价值的确认

年轻人并不会仅仅因为知晓作为"范本"的职业理想内容，就对工作怀有理想取向价值观，甚至在医生、教师这些具有鲜明职业理想"范本"的行业中，也有相当一部分从业者并不具有理想取向工作价值观。一位辞职的教师受访者HXW就表示，虽然知道教师的工作价值应该体现在学生的进步上，但他却总会暗中与学生较劲，"他们背单词我也背单词，他们做题我也做题，就不服气他们"（HXW，32岁，数据分析师）。与HXW不同，受访者中不乏工作之后才建立起理想取向工作价值观的年轻人。实习医生HZC就坦言，他在高考时被调剂到医学专业，并非"因为有'救死扶伤'这种高尚的想法才学医"（HZC，28岁，实习医生），但是真正从事医生工作后，他逐渐建立了作为医生的职业理想。同样，原本想拿"村官"工作经历作为考公务员"跳板"的ZL，也在履行"村官"职责时开始想要好好地"为当地百姓服务"（ZL，32岁，公务员）。

受访者HXW认为，他无法对教师职业怀有理想取向工作价值观是因为"不愿意把成就感寄托在学生身上，而是想自己去实现一些东西"；也就是说，HXW不认为他的自我价值可以通过教师工作实现。与之相对，HZC与ZL的转变，则来自工作过程中获得的自身价值实现。

通过临床接触了很多病人，感觉到很多人发自内心地对你很尊重，有很多的感动。就会觉得这个职业真的是很高尚（HZC，28岁，实习医生）。

我是希望得到别人的认可，成为得到大家尊重的人。毕竟我在当地是对百姓负责的，他们对你有期待，就觉得要对得起老百姓，要为他们服务（ZL，32岁，公务员）。

医生的价值感离不开病人的尊重。同样地，村干部的价值感与村民的期待分不开。病人虽然不能认识每一个医生，但却可能对所有医生报以尊重，因为病人对医生的尊重主要基于医生是"高尚""无私""救死扶伤"这类典型化认知；同样地，村民也会期待所有村干部能够表现出相应的职业价值。当年轻人遵循社会框定的职业理想范本形象进行自我规范，就会获得外部环境给予的正向反馈，并从他人的尊重和期待中获得对自我价值的确认。

理想取向工作价值观的形成，一方面需要劳动者确认其个人价值可以通过当下的工作实现，另一方面，也需要劳动者确认其当下的工作本身是有价值的。一些年轻人在正式工作之前，就已经认可了社会话语叙事塑造的特定职业理想范本的价值，并为实现这些价值，目的明确地选择从事相关工作。受访者SMC，因为"觉得有人很可怜，想这个世界更少一点的人去受苦，更多的人可以享受到最基本的社会保障"（SMC，27岁，社工），出于帮助弱势群体的愿望，他选择成为了一名社工；另一位受访者WM，因为想要"推动社会制度的进步"（WM，30岁，事业单位工作人员）而服务于国家事业单位。SMC对社工工作价值的确认，来自她对相关社会新闻的思考；WM则因为从小跟着身为公务员的妈妈接触到公共管理相关工作，而对行政工作的价值形成一定的认知。无论源于工作过程中的思考还是实习过程中的体验，年轻人对工作怀有的理想取向工作价值观都不是被灌输形成的，这些亲身经历为他们提供了判断工作是否有价值的契机,使他们在实践过程中逐渐建立起理想取向的工作价值观;并且,越是与文化设定的职业理想"范本"接近的工作体验,其影响作用就越大。上文提到的实习医生HZC,他第一次强烈地感知到作为医生的理想使命是在产科接生时,他至今犹记得听到婴儿第一声啼哭的"成就感";在其他科室轮岗实习时(如他第一个实习的泌尿外科),都没有让他产生过那么大的心理触动。显然,产科"新生儿的诞生"相比泌尿外科的工作更靠近"生的希望"这一意义符码,和医生工作的核心价值更近。

当工作内容与社会话语叙事框定的职业理想内涵一致时,劳动者能够进一步确认自我和工作的价值,也更倾向于接受职业理想范本作为自己的职业理想。不过,当年轻人发现,真实工作环境中的职业理想价值不受鼓励,存在着与职业价值正向符码对立的行为和价值时,就会降低其对职业理想范本的接受度,继而开始怀疑工作的理想取向,甚至丧失原有的理想取向工作价值观。

艺术应该和名利性的东西是没什么关系的……中国的艺术行业有很多人沽名钓誉,很多假的画家,不是真的追求艺术,所以我现在不像以前对艺术有兴趣了,有一点迷茫吧(JTH,26岁,书画买卖)。

总之,理想取向工作价值观的产生本质上是对工作的价值赋予过程。一是需要年轻人能够确认工作的社会性价值,认可社会为其工作框定的职业理想范本;二是需要年轻人确认工作的个体性价值,认可其自我价值可以通过工作实现,如图8-11所示。此外,只有当年轻人所处的工作环境及其工作内容与职业理想范本规定的正向符码意义一致时,理想取向的工作价值观才能够稳定存续。如果个人在工作环境中感受到的工作价值与社会文化建构的工作理想价值冲突,理想取向的工作价值观就无法长期稳定地维持下去。

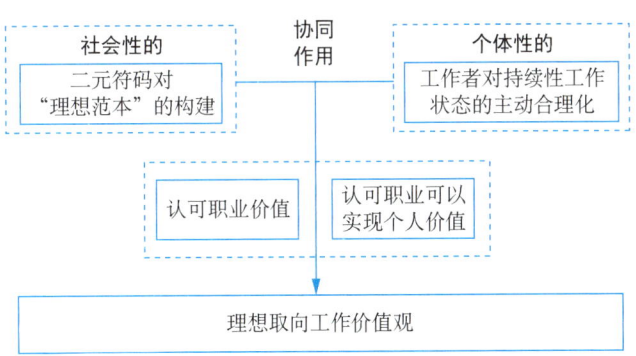

图8-11 理想取向工作价值观的生成机制

七、结论与讨论

本研究通过对38名青年的深度访谈,尝试探讨理想取向工作价值观的生成机制。研究发现,理想取向工作价值观的生成既不完全是行动者基于自身经历的主动选择,也不完全是外部社会性意识形态灌输的被动后果,而是个体主观意愿和社会文化结构力量共同作用的结果,其本质是对工作的价值赋予。一方面,理想取向工作价值观的生成离不开个体性的动因,青年本身具有通过理想取向的工作价值观对持续性工作状态合理化的需求。现代社会中消费主义盛行便是人们企图通过消费行为表达和定义自我价值的结果,在这种情况下,工作被视为赚取金钱以满足消费的工具,而不再被赋予任何价值和意义。另一方面,理想取向工作价值观的生成也离不开社会层面的建构,正向的工作价值在话语叙事过程中被框定在职业理想"范本"中;如果社会话语叙事中缺少对某种工作的职业理想"范本"构建,人们也很难描绘出理想取向工作价值观的样态。

本研究的受访者虽然包含很多职业的青年从业者,但是表现出理想取向工作价值观的受访者主要集中在教师、医生等职业,并非因为这类职业天然地具有工作价值,而是因为社会文化为这些职业提供了清晰的职业理想范本。最终,当年轻人能够在职业理想范本提供的工作价值框架内自主地认识和认可自己的工作价值,并认为其个人价值可以通过当下工作予以实现时,就能够建立起理想取向的工作价值观。

青年是国家的未来,《中长期青年发展规划(2016—2025年)》多次提到年轻人要有理想和担当,鼓励青年建立职业理想、树立社会责任感。实现这一点需要年轻人具备向上向善的自我意识,也离不开社会的支持。促进和保护青年理想取向工作价值观的形成,既需要引导青年从工作中寻找意义,也需要传播和发扬各类职业的理想价值,还需要建立、健全使年轻人能够实现和发挥自身价值的良性职业环境。

(资料来源:张卓君,青年理想取向工作价值观的产生机制,青年研究,2021年第3期)

任务实训

任务实训单

实训目标	1. 回顾学习过的相关知识,掌握访谈调查的步骤、进入访谈现场的方法。 2. 以小组为单位,选择一个感兴趣的、适合访谈调查的课题,运用访谈法收集资料,并对访谈结果进行整理和报告。
实训环境	1. 拥有与小组课题项目相关书籍的阅览室。 2. 具备网络查询功能的电脑。
实训内容及要求	【实训内容】 1. 选择一个感兴趣的、适合访谈调查的课题,设计访谈调查方案。 2. 实施访谈调查。 3. 根据定性资料的整理过程整理访谈记录,完成访谈报告。 【实训要求】 1. 能选择一个感兴趣、适宜于访谈调查的课题。 2. 能运用访谈法收集资料,实施访谈调查。
实训步骤	1. 选择一个感兴趣、适合访谈调查的课题。 2. 设计出实施访谈调查的方案。 3. 运用访谈法收集资料,实施访谈调查。 4. 对访谈结果进行整理和报告。
实训考核评价	【评价载体】 书面作业和PPT汇报。 【评价指标】 1. 课题是否明确、合适,占35%。 2. 访谈报告,占35%。 3. 小组成员合作情况,占30%。

思政小课堂

党史微故事 |《刘少奇调研求真话》

1959年至1961年,我国国民经济陷入严重困境。为了探究困难之因,扭转困难之势,毛泽东号召全党大兴调查研究之风。为了贯彻中央精神,做到"情况明,决心大,方法对",1961年4月至5月,刘少奇在湖南农村蹲点调查研究了44天,让群众说出了许多真心话。刘少奇用什么法子让群众"掏心窝子"?

通过走村串户,刘少奇了解到农民缺粮少食,吃饭都成了问题的基本情况后,他决定选择一个队蹲下去,"解剖麻雀"。他叮嘱参与调查的人员:"要甘当群众的小学生,认真听取群众的意见,让群众把心里话讲出来。好话坏话都要听,哪怕是骂我们的话,包括骂我这个国家主席的话都要听。"

但是调查中,问题出现了,不是调研的干部听不听得进实话,而是参与调研的基层干部群众根本不愿讲实话,任凭刘少奇和工作组成员怎么"交底""启发",他们就是不愿讲出心里话。

根据这一情况,刘少奇改变策略。他不让社队干部陪同,带着秘书径直来到生产队,请了社员座谈。刘少奇让秘书给社员敬茶。刘少奇站着说:"中央起草了一个'六十条',是个草案,听听你们的意见。公共食堂办不办,粮食怎样分配,你们的生产、生活情况,都请大家讲讲真心话。"紧接着,刘少奇脱下帽子,露出满头银发,恭恭敬敬地给大家鞠了一个躬,深情地说:"我怕耽误你们的工,让随我来的同志去帮助你们劳动。"年过花甲的刘少奇,为了求得真话与真相,向普通百姓脱帽、鞠躬,安排帮工。这场景,感动了每一位参与调研的群众,也打开了大家的心扉,他们争先恐后地反映心中所想,"农村公共食堂不好!再办下去会人死路绝""三分天灾,七分人祸"等尖锐意见,都被反映了出来。

刘少奇将湖南调研的情况如实向毛泽东和党中央作了汇报,对解决农村公共食堂以及群众反映强烈的一系列问题,推动国民经济调整与恢复发挥了重要作用。

没有调查就没有发言权。习近平总书记指出,领导干部搞调研,要有明确的目的,带着问题下去,尽力掌握调研活动的主动权,调研中可以有"规定路线",但还应有"自选动作",看一些没有准备的地方,搞一些不打招呼、不做安排的随机性调研,力求准确、全面、深透地了解情况,避免出现"被调研"现象,防止调查研究走过场。当前,面对具有许多新的历史特点的伟大斗争,党员干部仍应继承和发扬重视调查研究的光荣传统和作风,心系群众,深入群众,了解群众所思所想,解决群众所急所盼,以求真务实的工作作风抓好调研,以狠抓落实的蛮拼精神取信于民。

(资料来源:人民日报社政治文化部,共产党员应知的党史小故事,人民出版社,2019年)

思考与练习

一、选择题
1. 实地审核的特点包括（　　）。
   A. 发现问题时可以及时纠正
   B. 如果有漏答的情况，返回去追问成功的可能性也比较高
   C. 审核标准相对一致，审核质量也相对较高
   D. 会在一定程度上影响资料收集工作的进度，延长实地调查的时间
2. 下列关于原始资料的复查的说法，正确的是（　　）。
   A. 除要对原始资料进行审核工作以外，通常还要进行复查工作
   B. 由调查者自己或委派另外的调查者，在调查样本中，随机抽取5%~15%的个案重新进行调查
   C. 复查的根本目的在于保障调查数据的质量
   D. 并不是所有的调查都能进行复查
3. 编码手册一般包括（　　）等栏目。
   A. 变量名　　B. 变量名标签　　C. 宽度和栏码　　D. 答案赋值方式

二、填空题
1. 原始资料的审核方法主要有_____和_____两种。
2. 常用的数据清理方法有_____、_____和_____。
3. 数据录入的方式主要有_____和_____两种。

三、名词解释
1. 集中审核
2. 资料的复查
3. 问卷编码

四、问答题
1. 直接录入和转录录入的特点分别是什么？
2. 为什么要对原始资料进行复查？如何开展对原始资料的复查工作？

项目九　分析调查资料

情境导入

调研小组在"90后大学生价值观调查"课题工作中,针对选定的××市××大学各年级大学生发放并回收问卷2 000份,经过小组成员的整理,现已将问卷结果录入SPSS数据库,形成量化分析基础。接下来要进行数据统计分析,主要是单变量描述统计和双变量交互分析。

请思考:单纯凭借对单个问题的分析是否足以对调研主题给予支撑?如何在杂乱的数据中找到有价值的信息,并使之对调研主题起到指引性作用?交互双变量分析是否必须,它的实施有什么意义?怎样的两个问题可以成为双变量分析的对象?如何找到它们?

思维导图

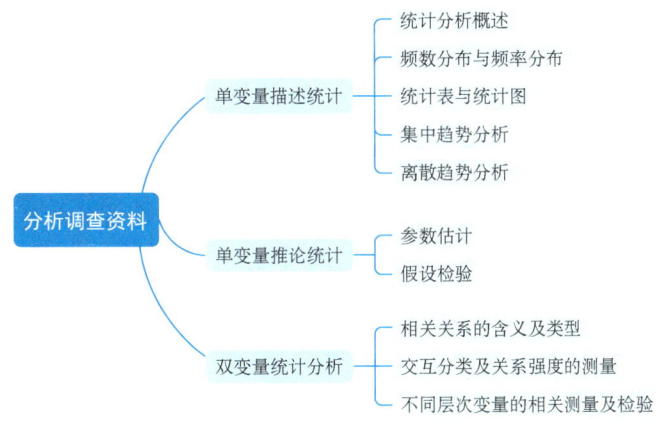

学习目标

知识目标

1. 了解统计分析的意义和作用;
2. 了解频数分布和频率分布;
3. 掌握集中趋势分析和离散趋势分析的方法;
4. 认识推论统计及其基本原理;
5. 掌握交互分类、相关分析的基本方法;
6. 掌握常见统计图表的制作方法。

247

技能目标

1. 能进行频数和频率分析；
2. 能进行集中趋势分析和离散趋势分析；
3. 能进行参数估计和假设检验；
4. 能进行双变量的统计分析；
5. 能绘制常见的统计图表。

素质目标

1. 培养对数据信息的敏感度；
2. 培养认真务实的探索精神；
3. 培养勇于探索的科学精神；
4. 培养分析视角的整体观，在看似分离的数据间建立链接；
5. 培养人文情怀，对群体行为保持好奇和求索的精神；
6. 培养对调查样本和现实之间真实性检验的敏感度。

任务一 单变量描述统计

案例导入

关于集中趋势的小故事

吉斯莫先生有一个小工厂，生产超级小玩意儿。管理人员由吉斯莫先生、他的弟弟、6个亲戚组成。工作人员由5个领工和10个工人组成。工厂经营得很顺利，现在需要一个新工人。现在吉斯莫先生正在接见萨姆，谈工作问题。

吉斯莫："我们这里报酬不错。平均薪金是每周300美元。你在学徒期间每周得75美元，不过很快就可以加工资。"

萨姆工作了几天之后，要求见厂长。

萨姆："你欺骗我！我已经找其他工人核对过了，没有一个人的工资超过每周100元。平均工资怎么可能是一周300元呢？"

吉斯莫："啊，萨姆，不要激动。平均工资是300元。我要向你证明这一点。"

吉斯莫："这是我每周付出的酬金。我得2 400元，我弟弟得1 000元，我的6个亲戚每人得250元，5个领工每人得200元，10个工人每人100元。总共是每周6 900元，付给23个人，对吧？"

萨姆："对，对，对！你是对的，平均工资是每周300元。可你还是蒙骗了我。"

吉斯莫："我不同意！你实在是不明白。我已经把工资列了个表，并告诉了你，工资的中位数是200元，可这不是平均工资，而是中等工资。"

萨姆："每周100元又是怎么回事呢？"

吉斯莫:"那称为众数,是大多数人挣的工资。"

吉斯莫:"老弟,你的问题是出在你不懂平均数、中位数和众数之间的区别。"

萨姆:"好,现在我可懂了。我……我辞职!"

看完这个故事,你对平均数、中位数和众数是否有初步的理解?它对你有什么样的启发?

知识准备

一、统计分析概述

(一)统计分析的含义和功能

1. 统计分析的含义

统计分析就是运用统计学原理和方法处理调查所获得的数据资料,以揭示事物内在相互关系、规律和发展趋势的研究方法。也可以说,统计分析就是从量的层面来分析事物之间的相互关系和相互作用,并通过对事物量的规定性分析来把握和认识事物质的规律性。

2. 统计分析的功能

①对调查数据资料进一步简化;②发现并描述变量之间的关系;③用样本资料量推断总体的状况;④帮助人们探索、预测社会现象发展趋势和规律。

(二)统计分析的过程

统计分析一般要经过四个步骤:

1. 数据的录入

将问卷或编码表中的数据代码录入计算机,形成数据文件,以便进行统计分析。

2. 数据的清理

对已录入计算机的数据进行检查,清除错误的数据,补充漏录的数据等。

3. 数据的预处理

在统计分析之前,对清理后的数据做预备性处理。正式统计分析之前的预处理包括缺损值处理、加权处理、变量重新编码、数据重新排序以及创造新变量等。

4. 数据的统计分析

调用统计软件中的各种统计程序对数据进行各种分析,包括单变量统计分析、双变量统计分析和多变量统计分析,以及制作统计图、统计表等一系列工作。

(三)统计分析的类型

统计分析按照不同的划分标准,可分为不同的类别。

1. 描述统计与推断统计

按照统计分析的性质,可以将统计分析分为描述统计与推断统计。描述统计是运用样本统计量描述样本统计特征的统计分析方法,它主要包括相对数的计算、集中趋势和离散程度的测量,以及相关关系的测定。推断统计是以概率理论为基础,运用样本统计量推断总体状况的统计分析方法,它主要包括参数估计和假设检验。描述统计与推断统计是密不可分的,描述统计是推断统计的基础和前提,只有在描述统计求出了样本统计量的基础上,才能推断总体参数或进行假设检验。

2. 单变量统计分析、双变量统计分析和多变量统计分析

按照统计分析涉及变量的多少,可以将统计分析分为单变量统计分析、双变量统计分析和多变量统计分析。单变量统计分析是指对一个变量进行统计分析的方法,它只能进行描述性研究。双变量统计分析是对两个变量进行统计分析的方法,常用的双变量统计分析方法包括交互分类与卡方检验、双变量相关分析、二元回归分析等。当一项统计分析涉及三个或三个以上的变量(其中至少有一个因变量)时,称为多变量统计分析或多元统计分析。多变量统计分析是一种更为复杂的统计分析方法,因而通常称为高级统计方法。在社会调查中,常用的多变量统计分析方法有因素分析、多元方差分析、多元回归分析(包括 logistic 回归分析)等。只有变量大于一的统计分析才能进行解释性研究,因此,如果要进行解释性研究,就必须进行双变量统计分析或多变量统计分析。

二、频数分布与频率分布

单变量统计分析是对调查研究中某一个变量呈现出的信息及其背后特征的描述和推论,是统计分析中较为基础的方法。其分为单变量描述性统计和单变量推论统计两大类。单变量描述性统计是用简单的统计方法将某一变量的数据资料给予概括,反映其背后蕴含的信息;单变量推论统计则是尝试从样本中得出的数据资料来推断事物整体的情况与特征。这里重点讲述单变量描述性统计分析的主要内容。

(一) 频数分布

频数是指每一个问题变量中各个答案在原始数据中出现的次数。频数分布是指一组数据中取不同值的个案的次数分布情况,它一般以频数分布表或统计图的形式来表示。

例如,某班级有 30 名学生,通过对这些学生的户籍所在地进行调查,得到的原始数据如下:特大城市、大城市、大城市、中等城市、小城市(小城镇)、农村、中等城市、中等城市、小城市(小城镇)、农村、农村、小城市(小城镇)、大城市、大城市、小城市(小城镇)、小城市(小城镇)、特大城市、农村、农村、大城市、农村、中等城市、大城市、中等城市、中等城市、特大城市、小城市(小城镇)、小城市(小城镇)、小城市(小城镇)、中等城市。表 9-1 就是描述学生的户籍所在地分布状况的频数分布表。

表 9-1 某班级学生户籍所在地频数分布表

户籍所在地	人数/人
特大城市	3
大城市	6
中等城市	7
小城市(小城镇)	8
农村	6
合计	**30**

从上表可以看出,频数分布表的作用主要有两方面:一是简化资料,即将调查所得到的一长串原始数据,用一个十分简洁的统计表表示出来;二是从频数分布表中可以更清楚地了解调查数据的其他信息。例如,通过上面的表格可以发现,这个班级学生的户籍类型有五类,其中以小城市(小城镇)居多。

(二)频率分布

频率分布是指一组数据中的不同频数相对于总数的比例分布情况,在社会调查中通常以百分比的形式来表达。频率分布情况以频率分布表或统计图的形式出现。表9-2就是表9-1对应的频率分布表。

表9-2 某班级学生户籍所在地频率分布表

户籍所在地	人数比例/%
特大城市	10.00
大城市	20.00
中等城市	23.30
小城市(小城镇)	26.70
农村	20.00
合计	**100.0**

频率分布表除具备频数分布表的优点以外,还可以反映出个案在总体中所占的比例,便于不同总体或不同类别之间进行比较。因此,频率分布表的应用更为普遍。

一般来说,频数分布和频率分布主要适用于定类尺度变量的描述。当然,对于更高测量层次的变量,比如定序变量、定距变量和定比变量,同样也可以用它们进行描述,但更多的是进行集中趋势分析和离散趋势分析。

三、统计表与统计图

(一)统计表

统计表有比较固定的规范格式。从其结构上来看,通常由表号、总标题、横行标题、纵栏标题、数字、注释与资料来源等要素构成。

1. 表号

表号是指表的序号,位于表的顶端中间位置。

2. 总标题

总标题是指表的名称,位于表号之后,用于说明表中资料的内容。

3. 横行标题

横行标题是表中横行的名称,位于表的左侧,用于说明统计主题或变量类别(一般指因变量类别)。

4. 纵栏标题

纵栏标题是表中纵栏的名称,位于表的最上面一行,用于说明统计指标或变量类别(一般指自变量类别)。

5. 数字

数字所反映的是对调查资料进行统计汇总、整理和计算的结果,位于横行标题和纵栏标题所包围的区域中(表 9-3)。

表 9-3 不同性别大学生政治面貌人数分布

政治面貌	男	女
党员	40.1%	50.4%
共青团员	30.7%	23.1%
群众	24.8%	24.8%
其他	4.4%	1.7%
合计	**100%**	**100%**
(n)	(265)	(240)

6. 注释与资料来源

注释与资料来源位于表的下端,是对表中资料的一种说明。如果统计表有需要说明的事项,则需要使用注释;如果统计表是转摘其他资料编制而成的或直接引用其他资料,则应当说明其资料来源(表 9-4)。

表 9-4 2022 年年末我国人口数及其构成

指标	年末数/万人	比重/%
全国人口	141 175	100.00
其中:城镇	92 071	65.20
乡村	49 104	34.80
其中:男性	72 206	51.10
女性	68 969	48.90
其中:0～15 岁(含不满 16 周岁)	25 615	18.10
16～59 岁(含不满 60 周岁)	87 556	62.00
60 周岁及以上	28 004	19.80
其中:65 周岁及以上	20 978	14.90

(资料来源:国家统计局,中华人民共和国 2022 年国民经济和社会发展统计公报,https://www.gov.cn/xinwen/2023-02/28/content_5743623.htm)

统计表的制作原则如下:科学、规范、简明、实用、美观。具体来说,制作统计表时,应注意以下五个方面:

第一,表的总标题要简短明了,要能确切地说明表中数据的内容,使人一目了然。

第二,表的横行标题与纵栏标题要准确反映变量取值的含义,它们的排列顺序也应具有一定的逻辑性。

第三,表中的数据资料必须注明计量单位。

第四,对于一般频数分布表,则应列出"合计"栏,以便获得整体情况的资料。

第五,各种表格均应以横线为主,能够不用竖线时尽量不用。

统计表示例见表 9-5。

表 9-5 性别与敬佩父母的关系

最敬佩的人	男	女
父亲	64%	37.9%
母亲	36%	62.1%
(n)	(197)	(261)

$\lambda_y=0.244, \chi^2=30.389 (df=1), p<0.05$

(资料来源:李沛良,社会研究的统计应用,社会科学文献出版社,2001 年)

(二) 统计图

统计图主要用于描述调查资料的初级统计结果,特别是描述调查总体的内部构成,展示不同现象的分布或某种现象的变化趋势,具有直观、形象、一目了然等优点。制作统计图时,一般将图号与标题置于图的下方。常用的统计图主要有条形图、饼形图和折线图三种。

1. 条形图

条形图又称为带形图或柱形图,是利用相同宽度的条形的长短或高低来表现统计数据大小或变动的统计图,如图 9-1 所示。

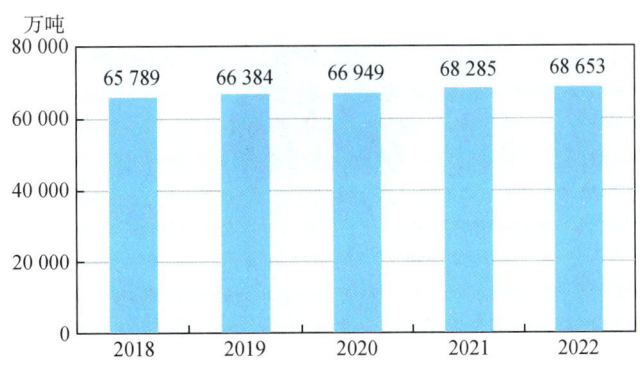

图 9-1 2018—2022 年粮食产量

(资料来源:国家统计局,中华人民共和国 2022 年国民经济和社会发展统计公报,https://www.gov.cn/xinwen/2023-02/28/content_5743623.htm)

从图 9-1 中可以清楚地看到,五年来我国粮食总产量连年增长,2022 年,粮食总产量达到了 68 653 万吨。由于这种条形图只有一组对象,故又称为简单条形图。如果把两组或两组以上的对象的长条并列在一起,共同构成一个条形图,则既可以进行每一组中条形图的比较,又可以对各组的同类条形图进行比较。这种条形图称为复合条形图。

图9-2就是复合条形图的一个例子。

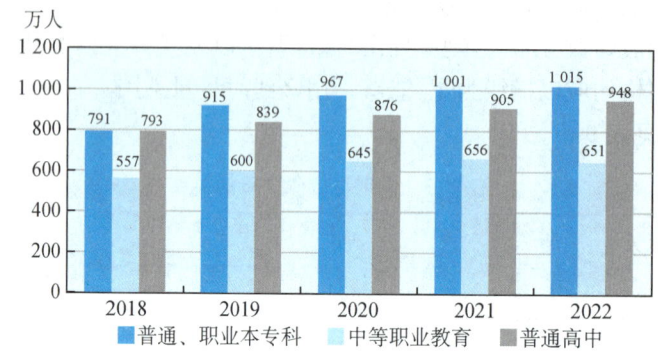

图9-2　2018—2022年本专科、中等职业教育及普通高中招生人数

（资料来源：国家统计局，中华人民共和国2022年国民经济和社会发展统计公报，https://www.gov.cn/xinwen/2023-02/28/content_5743623.htm）

图9-2形象地反映出近五年我国教育事业发展总体状况，本专科招生人数逐渐上升，超过1 000万人，稳居第一；普通高中招生人数逐年上升，接近1 000万人，位居第二；中等职业教育招生人数稳定在650万人左右，排第三。

2. 饼形图

饼形图又称为扇形图，以圆内不同扇形面积的大小来表示总体中不同部分所占的比例，形象地反映总体的内部结构。由于一个圆的圆心角的度数为360°，故用360乘以每一部分所占的百分比，即可得出该部分的圆心角度数，然后在圆中按这些角度画出各个不同的扇形。如图9-3所示。

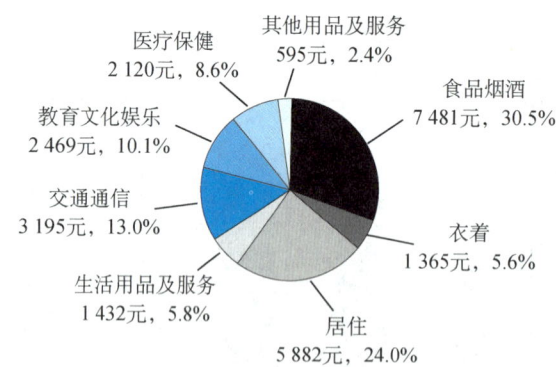

图9-3　2022年全国居民人均消费支出及其构成

（资料来源：国家统计局，中华人民共和国2022年国民经济和社会发展统计公报，https://www.gov.cn/xinwen/2023-02/28/content_5743623.htm）

3. 折线图

折线图是通过上下变化的线段来反映研究现象随时间变化的过程和发展趋势的图形。图9-4就是一个折线图的例子。

图9-4中只含有一条曲线，故称为单式折线图。如果一个图中同时包含两条或两条以上的曲线，则称为复式折线图。图9-5就是复式折线图的一个例子。

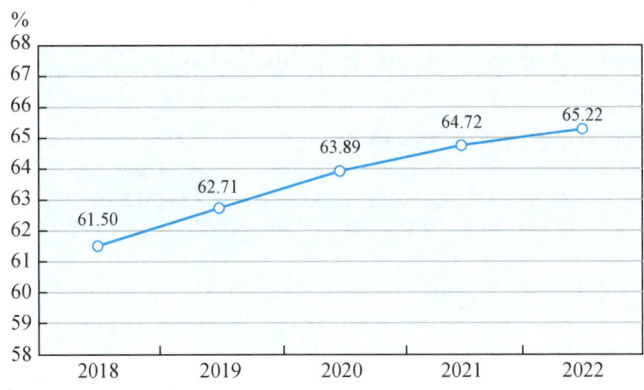

图 9-4　2018—2022 年年末常住人口城镇化率趋势

（资料来源：国家统计局，中华人民共和国 2022 年国民经济和社会发展统计公报，https://www.gov.cn/xinwen/2023-02/28/content_5743623.htm）

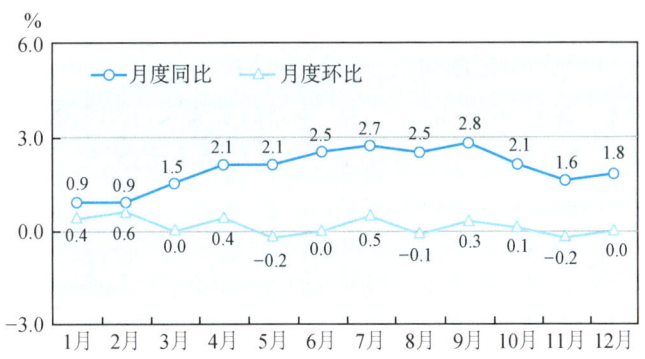

图 9-5　2022 年居民消费价格月度涨跌幅度趋势

（资料来源：国家统计局，中华人民共和国 2022 年国民经济和社会发展统计公报，https://www.gov.cn/xinwen/2023-02/28/content_5743623.htm）

四、集中趋势分析

集中趋势分析是指以一个统计值来反映一组数据向这一数值集中的状况，表现一组数据的集中程度。集中趋势统计值主要有众数、平均数、中位数，不同类型的变量数据类型应用不同的集中趋势统计值。通常情况下，定类的变量信息类型使用众数；定序的变量信息类型使用中位数；定距变量信息类型使用平均数。

集中趋势分析

（一）平均数（$\bar{X}$）

1. 用原始数据计算平均数

平均数是在社会调查中使用最频繁的一个集中量数。平均数即用总体各个单位的数值之和除以单位总数的商。统计分析中，习惯以 $\bar{X}$ 来表示平均数。其计算公式为：

$$\bar{X} = \frac{x_1 + x_2 + \cdots + x_n}{n} = \frac{\sum x}{n}$$

其中,$\sum$ 为连加符号,也称求和符号;n 为总体单位中的数目。

例如,某班 10 名学生的年龄(岁),分别为 20,21,19,19,20,20,21,22,18,20,求他们的平均年龄。

根据平均数的定义,他们的平均年龄为:

$$\bar{X} = \frac{\sum x}{n} = \frac{20+21+19+19+20+20+21+22+18+20}{10} = \frac{200}{10} = 20(岁)$$

2. 用单值分组资料计算平均数

如果是单值分组资料,则计算平均数时,首先要将每一个变量乘以所对应的频数,得出各组的数值之和,然后将各组的数值之和全部相加,最后除以单位总数(各组频数之和),得出平均数。其计算公式为:

$$\bar{X} = \frac{\sum xf}{\sum f} = \frac{\sum xf}{n}$$

其中,f 为各项单值所对应的频数,且 $\sum f = n$。

例如,某次考试中得 65 分的有 2 人,得 74 分的有 4 人,得 78 分的有 2 人,得 85 分的有 3 人,得 90 分的有 3 人。求这 14 名学生考试成绩的平均分。

根据平均数计算公式,其平均数应为:

$$\bar{X} = \frac{\sum xf}{\sum f} = \frac{\sum xf}{n} = (65 \times 2 + 74 \times 4 + 78 \times 2 + 85 \times 3 + 90 \times 3) \div 14$$
$$= 79.07(分)$$

3. 用组距分组资料计算平均数

用组距分组资料计算平均数的公式与用单值分组资料计算平均数的公式基本相同,只是需要事先将组距转化成单值。组中值的符号记为 X_{mid},其计算公式为:

$$X_{mid} = \frac{上限 + 下限}{2}$$

$$\bar{X} = \frac{\sum X_{mid}}{n}$$

例如,有 10 人的考试分数为三组:65~74 分的共 4 人;75~84 分的共 4 人;85~100 分的共 2 人。求其平均数。

根据组距分组资料计算平均数公式,其平均数为:

$$\bar{X} = \left(\frac{65+74}{2} \times 4 + \frac{75+84}{2} \times 4 + \frac{85+100}{2} \times 2 \right) \div 10$$
$$= 78.1(分)$$

(二) 众数(M_0)

众数是指一组数据中出现次数最多或频数最高的数值,常用符号 M_0 表示。根据资料的不同,众数的计算可以分为以下两种方法。

1. 用单值分组资料计算众数

首先在"频数"一栏中找出最大的频数,假定为 fm,然后根据 fm 找到它所对应的标志值 Xm,则众数即为 Xm。需要注意的是,众数是最大的频数所对应的标志值,而不是最大的频数本身。例如,有一组数据:65、70、75、70、80、78、80、80、90、80、85、90,其中 80 这个数出现了四次,出现的次数最多,故 80 为这组数据的众数。

2. 用组距分组资料计算众数

用组距分组资料计算众数的方法有两种:一种是组中值法,另一种是摘补法。前者比较简单,后者较为复杂。由于众数在社会调查研究中的使用远不像平均数那样广泛,故我们只需了解组中值法即可。其计算公式如下:

$$M_0 = L_0 + \frac{\Delta_1}{\Delta_1 + \Delta_2} h_0$$

其中,L_0 为众数组下限,Δ_1 为众数组频数与前一组频数之差,Δ_2 为众数组频数与后一组频数之差,h_0 为众数组的组距。

用组中值法计算众数可以分为以下三步:第一步,通过观察直接找出最高的频数;第二步,根据最高的频数找到它所对应的组;第三步,求出该组的组中值,即为众数。

例如,表 9-6 中最高频数为 34,众数所在组为 168~174,其对应的组中值为 171,它就是 100 名学生月通信费的众数,代表了这 100 名学生月通信费的典型情况。

表 9-6 某高校 100 名学生月通信费的分布

月通信费/元	学生数/人	组中值
150~156	3	153
156~162	9	159
162~168	25	165
168~174	34	171
174~180	20	177
180~186	7	183
186~192	1	189
192~198	1	195
合计	**100**	

(三) 中位数(M_d)

中位数又称为中数、中点数。把一组数据按数值的大小顺序排列,位于中间位置的那个数即为中位数,中位数一般用 M_d 表示。中位数可用于定序、定距、定比资料。计算中位数有以下三种方法。

1. 用原始数据计算中位数

例如,调查五个工厂的职工人数(人),按规模大小依次为 200、300、500、800、1 000,求其中位数。

由于原始资料已按人数的多少排好了顺序,故只需先求出中间位置,可以得到:

$$中位数的位置 = \frac{n+1}{2} = \frac{5+1}{2} = 3$$

即第3个数值500人为其中位数。

当数据的个数为偶数时,中位数的位置处于中间两个数值之间,而没有直接对应的数值。此时,一般取第 $n/2$ 位和第 $(n+1)/2$ 位上的两个数值的平均数作为中位数。

例如,调查六个工厂的职工人数(人),按规模由小到大依次为 200、300、500、800、1 000、1 200,求其中位数。

首先由公式求中间位置,有:

$$中位数的位置 = \frac{n+1}{2} = \frac{6+1}{2} = 3.5$$

中位数在第三个数值与第四个数值之间。取二者的平均数,得到:

$$\frac{500+800}{2} = \frac{1\ 300}{2} = 650(人)$$

即中位数为650人。

2. 用单值分组数据计算中位数

根据单值分组数据计算中位数的方法与用原始数据计算中位数的方法大致相同,首先也是求出中间位置,然后找出对应的数值,只是寻找的方式有所不同。

例如,已知数据见表9-7,求其中位数。

表9-7　某年级学生年龄分布

年龄/岁	人数/人	累计频数
17	10	10
18	25	35
19	50	85
20	40	125
21	20	145
22	5	150
合计	**150**	

首先由公式计算中间位置,有:

$$中位数的位置 = \frac{n+1}{2} = \frac{150+1}{2} = 75.5$$

即中间位置在第75个数值与第76个数值之间。为了找到这个位置,需要先列出累计频数(表9-7)。列出累计频数后,从上往下找,看看所求出的中间位置首先落在哪个频数内,然后由此找出对应的中位数。在本例中,所求出的中间位置为75.5,首先落在频数为85的那一组,这样就可以知道该题的中位数为19。

3. 用组距分组数据计算中位数

在这种情况下,计算中位数与前面两种情况略有不同。具体方法如下:首先用 $N/2$ 算出中间位置,并且同样列出累计频数,然后确定中位数所在的组,最后利用下述公式计算出中位数的值:

$$M_d = L + \frac{\frac{N}{2} - F_{m-1}}{f_m} h$$

其中,L 为中位数组下限,N 为总体单位数,F_{m-1} 为低于中位数组下限的累积频数,f_m 为中位数组的频数,h 为中位数组的组距。

例如,根据计算公式,可求得表9-8中学生身高的中位数为:

$$M_d = 168 + \frac{100/2 - 37}{34} \times 6 = 170.29(厘米)$$

表 9-8 某年级学生身高

组距	频数	累计频数
150~156	3	3
156~162	9	12
162~168	25	37
168~174	34	71
174~180	20	91
180~186	7	98
186~192	1	99
192~198	1	100
合计	**100**	

五、离散趋势分析

与集中趋势分析相反,离散趋势分析是用表示离散程度的统计量(离散量数)来反映一组数据的各个数值距离它的代表值的差异程度。离散量数越大,说明典型值的代表性越差;离散量数越小,说明典型值的代表性越好。离散量数与集中量数(即集中趋势统计量)一起,分别从两个侧面描述和揭示一组数据的分布状况,共同反映资料分布的全面特征。

常见的离散趋势统计量有全距、标准差、异众比率、四分位差和离散系数。其中,标准差、异众比率、四分位差分别与平均数、众数、中位数相对应,用来判定和说明平均数、众数、中位数代表性的大小。

(一) 全距(R)

全距又叫作极差,是一组数据中最大值与最小值之差。计算公式为:

$$R = X_{\max} - X_{\min}$$

全距的意义在于,一组数据的全距越大,在一定程度上说明这组数据的离散趋势越

离散趋势
分析

大,集中趋势统计量的代表性就越低;反之,一组数据的全距越小,说明这组数据的离散趋势越小,集中趋势统计量的代表性就越高。例如,某班级 30 名同学的英语考试成绩中,最高分为 90 分,最低分为 65 分,则全距为 25 分。

(二) 标准差(S)

标准差是指一组数据对其平均数的偏差平方的算术平均数的平方根。它是用得最多,也是最重要的离散趋势统计量。标准差通常用符号 S 表示,其计算公式根据资料的形式不同而稍有差别。

1. 用原始数据计算标准差

其计算公式为:

$$S = \sqrt{\frac{\sum(x_i - \bar{x})^2}{n}}$$

例如,三个系各选举五名同学参加智力竞赛,各个代表队的成绩(分)如下。中文系:78,79,80,81,82($\bar{X}=80$);数学系:65,72,80,88,95($\bar{X}=80$);英语系:35,78,89,98,100($\bar{X}=80$)。求标准差,并进行简单比较。

根据标准差的计算公式,有:

$$S_{中文系} = 1.414(分)$$
$$S_{数学系} = 10.8(分)$$
$$S_{英语系} = 23.8(分)$$

得出结论:中文系差别最小,英语系差别最大。

2. 用单值分组资料计算标准差

其计算公式为:

$$S = \sqrt{\frac{\sum(x_i - \bar{x})^2 f_i}{n}}$$

其中,f_i 为 x 所对应的频数。

3. 用组距分组资料计算标准差

用组距分组资料计算标准差的方法与用单值分组资料计算标准差的方法相似,唯一不同的是,需要先计算出各组的组中值(X_{mid}),然后使用下述公式计算:

$$S = \sqrt{\frac{\sum(X_{mid} - \bar{X})^2 f_i}{n}}$$

(三) 异众比率(VR)

异众比率是指一组数据中非众数的次数与全部单位数的比值。异众比率通常用符号 VR 表示,其计算公式为:

$$VR = \frac{n - f_{m_0}}{n}$$

其中,f_{m_0}为众数的次数。

异众比率的意义在于,它是众数所不能代表的其他数值(非众数的数值)在总体中所占的比重。因此,当异众比率越大,即众数所不能代表的其他数值在总体中所占的比重越大时,众数在总体中所占的比重自然就越小,这样众数的代表性也就越小。

例如,从某高校调查了100名二年级学生的课外阅读情况,得到如下统计结果:喜欢政治类课外书的有20人,喜欢经济类课外书的有40人,喜欢历史类课外书的有15人,喜欢文学类课外书的有20人,喜欢其他类课外书的有5人。求其异众比率。

其众数的样本个数为40人,样本总数为100人。代入异众比率的计算公式,得到:

$$VR = \frac{100-40}{100} = 0.6$$

结果表明,众数所不能代表的那部分样本在总体中所占的比重为60%。

(四) 四分位差(Q)

四分位差是先将一组数据按大小排列成序,然后将其四等分,去掉序列中最高的1/4和最低的1/4,仅就中间的一半数值来测定序列的全距。四分位差的符号通常用Q表示,用Q_1和Q_3来表示第一个四分位点和第三个四分位点(第二个四分位点就是中位数),可用图9-6简单表示。

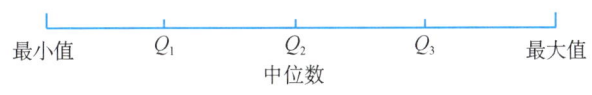

图9-6 四分位差图示

四分位差用于补充说明中位数的代表性,四分位差越小,说明中位数代表性越好;反之,则说明中位数代表性越差。求四分位差的基本步骤如下:

第一步,按照从小到大的顺序排列数据。

第二步,确定四分位数的位置。Q_1的位置$=(n+1)\div 4$,Q_3的位置$=3\times(n+1)\div 4$。

第三步,从Q_1、Q_3的位置上找到或计算出对应的四分位值。

第四步,求四分位差。其计算公式为:$Q=Q_3-Q_1$。

例如:一个由7人组成的旅游小团队年龄(岁)分别为:17、19、22、24、25、28、34,求其年龄的四分位差。计算步骤为:

(1)计算Q_1与Q_3的位置。

Q_1的位置$=(n+1)\div 4=(7+1)\div 4=2$

Q_3的位置$=3\times(n+1)\div 4=3\times(7+1)\div 4=6$

即Q_1与Q_3的位置分别为第2位和第6位。

(2)确定Q_1与Q_3的数值。

$Q_1=19$(岁)

$Q_3=28$(岁)

即第2位和第6位对应年龄分别为19岁和28岁。

(3)计算四分位差。

$Q=Q_3-Q_1=28-19=9$(岁)

(4)含义。说明该旅游小团队有 50% 的人年龄集中在 19~28 岁之间,最大差异为 9 岁。

(五)离散系数(CV)

离散系数是一种相对的离散趋势统计量,它使得人们能够对同一总体中的两种不同的离散趋势统计量进行比较,或者对两个不同总体的离散程度进行比较。

离散系数是指标准差与平均数的比值,用百分比表示。其计算公式为:

$$CV = \frac{S}{\bar{X}} \times 100\%$$

在平均数不为零的条件下,离散系数越大,表明数据的离散程度越大,而所对应的集中趋势统计量的代表性就越小;反之,表明数据的离散程度越小,所对应的集中趋势统计量的代表性就越大。

例如,通过对某地区东、西两地居民的收入情况进行调查发现,该地区东部居民的平均月收入为 1 500 元,标准差为 300 元;西部居民的平均月收入为 800 元,标准差为 200 元。试比较该地区东部居民相互之间在收入上的差异程度与西部居民相互之间在收入上的差异程度。

由离散系数的计算公式可以得到,东部居民平均月收入的离散系数为:

$$CV_{东部} = \frac{300}{1\ 500} \times 100\% = 20\%$$

西部居民平均月收入的离散系数为:

$$CV_{西部} = \frac{200}{800} \times 100\% = 25\%$$

可见,该地区西部居民相互之间在收入上的差异程度比东部居民相互之间在收入上的差异程度更大一些。

 调查案例

 拓展阅读

高职院校学生生态素养调查与分析
——以深圳职业技术学院为例(节选)

习近平同志在党的十九大报告中指出,加快生态文明体制改革,建设美丽中国。作为社会主义事业的建设者和接班人,高职院校大学生的生态文明素养水平,直接关乎美丽中国建设和中华民族的永续发展的千年大计。加强高职院校大学生生态文明教育,提升他们的生态文明素养,既是建设美丽中国的客观需要,也是促进大学生全面发展的必然要求。

一、调查对象与方法

(一)调查对象和范围

2018 年 5 月,调查者采取分层抽样的方式,对深圳职业技术学院部分在校学生进行了问卷调查,调查对象既有文史哲法社专业的文科学生,又有来自理工农医专业的理科学生,样本具有较好的代表性。

问卷参考了 2005 年中国环保局设计的全国城市公众环境意识调查的问卷样本,并结

合高职学生的特点,设计了23个题目,内容涉及个人基本特征、生态文明知识、生态文明意识、生态文明行为、生态文明教育五个方面,大部分问题答案采用里克特五级量表形式。调查共发放问卷300份,回收238份,回收率79.3%。调查数据采用SPSS21.0统计软件处理,形成含有238样本104个变量的数据库。采用描述统计、相关分析及多元回归分析方法对调查数据进行分析。

(二) 样本的基本概况

参与调查的238名学生中,其中男生100人,占42.0%,女生138人,占58.0%;大一学生141人,占59.2%,大二学生92人,占38.7%,大三学生5人,占2.1%;文科类学生147人,占61.8%,理工科类学生66人,占27.7%,艺术类学生25人,占10.5%。大城市户籍学生有116人,占48.7%,中小城市户籍学生有48人,占20.2%,城镇户籍和农村户籍的学生分别占13.8%和17.3%。学生党员和非学生党员比例分别为10%和90%,学生干部和非学生干部比例分别为46.4%和53.6%。

二、结果与分析

(一) 生态文明知识素养

学生对生态文明的基本概念和术语有较高的知晓度。我们选取了"白色污染""绿色消费""酸雨"及"臭氧层空洞"四个有关生态环保的基本概念和术语,来考察大学生的生态文明知识素养,表9-9。调查显示,听说过每个生态文明术语的学生均在95%以上,这说明高职院校学生对常见的生态文明基本概念和术语的认知度是比较高的。

表9-9 生态文明知识知晓率

	白色污染	绿色消费	酸雨	臭氧层空洞
听说过/%	98.3	98.7	99.2	95.0
没听说过/%	1.7	1.3	0.8	5.0
合计	100%	100%	100%	100%

为了更好地考察学生的生态文明知识素养水平,我们设计了12个生态文明知识题目,内容涉及环保节日、雾霾、绿色消费、生态文明建设、环保法律、有害垃圾等,若在选项中选择了正确的答案,赋值1分,总计12分。调查结果显示,学生生态文明知识素养水平总体偏低,答对8题以上的比例为63.4%,平均得分8.03,处于及格水平。

调查还发现(表9-10),学生对生态文明知识认知水平不太均衡,对与生活密切相关的生态知识(如雾霾、有害垃圾、绿色食品等)正确认知度较高,均高于80%,而对于"植物节""'五位一体'总体布局"等概念,由于人们常常忽略其确切日期而导致其被正确认知的程度较低。

表9-10 生态文明知识总体认知水平

内容	正确率/%	错误率/%
1. "世界环境日"是6月5日。	93.3	6.7
2. 全国统一环境问题举报热线电话是12375。	37.8	62.2
3. "PM2.5"是指空气悬浮颗粒物,PM2.5超标是造成雾霾的主要原因。	80.7	19.3

续表

内容	正确率/%	错误率/%
4. 绿色食品是指绿颜色、有营养的食品。	79.4	20.6
5. 塑料制品在大自然中难以降解,通常会保存100~200年。	83.6	16.4
6. 我国的"植树节"是每年的3月15日。	37.0	63.0
7. 党的十九大把生态文明建设纳入中国特色社会主义现代化建设"五位一体"的总体布局。	24.8	75.2
8. 新修订的《中华人民共和国环境保护法》自2015年1月1日起施行。	80.3	19.7
9. 植物的主要功能是吸收二氧化碳,放出氧气。	89.5	10.5
10. 废电池、废荧光灯管、过期药品、水银温度计、废油漆都属于有害垃圾。	84.0	16.0
11. 20支香烟的毒素可以杀死一头牛。	78.2	21.8
12. 当电视上播报的空气质量指数(AQI)为"51~100"时,则表示空气质量属于优(一级、各类人群可正常活动)。	34.9	65.1

(二) 生态文明意识素养

1. 对生态环境保护重要性的认识

学生对生态环保的重要性、必要性、紧迫感具有较高的认同,同时也表现出较强的责任感。调查显示,在生态环保的重要性问题上,有77.6%的学生赞成"环境保护的重要性并不亚于经济发展"。在生态环保的必要性问题上,63.2%的人不赞成对于生态环境破坏"大自然完全有自我修复能力"的说法。在生态环保的紧迫感问题上,有63.6%的学生不赞同"我国环境尚未到非要刻意保护的地步"的观点。在生态环保的责任感问题上,有75.0%的学生不赞成"环境保护与我们个人无关"的观点,有57.5%的学生比较关心或很关心环境信息,其中超过一半(50.6%)的学生比较关注或很关注自己的消费行为对环境造成影响,有45.3%的学生赞成"为了环保,我愿意降低生活享受的标准"的观点。

2. 对具体生态环境问题严重性的认知

高职院校学生对生态环境问题有着比较合理而清醒的认识,普遍认为我国当前整个生态环境问题已经很严重或比较严重。调查结果显示,在被调查的学生中,认为我国当前整个生态环境问题已经很严重和比较严重的分别占16.6%和37.4%。对于与人们日常生活关系很密切的生态环境问题,如植被破坏、水污染、大气污染、土壤污染、温室效应等,认为很严重和比较严重的比例均达到了60%以上。

(三) 生态文明行为素养

1. 大学生的日常环保行为习惯

"环保产品消费型"和"环境保护促进型"生态行为发生频率比较高。调查结果显示,从"有时"至"总是"的行为频度综合占比看,学生在日常生活中最常采用的生态文明行为是"资源节约型"行为之一的"最后离开教室或寝室时随手关掉电源开关"(93.6%);其次是环保产品消费型行为,如"使用节能产品"(91.6%)、"在购物时偏好绿色产品"(89.0%)、"使用环保洗涤用品"(91.1%)等;排在第三的是环境保护促进型行为,如"不食用野生动物或不使用野生动物制品"(87.7%)、"出去野营或旅游时会将废弃生活垃圾带离"(85.1%)等。排在第四位和第五位的生态行为则是资源回收型［如"对生活垃圾进行分类处理"(81.0%)、"将废电池投入专门的回收桶或回收站"(81.4%)等］和环保辅助消费型［如"购物时不使用塑料袋"(83.9%)、"在外就餐时特意不使用一次性餐具"(78.4%)等］。

2. 学生参与环保社会活动的情况

学生主动参与环保社会活动积极性比较高。调查结果显示,从"经常"至"总是"的行为频度综合占比看,大学生经常性参与有关环保社会活动的情况依次是:"阻止别人的环境破坏行为"(29.3%)、"关注国内外环境保护事件"(25.9%)、"做环保志愿者"(25.9%)、"参加环保公益活动"(23.8%)、"参与环保宣传(如撰文、绘画、表演等)"(23.7%)和"为解决日常环境污染问题投诉、上访"(17.4%)。由此可以看出,学生主动参与环保活动(如做环保志愿、参与环保宣传等)积极性越来越高,参与一些特殊的维权性的环保活动经历相对不足。

(资料来源:李良进,高职院校学生生态素养调查与分析——以深圳职业技术学院为例,教育现代化,2019年第6卷第2期)

任务实训

任务实训单

实训目标	1. 以小组为单位,就前期调研收集整理的数据信息,充分运用本章学习的单变量统计分析方法,对整理后的数据信息进行单变量分析。 2. 分析中使用集中与离散趋势的各类指标形成对信息的解读。 3. 尝试洞悉数据信息背后的含义,增进对事物特征的理解。
实训环境	1. 拥有独立的小组团队研讨工作的空间。 2. 具备安装办公软件和SPSS分析软件且有网络查询功能的电脑。
实训内容及要求	【实训内容】 1. 利用过往他人整理后的调研数据,或自己主导设计的调研所采集信息数据,完成对所有单变量的统计分析。 2. 借助集中和离散趋势分析指标,凸显数据中的重要信息。 3. 撰写分析报告和汇报PPT。 【实训要求】 1. 能应用SPSS软件开展单变量分析。 2. 能对调研主题涉及的所有指标逐条进行单变量分析,给出分析假设。
实训步骤	1. 由专业课老师对上一阶段调研信息收集和整理给予回顾,说明单变量统计分析学习成果目标。 2. 沿袭班级先前形成的若干小组,每组4～6人。 3. 每组完成自身先前调研数据信息的分析。 4. 当节教学任务完成后一周内,各组别完成单变量统计分析,并撰写报告。 5. 每组派一名代表在课堂上介绍自己组别的分析结论和假设。
实训考核评价	【评价载体】 书面作业和PPT汇报。 【评价指标】 1. 是否完成所有问题的分析、撰写报告,占30%。 2. 分析中是否使用集中和离散趋势分析指标,占30%。 3. PPT汇报,占20%。 4. 小组成员合作情况,占20%。

任务二 单变量推论统计

一个关于假设检验的例子

甲、乙两人做游戏,由甲掷一枚硬币。两人约定,出现正面向上则甲胜,否则乙胜。若连续5次均正面向上,这时乙一定会认为甲作了假。分析一下,开始乙认为游戏是公平的,即有这样的看法:P(正面向上)$=1/2$。于是 P(连续5次出现正面向上)$=(1/2)^5=0.03$,这样的小概率事件居然在1次试验中发生了。因而乙否定了原来的看法(假定),认为 P(正面向上)$=1/2$ 不成立,甲就是作假了。

单变量
推论统计

一、参数估计

(一) 推论统计及其基本原理

推论统计就是利用样本的统计值对总体的参数值进行推断或估计的方法,推论统计的必备前提是样本数据必须来自于随机抽样调查。推论统计主要包括参数估计和假设检验两部分内容。抽样分布是统计推断的理论基础和依据。抽样分布是指在一个总体中重复抽取许多大小一样的样本的统计量而形成的分布。例如,在一项关于大学生消费的社会调查中,研究者用随机抽样方法抽取了一个 500 人的样本,计算得知其平均月生活消费是 850 元。假设用同样的方法从同样的总体中重复抽样,样本量同是 500 人,一共抽了 100 次,从而形成了 100 个样本月生活费平均数。这 100 个样本的月生活费平均数便形成了一个变量分布,即样本的抽样分布。只要研究者是采用随机抽样法,就可以根据抽样分布,以样本的统计值去推断总体参数值。

需要指出的是,样本的抽样分布只是一种理论分布,因为在实际调查研究中只做一次抽样,根本不可能对一个总体进行 100 次的随机抽样。但是,必须假设进行了无数次随机抽样,形成了一个样本容量为 n、以某一统计量为内容的抽样分布,否则就无法通过样本来推断总体。抽样分布的数理基础或理论依据是中心极限定理。

(二) 参数估计

参数估计是指用随机样本的统计值来估算总体参数值的方法。其特征是通过样本来推论总体,其基本逻辑是:先看样本情况,然后估计总体情况。参数估计分为点值估计和区间估计两类方法。将样本统计量直接作为总体相应参数的估计值叫点值估计。点值估计只给出了未知参数估计值的大小,没有考虑试验误差的影响,也没有指出估计的可靠程度。在实际的社会调查中人们更多的是采用区间估计。这里重点介绍区间估计的方法。

区间估计的实质就是在一定的可信度(置信度)下,用样本统计值的某个范围(置信区间)来估计总体的参数值时,成功的可能性有多大。换句话说,区间估计是在一定概率保证下指出总体参数的可能范围,所给出的可能范围叫置信区间,给出的概率称为置信度或置信概率。区间范围大小反映的是这种估计的精确性问题,可信度则反映这种估计的把握性或可靠性问题。在社会统计中,常用的置信度分别为 90%、95% 和 99%,与它们所对应的允许误差(α)则分别为 10%、5% 和 1%。在计算中,置信度常用 $1-\alpha$ 来表示。区间估计常用的方式表达:"我们有 95% 的把握认为全市职工的月工资收入为 3 000 元至 4 000 元之间"或者"全省人口中大学生占 20% 至 25% 的可能性为 99%"。

区间估计的一般步骤为:一是确定置信水平;二是计算标准误差;三是根据样本统计值和标准误差确定置信区间。常用的区间估计方法有总体均值的区间估计和总体百分比的区间估计。

1. 总体均值的区间估计

总体均值的区间估计公式为:

$$\overline{X} \pm Z_{(1-\alpha)} \frac{S}{\sqrt{n}}$$

其中,$\overline{X}$ 为样本平均数,S 为样本标准差,$Z_{(1-\alpha)}$ 为置信区间是 $1-\alpha$ 的 Z 值,n 为样本规模。

例如,调查某工厂工人的工资状况,随机抽取了 900 名工人做样本,调查得到他们的平均工资为 186 元,标准差为 42 元。计算在 95% 的置信度下全厂职工的平均工资。

根据题意,$\overline{X}=186$ 元,$S=42$ 元,$n=900$,与置信度 95% 相对应的 $\alpha=0.05$,查标准正态分布表,得到 $Z_{0.05/2}=1.96$。将这些数据代入公式,便可得到总体均值 μ 的置信度为 95% 的置信区间为:$186 \pm 1.96 \times \dfrac{42}{\sqrt{900}}$,即 183.26~188.74 元。

于是,我们有 95% 的把握认为,全厂职工的平均工资大约介于 183.26 元到 188.74 元之间。

2. 总体百分比的区间估计

总体百分比的区间估计公式为:

$$P \pm Z_{(1-\alpha)} \sqrt{\frac{P(1-P)}{n}}$$

其中,P 为样本中的百分比,其他同上。

例如,在对某地区 1 000 名下岗工人的调查中发现,女工所占的比例为 65%。试建立在下岗工人中,女工所占比例的 95% 的置信区间。能否得出下岗工人中女性所占比例超过男性的结论?

假设用 P 表示下岗工人中女工所占的比例,则由已知条件可知,样本比例 $P=0.65$。因为 $n=1 000$,$nP=1 000 \times 0.65=650>5$,$n(1-P)=1 000 \times (1-0.65)=350>5$,所以 P 的抽样分布近似服从正态分布。对于 $\alpha=0.05$,查标准正态分布表,得到 $Z_{0.05/2}=1.96$。代入公式,得到在下岗工人中,女工所占比例的置信度为 95% 的置信区间为:

$$P \pm Z_{(1-\alpha)}\sqrt{\frac{P(1-P)}{n}} = 0.65 \pm 1.96 \times \sqrt{\frac{0.65 \times (1-0.65)}{1\,000}}$$
$$= 0.65 \pm 1.96 \times 0.015\,1 = 0.65 \pm 0.029\,6$$
$$= (0.620\,4, 0.679\,6)$$

于是,我们有 95% 的把握认为,下岗工人中女工所占比例大约在 0.62 到 0.68 之间,超过了 0.5,所以可以得出女性所占比例超过男性的结论。

二、假设检验

(一)假设检验的基本原理

假设检验问题是推论统计中的另一类型。首先需要说明的是,这里的假设不是指抽象层次的理论假设,而是指和抽样手段相联系在一起,并且依靠抽样调查的数据进行验证的经验层次的假设,即统计假设。

假设检验就是事先对总体参数或总体分布形式作出一个假设,然后利用样本信息来判断原假设是否合理的一种统计分析方法,即判断样本信息与原假设是否有显著差异,从而决定是否拒绝原假设。假设检验所依据的是概率论中的"小概率原理"。通过提出假设,利用"小概率原理"和"概率反证法"论证假设真伪。

1. 小概率原理

小概率原理即"小概率事件在一次试验中被认为是不可能发生的"。小概率事件不是不可能事件,但在一次试验中出现的可能性很小,不出现的可能性很大。如果在一次观察或试验中出现了小概率事件,那么,合理的想法是否定原有事件具有小概率的说法(即大概率事件)。例如,箱子中有黑球和白球,总数 100 个,但不知黑球白球各多少个。现提出假设 H_0:"箱子中有 99 个白球",暂时设 H_0 正确,那么从箱子中任取一球,取到黑球的概率为 0.01,是一小概率事件。今取球一次,如果取到了黑球,那么,自然会使人对 H_0 的正确性产生怀疑,从而否定 H_0。也就是说箱中不止 1 个黑球。

2. 概率反证法

如果在其他因素给定的前提下,要证明某一事实(如对总体参数的假定)是否成立,首先假设该事实成立,然后在该事实成立的前提下,计算由该事实和样本构造的统计量的取值,再根据该统计量的分布,判断已经观测到的样本信息出现的概率是否为小概率,以此来证明该事实是否成立。

假设检验是基于样本资料来推断总体特征的,而这种推断是在一定概率置信度下进行的,而非严格的逻辑证明。因此,置信度大小的不同,有可能做出不同的判断。

(二)假设检验的步骤与方法

假设检验的基本逻辑是:先假设总体的情况,然后抽样调查和分析样本的资料,进而检验假设是否正确。概括起来,假设检验的步骤是:

第一步,建立虚无假设和研究假设,通常是将原假设作为虚无假设。

第二步,根据需要选择适当的显著性水平 α(即小概率的大小),通常有 $\alpha = 0.05$,$\alpha = 0.01$ 等。

第三步,根据样本数据计算出统计值,并根据显著性水平查出对应的临界值。

第四步,将临界值与统计值进行比较,若临界值的绝对数大于统计值,则接受虚无假设;反之,则接受研究假设。

根据研究假设的不同情况,对于同一种显著性水平,有两种不同的临界值,在假设检验中通常称作单尾检验和双尾检验。当研究假设为所得结果与所期望的有差异或有所不同时(即 $H_1: \mu \neq \mu_0$),就包含可高于或低于(大于或小于)两种可能性,因而需要采用双尾检验;当研究假设为所得结果高于所期望的,或者所得结果低于所期望的(即 $H_1: \mu > \mu_0$,或当 $H_1: \mu < \mu_0$)时,则采用单尾检验。

1. 总体均值的假设检验

总体平均数的假设检验,在大样本情况下用 Z 检验法,Z 统计量的计算公式是:

$$Z = \frac{\bar{X} - \mu_0}{\frac{S}{\sqrt{n}}}$$

其中,$\bar{X}$ 为样本平均数,μ_0 为虚无假设的平均数,S 为样本标准差,n 为样本容量。

例如,某单位职工上月平均收入为 210 元,本月调查了 100 名职工,平均月收入为 220 元,标准差为 15 元。问该单位职工本月收入与上月相比是否有变化?

建立虚无假设(用 H_0 表示)和研究假设(用 H_1 表示)。

$H_0: \mu = 210$,$H_1: \mu \neq 210$。

选择显著性水平 $\alpha = 0.05$,由标准正态分布表查得,$Z_{0.05/2} = 1.96$($Z_{0.05/2}$ 表示双尾检验)。

根据样本数据计算统计值,其公式为:

$$Z = \frac{\bar{X} - \mu_0}{\frac{S}{\sqrt{n}}} = \frac{220 - 210}{\frac{15}{\sqrt{100}}} = 6.67$$

由于 $Z = 6.67 > Z_{0.05/2} = 1.96$,所以,拒绝虚无假设,接受研究假设。即从总体上说,该单位职工平均收入与上月相比有变化。

2. 总体百分比的假设检验

总体百分比的假设检验基本思路与方法与总体均值的假设检验相同,只是统计量的计算公式不一样。其计算公式为:

$$Z = \frac{P - P_0}{\sqrt{\frac{P(1-P)}{n}}}$$

其中,P 为样本百分比,P_0 为虚无假设的百分比,n 为样本容量。

例如,某高校学生中吸烟者占 35%,经过戒烟宣传后,随机抽取 100 名学生进行调查,吸烟者为 25 名。问戒烟宣传是否收到了成效?

设 $H_0: P_0 = 0.35$,$H_1: P_0 < 0.35$。

选择显著性水平 $\alpha = 0.05$,由标准正态分布表查得,$Z_{0.05} = 1.65$($Z_{0.05}$ 表示单尾检验)。

根据下列公式计算统计量:

$$Z = \frac{P - P_0}{\sqrt{\frac{P(1-P)}{n}}} = \frac{0.25 - 0.35}{\sqrt{\frac{0.35(1-0.35)}{100}}} = -2.08$$

由于$|Z| = 2.08 < Z_{0.05} = 1.65$,所以,拒绝虚无假设,接受研究假设。即从总体上看,戒烟宣传收到了成效,吸烟比例有所下降。

拓展阅读

调查案例

参数估计和假设检验

一、参数估计

1. 点值估计

例如,从社区500名抽样外来务工人员的受教育水平,推演社区3.7万外来务工人员的受教育程度分布情况。

2. 区间估计

例如,在A社区中,随机从3.7万名外来务工人员中抽取100名,其中99人的收入在3 400~4 000元之间的可能性为76%~80%;那么可以说在A社区中76%~80%的外来务工人员收入在3 400~4 000元之间的把握性为99%。在B社区中,随机抽取100名70以上的人,其中95人体检频率少于2年1次的可能性有80%~85%;即在B社区中预测70岁以上的人中80%~85%的人体检频率少于2年1次的可靠性为95%。

二、假设检验

例如,A社区外卖小哥上月平均收入为6 000元,在本月外部环境、人员不变的情况下,预计A社区外卖小哥的月平均收入仍为6 000元。为了验证假设是否成立,研究人员从A社区抽取100名外卖小哥,通过对该样本数据信息的研究来验证对月平均收入的假设。

研究人员通常将初始的假设称作虚无假设,而将相对立的假设称作研究假设。在选择了一定的显著性水平(如0.05、0.01等)的基础上查出临界值,将样本统计值与临界值相比较。如样本统计值绝对数小于临界值,我们承认虚无假设的有效性;相对地,如果样本统计值的绝对数大于临界值,我们将承认研究假设的有效性。

(一)总体均值的假设检验

如上例中,在对随机抽取100名外卖小哥样本的收入信息收集中得知,本月平均收入为6 100元,标准差为126。此时要验证A社区外卖小哥本月平均收入和上月平均收入是否有变化。

首先,设定虚无假设:本月平均收入是6 000元,研究假设:本月平均收入不是6 000元。如选择显著性水平为0.05,查得临界值为1.65。然后依据样本统计值计算公式,算得抽取的100名外卖小哥平均收入的统计值为:$(6\ 100 - 6\ 000) \div (126 \div \sqrt{100}) = 7.94$。

由此可见,样本统计值$|7.94| > $临界值1.65,即承认研究假设,本月A社区外卖小哥的平均收入与上月相比存在差异。

(二)总体百分比的假设检验

相对于总体均值假设检验,总体百分比假设检验有着相同的整体思路,但在计算公式上存在差异。

例如,某社区党群服务中心在对辖区老年人居家安全的调研中得知,受调查者中有 45% 在家中遭遇过不同程度的磕绊、滑倒、用电用水等危险状况,在此情况下,社工采用宣传倡导和讲座两种形式宣传预防和干预居家安全问题,经过 8 个月的服务,从社区随机抽取的 100 名老年人中,出现居家危险的老年人为 38 名。由此需要验证社工服务干预是否对老年人居家安全问题有成效。

首先,设定虚无假设:社工干预对老年人居家安全问题产生了成效,研究假设:社工干预对老年人居家安全问题没有产生效果。选择显著性水平为 0.02,临界值为 2.06。随机抽取 100 名老年人居家安全状况的统计值为:$(0.38 - 0.45) \div \sqrt{0.45 \times (1 - 0.45) \div 100} = -14.08$。

由此可见,样本统计值 $|-14.08| >$ 临界值 2.06,所以虚无假设不成立,而接受研究假设,也就是社工 8 个月的干预并没有对老年人居家安全问题产生效果。社工需要开展更为多元的服务形式给予干预,如入户探访评估、整合资源开展环境微改造等。

任务实训

任务实训单

实训目标	1. 了解参数估计和假设检验的方法。 2. 选择不同的变量进行参数估计和假设检验。以小组为单位,运用 SPSS 软件对数据文件进行参数估计和假设检验。
实训环境	1. 拥有与小组课题项目相关书籍的阅览室。 2. 安装 SPSS 数据分析软件、具备网络查询功能的电脑。
实训内容及要求	【实训内容】 1. 在前面单变量任务实现的基础上,选择连续变量(定距变量和定比变量)进行点估计和区间估计。 2. 在前面单变量任务实现的基础上,选择连续变量(定距变量和定比变量)进行总体均值的假设检验,选择分类变量进行总体百分比的假设检验。 【实训要求】 1. 能应用 SPSS 软件引入各类检验指标,实现对样本分析假设的检验。 2. 能在原有分析中,应用单变量所有类别的检验指标至少一次,给出样本分析假设的检验结果。
实训步骤	1. 由专业课老师对上一阶段单变量和参数估计及假设检验给予回顾。 2. 选择问卷数据中的不同变量,清楚区分连续变量和分类变量。 3. 对连续变量进行点估计、区间估计和总体均值的假设检验。 4. 对分类变量进行总体百分比的假设检验。 5. 每组派一名代表在课堂上阐述参数估计和假设检验过程及结果。
实训考核评价	【评价载体】 书面作业和 PPT 汇报。 【评价指标】 1. 变量的选择及区分,占 30%。 2. 参数估计,占 30%。 3. 假设检验,占 20%。 4. 小组成员合作情况,占 20%。

任务三 双变量统计分析

案例导入

家庭社会资本与子女职业地位获得

经典的社会分层往往研究父代对于子代社会地位的获得的影响,这种传统源于布劳—邓肯的经典社会地位获得模型(Blau & Duncan)。布劳和邓肯指出,父代的社会经济地位对于子代有着显著而重要的影响。布迪厄(Bourdieu)延续这一框架,指出父辈的经济、文化和社会资本对于子代的教育机会的获得有着非常重要的作用。

近些年来,多个代际之间的社会地位之间关系的研究受到越来越多的重视。诚如梅尔(Mare)在美国人口学年会上面指出的那样,尽管在当下的西方社会核心家庭是最主要的家庭形式,但是在一些国家,扩大家庭也有一定的比例和数量。这些家庭之中由于祖父母可能与孙辈有着频繁的互动,因此祖辈对于孙辈的社会地位获得可能有着直接的影响。

[资料来源:起名字真的好难(网名),三代同堂:祖父母对于子女社会地位获得的讨论,知乎,https://zhuanlan.zhihu.com/p/20716498]

双变量交互分析

知识准备

一、相关关系的含义及类型

单变量的分析和统计描述是我们了解和认识社会现象的基础。但社会生活中的现象并不是独立存在的,现象之间往往存在或多或少的关系,或者说,社会现象之间往往是相互联系、相互影响、相互依存的。进一步了解社会现象发生和变化的原因,揭示社会现象的发展规律,探索和发现现象之间的关系,才是大多数社会研究的主要目的,而这就需要对两个变量或多个变量之间的关系进行分析,即进行双变量统计分析。其中,对两个变量之间关系的分析和探讨是社会研究中最基本、最重要的内容之一。双变量之间的关系可分为相关关系和因果关系两种形式。

(一) 相关关系

两个变量之间存在相关关系,是指二者之间存在单向或双向的影响关系,即一个变量发生变化,另一个变量也随之变化。例如,儿童青少年群体在年龄发生变化的同时,身高也在发生变化,儿童青少年的年龄和身高两个变量之间存在着单向的相关关系。类似地,随着老年人运动保健意识的变化,其实际生活中的运动行为也会发生变化;相反,老年人在生活中运动行为的变化,也会引起其运动保健意识的波动,这样就看到老年人运动保健意识和日常行动之间存在着双向的相关关系。

1. 相关关系方向

对于定序变量而言,变量间的关系可能呈现正向和负向两个不同的关系模式。正相关是指一个变量数值的变化会带动另一个变量数值朝向同一个方向变动,即两个变量的变化方向保持一致性。例如,上面关于儿童青少年年龄和身高的关系,随着儿童青少年年龄的增长,他们的身高也会逐渐变高。也就是说儿童青少年的年龄和身高之间存在着正相关的关系。

负相关是指一个变量数值的变化会带动另一个变量数值朝向相反的方向变动,即两个变量的变化方向相反。例如,在社区亲子关系状况调研中发现,随着亲子陪伴时间的增加,亲子冲突和矛盾的程度会有所下降;而亲子陪伴时间的减少,亲子冲突和矛盾会加剧。由此看到,亲子陪伴时间和亲子冲突之间存在着负相关关系。

2. 相关关系强度

变量间相关关系的强度是指它们相互关联程度的强度或大小。两个变量间相关关系强度通常用相关系数来表示,相关系数的数值在-1到+1之间,"+""-"表示相关关系的方向,数值代表相关关系的强度。相关系数越接近+1或-1,说明相关关系的强度就越大,相关系数越接近中间值0,说明相关关系的强度就越弱。

就相关关系的强度,理论上虽在-1到+1之间,但实际生活和工作中,相关系数不会出现+1或-1的情况,也就是说不存在绝对的正相关或绝对的负相关关系。任何事物、现象的特征和发展变化都受到多种因素的影响,如儿童青少年的身高不仅受年龄变化的影响,而且也受到饮食、睡眠、遗传、运动等多种因素的影响。

此外,相关系数的大小虽可以表示变量间的强度,但数值并不能精准地呈现相关强度,也就是说,相关系数为0.8并不是相关系数为0.4的两倍,其仅可以表示相关系数为0.8的两个变量间的相关性要比相关系数为0.4的两个变量的相关性要更强。同样,相关系数的变化也仅能表示方向和强度的升降,而不能确切表示幅度是否一致。

3. 相关关系类型

从变量变化的表现形式上来看,相关关系可以分为直线相关和曲线相关。

直线相关是当 X 变量变动的时候,Y 变量也随之变动,且其自身变动的方向始终保持一致。如果是直线相关,那么在以 X 变量和 Y 变量为轴构成的直角坐标系中,数值交互点呈现出朝向同一方向的线性特征。例如,对于儿童青少年年龄和身高两个变量的关系,随着年龄的增长,身高有所增长。这样,在以年龄和身高构成的直角坐标系中,数据点分布呈现从左下到右上方向的直线倾向。

曲线相关则是随着 X 变量在一个区间内变化,Y 变量随之向一个方向变动,而当 X 变量的变化超过或低于某个区间,Y 变量的变动方向会发生变化。在以 X 变量和 Y 变量为轴构成的直角坐标系中,数值交互点可能呈现出弯曲乃至 U 形的特征。

(二)因果关系

因果关系是指当一个变量发生变化会引发另一个变量随之变化;相反地,后一个变量发生变化并不会引发前一个变量的变化。这时,我们把变化发生在前,且可以引发后一个变量发生改变的变量称为自变量,而将发生变化在后,且其改变是受到前一个变量变化引发的变量称为因变量。例如,城市中的温室气体排放量较大,导致城市环境的气温随之升高;而乡村的温室气体排放量较小,乡村的气温在同等季节中较为凉爽。那么温室气体排放和相应环境下的气温存在因果关系。饮食的均衡程度和健康状况、酒精的摄入量和大脑的反应能力等都存在着因果关系。

通常,存在因果关系的两个变量之间一定有相关关系,但两个有相关关系的变量不一定存在因果关系。要得出两个变量存在因果关系的结论,需要满足三个条件:

第一,两个变量间存在不对称的相关关系。也就是说,A 变量发生改变,会引发 B 变量随之发生变化;相反地,B 变量发生改变,A 变量并不会随之而变化。例如,在居民生活状况和需求的调研中,居家空间状况的变化对于亲密关系压力水平有直接的影响,可以说居家空间是亲密关系压力水平的重要原因。但相反地,亲密关系压力水平的变化并不能影响居家空间的改变。

第二,两个变量发生变化的顺序存在一定的先后关系。也就是说,自变量先发生变化,然后引发因变量的变动,二者之间有先后之别。如在上例中,居住的空间和亲密关系压力水平之间的关系,如有波动,可以判断居住空间的变化在前,亲密关系压力水平变化在后,顺序不会相反。而在亲子关系紧密度和亲子每天陪伴时长两个变量间,则不太容易判断二者发生变化时先后的顺序,不能说是亲子陪伴的时长增加后,导致亲子关系紧密度发生了改善;也有可能是亲子关系紧密度的改善,推动了亲子陪伴时长的增加。

第三,两个变量之间的关联不会依托于第三个变量来实现。也就是说,A 变量和 B 变量之间存在着直接的影响,而不是表面上有关联,但实际上二者是通过第三个变量产生相互影响的。如儿童青少年学习压力和主要照顾人的期待之间的关系,很多时候我们认定主要照顾人的期待是儿童青少年学习压力的来源,但主要照顾人期待这个变量仍然需要被继续解析,才能把握儿童青少年学习压力疏解的服务切入点。我们发现主要照顾人的自我价值依托是另一个在其中发挥作用的变量,即主要照顾人的自我价值依托影响着其对子女的期待,进而影响儿童青少年学习压力的状况。只有考虑自我价值依托这个变量,才能知晓主要照顾人期待和青少年学习压力发生联系和变化的机制。

相关关系与因果关系的联系与区别。并非所有存在相关关系的变量之间都一定存在因果关系。相关关系与因果关系有一定的联系,但二者又有差别。如果变量 X 与变量 Y 之间存在因果关系,那么它们之间必定存在相关关系。反之,如果两个变量之间存在相关关系,它们之间未必就存在因果关系。

二、交互分类及关系强度的测量

(一) 交互分类(列联表分析)

1. 交互分类的含义和作用

简单地说,交互分类就是将一组数据按照两个不同变量的类型进行综合分类。交互分类的结果通常以交互分类表(又称为列联表)的形式表示出来。例如,某调查样本的构成情况统计表见表9-11。

表 9-11 某调查样本的构成情况统计表

文化程度	年龄段			
	老年	中年	青年	合计
小学及以下	68	45	20	133
初中	20	32	44	96
高中	11	18	26	55
大专及以上	1	5	10	16
合计	**100**	**100**	**100**	**300**

交互分类的作用主要体现在：一是可以较为深入地描述样本资料的分布状况和内在结构，对变量之间的关系进行解释和分析；二是可以进行分组比较。

需要说明的是，交互分类方法的适用对象主要是定类与定序层次的变量，而社会调查研究中的绝大部分变量正好是这两个层次的。因此，交互分类的方法对于大量社会调查资料的相关分析有十分重要的作用。

2. 交互分类表的形式要求

要准确地运用交互分类表来进行统计分析，就需要掌握正确的表达形式，制表时最好采用以下准则：

(1) 每个表顶端要有表号和表题。

(2) 表格中的线条要规范、简洁。

(3) 表中的百分比符号的处理方式有两种：一是在表右顶端标上"%"符号，二是在每一列纵栏数字的上方标上"%"符号。

(4) 在表的下端用括号标出每一纵栏所对应的频数，以指示每一栏百分比所具有的基础（即个案数的多少）。

(5) 表内的百分比通常保留一位小数。

(6) 通常将自变量 X 放在表的上层（列），因变量 Y 放在左侧（行），百分比按列（自变量）方向进行计算。

(7) 交互分类的两个变量的取值不宜太多。

示例见表 9-12。

表 9-12 政治面貌与就业半年后薪金水平之间的关系

薪金水平	政治面貌			
	中共党员	共青团员	民主党派	群众
1 000 元以内	1.1	3.7	16.7	9.1
1 000～2 000 元	32.2	43.2	50.0	42.4
2 000～3 000 元	41.4	37.7	33.3	33.3
3 000～5 000 元	16.1	5.6	0.0	6.1
5 000 元以上	1.1	1.8	0.0	3.0
合计(n)	(87)	(843)	(6)	(33)

3. 交互分类表的检验

为了便于分析变量之间的关系,一般采用相对频数,即百分比的形式列出交互分类表(列联表)。这样,既可以很直观地比较某个变量的不同类别在另一个变量上的分布情况,也可以从中推断二者之间的关系。要保证从样本中得出的结论具有统计意义,保证样本中所体现的变量之间的关系也反映了总体的情况,就必须对它们进行 χ^2 检验。χ^2 的计算公式为:

$$\chi^2 = \sum \frac{(f_o - f_e)^2}{f_e}$$

其中,f_o 为交互分类表中每一格的观察频数,f_e 为交互分类表中 f_o 所对应的期望频数。

为了计算 χ^2,必须首先计算出每一个 f_o 所对应的 f_e(期望频数)。具体的计算方法是用每一个 f_o 所在的行总数乘以所在的列总数,再除以全部个案数。

知道了 χ^2 的计算方法,再来看看 χ^2 检验的步骤。具体如下:

(1) 建立两个变量之间无关系的假设,即假设两个变量相互独立,互不相关。
(2) 计算出 χ^2 的值。
(3) 根据自由度 $df = (r-1)(c-1)$(r 和 c 分别为交互分类表的行数和列数)和给出的显著性水平即 P 值,查 χ^2 分布表,得到一个临界值。
(4) 将计算出的 χ^2 值与查得的临界值进行比较。若 χ^2 值大于或等于临界值,则称差异显著,并拒绝两个变量独立的假设,即认为两个变量之间有关系;若 χ^2 值小于临界值,则称差异不显著,并接受两个变量独立的假设,即认为两个变量之间无关系。

例如,计算表 9-13 的 χ^2 值,并对"性别与是否创业是否相关"进行 χ^2 检验(假设显著性水平为 0.05)。

表 9-13 性别与是否创业的交互分类表

是否创业	男	女	合计
创业	15	95	110
不创业	85	5	90
合计	100	100	200

首先计算出各观察频数的期望频数:

$f_{11} = 110 \times 100 \div 200 = 55$ $f_{12} = 110 \times 100 \div 200 = 55$
$f_{21} = 90 \times 100 \div 200 = 45$ $f_{22} = 90 \times 100 \div 200 = 45$

代入 χ^2 的计算公式,便有:

$$\chi^2 = \sum \frac{(f_o - f_e)^2}{f_e} = \frac{(95-55)^2}{55} + \frac{(15-55)^2}{55} + \frac{(85-45)^2}{45} + \frac{(5-45)^2}{45} = 129.3$$

检验步骤:

第一步,建立两变量无关系的假设,即性别与是否创业两个变量相互独立,互不相关。
第二步,计算出 χ^2 值。本例中的 χ^2 值为 129.3(计算过程见上)。
第三步,根据自由度 $df = (r-1)(c-1)$ 和给出的显著性水平即 P 值,查 χ^2 分布表,得到一临界值。本例的自由度为 $df=(2-1)(2-1)=1$，显著性水平为 $P=0.05$，查 χ^2 分布表得到临界值为 3.841。

第四步，将计算出的 χ^2 值与查得的临界值进行比较。因为 $\chi^2=129.3>3.841$，拒绝两个变量独立的假设，因此，我们可以否定性别与是否创业两个变量之间无关的假设，即性别与是否创业是相关的。

（二）关系强度的测量

如果变量之间相互独立，说明它们之间没有关系；反之，则认为它们之间有关系。如果变量之间有关系，如何衡量其相关程度？关系强度就是对于两个变量之间相关程度的测定，它一般以相关系数来描述。下面介绍几种常见的定类变量之间关系强度的测量方法，它们中有些与 χ^2 有一定的关系。常见的变量间关系强度测量的方法有 ϕ 系数、V 系数、C 系数和 λ 系数。

1. ϕ 系数

当交互分类表为 2×2 表（2 行 2 列）时，可用 ϕ 系数测量关系的强度。其计算公式为：

$$\phi = \frac{ad-bc}{\sqrt{(a+b)(c+d)(a+c)(d+b)}}$$

其中，a、b、c、d 分别为 2×2 表中的 4 个单元格值，见表 9-14。

表 9-14　2×2 表中的 4 个单元格值

	X_1	X_2
Y_1	a	b
Y_2	c	d

ϕ 的取值范围在 0 与 1 之间，越接近 1，说明关系强度越大。需要注意的是，ϕ 系数公式中的 a、b、c、d 均为格频数，而不是百分比。

例如，根据学生对学分制态度统计表（表 9-15）是否可以认为性别与对学分制的态度之间有关系？

表 9-15　不同性别学生对学分制态度统计表

态度	男生	女生
赞成	120	15
反对	30	35

代入 ϕ 系数的计算公式，可得：

$$\phi = \frac{120\times 35 - 30\times 15}{\sqrt{(120+15)(30+35)(120+30)(15+35)}} = 0.46$$

说明性别与对学分制的态度之间的关系较强。

2. V 系数

由于 ϕ 系数除了在 2×2 表中可控制在 $[-1,+1]$ 外，当 $r\times c$ 表的格数增多后，ϕ 值

将增大,因而此时的 ϕ 值是没有上限的,这样系数之间就缺乏比较。为此,人们又作了进一步改进,出现了其他几种以 χ^2 为基础的关系强度系数公式。V 系数公式为:

$$V = \sqrt{\frac{\phi^2}{\min[(r-1),(c-1)]}}$$

公式中的分母表示以 $(r-1)$ 和 $(c-1)$ 中较小者作为除数。

3. C 系数(列联系数)

C 系数也是一种与 χ^2 有关的相关系数,C 系数有一个突出的优点是它不受样本规模大小的影响。其计算公式为:

$$C = \sqrt{\frac{\chi^2}{\chi^2 + n}}$$

4. λ 系数

λ 系数是一种具有消减误差比例意义的相关统计量,基本特点是以众值作为预测的准则。其计算公式为:

$$\lambda = \frac{\sum f_Y - F_Y}{n - F_Y} \quad 即 \quad \lambda = \frac{每列最高频数之和 - 列总计中最高频数}{总体数目 - 列总计中最高频数}$$

例如,求表 9-16 的 λ 值。

表 9-16 性别与对学分制态度的交互分类表

态度	男生	女生	总计
赞成	120	15	135
反对	30	35	65
合计	150	50	200

$$\lambda = \frac{120 + 35 - 135}{200 - 135} = \frac{20}{65} = 0.31$$

结果表明,用性别解释态度的不同可以减少 31% 的预测误差。

三、不同层次变量的相关测量及检验

在双变量分析中,由于变量的测量层次不同,因而计算两个变量相关系数的方法与假设检验的方法也不相同。变量的测量层次可以分为定类、定序、定距、定比四种类型,这样就形成了多种不同测量层次变量的两两组合。

(一) Lambda(λ)相关测量法——定类与定类、定类与定序(视为定类)

定类变量的值使用众值(即众数)进行预测所犯的错误最小。Lambda 相关测量法是指以一个定类变量的值来预测另一个定类变量的值时,如果以众值作为预测准则,可以减少多少误差。该测量方法有两种形式:对称关系和不对称关系。其相关系数在 0 和 1 之间。

$$\lambda_y = \frac{\sum m_y - M_y}{n - M_y} \quad (不对称) \tag{1}$$

$$\lambda = \frac{\sum m_x + \sum m_y - (M_x + M_y)}{2n - (M_x + M_y)} \text{（对称）} \qquad (2)$$

其中，M_y 为 Y 变量的众值次数，M_x 为 X 变量的众值次数，m_y 为 X 变量每个值之下 Y 变量的众值次数，m_x 为 Y 变量每个值之下 X 变量的众值次数，n 为全部个案数。

在式(1)中，假定 X 为自变量，Y 为因变量，分母表示在不知道 X 值的情况下来预测 Y 的众值所产生的全部误差，即：

$$E_1 = n - M_y$$

分子表示根据 X 值来预测 Y 的众值所能消减的误差，即：

$$E_1 - E_2 = n - M_y - (n - \sum m_y) = \sum m_y - M_y$$

例如，根据表 9-17 中的调查数据，试分析年龄与收视爱好之间的关系(以年龄来预测收视爱好，用不对称公式)。

表 9-17　年龄与收视爱好之间的关系

收视爱好	老年	中年	青年	合计
戏曲	18	10	3	31
歌舞	5	20	18	43
球赛	2	10	14	26
合计	25	40	35	100

$$\lambda_y = \frac{\sum m_y - M_y}{n - M_y} = \frac{56 - 43}{100 - 43} = \frac{13}{57} = 0.23$$

因此，以年龄来预测收视爱好，可以减少 23% 的误差。

在式(2)中，假定 X 和 Y 不分自变量和因变量，在计算系数值时，既根据 X 来预测 Y 的众值，也根据 Y 来预测 X 的众值，然后取二者所能消减的误差的平均数。

例如，根据表 9-18 中的调查数据，试分析本人的健身爱好与好友的健身爱好之间是否存在相关性(难以区分因果时可用对称公式)。

表 9-18　本人的健身爱好与好友的健身爱好之间关系

本人的健身爱好 Y	好友的健身爱好 X			
	游泳	羽毛球	瑜伽	合计
游泳	28	9	3	40
羽毛球	2	41	7	50
瑜伽	2	5	3	10
合计	32	55	13	100

$$\lambda_y = \frac{74 + 76 - (55 + 50)}{200 - (55 + 50)} = 0.47$$

这说明以两个变量互相预测,可以减少47%的误差。

又例如,根据表9-19中的调查数据,试分析职业类型X对价值观Y的影响。

表9-19 职业类型与价值观之间的关系

价值观	制造业	服务业	合计
物质报酬	105	45	150
社会地位	40	25	65
合计	145	70	215

$$\lambda_y = \frac{105+45-150}{215-150} = 0$$

在上例中,结果为何等于0?这是因为众值全部集中在条件次数表(列联表)的同一行中。Lambda相关测量法的特点是以众值作为预测准则,不关注次数分布,所以会出现结果等于0的情况,但实际上可能是有关系的。鉴于此,下面采用另一种测量法——tau-y相关测量法。

(二) tau-y相关测量法——定类与定序(视为定类)

该方法在计算相关系数时会考虑到所有的边缘次数(列联表中的合计频数)和条件次数(列联表中变量X与Y的交互频数)。

计算步骤如下:首先求出E_1(不知道X预测Y时的全部误差)和E_2(知道X预测Y时的误差),然后计算消减误差比例。其计算公式为:

$$E_1 = \sum \frac{(n-F_y)F_y}{n}$$

$$E_2 = \sum \frac{(F_x-f)f}{F_x}$$

于是

$$\text{tau-y} = \frac{E_1 - E_2}{E_1} \quad (0 \text{ 和 } 1 \text{ 之间})$$

其中,n为样本总数,f为某条件次数,F_y为Y变量的某个边缘次数,F_x为X变量的某个边缘次数。

例如,根据表9-17的调查数据,试分析年龄X对收视爱好Y的影响。

自变量年龄的边缘次数F_x分别是25、40、35;因变量收视爱好的边缘次数F_y分别是31、43、26;有9个条件次数,分别代表某项Y值和X值相交叉的个案数目,代入计算公式,可得:

$$E_1 = 31 \times (100-31) \div 100 + 43 \times (100-43) \div 100 + 26 \times (100-26) \div 100$$
$$= 21.39 + 24.51 + 19.24 = 65.14$$
$$E_2 = [18 \times (25-18) + 5 \times (25-5) + 2 \times (25-2)] \div 25 + [10 \times (40-10)$$
$$+ 20 \times (40-20) + 10 \times (40-10)] \div 40 + [3 \times (35-3)$$
$$+ 18 \times (35-18) + 14 \times (35-14)] \div 35$$
$$= 10.88 + 25 + 19.89 = 55.77$$

于是：
$$\text{tau-y} = \frac{65.14 - 55.77}{65.14} = 0.144$$

它不仅代表相关程度，也可以解释为以年龄来预测收视爱好可以消减 14.4% 的误差。

如何理解以上公式（见上述 tau-y 计算公式）：当不知道 X 时（仅知道最后一列），每次预测 Y 的一个类型值，如"戏曲"的错误概率是 $(100-31)/100$，再乘以 31 便是预测"戏曲"的错误总数；将预测各个 Y 值的错误总数加起来就是 E_1。同理，当知道 X 时（整个表都已知），预测 Y 值时可以利用"年龄"组信息，"老年"组中有 18 个喜欢"戏曲"，预测错误（不喜欢）的概率是 $7/25$，再乘以 18 就是利用"老年"组信息预测"戏曲"时的错误次数，再将每个 X 值下的各个 Y 值预测错误相加起来就是 E_2。

tau-y 相关测量法考虑到全部次数，其敏感度高于 Lambda 相关测量法。用 tau-y 相关测量法重新计算表 9-19 数据，tau-y=0.007，表示职业类型对价值观是略有影响的。因此，如果是不对称关系，最好用 tau-y 系数来分析相关关系。

（三）eta 平方系数（相关比率 E^2）相关测量法——定类与定距、定序（视为定类）与定距

以一个定类变量为自变量，以一个定距变量为因变量。根据自变量的每一个值来预测因变量的均值。E 由 0 到 1，E^2 具有消减误差比例的意义。其计算公式为：

$$E^2 = \frac{\sum(Y-\bar{Y})^2 - \sum(Y-\bar{Y_i})^2}{\sum(Y-\bar{Y})^2}$$

其中，Y 为因变量的真实值，$\bar{Y}$ 为因变量的均值，$\bar{Y_i}$ 为每一个 X 值对应的各个 Y 值的均值。

例如，根据表 9-20 中的调查数据，试分析家长的职业 X 对孩子的英语成绩 Y 的影响。

表 9-20　家长的职业与孩子的英语成绩之间的关系

	职业		
	干部	工人	农民
英语成绩	78	52	83
	82	59	75
	92	73	82
	90	61	78
	85	80	80
	81	51	
	83	64	
n_i	7	8	5
$\bar{Y_i}$	84.29	61.75	79.6
S_i	4.4	9.64	2.87

$$\sum Y^2 = 112\ 834, \bar{Y} = 74.1$$
$$E^2 = (7 \times 84.29^2 + 8 \times 61.75^2 + 5 \times 79.60^2 - 20 \times 74.1^2)$$
$$\div (112\ 834 - 20 \times 74.1^2) = 0.65$$
$$E = 0.81$$

E 值表示家长的职业对孩子的英语水平有很大的影响,E^2 表示用家长的职业来预测孩子的英语水平可以减少 65% 的误差。

相关比率系数还可以分析两个定距变量之间的非线性关系,只要将其中一个变量看作定类变量,就可用 E 系数来测量。

(四) Gamma 系数(G 系数)相关测量法——定序与定序

Gamma 系数用于分析两个变量之间的对等关系,即无自变量与因变量之分。其计算公式为:

$$G = \frac{N_s - N_d}{N_s + N_d}$$

其中,N_s 为同序对数目,N_d 为异序对数目。

序对是指表明高低位次的两两配对。如果一对个案在变量 X、Y 的分类表现位次一致,则为同序对;如果位次相反,则为异序对。同序对的数量等于表内每一个频数都乘以其右下方的全部频数之和,然后加总;异序对的数量则等于表内每一个频数都乘以其左下方的全部频数之和,然后加总。

对于 Gamma 系数,有 $-1 \leqslant \gamma \leqslant 1$。$\gamma > 0$ 且越接近 1,表明 X、Y 两个变量正相关的程度越高;$\gamma < 0$ 且越接近 -1,表明 X、Y 两个变量负相关的程度越高。

例如,根据表 9-21 中的调查数据,试分析文化程度对收入水平的影响。

表 9-21 文化程度与收入的交互分类表

收入水平	文化程度			合计
	大专以上	中学	小学以下	
高	12	10	3	25
中	8	30	5	43
低	4	16	12	32
合计	24	56	20	100

$N_s = 12 \times (30 + 5 + 16 + 12) + 10 \times (5 + 12) + 8 \times (16 + 12) + 30 \times 12 = 1\ 510$

$N_d = 3 \times (30 + 8 + 16 + 4) + 10 \times (8 + 4) + 5 \times (4 + 16) + 30 \times 4 = 514$

所以:
$$G = \frac{N_s - N_d}{N_s + N_d} = \frac{1\ 510 - 514}{1\ 510 + 514} = 0.49$$

这说明用文化程度去预测收入水平,可以消减 49% 的误差。

Gamma 相关测量法是一种对称形式的测量,即如果 X、Y 都是定序层次的变量,则用 X 预测 Y 与用 Y 预测 X 相比,其相关程度一样。

(五) r 相关测量法——定距与定距

相关系数 r 是表明两个变量之间关系程度的量,其取值范围在 -1 和 $+1$ 之间。

(1) 当 r 为负值时,说明变量 X 与变量 Y 的变化方向相反,即当 X 增大时,Y 减少;当 X 减少时,Y 增大。

(2) 当 r 为正值时,说明两个变量的变化方向相同。

(3) 当 $|r|=1$ 时,称 X 与 Y 完全相关。

(4) 当 $r=0$ 时,则称 X 与 Y 完全不相关。

$|r|$ 越接近 1,说明关系强度越大;$|r|$ 越接近 0,则说明关系强度越小。相关系数 r 的计算公式为:

$$r=\frac{n\sum XY-\sum X\sum Y}{\sqrt{[n\sum X^2-\sum Y^2][n\sum Y^2-(\sum Y)^2]}}$$

为了便于全面了解双变量分析方法,可把双变量测量层次的类型和与之相应的相关测量方法、假设检验方法列成表 9-22。

表 9-22 双变量分析方法一览表

双变量测量层次	相关程度测量方法	假设检验方法
定类—定类 定类—定序	Lambda 系数,tau-y 系数	χ^2 检验
定序—定序	Gamma 系数	Z 检验或 T 检验
定类—定距 定序—定距	eta 平方系数	F 检验或 T 检验
定距—定距	r 系数	

(资料来源:李沛良,社会研究的统计应用,社会科学文献出版社,2001 年)

> 调查案例

不同层次变量的相关测量实例

一、定类—定类、定类—定序变量相关测量法

1. λ(Lambda) 相关测量法。根据表 9-23 中的统计资料,求 λ。

表 9-23 青年人与其知心朋友的志愿之间的关系

青年人的志愿	知心朋友的志愿			
	快乐家庭	理想工作	增长见闻	总数
快乐家庭	28	9	3	40
理想工作	2	41	7	50
增长见闻	2	4	4	10
合计	32	54	14	100

拓展阅读

从表 9-23 中得到的资料是次数资料。由于青年人的志愿(Y)与知心朋友的志愿(X)可能是相互影响的,难以区分何者是自变量或因变量,所以要应用 Lambda 相关测量法的对称形式,即 λ 系数。根据 λ 系数的公式和表 9-23 中的资料,可知:

$$M_y = 50, M_x = 54, \sum m_y = 28 + 41 + 7 = 76, \sum m_x = 28 + 41 + 4 = 73, n = 100。$$

所以:

$$\lambda = \frac{73 + 76 - (54 + 50)}{2 \times 100 - (54 + 50)} = 0.47$$

这个统计值表示,青年人的志愿与其知心朋友的志愿是中等程度的相关,相关系数是 0.47。如果以两个变量相互预测,可以减少 47% 的误差。

(2) tau-y 相关测量法(简记为 γ)。根据表 9-24 中的统计资料,求 tau-y 系数。

表 9-24 青年人的性别与志愿之间的关系

志愿	性别		
	男	女	总数
快乐家庭	10	30	40
理想工作	40	10	50
增长见闻	10	0	10
合计	60	40	100

tau-y 属于不对称的相关测量法。表 9-24 的全部个案数(n)是 100。性别是自变量(X),边缘次数(F_x)分别是 60 和 40。志愿是因变量(Y),边缘次数(F_y)分别是 40、50 和 10。表内有 6 个条件次数,每个都代表同属于某项 Y 值与某项 X 值的个案数目(f)。将这些数值代入 tau-y 公式,结果如下:

$$E_1 = 40 \times \frac{100-40}{100} + 50 \times \frac{100-50}{100} + 10 \times \frac{100-10}{100} = 58$$

$$E_2 = \frac{10 \times (60-10) + 40 \times (60-40) + 10 \times (60-10)}{60} +$$

$$\frac{30 \times (40-30) + 10 \times (40-10) + 0 \times (40-0)}{40} = 45$$

$$\text{tau-y} = \frac{58-45}{58} = 0.224$$

这个数值不但表示性别与志愿的相关程度,而且可以解释为如果以性别来预测或估计志愿,能够减少 22.4% 的误差。tau-y 相关测量法的灵敏度比 λ 相关测量法高。

二、定序—定序变量相关测量法

定序—定序变量相关测量法有多种,这里只举例说明求 G 系数的方法。根据表 9-25 提供的资料,求 G 系数。

表 9-25　工厂的工人积极性与产量之间的关系

工厂	积极性等级	产量等级
A	5	5
B	3	3
C	4	1
D	1.5	3
E	1.5	3

从表 9-25 中 5 个工厂的资料可知,同序对有 A 与 B、A 与 C、A 与 D、A 与 E,即 $n_s=4$;异序对有 B 与 C、C 与 D、C 与 E,即 $n_d=3$;根据公式,有:

$$G = \frac{4-3}{4+3} = 0.14$$

可见,工人的积极性与产量成正比。然而,二者的相关程度很弱,以其中的一个变量来预测另一个变量,只可以减少 14% 的误差。

三、定类(或定序)—定距变量相关测量法

定类(或定序)—定距变量相关测量法,称为 eta 平方系数(简写为 E^2)法。它是以一个定类变量(X)为自变量,另一个定距变量(Y)为因变量来估计或预测自变量不同取值情况下因变量的均值有没有差异的方法。根据表 9-26 中提供的资料,求 E^2。

表 9-26　小学生的亲子关系与学习成绩之间的关系

学习成绩	亲子关系好	亲子关系一般	亲子关系差	总体
学习综合成绩	90	93	75	
	91	91	81	
	95	90	73	
	94	85	76	
	80	81	95	
n_i	5	5	5	$(n)15$
$\overline{Y}_i$	90	88	80	$(\overline{Y})86$

根据表 9-26 的资料,可以求得:

$$E^2 = \frac{58 \times 90^2 + 5 \times 88^2 + 5 \times 80^2 - 15 \times 86^2}{90^2 + 91^2 + 95^2 + 94^2 + 80^2 + \cdots + 95^2 - 15 \times 86^2} = 0.34$$

该统计值表明,小学生的亲子关系和学习综合成绩呈正相关关系,相关程度为 0.34。即以小学生的亲子关系状况去预测其学习综合成绩,可以减少 34% 的误差。

四、定距—定距变量相关测量法

测量两个定距变量之间的相关强度,一般用积距相关系数(简写为 r)。根据表 9-27 提供的资料,求 r。

表 9-27 女青年的教育年期与家务劳动时间之间的关系

妇女	教育年期(X)	家务劳动时间(Y)	XY
A	2	5	10
B	2	4	8
C	3	4	12
D	3	3	9
E	4	1	4
F	4	1	4
G	4	0	0
H	6	0	0
I	8	0	0
合计	36	18	47

根据表 9-27 的资料,可以求得:

$$r = \frac{9 \times 47 - 36 \times 18}{\sqrt{9 \times 174 - 36^2} \times \sqrt{9 \times 68 - 18^2}} = -0.81$$

$$r^2 = (-0.81)^2 = 0.656$$

积距相关系数(r)显示,家务劳动时间与教育年期之间具有很强的负相关关系,即教育年期越短,女青年的家务劳动时间越长。决定系数(r^2)则显示以一个变量来预测另一个变量,能够减少 65.6% 的误差。

(资料来源:李沛良,社会研究的统计应用,社会科学文献出版社,2001 年)

任务实训

任务实训单

实训目标	1. 以小组为单位,充分运用本章所涉及的双变量统计分析方法,对整理后的数据信息进行双变量分析,包括交互分析、相关分析。 2. 深度挖掘变量间的关系,寻找问题背后重要的影响因素。
实训环境	1. 拥有独立的小组团队研讨工作的空间。 2. 具备安装办公软件和 SPSS 数据分析软件,且有网络查询功能的电脑。
实训内容及要求	【实训内容】 1. 利用过往他人整理后的调研数据,或自己主导设计的调研所采集信息数据,完成两两变量间的交互和分析。 2. 撰写分析报告和汇报 PPT。 【实训要求】 1. 能应用 SPSS 软件开展双变量分析。 2. 尽量多地探索变量间的两两关系,进行交互分析,给出分析假设。

续表

实训步骤	1. 由专业课老师回顾上一阶段单变量统计分析假设,说明双变量统计分析学习成果目标。 2. 沿袭班级先前形成的若干小组,每组 4~6 人。 3. 每组完成自身先前调研数据信息的分析。 4. 当节教学任务完成后一周内,各组别完成双变量统计分析,并撰写报告。 5. 每组派一名代表在课堂上介绍自己组别的分析结论和假设。
实训考核评价	【评价载体】 书面作业和 PPT 汇报。 【评价指标】 1. 变量关系搭建的充分程度,占 20%。 2. 双变量分析深度程度、撰写报告,占 40%。 3. PPT 汇报,占 20%。 4. 小组成员合作情况,占 20%。

思政小课堂

经济社会发展统计图表：新中国 70 年辉煌成就（综合篇）

指　　标	单　位	1949 年绝对量	2018 年 绝对量	2018 年 比上年增长（%）	1950—2018 年平均增速（%）
国内生产总值（GDP）	亿元	679①	900 309	6.6	8.1②
第一产业	亿元	343①	64 734	3.5	3.5②
第二产业	亿元	141①	366 001	5.8	10.8②
第三产业	亿元	195①	469 575	7.6	8.4②
国民总收入（GNI）	亿元	679①	896 916	6.3	8.1②
粮食产量	万吨	11 318	65 789	−0.6	2.6
主要工业产品产量					
原煤	亿吨	0.3	36.8	4.5	7.2
原油	万吨	12	18 911	−1.3	11.3
发电量	亿千瓦·小时	43	71 118	7.7	11.3
粗钢	万吨	16	92 801	6.6	13.4
铁路营业里程	万公里	2.18	13.17	3.7	2.6
公路里程	万公里	8.08	484.65	1.5	6.1
全社会固定资产投资	亿元	43.6①	645 675	5.9	15.6②
社会消费品零售总额	亿元	277①	380 987	9.0	11.6②
货物进出口总额	亿元	42③	305 050	9.7	14.0④
全国居民人均可支配收入	元	49.7	28 228	6.5	6.1
全国居民人均消费支出	元	88.2⑤	19 853	6.2	5.6⑥
住户存款（人民币）	亿元	8.6①	716 038	11.2	—
一般公共预算收入	亿元	62.2③	183 360	6.2	12.5④
一般公共预算支出	亿元	68.1③	220 904	8.7	12.6④
外汇储备（年末）	亿美元	1.6③	30 727	—	—
年末参加基本养老保险人数	万人	5 710⑦	94 293	3.0	—
年末参加基本医疗保险人数	万人	400⑧	134 459	14.3	—
医疗卫生机构床位数	万张	8.5	840.4	5.8	6.9

续表

指 标	单 位	1949年绝对量	2018年 绝对量	2018年 比上年增长(%)	1950—2018年平均增速(%)
在校学生数					
研究生及以上	千人	0.6	2 731	3.5	12.9
普通本专科	万人	12	2 831	2.8	8.3
普通高中	万人	21	2 375	0.03	7.1
贫困人口	万人	77 039⑨	1 660	比上年末减少1 386万人	—
贫困发生率(2010年标准)	%	97.5⑨	1.7	上年为3.1	—
人均预期寿命	岁	35	77	上年为76.7	年均增长0.6岁

注:2010年农村贫困标准为每人每年2 300元(2010年不变价)。2005年起公路里程包括村道。1981年之前全国固定资产投资数据为全民所有制单位固定资产投资,1981年及之后为全社会固定资产投资。社会消费品零售总额1992年及以前为社会商品零售总额,1997年起不含居民购买住房。住户存款(人民币)数据来自中国人民银行,2015年以前为城乡居民人民币储蓄存款。2016年起,参加新型农村合作医疗人员逐步并入城乡居民基本医疗保险参保人员统计,由于统计口径变化,无法计算平均增速。①为1952年数据。②为1953—2018年平均增速。③为1950年数据。④1951—2018年平均增速。⑤为1956年数据。⑥为1957—2018年平均增速。⑦为1989年数据。⑧为1994年数据。⑨为1978年数据。
[资料来源:国家统计局,经济社会发展统计图表:新中国70年辉煌成就(综合篇),求是,2019年第19期]

经济社会发展统计图表:改革开放40年辉煌成就(社会篇)

我国社会发展主要指标

指 标	单 位	1978年绝对量	2017年 绝对量	2017年 比上年增长(%)	2013—2017年平均增速(%)	1979—2017年平均增速(%)
年末总人口	万人	96 259	139 008	0.5	0.5	0.9
城镇人口	万人	17 245	81 347	2.6	2.7	4.1
乡村人口	万人	79 014	57 661	−2.2	−2.1	−0.8
城镇人口占总人口比重	%	17.9	58.5	—	—	—
研究与试验发展经费支出	亿元	—	17 606	12.3	11.3	—
专利授权数	万件	—	184	4.7	7.9	—
在校学生数						
研究生	万人	1.1	264①	33.2	8.9	15.1
普通本专科	万人	86	2 754	2.1	2.9	9.3
普通高中	万人	1 553	2 375	0.3	−0.8	1.1
初中	万人	4 995	4 442	2.6	−1.4	−0.3

续表

指　标	单　位	1978年绝对量	2017年 绝对量	2017年 比上年增长(%)	2013—2017年平均增速(%)	1979—2017年平均增速(%)
普通小学	万人	14 624	10 094	1.8	0.8	−0.9
出国留学人员	万人	0.1	61	11.7	8.8	18.3
公共图书馆	个	1 218	3 166	0.4	0.6	2.5
博物馆	个	349	4 721	14.9	9.0	6.9
医疗卫生机构床位数	万张	204	794	7.1	6.8	3.5
医院床位数	万张	110	612	7.6	8.0	4.5
卫生技术人员数	万人	246	899	6.3	6.1	3.4
执业(助理)医师	万人	98	339	6.2	5.3	3.2
参加基本养老保险人数	万人	—	91 548	3.1	3.0	—
参加基本医疗保险人数	万人	—	117 681②	58.2	17.0	—

注:以上中国数据不包含港澳台地区。①2017年在校研究生数指标口径发生变化,增加了非全日制研究生。②参加基本医疗保险人数2017年绝对量包括已整合的新型农村合作医疗数据。

世界各收入组及金砖国家部分主要社会指标

国　家	婴儿死亡率(‰)		出生时预期寿命(岁)		高等教育毛入学率(%)	
	1978年	2017年	1978年	2016年	1978年	2016年
世　界	64.7①	29.4	62.2	72.0	12.1	36.8
高收入国家	11.2①	4.6	72.7	80.4	32.3	75.1
中等收入国家	65.4①	27.8	60.2	71.3	7.5	34.5
中等偏上收入国家	41.1①	11.6	64.9	75.3	8.4	50.7
中等偏下收入国家	84.1①	36.8	54.9	67.9	6.4	23.5
低收入国家	108.0①	48.6	47.6	62.9	3.6	7.5
金砖国家						
中　国	52.6	8.0	65.9	76.3	0.7	48.4
巴　西	82.5	13.2	61.5	75.5	16.1②	50.6③
俄罗斯	24.0	6.5	67.4	71.6	44.2	81.8
印　度	120.7	32.0	52.8	68.6	5.0	26.9
南　非	74.7	28.8	57.4	62.8	4.1④	19.8⑤

注:以上中国数据不包含港澳台地区。以上数据源于世界银行WDI数据库,出生时预期寿命和高等教育毛入学率最新数据仅更新至2016年。①为1990年数据。②为1999年数据。③为2015年数据。④为1973年数据。⑤为2014年数据。

[资料来源:国家统计局.经济社会发展统计图表:改革开放40年辉煌成就(社会篇),求是,2019年第2期]

思考与练习

一、选择题
1. 下列选项中,属于集中趋势统计量的是(　　)。
   A. 中位数　　　B. 全距　　　C. 四分位差　　　D. 方差
2. 下列选项中,属于离散趋势统计量的是(　　)。
   A. 平均数　　　B. 众数　　　C. 标准差　　　D. 中位数
3. 某班级5名学生的语文成绩依次为50、80、60、75、90,其中位数为(　　)。
   A. 60　　　B. 75　　　C. 80　　　D. 90
4. 按照统计分析涉及变量的多少,可以将统计分析分为(　　)。
   A. 单变量统计分析　　　　　　B. 双变量统计分析
   C. 多变量统计分析　　　　　　D. 推论统计

二、填空题
1. 按照统计分析的性质,可以将统计分析分为_____和_____。
2. 统计分析的过程主要包括_____、_____、_____和_____。
3. 常见的集中趋势统计量有_____、_____和_____。

三、名词解释
1. 描述统计
2. 频数分布
3. 标准差
4. 交互分类

四、计算题
1. 下列数据为9户家庭的人口数,试计算其平均数、全距、众数、中位数和异众比率。

   $$3,\ 3,\ 4,\ 4,\ 4,\ 5,\ 6,\ 7,\ 8$$

2. 在调查上海和南京两地居民的生活质量时发现,上海居民的平均月收入为1 800元,标准差为180元;南京居民的平均月收入为1 200元,标准差为100元。问两地居民的收入差距哪个更大?

五、问答题
1. 什么是两变量间的相关关系?试举例说明相关关系的方向和强度。
2. 交互分类的主要作用是什么?这一方法主要用来分析什么层次的变量统计分析方法?
3. 统计表由哪几个部分构成?试举例说明。

项目十　撰写调查报告

情境导入

某班级有一个小组经过讨论,确定了以"××区禁毒宣传教育工作成效调查"作为本小组的调查课题,并通过问卷调查、访谈等方式搜集了很多数据和素材,对数据和资料做好了分析,最终到了撰写调查报告这个环节。

请思考:调查报告的作用是什么?调查报告一般具有什么特点?调查报告分为哪些类型?调查报告的结构包括哪些?不同类型调查报告应该如何撰写?

思维导图

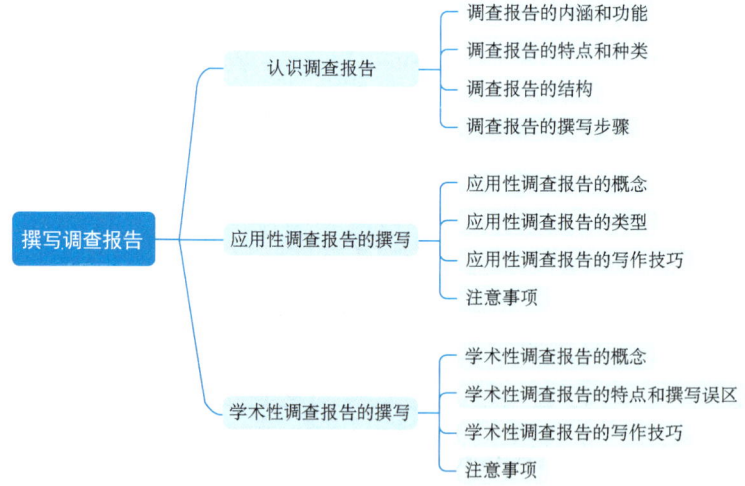

学习目标

知识目标

1. 了解调查报告的概念和功能;
2. 认识调查报告的特点和不同类型;
3. 掌握调查报告的结构框架和撰写步骤;
4. 熟悉应用性调查报告的撰写方法;
5. 熟悉学术性调查报告的撰写方法。

> **技能目标**
> 1. 能搭建调查报告的基本框架;
> 2. 能区分应用性调查报告和学术性调查报告;
> 3. 能完成应用性调查报告的撰写;
> 4. 能完成学术性调查报告的撰写。

> **素质目标**
> 1. 理解和认识调查报告的重要性;
> 2. 培养问题意识,提高社会科学研究兴趣;
> 3. 培养社会调查研究工作的逻辑思维能力;
> 4. 培养对学术严谨认真的态度;
> 5. 培养社会责任感、使命感,厚植家国情怀。

任务一　认识调查报告

 案例导入

《我们的孩子》:美国版的"寒门还能出贵子吗"

在一个阶级固化的社会里,寒门为什么再难出贵子? 为了回答这一问题,理解美国社会的贫富两极分化是如何影响下一代人的生活机遇的,哈佛大学帕特南(Putnam)教授组织研究团队,以数年之功,追踪访问了生活在美国各地的 107 位年轻人,呈现出美国社会在过去大半个世纪以来的变迁图景,书写了一则关于"美国梦之衰落"的警世恒言。正如《纽约时报书评》所言,"读罢此书,没人还能相信美国还有机会平等这回事。"帕特南用"以点带面"的叙述方式,生动地展示了美国社会在过去半世纪以来日渐扩大的"阶级鸿沟"。在《我们的孩子》一书中,帕特南依次讨论了穷孩子和富家子在成长过程中所经历的全方位差距。中上阶级的父母有更多时间陪伴孩子、给予引导、提供资源,而寒门子弟,不仅是经济上"穷",还更有可能生活在残缺不全的破碎家庭,成长过程中无法得到父母双全的关爱或在隔代教养的环境中长大。全书反复出现的一个意象——贫富阶级之间的"剪刀差"在家庭结构、父母教育方式、学校教育、邻里社区内都有鲜明的反映。在这个生而不平等的时代,仅仅谈机会均等都是不公正的。2013 年,帕特南曾因"深化了我们对美国社区的理解"而得到总统颁布的国家人文勋章。这本书在此意义上又是一次学术的跃进,它更生动地展示出美国社会的全幅图景:当寒门子弟发现自己再努力也是徒劳时,美国梦已碎。对于当下的中国人而言,这本书以手术刀般的锐利所进行的批判,是我们千金难买的经验和教训。

调查报告

知识准备

一、调查报告的内涵和功能

（一）调查报告的内涵

调查报告是反映社会调查研究成果的一种书面报告,是对整个社会调查研究过程的全面总结,也是社会调查研究成果的集中体现,是经过在实践中对某一情况、某一事件、某一经验或问题客观实际情况的调查了解,将调查了解到的全部情况和材料进行"去粗取精、去伪存真、由此及彼、由表及里"的分析研究,揭示出本质,寻找出规律,总结出经验,最后以书面形式陈述出来。调查报告的核心是实事求是地反映和分析客观事实。调研报告主要包括两个部分：一是调查,二是研究。调查应该深入实际,按事物的本来面目了解事物,掌握材料,准确地反映客观事实,不凭主观想象。研究,即在掌握客观事实的基础上,认真分析,透彻地揭示事物的本质。

（二）调查报告的功能

1. 对人类的认识和科学的发展具有重大的促进作用

调查报告是社会调查研究成果的集中体现,它不仅能够提供大量的客观事实和有价值的资料,而且能够通过对客观事实的分析,揭示社会现象的本质和发展规律,为人们提供认识社会的科学理论。例如,我国著名社会学家费孝通的小城镇研究极大地推动了我国城市化理论的发展。

2. 是实现调查目的的重要环节

任何社会调查都是出于某种目的而进行的,目的性是社会调查的重要特征。社会调查要达到其目的,就必须借助调查报告,因为单纯地收集一堆调查材料并不能说明问题,只有将分散、凌乱的调查材料按照事物本身的逻辑整理,通过调查报告这种书面形式将调查成果巩固下来,才能揭示出社会现象存在的条件和发展的规律,得出科学的结论。

3. 对指导社会实践具有显著的作用

科学的任务不仅在于认识世界,更重要的是改造世界。调查报告在这一方面的作用表现为发现问题、反映情况、总结经验、树立典型、宣传政策、推动工作。例如,毛泽东的《湖南农民运动考察报告》《兴国调查》等,不仅丰富了马克思主义理论,而且在我国革命的具体实践中起到了巨大的指导作用。

二、调查报告的特点和种类

（一）调查报告的特点

1. 针对性

在撰写调查报告时,首先要考虑的问题就是调查报告的写作目的是什么,读者对象是谁,然后根据写作目的和读者对象考虑资料的运用和安排,以及调查报告的结构或布局,即首先要确定"为何写""为谁写"。

"为何写"与研究性质和目的有关。按照调查课题的性质可以分为探索性研究、描述性研究和解释性研究,调查报告的写作目的就是要以文字的形式显示出不同的研究课题的本来性质和目标。

"为谁写"是指调查报告的读者对象是谁。一般而言,调查报告的读者对象可以分为两大类,即专业读者和一般读者。专业读者主要是具有社会研究专业知识的研究者,如大学教师、科研人员、在校研究生等。一般读者是指非专业读者,既可以是社会上的一般大众,也可以是非专业学者、行政机关的主管和一般管理人员等。不同的读者对象决定了研究报告的特点。供专业读者阅读的是学术性调查报告,供一般读者阅读的是应用性调查报告。

2. 实证性

调查报告是以事实为基础的,所以调查报告的实证性是指社会研究报告必须全面正确地反映社会事实。用事实说话是调查报告最基本的要求,即要通过对事实的描述使人们了解事实真相,同时通过对实际资料的分析得出客观的结论。也就是说,调查报告是由事实而得出的结论,而不是先确定出某种结论,再去寻找证据来验证这一结论的正确性。因此,调查报告作为社会现象的调查说明材料,必须忠实地反映社会现象的本来面貌。只有充分地、准确地以社会事实为根据,用客观事实说明问题,才能正确反映社会现实,找出社会现象出现的原因,得出正确的结论并用以指导实践。

3. 时效性

调查报告中所反映的通常都是现实社会生活中迫切需要解决的问题,这就决定了研究报告必须讲究时效性。调查报告不仅要全面、准确地反映社会现实和社会问题,而且要及时地提出解释社会现象和解决社会问题的答案和对策。如果研究报告的撰写延误了时间,错过了时机,不能及时地回答人们迫切需要了解的问题,就会因时过境迁而成为"马后炮",那样,调查报告也就失去了指导作用和应有的社会意义。

(二) 调查报告的种类

1. 应用性调查报告和学术性调查报告

根据调查报告的读者对象,调查报告可分为应用性调查报告和学术性调查报告。

应用性调查报告往往以政府决策部门领导、各类实际工作部门人员为对象,以了解和描述社会现实情况、提供社会决策参考、解决实际社会问题为主要目的。这类调查报告对研究过程的介绍往往十分简短,研究结果部分也通常用比较直观的统计图、统计表等形式来表示,根据研究结果所提出的策略建议部分在报告中也十分突出。

学术性调查报告通常指在专业杂志上发表或学术会议上发表的调查报告,所面向的读者包括大学教师、科研人员、在学研究生等具有社会专业知识的研究者。所以,学术性调查报告特别强调对以往研究的追溯和分析、对理论的解释或诠释、对研究方法的详细说明及对研究结果的详细论证,它在资料分析部分相对宽泛,但对结果的讨论部分则相对谨慎。另外,学术性调查报告往往需要运用各个学科的有关理论和概论,在形式上也有比较严格的固定格式,结构更加严谨,论述的语言也要求更加客观、严密。

2. 描述性调查报告和解释性调查报告

根据调查报告的主要功能,可将其分为描述性调查报告和解释性调查报告。

描述性调查报告着重于对所调查现象进行系统、全面的描述,其主要目标是通过对调查资料和结果的详细描述,向读者展示某一现象的基本状况、发展过程和主要特点。对于以弄清现状、找出特点为目的的社会调查来说,描述性调查报告是最适合其表达结果的形式。

解释性调查报告的着眼点则有所不同,它的主要目的是用调查所得到的资料来解释和说明某类现象产生的原因,或者说明不同现象相互之间的关系。这类报告中虽然也有一些对现象的描述,但这种描述一方面不像描述性报告那样全面、详细;另一方面也仅仅只是作为合理解释和说明现象原因及关系的必要基础或前提而存在,即为了解释和说明而做的必要的描述。

3. 综合性调查报告和专题性调查报告

根据调查报告的内容,可以将其分为综合性调查报告和专题性调查报告。

综合性调查报告也叫概况性调查报告,是指对调查对象的基本情况和发展变化过程进行比较全面、系统、完整、具体反映的调查报告。这类调查报告一般着重分析社会的基本状况,研究带有共性的问题,提出具有普遍意义的对策与建议。综合性调查报告一般有以下三个特征:一是对调查对象的基本情况进行较为完整的描述,包括一个地区甚至特定社会的地理、人口、阶级、阶层、政治、经济、文化等各方面的基本情况。二是对调查对象的发展变化情况进行纵横两方面的介绍。三是以一条主线来串联庞杂的具体材料,达到清楚地说明调查问题的目的。例如,李景汉的《定县社会概况调查》就是运用社会学方法,以县为单位所做的系统实地调查的专著,属于经典的综合性调查报告。该报告分为17章,共828页,其中有314个表格,62张照片,内容涉及定县的地理、历史、政治、经济、文化、教育、社会组织、人口、健康与卫生、农民生活费、乡村娱乐、风俗习惯等各个方面。当时学术界称之为"一部中国农村社会生活的百科全书",对当代社会学考察的理论与方法具有重要的参考价值。

专题性调查报告是指围绕某一特定事物、问题或问题的某些侧面而撰写的调查报告。这类调查报告特点是内容比较聚焦,篇幅一般都比较短小,能够帮助有关部门及时了解和处理现实生活中急需解决的具体问题。专题性调查报告在党政机关、社会团体、企事业单位的日常工作中应用广泛。例如,行政管理部门的流动人口、劳资纠纷的调查,公安司法部门的青少年犯罪案件调查,科研部门对新生代农民工的调查等等,都采用专题性调查报告。

4. 定量研究报告和定性研究报告

根据研究的性质,调查报告还可以分为定量研究报告和定性研究报告。

定量研究报告主要以对数据资料的统计分析结果及其讨论为主要内容,数量化、表格化、逻辑性强是其表达结果的主要特征,报告的格式十分规范且相对固定,报告的各个部分相互之间界限十分明确。

与此相反,定性研究报告则主要以对文字材料的描述和定性分析为主要特征。在报告的结构上既无严格的规范,也没有十分固定的格式。在内容上,描述和分析、资料与解释之间的界限也不十分明显。而且一般情况下,定性研究报告的篇幅比定量研究报告的篇幅要长,报告中体现的主观色彩也较重。

三、调查报告的结构

调查报告一般由标题、前言、主体、结束语、附件等几部分构成。掌握调查报告的格式与基本结构是写好调查报告的前提和基础。

(一) 标题

标题就是调查报告的题目。标题是吸引读者的一个重要因素,标题的写作通常有以下五种形式。

1. 陈述式

陈述式标题，即直接在标题中写明调查的主题和调查对象。如《大学生生态素养的调查与分析》《城市居民幸福感调查》。这类标题的优点是直接概括了报告主题，比较客观、简明，从标题即可知道调查的内容。但缺点是显得呆板，缺乏吸引力。这种标题多用于综合性、专业性较强的学术性调查报告。

2. 判断式

判断式标题，即用作者的判断或评价性的语言作标题。如《择友不当是未成年人犯罪的重要原因》《时代呼唤专业社会工作大发展》。这类标题的优点是揭示了报告主题，表明了作者态度，十分醒目，针对性强。但缺点是过于理论，显得没有特色。这种形式的标题多用于总结经验、政策研究、支持新生事物等类型的学术性调查报告，而应用性调查报告较少采用此类标题。

3. 问题式

问题式标题，即用提问的方式作标题。如《现代大学生能承受压力吗？》《独生子女幸福吗？》。这类标题提出了问题，设置了悬念，比较尖锐、鲜明，有较强吸引力，但一般看不出调查的结论。这种形式的标题一般用于揭露、探讨问题的调查报告。非专业的调查报告较多地采用这类标题。

4. 抒情式

抒情式标题，即用抒发作者感情的方式作标题。如《社工的明天会更好》。这类标题充分表达了作者感情，具有较强的感染力和吸引力，但从标题很难判断报告的内容。这种形式的标题一般用于表彰新生事物或鞭挞消极社会现象的调查报告。

5. 双标题式

双标题式标题，即调查报告的标题由主标题和副标题两个标题组成。如《他们也有爱的权力——北京市老年人婚姻问题调查》《共享同一片蓝天——上海市J区流动儿童社会融入状况调查》。标题虽然比较复杂、冗长，但它综合了多种标题的优点，因而是各种调查报告使用比较多的一种形式，无论是学术性调查报告还是应用性调查报告都适用。

标题的写法灵活多样，无论采取哪种标题形式，都应力求概括、简明、新颖、对称。标题要概括调查报告主要内容，要简明表达调查报告主题，要有新鲜感、吸引力和感染力，要与调查报告的内容相对称。

(二) 前言

前言又称导言或导语，是调查报告的开头部分。前言的内容主要是说明调查的目的、内容、对象、时间、地点等。前言部分一般文字叙述较少，简洁明了。一般只有学术式的调查报告前言部分才会文字较多，内容详尽。应用性的调查报告的前言有以下四种写法。

1. 主旨直述法

主旨直述法，即在前言中直接陈述调查的主要目的。例如，某课题组完成的《深圳市南山区老年人养老服务需求调查报告》前言写道："为摸清深圳市南山区老龄化现状与趋势，了解南山区老年人的养老需求状况，掌握南山区养老服务设施现状及问题，为党和政府制定养老服务政策提供依据和数据支撑，深圳职业技术学院'南山区老年人养老服务需求调研'课题组,在全区范围内 8 个街道 101 个社区随机抽取了 5 000 名老年人进行问卷调查。"这种写法的优点是有利于读者准确把握调查报告的主要宗旨和基本精神。

2. 情况交代法

情况交代法,即在前言中着重说明调查工作展开的具体情况。例如,陆飞杰在《城市问题》2006 年第 3 期发表的《对城郊失地农民再就业问题的思考——以江苏省为例》前言中写道:"改革开放以来,随着我国经济增长并逐步走上快速发展的轨道,我国城市化和工业化进程明显加速,城市数量不断增加,城市规模也不断扩大……从 2003 年 10 月开始,笔者对失地农民问题就予以关注,并着手调研。2003 年寒假,笔者深入南京市郊区,与失地农民接触、访谈、填答问卷,搜集到了大量的第一手资料。在此基础上,不断查阅文献资料、学习相关知识,又于 2004 年暑假组织 20 余名社会学专业的同学组成失地农民生活状况调研小组,分赴江苏省的苏州、南京、扬州和徐州四市城郊开展调研。"这种写法的优点在于有利于读者了解调查开展的具体情况,便于读者对调查结论做出自己的判断。

3. 直述结论法

直述结论法,即在前言中提出问题,描述情况的同时,先简要说明调查的基本结论。例如,"青少年犯罪是全社会普遍关注的社会问题之一。据统计,我市去年一年中,因各种犯罪被劳教的青少年达 600 多人。这么多的青少年是怎样误入歧途,走上犯罪道路的呢?导致青少年犯罪的主要原因是什么?笔者今年 5 月对两个劳教所 400 名犯罪青少年的调查表明:家庭破裂、择友不当以及色情文化的影响,是导致青少年犯罪的主要原因。"这种写法的优点在于开门见山,突出主题,有利于读者对调查报告的观点一目了然。

4. 提问设悬法

提问设悬法,即在前言中先描述某种社会现象或问题,然后对这种社会现象或问题产生的原因等提出疑问、设置悬念,而不作解答。例如,"老年人丧偶是生活中十分普遍的现象,而老年人再婚则是近年来出现在我国社会中的一种新的社会现象。据有关部门统计,本市 1980 年再婚老年夫妇为 68 对,1984 年为 116 对,1988 年为 302 对,1991 年为 495 对,1994 年为 623 对。促使老年人再婚比例提高的原因是什么?社会舆论对老年人再婚的评价如何?老年人再婚给他们的家庭及其生活带来了哪些变化?为了弄清这些问题,武汉大学社会学系于今年 3 月至 5 月,对湖北省武汉市 180 对再婚老年夫妇进行了调查。"这种设置悬念的写法能激发读者的兴趣,增强了吸引力,常用于总结经验和揭露问题的调查报告。

(三) 主体

主体是整篇调查报告的核心部分,占有大部分的篇幅,内容也较多。同时通过调查收集到的资料也主要集中在这一部分。

1. 内容

主体一般应包括以下六个方面内容:研究对象的背景及主要目的;调查对象的选取及基本状况;调查的主要途径;调查收集的主要材料和数据;研究的主要方法、过程和结论;对研究过程及结果的评价。

2. 结构

调查报告主体部分的结构通常有三种形式,即纵向结构式、横向结构式和纵横交错结构式。①纵向结构式。它是按照事物本身发展的历史顺序和内在逻辑,从纵向角度来描述,其优点是可以突出社会现象或问题的发展过程,分析不同时间的差异。②横向结构式。它是按照调查的事实或现象本身和形成的观点,按性质或特点分成几个部分,并列排放、分别叙述。以横向的角度,从不同方面说明调查报告的主题。这种结构的优点是每个问题的论述比较集中,有较强的说服力。③纵横交错结构式。它是将纵向结构式和横向结构式结合使用的方式。这种结构一般以一种方式为主,包含两种情况:其一,以纵为主,纵中有横。其二,以横为主,横中有纵。纵横交错结构优点突出,既有利于按照历史脉络讲清楚问题的来龙去脉,又有利于按问题的性质或类别分别展开论述。因此,许多大型调查报告的主体部分往往采用这种纵横交错结构式。

(四)结束语

结束语是调查报告的结尾部分。结束语的中心内容是总结调查过程和主要结果,同时叙述研究结论,在阐述所调查的现象产生原因时提出对策建议。从形式上看,有三种不同处置方法:一是不设置结束语;二是精简的结束语;三是具体翔实的结束语。从内容上看,结束语有以下五种写法。

1. 概括全文,深化主题

根据调查情况,概括出主要观点,进一步深化主题,增强调查报告的说服力和感染力。

2. 总结经验,形成结论

根据调查的内容,总结出基本经验,形成调查的基本结论。

3. 指出不足,提出对策

根据调查的情况,指出存在的不足,提出弥补或改进的具体对策。

4. 说明危害,引起重视

根据调查的情况,说明问题的严重性、危害性,以便引起有关方面的重视,有的还提出对策性的具体意见。

5. 展望未来,指明意义

根据调查的情况,由点到面、由此及彼,开阔视野、展望未来,指出有关问题的重要意义。

总之,调查报告的结束语应根据写作目的和内容的需要采取灵活多样的写法,要简明扼要、意尽即止,切不可画蛇添足、弄巧成拙。

(五)附件

附件是调查报告的附加部分,是对正文报告的补充或更详尽的说明,包括数据汇总表、原始资料、背景材料和必要的工作技术报告。例如,可以把研究过程中所用的问卷、量表作为调查报告的附件。

四、调查报告的撰写步骤

虽然不同类型的调查报告在具体内容、格式、写作风格方面存在差异,但其撰写的基本步骤大体一样,通常包括确立主题、拟定提纲、筛选材料、撰写调查报告、修改调查报告五个环节。

(一)确立主题

调查报告的主题就是调查报告所要表达的中心思想,是调查报告的灵魂所在。每一

调查报告撰写

个调查报告都应有自己明确而适当的主题。确定调查报告主题时,应该考虑以下四个方面的问题。

1. 该项调查的主题是什么

在一般情况下,调查报告的主题应与调查主题相一致。换言之,调查主题即为调查报告的主题。由于调查主题在调查报告撰写之前就早已确定,因而确立调查报告的主题并不困难。

2. 调查材料所能够反映的主题

有时,由于某些不可预料的原因,调查材料所能够反映的主题与调查主题并不一致。这时,需要根据调查材料所能够反映的主题,重新确立调查报告的主题。在调查面广、内容多的综合性调查研究中,撰写总调查报告的同时往往还需要撰写多个分报告,才能够将整个调查研究过程及成果完整地展现出来,在这种情况下需要根据调查材料所能够反映的主题,适当地确定各个分报告的主题。

3. 主题宜小不宜大

主题越小,内容越集中,调查报告就越容易把握,也就越好写。确立调查报告主题之前,应当对调查材料进行初步分析与评估,挖掘出最有意义、最有价值的信息,确立主题。也可以从中发现新的写作视角,充分利用调查资料,确定小主题,写出短小精悍的调查报告。

4. 注意选择恰当的标题

调查报告的标题往往是调查报告主题的集中体现。好的标题不仅要能够反映调查报告的主题,而且要能够吸引读者的眼球。所以,在确定标题时,要注意标题与主题相吻合,使标题尽可能简洁、醒目,并能够反映作者的思想倾向性。

(二)拟定提纲

调查报告主题确立以后,就要对调查报告的整体框架进行构思,并把这种整体框架转变为具体的写作提纲。调查报告写作提纲可以分为条目提纲和观点提纲两大类。条目提纲就是从层次上列出要写的章节目,观点提纲则还需要列出各章节目所要叙述的观点。

拟定提纲的一般做法是先粗后细。即先拟定粗提纲,把调查报告的几大部分确定下来;再详细列出每一个部分中的细目,形成细提纲,以便为调查报告的撰写奠定坚实的基础。

(三)筛选材料

撰写调查报告时,并非要把所有的调查资料都写进报告中。很多时候,围绕调查主题所收集的资料并不一定都适合某一主题的调查报告,这时候就需要对调查材料进行筛选,把那些与调查报告主题密切相关的材料挑选出来。材料的筛选要注意与调查报告主题密切相关,并且要精练、典型、全面。在具体做法上,可以根据写作提纲所列出的内容与观点来筛选材料。

调查报告需要使用的材料包括客观材料和主观材料两大类。前者是指从调查中所得到的各种以数据、文字、图表、影视或录音等形式表现的材料。后者是指在上述客观材料的基础上,通过分析、综合、概括等方式所形成的观点、认识和建议等。

(四)撰写调查报告

完成前三个环节工作以后,调查报告的雏形就基本形成了。这时,就可以动笔撰写调查报告了。如果说,写作提纲是调查报告的"骨架"的话,那么,撰写调查报告就是将有关内容"填"进这具"骨架"之中,使之变成一个有血有肉的"有机体"。撰写时应注意以下两方面的问题。

1. 合理布局,详略得当

在拟定提纲时,已对调查报告的整体框架做了比较充分的考虑,但是具体某一部分写哪些内容,写多长,这是报告撰写过程中不得不面对的问题。一般来说,导言部分常常向读者介绍调查的意义、目的、调查对象、调查范围、调查方法、调查过程等内容,这部分应文字简练,所占篇幅较少;报告的主体部分应向读者展示调查结果并进行分析,所占篇幅较大;报告的结尾部分常常是调查结论与对策建议或相关讨论,这部分可短可长。需要说明的是,三个部分的篇幅比重并不是一成不变的,按照调查内容与报告用途的不同,写作布局也应做相应调整。

2. 充分使用,查漏补缺

调查报告的一个显著特点就是需要使用大量的调查资料,用调查资料来反映事实、说明问题。要充分、恰当使用调查资料,首先应当注意用观点统领资料,用资料佐证观点;其次还应当注意点面结合,文字、数字、图表等多种表达形式以及定量资料与定性资料的配合使用。此外,在撰写调查报告的过程中,有时可能会发现某项比较重要的资料在之前的调查中并没有收集到,这时候,常常需要做一定的补充调查。

(五) 修改调查报告

刚刚写完的调查报告只能称为初稿,常常需要对调查报告初稿进行数次修改后才能最终定稿。常言道"文章不厌百回改,反复推敲佳句来",调查报告也不例外。修改调查报告时,应当特别注意以下三个问题:一是检查所使用的概念是否清楚,观点是否明确,层次是否清晰,引用资料是否准确无误;二是检查整个调查报告的基调是否与调查目的和时代要求相吻合,论述是否有理有据;三是通读报告,看看有没有被疏漏的问题,同时检查语言表达是否流畅。

调查案例

高职院校毕业生就业心理及影响因素分析
——以深圳职业技术学院为例

一、引言

毕业生就业困难是当前社会各界普遍关注的社会热点问题。根据教育部统计,2013年,全国普通高校毕业生规模为699万人,比2012年增加19万人,被称为"最难就业年"。随着对毕业生就业问题研究的深入,关于毕业生就业心理及影响因素的研究也引起了学者的高度关注。特别是在当前市场经济、改革开放、高校不断扩招、就业制度改革、毕业生逐年增加的背景下,研究分析毕业生就业心理具有突出的紧迫性和重要性。

国内对大学生就业心理的研究,经常作为青年价值观研究的一部分进行。例如"体制改革与当代中国青年价值观",黄希庭从职业评价、职业理想、职业动机等方面对我国青年职业观特点作了系统论证;阴国恩等对大学生职业价值观的调查认为"充分发挥能力""职业中的自主程度"是大学生就业时的主要标准。

欧阳霞、李德平等人认为毕业生消极就业心理形成的主要原因包括：对当前的就业形势认识不足、相关知识和能力欠缺、缺乏竞争意识、心理状态差、思想压力大、所学专业与未来工作的矛盾等。张尚兵的研究表明，焦虑、自卑、嫉妒、幻想、恐惧、猜疑、后悔是目前大学生在就业过程中所遭遇到的最强烈的挫折心理。就业理想、专业理想、地域理想未实现造成的挫折源是目前我国大学较为主要的就业挫折源。孟祥俊研究得出大学生有如下就业心理问题：强调自我实现和自我意识突出，功利色彩凸显；择业自主性差，依赖性强；择业安全心理强，主动竞争意识弱。

纵观国内研究者对毕业生就业心理的研究，理论探讨较多，社会调查相对较少，理论探讨往往缺乏深入的、占有实际调研资料的、定量的统计和分析，缺乏严格的、量化的研究，因而所提出的应对就业心理的策略也只是一般性表述，缺乏针对性、说服力和可操作性。鉴于此，本文主要通过量化的研究探讨高职毕业生就业心理及其影响因素。

二、研究设计

（一）概念界定与测量

就业心理。就业心理是毕业生整体心理素质的重要组成部分之一，也是毕业生心理素质在就业问题上的具体体现。关于大学生就业心理概念的界定至今尚未有统一论述。孟祥俊认为就业心理是大学生在职业选择中的心理活动过程，包括就业准备、就业冲突、就业调试等心理过程。同时也有学者认为，大学生的就业心理可以从认知心理、情绪心理、社会心理三个层面进行分析。大学生的就业心理可以归纳为就业心理倾向、就业心理素质、就业心态三个方面。本研究中把毕业生就业心理界定为毕业生在求职择业过程中在认知、情绪、意志、价值观等方面表现出来的素养或状态。具体操作化为三个指标：就业前景乐观指数、就业信心指数和就业压力指数。

人力资本。人力资本是体现在人身上的技能和生产知识的存量。本文所指大学生的人力资本主要指毕业生在学校的政治素质、认知能力、组织管理能力、沟通协调能力、实际操作能力、专业知识和综合能力等，具体操作化为所学专业、政治面貌、学习成绩、是否担任学生干部、社会实践经历（包括兼职、勤工俭学和做义工等）和奖励状况六个指标。

社会资本。学术界关于社会资本的概念目前尚未取得实质上的完全统一，当前比较有代表性的主要有如下六种：一是关系说；二是资源说；三是能力说；四是协调说；五是综合说；六是分层说。本文主要参考学者林南的社会结构资源说，将毕业生的社会资本界定为毕业生在行动中获取和使用的嵌入在社会关系网络中的资源，具体包括生源地、父母亲的文化程度、父母亲的职业和家庭收入六个方面。

（二）拟探讨的影响因素

本研究中考察的毕业生就业心理的影响因素主要包括以下几个方面：

一是毕业生的个人特征，具体包括性别、是否独生子女。

二是毕业生的人力资本，具体包括所学专业、政治面貌、学习成绩、是否担任学生干部、社会实践状况和表彰奖励情况。

三是毕业生的社会资本，具体包括生源地、父母亲的文化程度、父母亲的职业、家庭经济收入。

（三）资料来源

本研究所用数据来自2013年4—6月进行的深圳职业技术学院毕业生就业调查。该调查在留仙洞校区和西丽湖校区各选择了三个学院，每个学院随机抽选60名毕业生进行调查，这样共计360名毕业生构成我们的样本。调查实施过程中均由各学院毕业班辅导员老师协助分发调查问卷，共发放调查问卷360份，结果回收有效问卷324份，有效回收率为90%。其中男生占51.2%，女生占48.8%；独生子女占29.9%，非独生子女占70.1%；文科类毕业生占52.5%，理工科类毕业生占47.5%；找到工作并签订就业协议书的占53.7%，未签订就业协议书的占46.3%。生源地为大城市、中小城市、城镇和农村的毕业生比例分别为67.9%、11.1%、12.7%和8.3%。

具体样本构成情况见表10-1。

表10-1　被调查学生个人特征构成

变量		人数	百分比
性别	男	166	51.2%
	女	158	48.8%
是否独生子女	是	97	29.9%
	否	227	70.1%
是否为学生干部	是	176	54.3%
	否	148	45.7%
政治面貌	中共党员	45	13.9%
	非中共党员	279	86.1%
专业类别	文科	170	52.5%
	理工科	154	47.5%

三、结果与分析

（一）就业心理状况

1. 对就业前景普遍感到不容乐观

为了更清楚更直观地描述毕业生的就业前景乐观指数，我们对就业前景指标赋分，然后计算其均值。具体赋分为：从"很悲观"到"很乐观"分别赋1~5分。得分越高，表明就业前景乐观指数越大。调查显示（表10-2），高职毕业生就业前景乐观指数小于3.0，为2.95，表明毕业生对就业前景普遍感到不容乐观。

表10-2　高职毕业生的就业前景指数

就业前景	人数	百分比
很悲观	26	8.0%
比较悲观	113	34.9%
一般	51	15.7%
比较乐观	120	37.0%
很乐观	14	4.3%
合计	**324**	**100.0%**

2. 总体感觉就业压力比较大

在调查过程中,我们同样对就业压力指标赋分,然后计算其均值。具体赋分为:从"完全没有"到"非常大"分别赋 1～5 分。得分越高,表明就业压力越大。调查显示(表 10-3),高职毕业生就业压力均值超过 3.0,为 3.24,表明就业压力较大。

表 10-3 高职毕业生的就业压力指数

就业压力	人数	百分比
完全没有	23	7.1%
比较小	62	19.1%
一般	91	28.1%
比较大	109	33.6%
非常大	39	12.0%
合计	324	100.0%

3. 总体上对自己的就业比较有信心

我们对就业信心指标赋分,具体赋分为:从"毫无信心"到"很有信心"分别赋 1～5 分。得分越高,表明就业信心越大。调查显示(表 10-4),高职毕业生就业信心均值超过 3.0,为 3.54,表明总体上毕业生对就业比较有信心。

表 10-4 高职毕业生的就业信心指数

就业信心	人数	百分比
毫无信心	12	3.7%
较无信心	40	12.3%
一般	93	28.7%
有些信心	118	36.4%
很有信心	61	18.8%
合计	324	100.0%

4. 在就业过程中最大的困惑是缺乏工作经验和自我定位不够准确

调查结果显示(表 10-5),当问到"你就业过程中最大的困惑是什么"时,被调查的毕业生回答排在前三位的依次是:缺乏工作经验(64.2%)、自我定位不够准确(33.6%)、学历低和缺乏社会关系(30.9%,并列第三)。

表 10-5 高职毕业生就业过程中最大的困惑(多选)

项目	人数	百分比
个人能力不足	97	29.9%
学历低	100	30.9%
自我定位不够准确	109	33.6%

续表

项目	人数	百分比
学校就业指导不够(包括就业信息不够)	26	8.0%
求职方法技巧欠缺	50	15.4%
缺乏工作经验	208	64.2%
缺乏社会关系	100	30.9%
所学专业不理想	50	15.4%
其他	3	0.9%

5. 对首份工作的期望月薪总体适中

调查结果显示(表10-6),大多数毕业生对于首份工作月薪的期望值比较高。超过半数(56.5%)的毕业生期望的工资标准在2 001～3 000元,有34.3%的毕业生希望首份工作的月薪在3 001～5 000元。

表10-6 对首份工作的期望月薪

期望月薪	人数	百分比
2 000元及以下	16	4.9%
2 001～3 000元	183	56.5%
3 001～5 000元	111	34.3%
5 000元以上	14	4.3%
合计	324	100.0%

(二) 就业心理的差异比较

通过比较就业心理得分均值发现:在就业心理的三个指标的得分上,均不存在性别差异和专业类别差异,但在是否学生干部以及是否获得奖励这两个变量上存在显著差异。具体表现在:学生干部在就业信心指数和就业前景指数方面高于非学生干部,在就业压力指数方面普遍低于非学生干部。获得奖励的毕业生比没有获得过奖励的毕业生有更高的就业信心指数、就业前景指数和更小的就业压力。具体见表10-7、表10-8。

表10-7 学生干部与非学生干部就业心理比较

心理指标	均值		标准差		显著性检验(F值)
	学生干部	非学生干部	学生干部	非学生干部	
就业压力	3.102 3	3.412 2	1.121 63	1.081 25	6.342*
就业信心	3.693 2	3.364 9	1.045 89	1.024 52	8.071**
就业前景	3.14	2.72	1.082	1.087	11.692***

注:* 表示 $sig<0.05$,** 表示 $sig<0.01$,*** 表示 $sig<0.001$。

表 10-8　是否获得奖励在就业心理方面的差异比较

心理指标	均值		标准差		显著性检验（F 值）
	获得奖励	未获得奖励	获得奖励	未获得奖励	
就业压力	3.005 2	3.586 5	1.093 03	1.052 61	22.850***
就业信心	3.780 1	3.203 0	1.936 86	1.106 18	25.612***
就业前景	3.19	2.59	1.056	1.073	24.953***

注：* 表示 sig<0.05，** 表示 sig<0.01，*** 表示 sig<0.001。

（三）就业心理的影响因素分析

为了进一步分析毕业生就业心理的影响因素，我们以毕业生个人特征、人力资本和社会资本为自变量，以毕业生就业心理为因变量，建立多元回归模型，得到表 10-9 的结果。

表 10-9　高职毕业生就业心理影响因素的多元回归分析（Beta 值）

变量	就业压力	就业信心	就业前景
性别	−0.183	0.394**	0.312*
是否独生子女	0.062	0.038	0.013
所学专业类别	0.266	−0.114	−0.337*
政治面貌	0.167	0.058	0.008
是否学生干部	−0.135	0.130	0.211#
社会实践	−0.094	0.101	0.160*
学习成绩	−0.226**	0.148*	0.155*
奖励情况	−0.364*	0.446***	0.415**
生源地	−0.095	0.058	0.049
父亲文化程度	−0.180#	0.110	0.042
母亲文化程度	0.041	0.078	0.208*
父亲职业	−0.226**	0.195**	0.144#
母亲职业	−0.013	−0.037	−0.034
家庭经济收入	−0.071	−0.134	−0.120
调整后的 R^2	0.132	0.131	0.136
F 值	4.514***	4.277***	4.617***

注：# 表示 sig<0.10，* 表示 sig<0.05，** 表示 sig<0.01，*** 表示 sig<0.001。

从表 10-9 的结果可以看出：

1. 从人力资本的角度看，影响高职毕业生就业压力的因素主要为学习成绩和奖励情况，具体表现为：成绩越好的毕业生就业压力越小，受到表彰奖励的毕业生比没有受到奖励的就业压力更小。影响毕业生就业信心的主要是性别、学习成绩和奖励情况，具体表现为：男性毕业生比女性毕业生的就业信心更强，受到奖励、学习成绩好的毕业生比未受到奖励、学习成绩差的毕业生具有更强的就业信心。影响毕业生就业前景指数的主要是性别、专业、社会实践、学习成绩和奖励情况，具体表现为：男性毕业生比女性毕业生对就业前景更乐观,文科类毕业生比理工科毕业生对就业前景更乐观,社会实践、学习成绩和奖励情况对毕业生就业前景起着显著的正面影响。

2. 从社会资本的角度看,影响毕业生就业压力的主要因素是父亲文化程度和父亲职业,呈负相关关系,具体表现为:父亲文化程度越高,职业层次越高,就业压力越小。影响毕业生就业信心的主要是父亲职业,具体表现为:父亲职业层次越高,就业信心越强。影响毕业生就业前景乐观指数的主要因素是母亲文化程度和父亲职业。具体表现为:母亲文化程度越高,父亲职业层次越高,毕业生对就业前景感到越乐观。

四、结论与建议

(一) 基本结论

通过研究可以得出以下结论:

1. 高职院校毕业生普遍对就业前景感到不容乐观,感觉就业压力比较大,但就业信心指数较高。在就业过程中最大的困惑是缺乏工作经验和自我定位不够准确。

2. 是否学生干部以及是否获得奖励在就业压力指数、就业信心指数和就业前景乐观指数方面均存在显著差异。这表明学生干部经历对于综合素质的培养以及提升大学生就业能力起着积极的促进作用。

3. 在就业信心和就业前景方面存在性别差异和专业类别差异,男生比女生更具有就业信心,对就业前景持更乐观的心态,这在一定程度上反映了女生对就业市场上存在的性别歧视的担忧。文科类毕业生比理工科毕业生具有更高的就业前景乐观指数。

4. 毕业生人力资本对个人就业心理有较大的影响。学习成绩和受奖励情况对毕业生就业压力、就业信心和就业前景均存在显著的正面影响。而毕业生政治面貌、是否学生干部、是否独生子女等对就业心理不存在显著影响。

5. 毕业生社会资本对个人就业心理存在一定的影响。社会资本中的父亲职业层次对毕业生就业心理(包括就业前景、就业压力和就业信心)均存在显著的正面影响。父亲的文化程度对减少毕业生就业压力起到了正面作用,母亲文化程度对提高毕业生就业前景指数起到了积极的正面作用。

(二) 几点建议

1. 作为最重要的人力资本之一,学习成绩体现了学生专业学习的综合状况以及接受高等教育的实际效果,对毕业生就业心理和就业质量有着重要的影响。学习是大学生的首要任务,培养和提高自学能力,掌握扎实的专业知识和技能,促进自己的学习,是大学生最为迫切的需要。因此,大学生必须明确,在校期间只有努力学习,完成人力资本积累,才能增加自身就业的筹码,提高就业质量。

2. "优异"特征有助于提高毕业生的就业信心,减少就业压力。受奖励情况反映了大学生的综合素质或某方面的优秀之处,它被大学生和用人单位较为看重。大学生不仅要认真学习专业知识和技能,提高学习成绩,还要加强综合素质的培养,提高自己的软实力,争取获得更多的表彰奖励,为未来的就业和职业发展奠定坚实基础。作为高校,要转变观念,摒弃学生能力单一的培养方式和培养模式,注重学生专业能力、职业变迁能力和创业创新能力的复合互补,增强学生的可持续发展能力。

3. 就业环境对大学生就业心理有一定影响。目前我国大学毕业生的就业环境还存在一些问题,如用人单位性别歧视、对工作经验的过分看重、对名校毕业生的过度青睐等。本次调查表明,毕业生就业过程中最感困惑的是缺乏工作经验,男生比女生更具有就业信心,对就业前景持更乐观的心态。这需要政府通过多种手段加强管理,完善就业市场,为大学生的就业创造良好的就业环境。

4. 家庭背景作为社会资本的重要组成部分,对毕业生就业心理和就业质量有着显著的影响。大量研究证明,大学生就业相当一部分是通过亲缘和地缘的连带关系来实现的,非正式社会网络包括血缘关系、亲缘关系、地缘关系、私人关系以及其他社会关系,一直发挥着非常重要的作用。本次调查显示,在获得工作过程中曾经得到别人帮助的毕业生占71.8%,认为最有效的求职途径分别是家人、亲戚或朋友的介绍占31.5%,网站占17.6%和人才招聘会占17.3%。因此,高校和大学生自身都应有"社会资本意识",注重"社会资本"积累。对大学生自身来讲,一是要学会开发现有的"社会资本"。二是要走出校门,注重"后致社会资本"的积累。加强与社会的交往,利用节假日参加社会实践、兼职、打工、实习、毕业设计等各种机会,加强与社会的交往,主动与社会上各层面的人才交朋友。

(资料来源:李良进,高职院校毕业生就业心理及影响因素分析——以深圳职业技术学院为例,职业时空,2014年第8期)

 任务实训

任务实训单

实训目标	1. 从社会学期刊中选取若干研究报告进行评价。 2. 以小组为单位,对所选择的研究课题进行调查报告的框架搭建,并派小组代表进行汇报。
实训环境	1. 拥有与小组课题项目相关书籍的阅览室。 2. 具备网络查询功能的电脑。
实训内容及要求	【实训内容】 1. 熟悉调查报告的框架并能根据所学习的社会学、社会工作、社区管理理论、社区服务理论等专业知识建立调查报告的框架。 2. 根据调查目的初步建立调查报告的提纲。 【实训要求】 调查报告的框架搭建最好基于前期实训任务中小组确定的选题,并且对于该课题已经开展了调查研究工作,并已经完成对调查结果的分析。
实训步骤	1. 将班级分成若干小组,每组4~6人。 2. 每组从前期参与的课题中选择调查报告的主题。 3. 每组用一周的时间确定调查报告的框架和提纲。 4. 每组派一名代表在课堂上介绍本小组的调查报告框架。
实训考核评价	【评价载体】 书面作业和PPT汇报。 【评价指标】 1. 调查报告是否结构完整,占35%。 2. 调查报告框架的逻辑性,占35%。 3. 小组成员合作情况,占30%。

任务二 应用性调查报告的撰写

案例导入

第 52 次《中国互联网络发展状况统计报告》

2023 年 8 月 28 日,中国互联网络信息中心(CNNIC)在京发布第 52 次《中国互联网络发展状况统计报告》(以下简称《报告》)。《报告》显示,截至 2023 年 6 月,我国网民规模达 10.79 亿人,较 2022 年 12 月增长 1 109 万人,互联网普及率达 76.4%。

数字基础设施建设进一步加快,资源应用不断丰富。《报告》显示,在网络基础资源方面,截至 2023 年 6 月,我国域名总数为 3 024 万个;IPv6 地址数量为 68 055 块/32,IPv6 活跃用户数达 7.67 亿;互联网宽带接入端口数量达 11.1 亿个;光缆线路总长度达 6 196 万公里。在移动网络发展方面,截至 6 月,我国移动电话基站总数达 1 129 万个,其中累计建成开通 5G 基站 293.7 万个,占移动基站总数的 26%;移动互联网累计流量达 1 423 亿GB,同比增长 14.6%;移动互联网应用蓬勃发展,国内市场上监测到的活跃 APP 数量达260 万款,进一步覆盖网民日常学习、工作、生活。在物联网发展方面,截至 6 月,三家基础电信企业发展蜂窝物联网终端用户 21.23 亿户,较 2022 年 12 月净增 2.79 亿户,占移动网终端连接数的比重为 55.4%,万物互联基础不断夯实。

工业互联网基础设施持续完善,"5G+工业互联网"快速发展。一是工业互联网网络体系快速壮大,平台体系逐步完善。《报告》显示,全国 5G 行业虚拟专网超过 1.6 万个。工业互联网标识解析体系覆盖 31 个省(区、市)。具有一定影响力的工业互联网平台超过 240家,我国基本形成综合型、特色型、专业型的多层次工业互联网平台体系。二是数据汇聚初见成效,安全保障日益增强。国家工业互联网大数据中心体系基本建成,工业互联网数据要素登记(确权)平台体系建设持续推进。国家级工业互联网安全技术监测服务体系不断完善,态势感知、风险预警和基础资源汇聚能力进一步增强。三是融合应用不断涌现,"5G+工业互联网"快速发展。《报告》显示,一季度,工业和信息化部发布了 5G 工厂、工业互联网园区、公共服务平台等 218 个工业互联网试点示范项目,"5G+工业互联网"融合发展已驶入快车道。

各类互联网应用持续发展,网约车、在线旅行预订、网络文学等实现较快增长。

《报告》显示,上半年,我国各类互联网应用持续发展,多类应用用户规模获得一定程度的增长。一是即时通信、网络视频、短视频的用户规模仍稳居前三。截至 6 月,即时通信、网络视频、短视频用户规模分别达 10.47 亿人、10.44 亿人和 10.26 亿人,用户使用率分别为 97.1%、96.8%和 95.2%。二是网约车、在线旅行预订、网络文学等用户规模实现较快增长。截至 6 月,网约车、在线旅行预订、网络文学的用户规模较 2022 年 12 月分别增长 3 492 万人、3 091 万人、3 592 万人,增长率分别为 8.0%、7.3%和 7.3%,成为用户规模增长最快的三类应用。

(资料来源:中国互联网络信息中心,第 52 次《中国互联网络发展状况统计报告》,https://www.cnnic.net.cn/n4/2023/0828/c88-10829.html)

知识准备

一、应用性调查报告的概念

应用性调查报告是以解决现实问题为主要目的而撰写的调查报告,这类调查报告侧重于解决社会现实生活中的实际问题,其主要读者为各级政府领导及其部门工作人员和普通民众。例如《有关农村经济发展环境问题的调查报告》《大学毕业生就业情况的调查报告》《当前农民工现状的调查报告》《关于公务用车制度改革的相关调查》等。应用性调查报告常常注重对调查结果的描述、说明与应用,而对调查所采用的方法与工具以及调查过程往往是一笔带过。在语言上,应用性调查报告比较讲究语言的大众化与通俗化;在具体格式上,应用性调查报告的格式比较灵活,不拘一格。

二、应用性调查报告的类型

(一)社会情况调查报告

这类调查报告是在深入、系统地调查研究社会基本情况后写出来的。其目的主要是认识社会现象、了解社会现状。其内容主要反映社会的政治、经济、文化、教育、生活方式等方面的基本情况。在写法上,这类调查报告以突出事实为主,对事实的叙述全面、系统、具体、深入。如恩格斯(Engels)的《英国工人阶级状况》、毛泽东的《寻乌调查》《兴国调查》等都属于社会情况调查报告。

(二)政策研究调查报告

这类调查报告主要是为政策的制定和执行服务的。这类调查报告的写作,既要叙述必要的调查材料,又要进行深入的论证和分析;既要对问题作出正确的估计和判断,同时又要对今后的工作提出具体的对策和建议,如毛泽东的《湖南农民运动考察报告》就属于这类报告。

(三)总结经验调查报告

这类调查报告以总结推广先进经验为目的。它对于表彰和推广先进典型、指导同类工作都具有重要意义。这类调查报告的写作侧重于说明先进典型产生的具体历史条件及其发展过程,特别要详细介绍其遇到过哪些问题和解决这些问题的方法,以及所取得的成绩和推广的意义。如费孝通教授的《小城镇 大问题》也属于小城镇发展的总结经验调查报告。

(四)揭露问题调查报告

这类调查报告主要目的是揭露现实生活中存在的突出问题,以引起读者重视,使人们从中吸取教训,提高认识。同时也为了解情况、解决问题提供依据。写作这类调查报告,不仅要如实地揭露问题,而且要客观地分析问题产生的原因,准确地判明问题的性质,指出问题的严重性和危害性,提出解决问题的办法和处理问题的具体建议。如廉思的《工蜂:大学青年教师生存实录》、史向军、李洁在《山东社会科学》2018年第1期发表的《新生代农民工发展与保障问题研究》等,都属于揭露问题的调查报告。

三、应用性调查报告的写作技巧

应用性调查报告的结构一般由标题、正文、署名和日期三个部分组成。

（一）标题

调查报告的标题一般有四种写法：一是文章标题式，类似于一般的文章标题，如《××市的干部有了能上能下的习惯》；二是公文式标题，如同一般公文的标题，如《关于××市妇女干部培养选拔使用情况的调查报告》；三是正副式标题，在正标题下加一个副标题，正标题揭示调查报告的思想意义，副标题标明调查报告的事项和范围，如《抓住市场无形手——通化金马药业股份有限公司的发展之路》；四是提问式标题，采用设问或反问的方式，以引起人们的注意，如《企业的根本出路在哪里？》。

（二）正文

调查报告正文一般由前言、主体、结尾三个部分组成。

1. 前言的写法

一般有两种：一是简要说明法，主要是对调查的目的、时间、地点、对象、范围、方式、过程等进行简要的说明，使读者全面了解调查的经过，以增强可信度和说服力；二是概括全篇法，就是运用简练的语言，对调查报告全篇内容进行简明的概括，让读者对文章有大致的了解，激发其阅读兴趣。

2. 主体的写法

这部分内容由调查情况和研究结果两部分组成，行文中要讲究逻辑性，合理有序地安排结构层次。一般有三种写法。

（1）横式结构法。这种写法就是把材料分成几个部分，围绕全篇的主旨来写，每一部分可加上小标题。其特点是把有关材料分成若干组，各组材料都有相对的独立性和完整性，它们之间不存在从属关系，但都为烘托文章的主旨服务，以达到观点醒目、中心突出、层次清楚、条理分明的行文目的。

（2）纵式结构法。这种写法是按调查事件的发生、发展的时间先后顺序从头到尾进行叙述和议论的。其特点是用材料说明观点，通过事件发展过程本身来找出带有规律性的东西。以时间为一条纵线写出，一气呵成，易于把握。

（3）综合结构法。这种写法既具有横式结构写法的特点，也具有纵式结构写法的特点，组织安排材料，二者互相穿插配合，使文章有一种特殊的艺术效果。一般来说，在叙述和议论事件发展经过时用纵式结构的写法，在写认识、收获、经验、教训时用横式结构的写法。很显然，这种写法对作者文字修养和写作能力的要求较高。

3. 结尾的写法

一般有两种：一是言尽意止法，这种结尾言尽意止，正文中的观点和结论不重复体现，调查报告内容写完就结束全文，不再设结尾，特点是干净利落，耐人寻味；二是概括点题法，就是用简练、精辟的语言对正文的观点和结论进行概括，总结结束全文，可用一句话，也可用一个自然段，特点是重申结论，进一步深化主题。

（三）署名和日期

署名写调查研究的单位、调查研究的小组名称或撰稿人姓名，以示负责。日期写明成文的时间，具体的年月日。

四、注意事项

（一）要全面掌握各种材料

掌握第一手材料是写出高质量调查报告的前提，所以必须深入实际，能吃苦，力争全面掌握各种材料。调查研究不能偏听偏信、浅尝辄止,更不可先在头脑中设定结论,到调查中找论据。只有把握了大量的第一手材料,才能更准确地确立调研的主题。

(二)要抓住本质提炼主题

写调查报告不是堆砌材料,而是要通过材料来反映文章的主题。也就是通过调查研究,抓住事物的本质和规律,正确地确立主题。所以,面对大量的材料,必须进行筛选和加工,即分析、综合,进行去粗取精、去伪存真,做到材料为主题服务,材料与主题相统一。

(三)要把握好文字的表达

调查报告语言文字的表达直接影响调查报告写作的质量,所以,必须做到表达准确,语言生动。行文中,要以第三人称进行写作,处理好叙述和议论的关系,少用抒情描写的语言,力求全文层次清晰,文字生动有感染力,富有现代生活气息。

调查案例

拓展阅读

90后的集体记忆和时代标签
——北京网络主播群体调查报告

网络直播作为新媒体技术革命浪潮的新发展,是网络、影视、演艺和主持等多媒介融合的新产物。近年来,随着移动互联网技术的逐步成熟、服务经济的兴起和产业资本的推动,网络直播从业规模迅速扩大,产值不断增加。截至2017年6月,网络直播用户共3.43亿,占网民总体的45.6%。网络直播市场规模2014年为54.3亿元,2015年为77.7亿元,2016年为208.3亿元,2017年预计突破400亿元,但同时,直播行业的快速发展也存在着一些负面信息,给青少年成长带来了一定影响。

为深入了解网络主播群体的从业情况、生活状况以及思想动态,有针对性地做好该群体的服务管理工作,受北京团市委委托,课题组开展了"北京市网络主播群体调查"。此次调查采用资料分析法、问卷调查法、深度访谈法及焦点小组法,于2017年年初运用专业化信息平台,联合北京42家网络直播公司及平台来共同实施,向网络主播发放问卷1 900份,回收1 889份,向观众发放问卷1 005份,回收987份。同时,依托一直播、小米直播、花椒直播等平台对网络主播进行深度访谈,共访谈主播57人,人均访谈时间约120分钟。

一、网络主播群体概况

目前,北京地区网络直播平台超过100家,以映客、花椒、一直播、陌陌、六间房等为主要代表。直播行业催生了主播职业,综合数据分析机构和各直播平台统计,截至2017年2月,各大直播平台上有影响力的主播超过40万人。根据北京市的统计数据和调查数据计算,北京地区的全职主播人数为7.6万人,其中2014年开始从业的人数占7.9%、2015年占18.7%、2016年占62.1%,从业人数增速逐年呈快速增加趋势。北京地区聚集了全国40%左右的网络直播企业,有较大规模的网络主播群体。此次调查所称的网络主播是指:在北京地区依托互联网直播平台每月提供4次及以上有效直播(每次直播时间超过5分钟)的互联网直播发布者。从人口学指标看,北京地区网络主播呈现出"六多六少"

的群像:性别上"女多(56.5%)、男少(43.5%)",年龄上"90后多(77.9%)、90前少(22.1%)",婚姻状况上"未婚多(85.3%)、已婚少(13.1%)",政治面貌上"群众多(47.0%)、党员少(7.6%)",受教育程度上"高等教育的多(66.6%)、高等以下的少(33.4%)",户籍地上"农村地区多(24.5%)、省会城市少(14.2%)"。网络主播群体多为90后,观看直播的80%以上也是90后,网络直播成为90后的集体记忆和时代标签,是90后之间沟通交流和学习成长的互动方式。

二、网络主播的群体特征

在"无视频不社交"观念的影响下,越来越多的青年人通过直播来记录事件、表达想法,直播已然成为青年最喜爱的社交方式之一。既然直播是一种传递信息的手段,那么我们从传播过程的五个基本要素——传播者(主播)、受传者(观众)、讯息(内容)、媒介(平台)、反馈(交流)来考察网络主播群体的主要特征。

(一) 传播者(主播)维度

网络直播是大众创业、万众创新在网络文化领域的鲜活体现,具有分享经济的普惠特点,是新兴青年群体实现创新、创业、就业的低门槛平台和强大赋能器。

1. 从专业角度看,网络主播群体以艺术类专业为主,是独立演员歌手、流浪艺人、自由美术工作者、自由摄影师等文化领域新兴青年群体展示才艺的舞台。调查显示,从具有专科及以上学历主播所学专业看,艺术学专业的最多,占比38.7%;其次为管理学、经济学专业,占比分别为12.2%、9.1%;文学、工学、教育学专业相对较少,占比分别为7.9%、7.1%和6.8%。艺术类专业居多符合主播的职业需求,侧面也反映了直播行业的供需关系。

2. 从家庭情况看,网络直播为不少因就业机会少而感到迷茫的底层青年人提供了体现自身价值的机会,他们在沟通互动和才艺展示中感受到自己被需要、被认可,并在直播中不断完善自己。从本次调研主播群体家庭所在地的行政区划级别来看,来自省会城区和直辖市区的主播占比均为14.2%,地级市区占比17.4%,县城及县级市区占比16.7%,乡镇地区占比13.1%,农村地区占比24.5%,来自县、乡、村合计占比55.0%。从这个维度看,网络直播在某种程度上起到了底层青年群体上升通道的作用,为出身底层的文化领域新兴青年群体提供了新的上升空间,给了他们实现自己梦想的机会。

3. 从就业渠道看,新兴青年群体重视个人的自由与个性,追求工作的创造性和成就感。受中国传统观念的影响,这个群体会被主流社会看作"不务正业",有时还被认为"游手好闲"。正是在这种传统价值判断的压力下,他们普遍感觉压力较大,社会心态呈现出一定的复杂性,不少人处于社会的边缘,希望得到更多的社会认可。从这个意义上讲,网络主播群体的出现,具有结构分化和价值选择的合理性,它以弹性的方式及时地弥补了现代职业结构中的空缺,为新兴青年群体提供了新的就业形式和职业形态,有力地拓展了就业渠道,扩大了就业市场,缓解了就业压力。

(二) 受传者(观众)维度

网络直播的盛行,与观众心理的感知有着密切的关系,相较于其他互联网产品,其不同之处就在于同时满足了观众的审美需求、窥私心理和发展诉求。

1. 适应大多数观众的审美需求。调查显示,网络直播63%的观众为男性,73.9%的观众为未婚,未婚观众中有62.6%没有男/女朋友,对颜值等有较强的需求。同时,从主播个人支出来看,支出中最多是护肤美容,占比18.2%,其次是服饰,占比15.5%,主播群体花费在个人形象上的费用远高于其他同龄群体,例如在流动大学生群体(蚁族)调查中,交通、三餐、通信、房租等生存型支出占据主要地位。

2. 满足部分观众的窥私心理。今天隐私可以像消费品一样进入大众文化的需求中,它不再具有过去的庄重和严肃,而成了消费者可以购买的产品。网络直播的非虚拟性以及对个人隐私的展现,给观众带来的刺激感满足了观众的"窥私"快感。某些主播甚至以牺牲主流价值的方式来获取流量以提升自己的关注度。直播过程中出现的"不该露的也露、不该脱的也脱、不该做的也做、不该说的也说"等不良现象就是这种情况的极端反映。

3. 对接观众消磨时间、缓解压力的生活诉求。调查显示,观看网络直播诱因中,40.1%的观众是"生活乏味、丰富业余时间",39.6%是"欣赏才艺",36.6%是"为了缓解压力",18.6%是"为了学习技能和知识"。51.5%的主播认为"直播能够缓解粉丝们的压力",33.9%认为"直播能够消磨粉丝的无聊时间",28.3%认为"直播能够引导粉丝积极的生活心态",25.8%认为"直播能够填补粉丝的空虚寂寞感"。可见,网络直播对用户可以起到较强的缓解压力、宣泄自我、振奋精神、转换场景作用,起到社会解压阀的作用。

(三) 讯息(内容)维度

从直播内容来看,网络直播可以分为两类:一类称之为"网络秀场类",以主播为核心,或讲段子、表演才艺,或陪粉丝聊天或展示其日常生活状态,以"人"(主播)为核心;另一类是"网络资讯类",靠一些专业"拍客"在现场用手机镜头记录下某事件,并同步在直播平台上播出,以"事"(事件)为核心,功能定位则向媒体靠拢,通过直播报道某一事件或活动。但无论是人或是事,都是基于颜值的供给、才艺的供给和情绪的供给这三个方面。

1. 颜值的供给。供给"高颜值"是主播最便捷的实现自我价值的途径,这也使网络主播成为模特、歌手、演员等艺人在空档期获得收入的一种重要兼职。大部分的直播平台中,观众人数最多、推荐力度最大的多为美女秀场,利益的驱动促使主播消费女性文化,获得更多的关注与打赏。深度访谈中某直播平台负责人谈到,女网红、三四线女演员、模特等颜值较高的女性,在主播群体中仅占5%~10%,却分走了70%左右的收入,剩下的才是在某领域拥有一技之长,具有个人特色的才艺主播及一些业余的"素人"主播们的收入。

2. 才艺的供给。颜值的供给会带来内容同质、质量较低、审美疲劳等问题。提供高质量的内容是留存用户的根本,也是网络直播健康发展的关键。调查显示,从直播内容来看,46.9%的主播为娱乐性才艺展示,38.3%为聊天陪伴,21.9%为生活性才艺展示,直播内容趋向以娱乐、生活性才艺为主。从直播风格来看,占比最高的是搞笑吐槽风格,占比54.6%;其次为清新温婉风格,占比40.6%;而客观评论、尖锐犀利、认真严肃等直播风格的占比相对较低。总体上来看,通过聊天、唱歌、跳舞等形式,伴以互动的才艺直播最多。

3. 情绪的供给。在直播观众单位性质统计中,43.0%的观众在私营、民营企业工作,28.5%的观众为个体经营者,他们生活压力大、焦虑感强,"自身生活略为平淡"占比43%,"有点闭塞和压抑"占比8%,这样的生活状态需要交流、交友和陪伴。有的网络主播的定位服务于观众的压力排解以及积极生活心态引导等。深度访谈中不少主播认为自己的价值在与粉丝(观众)的情绪沟通中得到体现,其功能定位为社交型,通过引导观众情绪,结合现代化的技术手段,实现与观众的互动交往。

(四) 媒介(平台)维度

在直播过程中,网络主播群体不代表国家层面或者社会层面的群体观念和意志,仅对个人言行负责,其主要职责是展示自我、与观众沟通。对全职主播的分析发现,该群体与平台及经纪公司的关系松散,呈现一种个人自主性、准入门槛低和直播随意性的特点。

1. 个人自主性。56.9%的主播并没有与任何直播平台、公司或公会签约,42.6%没有签劳动合同,26.4%签订了无固定期限劳动合同;47.2%的签约机构没有为签约主播提供社会保险,鉴于这种弱性劳动关系,多数网络直播平台和经纪公司对网络主播的管理约束很小。同时,该群体更换平台比较随意,45.1%的主播更换过直播平台,从侧面反映出主播可选择性多、自由度大。

2. 准入门槛低。只要愿意,所有人都可以通过网络直播发出自己的声音、表达自己的意见。只需在直播平台注册账号并进行实名认证,拥有自己的一个小空间,就可以开始直播。深度访谈中一位网络主播提出了"36℃直播"的概念:"直播想要获得青年认可,最终要贴近生活的,提供有温度的产品。虽然直播的门槛不高,但是直播的内容始终是来源于生活,来源于青年的。在网络上真正能引起青年人情感共鸣的主播,无论是唱歌还是聊天,都是对青年趋势和青年文化有深入的浸染并有自己独到的见解。"

3. 直播随意性。传统主播是节目制作生产团队中的"演播者",而网络主播是整个节目的策划者、编导者和与观众的沟通协调者,自己全权决定从选题到演播的整个流程,并且在具体演播过程中会根据观众的即时反馈和要求灵活机动地调整节目内容。调查数据显示,86.1%的主播自己决定直播场地,其中,自己经常变换场地的占比30.9%,由平台、经纪公司统一安排场地的比例分别为10.2%与2.9%,由此可以看出,绝大多数主播有决定自己直播场所的主动权。15.1%的主播会迎合观众需要来调整演播内容,这是出现违规行为、"擦边球"等行为的重要原因。

(五) 反馈(交流)维度

网络直播具有多向互动性的特点,观众与观众、观众与主播可以实时交流互动,充分参与其中,尤其是弹幕文化的盛行,使观众在直播室里有了认同感和归属感。表现为收入"打赏性"、时间"持续性"和观众"交互性"。

1. 收入"打赏性"。该群体收入来源主要包括与平台的打赏分成收入、电商收入、广告收入和线下活动收入等,其中观众送虚拟礼物所形成的打赏收入为该群体最主要的经济来源。调查数据显示,该群体平均月收入为11 622.9元,高于2016年北京市城镇职工平均月收入7 806元,也高于北京青年流动大学毕业生(蚁族)平均月收入6 110.7元。调查表明,仅有少数主播为高收入群体,大多数主播的收入一般,月收入最高的达到100万元,而最低的仅为500元,高、低收入差距极大,总体呈现"中等收入多、高收入少、差距悬殊"的结构。

2. 时间"持续性"。不同于一次性消费,网络直播行为需要持续性地进行,类似于电视台每天播出电视剧。网络主播和粉丝之间的社会关系具有不同于强关系和弱关系的特点,具体表现为互动次数多、感情基础差、亲密程度低、互惠交换多,维持这种特殊关系的要义在于可持续性。主播每天尽量在固定的时间直播,粉丝也期待着在固定的时间等待主播出场,一旦连续几天未出现或直播无规律,粉丝流失的速度会十分惊人。调查显示,网络主播每天直播平均时长为3小时,其中每天直播2小时的主播最多,占比31.9%。深度访谈发现大部分主播直播时间点比较固定的,直播时段的高峰为20:00—23:00。

3. 观众"交互性"。调查数据显示,54.9%的观众观看直播的频率为"一天多次",44%在直播时与主播互动,26%会加入微信群、QQ群等与主播线上互动,6%与主播已成为朋友,可以随时见面,2%会定期参与一些粉丝见面会进行线下互动。深度访谈中也发现,主播认为自己的价值在与粉丝(观众)的交流中得到体现,63.2%的主播表示完全不会在直播中加入经济因素,而更在意与观众的交流和互动。综上所述,课题组认为,网络主播是具有一定特长的"小文青",是满足观众需求的"调节器",是提供颜、才、情的"传播者",是看似自由自主的"宅忙族",是脆弱社会关系网的"蜘蛛客"。网络生存的纷繁芜杂和现实生活的"宅"形成了巨大的落差感。网络直播的造富效应和现实世界的"屌丝"心态产生了一定的离心感,回不去的家乡和离不开的北京形成了强烈的漂浮感,成为现实社会中落差感、离心感和漂浮感交织的新兴青年群体。

三、青年个体意识的觉醒

随着4G网络的快速发展,移动互联网的技术进步,智能手机的普及,高清摄像头的标配,使网络直播从技术上得以实现,如今只需一部手机一个账号,人人都可以成为"主播"。与此同时,随着中国社会现代化进程的加速,青年人在价值观层面的个体意识和个人利益主张越来越强,"坚持自己的选择""追求自己的幸福"成为很多年轻人的生活原则。20世纪90年代,国家开始从教育、就业、医疗、住房等领域退出,90后成为中国最先个体化的一代。如今,大部分90后已经毕业走向社会,面对中国高速发展带来的成就和问题,他们开始崭露头角,并频繁发声,渴望被世界倾听。

硬件(技术)和软件(人)两个要素的同时具备,促成了网络直播行业的兴起与发展。而网络主播现象的出现,反映了当代青年人个人世界建立和自我意见表达的内在需求,标志着中国现代化进程中的个体意识觉醒已经到新的阶段。

可见,网络直播这种形式之所以受到年轻人的追捧和喜爱,主要是反映了当代青年个体意识觉醒的深刻变化。在直播场景中,青年自觉不自觉地将这种变化以自我投射的方式反映到互动空间中去,这种个体意识的觉醒可以从两个方面来加以分析。

一方面是"进取的自我"。进取的自我,是指当代中国青年人积极地为自我发展和向上流动开辟道路。改革开放以来,中国社会正在进入一个更加个体化的社会,而90后、00后正是个体化最为彻底的一代。在个体化崛起的过程中,青年人公共生活和社会交往的中心已经从体制内的大型公共空间(如广场、礼堂、青年宫)转移到围绕某一主题的小型私密空间,比如密室逃脱、三国杀、乐跑、穿越,以及想象的虚拟空间,如主播平台和直播间等细分场景。因此,主播现象的出现,实际上满足了新兴青年群体新型的社会交往需求,即公开展现个人欲望、生活抱负,在想象的情景中面对面地沟通。青年在网络上建立起这样新型的交往空间,成本更低,更加便捷,也更为直接。

另一方面是"互动的自我"。互动的自我,是指不同阶层中的不同青年被直播平台连接在一起,直播平台创造出了共同交往和深度参与的场景,青年人在其中形成了交往缘分感和价值认同感。网络直播的设置符合当代青年的场景设置与使用习惯,满足了青年被尊重、被认可与成名的想象，进而能够在短时间内聚集大量青年，掀起青年参与直播的集体狂欢。青年不仅可以通过点赞打赏、留言评论、弹幕等方式，还可以通过间接参与直播内容的创作来和其他青年交流互动。直播场景满足了不同阶层中青年人的相互交往和互动性需求，使得不同背景的青年人在互动中形成体验，促成认同，最终形成深度圈层。

因此，网络主播群体是伴随着中国个体化进程而产生的新兴青年群体。个体主义的价值观念唤醒了青年的个人意识，而移动互联网的出现，放大了这种个体化的影响。网络主播群体成为当代青年中个体化最为显著的一个群体，在这个群体身上，体现了价值理念与利益获取的三大对冲，即成名成星的高期待与实际收入的中等偏上，实现个人价值驱动与获取社会利益驱动，从业方式的貌似自由与职业发展的焦虑压力，这三对矛盾使得该群体一直处于理想和现实的巨大落差之中，进而导致了群体内部的无序发展和群体外部的负面效应。

伴随着直播行业的快速增长，网络主播的社会资本和经济资本也迅速累积起来。自互联网出现以来，普通青年群体（以前即便有也是极少数个体）第一次真正拥有了向全社会广播的能力。以前的互联网产品比如网络游戏等，终归是精英提供的内容，普通青年对互联网的产品供给极少。他们的闲暇时间，大多被网络论坛、网络文学、聊天室消磨，主要局限在自我圈层的影响。而现在，有了直播平台，他们便获得了全社会的影响力。直播平台完全颠覆了互联网精英内容的供给，一个普通青年无须大规模的团队和大成本的投入，就可以自己承担策划、编辑、录制、制作、观众互动等工作，条件不受限，从业门槛低，模式随机化，网络直播给予了普通青年人挑战精英的权利，只要你提供的产品或服务得到观众认可，就可以迅速致富，在顶端的网络主播获得了百万甚至千万元的年收入。例如1994年出生，被称为"YY快手第一红人"的MC天佑已经年收入破千万元，身价过亿元，积累了超过3 500万粉丝。所以，网络主播的真正意义在于，一批具有文艺天赋的草根拥有了群体影响力，这意味着，上层对底层的影响在被削弱，底层在通过网络主播得以自我强化。而在这一过程中，网络主播所代表的普通青年的社会资本得以不断增强。由于直播空间独特的收入获取机制（打赏），社会资本可以迅速变现为经济资本，从而极大地提高了普通青年向上流动的可能性。

四、服务引导网络主播群体的思考与建议

从调研情况来看，由于网络主播群体刚刚兴起，网络主播行业发展和从业者自身发展的一般路径和规律还在形成过程中。通过调查研究、平台合作和线上线下联系，要及时掌握这一群体的新动向、新发展，对出现的问题进行规范，对所做的贡献肯定和支持，对可能存在的风险进行提示和预警。本研究结合前文分析、数据资料以及深度访谈，提出了服务引导该群体的几个建议。

（一）建立多方联动监管机制

互联网的无界性给监管带来了共性挑战，这也是造成个别社会负面影响的主要原因，需建立多元立体监管机制，探索解决有限管辖权下的有效监管问题。

一是通过门槛管理提升网络主播自身素养。根据职业的特点，建立网络主播从业资格认证体系，明确从业要求，规范职业准则，从源头上确保从业青年的政治素养、品行修为、文化内涵和业务水准。

二是通过平台管理实现行为规范。坚守互联网"七条底线"准则,强化责任意识,通过平台来建立网络主播个人责任防范和惩戒管理制度,切实规范直播秩序。在直播行业建立统一的黑名单,对问题主播全行业禁止从业;督促各直播平台严格执行主播实名注册等规定,对落实不力的平台进行行政处罚,公开曝光。

三是通过部门法治条例实现全程监管。推动主管部门建立"播前控制防范、播中严密监控、播后审查备案"的全程监管机制,创新检测技术和手段,增强对违规内容和行为的及时发现、准确研判与快速处置。

四是建立严格奖惩机制。加强文化执法与公安机关的协作,对造成恶劣社会影响的问题主播落地查人,对违法违规经营的直播平台进行严厉打击。进一步加强政策协调,针对网络主播群体的特殊作用及特点出台专门的激励政策,或在已有政策中增加类别化的激励政策,通过与其切实利益相关的政策来引导该群体。

(二) 实现对该群体的精准服务

从以下几个方面发力,实现有效的青年服务供给。

一是通过大数据平台实现动态联系。该群体的大量涌现已经成为当前社会不容否认的事实,对待新兴行业和新兴事物,打通联系渠道至关重要。一方面,以调查研究为切入口,建立一套能够精准找到并动态联系的机制,联合直播平台和经纪公司,建设一套网络主播群体大数据平台,与直播平台的后台数据库动态互联,对主播身份信息、从业信息、从业轨迹等进行汇总,形成全口径信息化管理和大数据分析的能力。另一方面,依托大数据平台,加强与公安、流管等部门的联动,对网络主播群体的活动居住区域进行持续性的滚动摸底调查,为保证线下联系的较高效度积累数据基础。

二是通过党团工作实现有效组织。在建好用好大数据平台并实现动态联系的基础上,还要发挥组织优势,通过切实举措将这一群体组织起来。一方面推动平台建立党团组织,针对网络主播中有40%为团员的现状,加强团员的管理,要求条件成熟的直播平台、经纪公司建立党团组织,配备党团工作专职人员,开展组织生活,举办党团活动,暂不具备条件的要逐步培育。另一方面发展行业组织,依托有关部门的既有工作体系探索建立行业性组织,或在已有行业性组织下成立面向网络主播的分支组织,强化社会组织对该群体的组织力度,与其企业内的党团组织形成内外策应,形成合力。

三是针对切身需求实现融合服务。有效传递影响的基础是信任,信任的基础往往是获得。要根据该群体在社会保障、个人发展、职业规划、能力培训、心理咨询等方面的切身需求,提供量身定制的高质量服务,才能真正在该群体中形成号召力。例如,在社会保障方面,针对该群体"劳动合同签约率低、社会保障少、保障项目少"的现状,一方面推动建立与平台、经纪公司的协商机制,协调工会、工商、社保等职能部门,落实劳动签约和社会保障情况,如有可能强化劳动执法力度。另一方面针对从业者中多数是自由职业者的状况,探索建立新型的社会保障机制,方便自由职业者缴纳保险金,从而降低远期政府兜底压力,同时,针对不少从业者是第一份职业的现状,通过平台宣讲、专题培训等增强参保意识,推动群体应保尽保,增强抗风险能力。

(三) 有效引领该群体服务大局

通过管控手段确保该群体不起负向作用是底线,而引领该群体以恰当方式服务大局、弘扬主流意识形态应是更高的追求。对网络直播这一新兴事物,应持有包容心态、开放心态和鼓励支持姿态,要重视该群体在意识形态中的重要影响和对主流社会价值观的扰动,重视发挥该群体因其媒体属性而具备不可忽视的"杠杆作用",从而具备服务大局的潜质和可能。

一是加强与直播平台的合作力度。一方面发挥网络直播的新媒体属性,推动党团的活动到直播平台进行宣传动员。另一方面要选树典型,鼓励和宣传符合社会主义核心价值观的直播行为,同时深入参与、组织和引导直播平台间的正能量社会活动和联系合作。

二是借助网络主播的宣传渠道。邀请网络主播对党团活动进行深度直播,对一些粉丝量较大、知名度较高、社会影响较大的主播,要主动上门服务,推动将社会主义核心价值观嵌套在节目中。

三是培养选拔网络主播领袖。物色、培养和选拔高素质的代表人物,前置工作重心,提前介入,尽早掌握培养和选拔代表人物的主动权,把主播领袖紧紧团结在党团周围,让他们始终不要远离工作视线,成为朋友,进而推动形成正能量的社会影响。

(资料来源:廉思,90后的集体记忆和时代标签——北京网络主播群体调查报告,中国青年研究,2018年第4期)

任务实训单

实训目标	1. 从网络平台中选取若干应用性调查报告进行评价。 2. 在教师指导下,以小组为单位,选择一个应用性调查报告的主题,并完成该应用性调查报告的撰写。
实训环境	1. 拥有与小组课题项目相关书籍的阅览室。 2. 具备网络查询功能的电脑。
实训内容及要求	【实训内容】 1. 查阅与小组课题相关的文献和背景资料。 2. 根据小组感兴趣的主题,确定本次实训聚焦的应用性调查报告的类型。 3. 依据小组确认的主题,按照应用性调查报告的结构,完成应用性调查报告的撰写。 【实训要求】 1. 能清楚认识应用性调查报告的概念和类型。 2. 能撰写完成一份应用性调查报告。
实训步骤	1. 查阅相关文献,阅读和分析文献,了解调查主题的背景。 2. 小组成员讨论选定调查报告类型和主题。 3. 小组讨论,确定本次调查报告的分工。 4. 根据分工完成本次应用性调查报告的撰写。 5. 每组派一名代表在课堂上汇报本小组的调查报告。
实训考核评价	【评价载体】 书面作业和PPT汇报。 【评价指标】 1. 主题和内容是否符合应用性调查报告的特点,占35%。 2. 报告是否逻辑清晰、结构完整,占35%。 3. 小组成员合作情况,占30%。

任务三　学术性调查报告的撰写

案例导入

中国独生子女研究：记录社会变迁中的一代人

中国独生子女研究始于20世纪80年代，风笑天教授作为第一批介入这一领域的学者，追随着一代独生子女成长的轨迹，已经在这一领域中持续开展了多年的研究。他的研究涉及独生子女的教育、独生子女的社会化发展、独生子女的家庭结构、独生子女父母养老保障等诸多方面，得出了一系列值得重视的结论。

特别值得一提的是，风笑天教授在《独生子女青少年的社会化过程及其结果》一文中运用五次大规模调查所得的资料，以同龄非独生子女作为参照对象，将青少年问卷与家长问卷相互对比，从性格特征、生活技能、社会交往、社会规范、生活目标、成人角色、自我认识等方面，描述和分析了中国城市第一代独生子女青少年的社会化过程及其结果。研究表明，从总体上看，城市独生子女青少年的社会化发展是正常的，他们与同龄非独生子女之间在社会化各个方面的相同点远多于相异点。根据研究发现，提出了"消磨—趋同""社会交往补偿"等理论解释。

（资料来源：中华人民共和国国史网，中国独生子女研究：记录社会变迁中的一代人，http://www.hprc.org.cn/gsyj/shs/shxss/201207/t20120716_4030318.html）

知识准备

一、学术性调查报告的概念

学术性调查报告是以揭示事物的本质及其发展规律为主要目的的调查报告，可以分为理论研究的调查报告和历史考查的调查报告。学术性调查报告侧重于通过对实地调查资料的分析与推理，对社会现象进行理论探讨，分析社会现象之间的相互关系，以达到检验理论或建构新理论的目的。其主要读者为专业研究人员。学术性调查报告往往需要对有关的理论进行综述，并在此基础上陈述自己的研究假设。这类调查报告需要对研究方法、调查工具、调查过程做比较详尽的介绍。在语言上，学术性调查报告讲究语言的严谨性与客观性；在具体格式上，学术性调查报告往往有比较固定的格式。

需要指出的是，应用性调查报告与学术性调查报告的区分也是相对的，是就其主要目的而言的。事实上，应用性调查报告也可以做出理论概括，学术性调查报告也可以指导实践，为现实生活服务。

二、学术性调查报告的特点和撰写误区

（一）学术性调查报告的特点

其目的是阐述学术观点，而不是或不仅仅是对实际工作提出意见和建议；讲究研究方

法;理论分析有一定深度;论述时往往需要运用专业理论、概念、术语、假设命题等;调研和选材范围广泛。

(二) 学术性调查报告的撰写误区

很多作者在撰写学术型性调查报告时,往往容易将其写成应用性调查报告,具体表现为:取材范围较小,只局限于本地区、本部门或本单位,没有普遍性和代表性;只注重介绍调查情况,描述调查结果,没有对这些情况和结果进行理性分析;只满足于罗列现象,没有对这些现象背后的本质进行深层的挖掘,导致文章没有结论,没有观点,缺乏学术"味道"。

三、学术性调查报告的写作技巧

学术性调查报告除了具备通常调查报告的一般结构外,在导言、研究方法、结果与分析、讨论等部分要求较高,各部分撰写技巧如下。

(一) 导言

导言部分介绍本项调查所研究的问题,即所研究的问题是什么?为什么选择这一问题进行研究?问题的来源和背景是什么?

有关文献的回顾评论。包括:在这一特定领域,前人做了什么工作?对于这一特定现象,是否存在有关理论?有哪些既得理论?前人的这些研究采取了哪些研究方法?已得到哪些有价值的结果?已有的研究还存在哪些缺陷和不足?

对自己研究的介绍。介绍自己的研究的起点及基本框架。例如,所研究的基本问题、准备检验的假设、主要的自变量和因变量等。在这种介绍中,要突出说明自己的研究与已有的研究所不同的地方,说明自己研究的特殊意义。

总之,通过导言部分的介绍,读者应能了解研究者所研究的问题是什么;这一问题的社会背景是什么;前人对于这一问题已做过哪些相应的研究,这些研究取得了哪些结果,还存在着哪些欠缺;研究者的研究打算解决什么问题,希望达到什么目标。当读者了解了上述这些内容,就能很顺利地沿着研究者的思路继续读下去。

(二) 研究方法

在学术性调查研究报告中,研究方法是一个十分重要的部分,这也是学术性调查研究报告区别于普通调查报告的一个突出标志。因为只有知道了研究者的研究所采取的方法,明白了研究者的研究的各种具体操作步骤,读者才能评价研究者的研究是否具有科学性、研究者的结果是否有价值。一般来说,大多数研究报告的方法部分都包括以下几个方面的内容:

有关调查方式的介绍。调查方式、调查如何进行、具体时间、地点、调查工作的组织、调查员的培训、调查工作的准备等。

有关被调查对象的介绍。调查总体的情况、调查的样本及抽样方法、抽样程序等。

对研究的主要变量的说明。具体指标、具体的计分方法、计算方法。明确自变量,并明确定义因变量。因为研究的现实重要性与理论重要性都要围绕因变量。

对资料收集过程的说明。自填式问卷:如何发放、如何收回、问卷的回收率、有效回收率。结构式访谈:调查者的情况、如何挑选出来、有何种程度的访问调查经历。

对资料分析方法的说明。

以上介绍了研究方法部分所包含的内容。虽然一项具体的研究中不一定需要对上述每一个方面都进行详细介绍，但是有一条是应该遵循的，这就是让读者知道研究者采用了哪些方法、程序和工具，在实际调查中研究者又是如何做的，具体包括定性分析、定量分析、描述分析、相关分析和因果分析，手工方式、计算机和分析软件。

（三）结果与分析

结果部分的撰写原则是：先总体，后个别；先一般，后具体。即先给出本研究得出的总的调查结果，然后再陈述各部分的结果。

1. 结果与讨论的关系

一般来说，任何一篇调查研究报告的结果部分总是或多或少地包含着对这些结果的分析和讨论，很少有将二者完全分开的情况。通常的写法是：当调查研究报告的内容较少时，将结果与讨论两部分合在一起，即为"结果与讨论"。而当调查报告的内容较多、较复杂时，则将两部分分开，此时，在结果部分侧重表达和分析各个分支的结果，而在讨论部分则侧重表达和分析研究的整体结果，或者在结果部分侧重讨论各结果的直接内涵，在讨论部分则侧重讨论结果的更深入内涵和对结果的推广等。

2. 关于数据、资料、图表的处理问题

在这方面，初学者常遇到的问题主要有两种：第一种是面对一大堆收集来的资料和统计数字不知该如何取舍，使得研究报告的结果部分变成了一大堆具体事实和统计数字的简单堆砌，使读者看了不得要领，分不清主次，抓不住中心。因此，要在分析、加工、提炼资料和证据上多动脑筋，多下功夫，从浩繁的材料中抽取最能说明结论的证据。第二种是片面地认为统计数据和图表越多越好，尤其是在当前强调定量研究的形势下，这一想法更显得突出，似乎只有列出大量的统计图表，才是调查研究具有科学性、具有说服力的表现，其实这是一种误解，或者说是对定量研究的一种浅显的认识。一篇研究报告是否具有科学性，是否具有说服力，绝不是看图表的多少，而是看图表的内涵和质量。实际上，许多经验丰富的研究人员在研究报告中对图表的设计是相当注意、颇费心思的，他们往往注重的并不是图表的数量，而是它们的说服力和质量。

（四）讨论

讨论部分一般是从告诉读者本项研究掌握了什么开始。开头就以明确的叙述说明研究的假设是否得到证实，或者明确地回答导言部分所提出的问题。但是要注意，不要简单地在讨论部分重复已经总结了的观点和结论，而是要在结论的基础上，挖掘新的、更深的东西。讨论部分的每一句陈述都应加深读者对所研究的问题的理解。因此，在撰写研究报告的讨论部分时，应该思考这样的问题：从我们的调查研究结果中，能够得出什么样的推论？这些推论中，哪些同研究的数据资料结合得相当紧密？哪些则在较抽象的层次上同理论更加相关？我们的研究结果在理论方面和实践方面具备什么样的内涵和意义？还可以把自己的研究结果同文献中列举的那些研究结果进行比较，看看是否又一次验证了本次研究的结论。若想将自己的结论推广，还应考虑必须具备的条件及其所受到的限制。

讨论部分还需要提醒读者注意研究中着重设计的部分，如调查样本的特点，所有这些特点对调查结果可能会产生什么样影响等。当我们得到某些相反的结果或未料到的结果时，需要如实地陈述和深入地讨论它们，而不能设法曲解它们。除了上述内容外，还应该

在讨论部分阐述这样一些内容：对自己的研究仍未能回答的问题的讨论，对于在研究过程中新出现的问题的讨论，对探讨和解决这些新的问题有所帮助的研究建议等。

四、注意事项

（一）摘要的撰写

摘要是对报告内容的简短而全面的概括，是整篇报告中最重要的组成部分。摘要的作用一是使读者大概了解进行该调查的目的、基本过程、研究方法和主要结论，然后决定是否要阅读全文；二是在人们使用相关数据库检索所需要的文献时显示在计算机屏幕上，为进一步的研究提供了方便。

摘要位于标题之后，关键词之前，但摘要的写作却是在完成调查报告之后才动笔的，因为摘要应能客观准确地反映调查报告的目的与主要内容，是对整个调查报告的高度概括。同时，为适应作为各种数据库检索对象的需要，又要具有可读性，摘要结构应完整并能够独立成篇。因此在撰写摘要时要一字一句地斟酌，做到语言通俗、精练，又能最大化地提供报告的信息。

如果报告刊登在学术刊物上，要撰写中英文两份摘要，英文摘要的内容要与中文摘要相对应，《中国高等学校社会科学学报编排规范》中规定：中文摘要前以"摘要:"或"［摘要］"作为标识；英文摘要前以"Abstract:"作为标识。

（二）关键词的选取

国内外的人文、科技期刊基本上都要求在文章的正文之前标注关键词。关键词是直接从文章的文题、摘要和正文中抽取出的。中文关键词著录在中文摘要之后，另起一行，先著黑体"关键词:"或"［关键词］"，后列出 3~8 个关键词，各关键词间用分号分隔；外文关键词亦著录在外文摘要之后，另起行，先著黑体"key words:"，后列出英文关键词。

（三）参考文献与注释的撰写

参考文献是研究者在研究过程中所阅读或引用的资料，包括专著、论文及各种相关资料。注释则是在行文中注明引用别人的研究资料、观点的出处，或对报告中某一特定内容作必要的解释或说明。实践表明，每个研究者在写作的过程中都难免直接或间接、有意或无意地引用别人的观点或思想。调查报告的撰写也不例外，这也是在学术发展过程中必然的、正常的现象。但是，在写作过程中必须尊重知识产权和学术伦理，严禁抄袭剽窃，不能将他人的学术成果化为己有；不能对注释中的出处弄虚作假，明明是转引，却标注为直接引用，明明是引用中译本的原文，却写成引用原文，一定要在报告中将引用的资料通过注释和参考文献如实反映出来，明确哪些是引用他人的原文、观点、方案、资料和数据等材料，哪些是自己调查的结果，是自己的独到见解。这一方面是对别人劳动成果的尊重，也是对自己人格的尊重，反映的是一种认真严谨、实事求是的学术态度；另一方面，也是为那些对调查主题感兴趣的读者提供一份比较完整的参考文献索引。一般的调查报告不需要列出参考文献，但学术性调查报告则要求列出完整的注释，并在正文之后列出主要的参考文献。

在具体写作上，引用他人的原话、原文时，如果文字比较少（少于 40 个字），可以用加引号的方式表示，当引用的内容比较长（多于 40 个字），可以单独作为一段，并在字体、排版方式上予以区别；只引用他人的观点、结论而非原话、原文时，可以不用引号。但不论哪一种情况,都要给出注释说明出处。

报告中的注释方式通常有脚注、尾注和夹注。脚注是在报告的每一页最下方列出本页中引用的资料,用编号排序时,可以每页单独排序,也可以在整份调查报告中连续排序。尾注是将所有的引用按照在文中出现的顺序排序,并将其放在调查报告的正文之后、参考文献之前。序号一般用圈码表示。夹注是在引文之后用括号的方式随时标注出引文的出处,括号内通常只有作者名和时间,详细的内容则在参考文献中列出。对文内有关特定内容的注释,如果文字比较短,可用夹注;如果文字较长,放在报告正文中,容易造成读者的思路中断,应作为脚注或尾注。

对参考文献与注释的写作规范目前尚未完全统一。写作时可参考《中国高等学校社会科学学报编排规范》或《〈中国社会科学〉关于引文注释的规定》。前者是根据国家标准和法规文件,并结合学报编辑的实际情况编制的。

调查案例

拓展阅读

居民低碳生活现状及影响因素分析
——基于淄博市的实证研究

一、引言

"低碳生活"作为一种生态消费,指的是在人与自然和谐、协调发展基础上,提供服务及相关产品以满足人类的生活需要,提高人类生活质量,同时使服务或产品的生产过程中自然资源的消耗和有毒材料的使用量最少,使服务或产品的生命周期内产生的废物和污染物最少,从而不危及后代的需要。"低碳生活"倡导人们在衣、食、住、行等各个方面生态消费、适度消费和可持续性消费。目前,对于低碳的探讨多关注在"低碳经济"的发展上,具体集中在低碳经济内涵、发展低碳经济的必要性和关于发展低碳经济措施这样三个研究方面,其中又以低碳经济发展措施为主要领域。对于"低碳生活"的探讨,主要集中在以下几个方面:其一,对低碳生活意识的探讨。包括对低碳生活觉知状态的探讨和对低碳责任意识的探讨;其二,对低碳生活行为的探讨。通过量化的方法对某一市或者某一个市区居民低碳生活现状包括对日常习惯行为的测量和对低碳消费行为的测量两个方面,例如朱力等对上海市闵行区的研究,舒岳对丽水市民低碳生活行为的分析等;其三,从经济学视角对低碳生活的影响因素的探讨。如,陈淑娟等通过解释结构模型得出影响南昌市居民低碳生活的最直接因素是生活习惯、低碳素质和消费观念,而城市的发展方向和经济水平是影响低碳生活的深层原因。谢守红和陈慧敏通过T检验和单因素方差分析得到性别、年龄、职业、学历、可支配收入对低碳消费行为均有显著影响。

通过对以上相关研究成果的梳理,我们发现因调查地点的不同,居民低碳生活生活现状及影响其低碳生活的因素也明显不同,且这方面的研究多集中于经济学视角,鲜有从社会学视角进行分析和研究的。为此,引起我们思考的问题是,生活在山东省节能降耗重点城市的淄博居民其低碳生活现状如何?影响他们低碳生活的因素又有哪些?如何才能让"低碳生活"成为居民的行为习惯并内化为生活的一部分,从而推动低碳社会的全面发展?考虑到低碳生活不仅仅是一种经济行为,更是人们的一种生活习惯,为此,本文从社会学的视角出发,通过对淄博市五个县级城市的调查,系统探讨了居民低碳生活的现状及其影响因素。

二、数据来源和样本基本特征

(一) 数据来源

我们运用随机抽样法对淄博市张店区、临淄区和淄川区等进行抽样,采用问卷调查法、实地访谈法等多种社会调查方法开展本次调研。团队一行人于2017年的10月进入实地进行调查。共发放居民调查问卷300份,回收272份,回收率达91%。

(二) 样本基本特征

从性别来看,男女比例相当,女性所占比例为57.9%,男性的比例为42.1%;从政治面貌来看,群众占多数,所占比例为56.2%,共青团员为28.0%,中共党员为15.0%,民主党派的占0.8%。从年龄分布来看,18岁以下,占4.1%;18~25岁之间占31.4%;25~35岁之间占21.9%;35~45岁之间占26.6%;45~55岁之间占11.9%;55岁以上的居民占4.1%。从月收入情况来看,多数集中在1 000~2 499元之间,占样本的47.4%;1 000元以下的占10.7%,2 500~3 999元的占21.7%,4 000~5 500元以上的占12.3%,5 500元以上的占7.9%。从教育程度来看,被调查对象学历大致分布在初中、高中、大专和大学学历之间,小学及以下学历仅占2.6%,初中学历占25.7%,高中学历占21.7%,大专学历占24.3%,本科学历占22.4%,研究生以上学历占3.3%。从职业来看,各行各业都有涉及,主要集中在商业服务业(占16.6%)、农民(占15.9%)、个体或私营企业主(占14.8%)、公司文员(占10.7%)和其他自由职业者(占10.7%)等行业中,所占比例最少的是军人,为0.7%,大学生所占比例为5.9%,机关干部占2.2%,科教文体卫新闻工作者占2.6%,专业技术人员占7.7%,企业管理人员占1.5%,农民工占1.1%,工厂工人占2.6%,从未就业和其他情况的人员占7.0%。城市居民和农村居民占比基本平衡,分别为54.9%和45.1%。具体情况详见表10-10。

表 10-10 样本基本特征分析表

变量		频次(%)	变量		频次(%)
性别	1. 男	114(42.1)	月收入	1. 1 000元以下	27(10.7)
	2. 女	157(57.9)		2. 1 000—2 499元	120(47.4)
政治面貌	1. 共产党员	39(15.0)		3. 2 500—3 999元	55(21.7)
	2. 民主党派	2(0.8)		4. 4 000—5 500元	31(12.3)
	3. 共青团员	73(28.0)		5. 5 500元以上	20(7.9)
	4. 群众	146(56.2)	教育程度	1. 小学及以下	7(2.6)
年龄	1. 18岁以下	11(4.1)		2. 初中	70(25.7)
	2. 18—25岁	85(31.4)		3. 高中	59(21.7)
	3. 25—35岁	59(21.9)		4. 大专	66(24.3)
	4. 35—45岁	72(26.6)		5. 本科	61(22.4)
	5. 45—55岁	32(11.9)		6. 研究生及以上	9(3.3)
	6. 55岁以上	11(4.1)	职业	1. 个体户、私营企业主	40(14.8)

续表

	变量	频次(%)		变量	频次(%)
职业	2. 机关干部	6(2.2)	职业	10. 农民工	3(1.1)
	3. 军人	2(0.7)		11. 农民	43(15.9)
	4. 科教文体卫新闻工作者	7(2.6)		12. 工厂工人	7(2.6)
	5. 商业服务人员	45(16.6)		13. 其他自由职业	29(10.7)
	6. 专业技术人员	21(7.7)		14. 从未就业	2(0.7)
	7. 公司文员	29(10.7)		15. 其他	17(6.3)
	8. 企业管理人员	4(1.5)	居住地区	1. 城市	145(54.9)
	9. 大学生	16(5.9)		2. 农村	119(45.1)

三、居民低碳生活的现状

本文对居民低碳生活现状的测量主要是从居民低碳观念和具体行为来进行的。具体来说，居民低碳观念可从是否关注自己的生活方式对环境造成的影响、对低碳生活政策制度了解的程度、低碳生活的目的、消费行为有所关注的绿色消费领域等指标加以测量；其具体行为则可通过出行工具的选择、购物时是否自带购物袋、是否愿意减少一次性消费品的使用，废旧衣物和电池的处理等指标进行测量，详见表10-11。

表10-11　居民环保生活现状变量定义及描述性统计

	变量	频次(%)		变量	频次(%)
低碳生活的目的	1. 健康	143(56.5)	了解低碳生活方式的途径	1. 报纸电视网络	154(59.6)
	2. 时尚	1(0.4)		2. 商家宣传广告	25(9.6)
	3. 环保	93(36.8)		3. 政府宣传	24(9.2)
	4. 无意识	16(6.3)		4. 周围朋友	57(22.0)
低碳生活政策的了解程度	1. 很了解	7(2.6)	没有选择低碳产品的原因	1. 对低碳产品不了解	138(51.9)
	2. 了解	70(25.7)		2. 认为低碳产品不可靠	42(15.8)
	3. 不了解	59(21.7)		3. 认为没有必要选择低碳产品	22(8.3)
生活中的低碳行为	1. 节约用水	207(76.4)		4. 低碳产品价格高	64(24.1)
	2. 节约用电	182(67.2)	废旧电池的处理	1. 放到专门的回收箱里	43(16.5)
	3. 垃圾分类处理	104(38.4)		2. 有时会放到回收箱里面	50(19.2)
	4. 尽量少用一次性用品	110(40.9)		3. 直接扔到垃圾箱里面	101(38.8)
废旧衣物的处理	1. 尽量穿到彻底破了为止	35(13.3)		4. 生活的社区没有发现回收箱，想回收也没办法	66(25.4)
	2. 拿来当抹布使用	76(28.6)			
	3. 送给需要的人	95(35.7)			
	4. 直接扔掉	60(22.6)			
出行选用的交通工具	1. 私家车	52(19.8)	购物自带塑料袋	1. 总是自带	101(10.7)
	2. 公共汽车	79(30.0)		2. 大多数时候带	303(32.1)
	3. 自行车	81(30.8)		3. 偶尔会带	372(39.4)
	4. 步行	51(19.4)		4. 从来不带	168(17.8)

注：因有些指标有缺失值或者为多选，所以有些指标各项目的比例加总并不等于100%。

(一) 居民对低碳生活的了解程度较低

调查显示,有62.5%的居民对低碳生活政策不了解,了解低碳生活政策的居民占34.2%,仅有3.3%的居民很了解低碳生活的政策。居民了解低碳生活方式的途径主要是报纸电视网络媒体宣传,其次是受周围朋友的影响,政府宣传仅为90.2%,可以说政府在宣传低碳生活方式和政策上还有待进一步的改善。居民对低碳生活政策的较少了解,一方面是因为政府宣传方式、宣传力度的欠缺;另一方面,有很多地方并未出台促进居民低碳生活的政策,居民甚至不知道有这一方面的政策,更不用说了解相关的政策内容。对"没有选择低碳产品的原因"的调查显示,不了解低碳产品的居民占51.9%,因为低碳产品价格较高而没有选择低碳产品的居民占24.1%,认为低碳产品不可靠的居民占15.8%。目前,居民对低碳产品的了解程度很低,甚至对低碳产品有错误的认识,如此直接影响了居民对技术节能的投入。

(二) 低碳生活的动机主要是健康

在追求低能量、低消耗、低开支、高品质生活的当下,低层次生活已不能满足公众的需要,他们逐渐将视野聚焦于绿色、健康、可持续,在保障自身生存的同时,促进与自然的和谐发展。从该理念出发,我们认为低碳生活的关注点主要在节能减量、可持续方面。而从表2的数据中,我们看到居民低碳生活的目的主要是利于自身的健康,占样本的56.5%;其次才是处于环保的目的,占样本的36.8%。居民的低碳环保动机并非来自对生态价值观的认可上,更多的是出于对安全食品的要求和关注。

Stern P.C认为个体的环境价值观分为生态的、利他的和利己的三个维度。从表2的相关数据来看,利己的环境价值观是目前居民低碳生活的主要价值观,更多的以自身利益或目标为中心,关注环境问题对自身利益的影响。这种利己的环保价值观念不利于环保事业的可持续发展,转变当前居民环保观念势在必行。

(三) 节能行为较好

节能行为是低碳生活的重要部分,将对低碳、可持续发展有着直接的影响。在对低碳生活的宣传中,节约用水用电是较早进入居民视野的。经过多年的宣传和教育,居民的节能行为已逐渐形成日常习惯。在对居民"生活中的绿色行为"的调查中,我们发现,超过一半的人都能做到节约用水用电。其中能够做到节水的居民占76.4%,能够做到节电的居民占67.2%。节水节电行为和个体的生活方式相关,往往以经验判断为主,不需要进行思考,且与生活开支密切相关。因此,在生活中比较容易实现。在选择出行交通工具时,多数人会选择更为低碳环保的方式,能够低碳出行的居民占样本的81.2%;选择自行车出行的居民占比最多,为30.8%;选择公共汽车的居民占比为30.0%,紧随其后。

(四) 减量行为相对较弱

所谓减量行为就是减少物品使用量、扩大物品的使用次数,以达到减排目的的行为,例如少买衣,少开车,少用塑料袋等行为。相较对节能行为的宣传,对购物自带塑料带、尽量少用一次性用品等减量行为的宣传比较晚。毋庸置疑,一次性产品给我们生活带来了方便,且价格一般不高。虽然有40.9%的居民主观上愿意减少一次性产品的使用,但在实际生活中依然有超过半数的居民未减少一次性产品的使用。因此居民对一次性产品的依赖程度依然较高。对于购物自带塑料袋的减量行为,只有10.4%的居民能够做到"总是自带",从不自带购物袋的居民占 19.3%,远多于总是能够自带的居民。25.6%的居民能够做到大多数情况下自带塑料袋,44.8%的居民只能偶尔做到。

(五)废旧物品的回收处理较弱

废旧物品的回收处理作为低碳环保中的一环,具有节能减排等特性。此外,某些物品的巧妙回收处理还将有优化生活环境、提高社会价值等作用。因此,回收处理能力对居民低碳生活的质量有着重要的作用。表 10-11 数据显示,能够进行垃圾分类处理和尽量减少一次性用品的居民占比未超过 50%。正确地进行垃圾分类处理需要一定的分类知识,目前我国在垃圾分类处理上宣传还不够,执行力度也不高,因此居民执行情况不太理想。能够将废旧电池放到专门回收箱的比例为 16.5%,有时候将废旧电池放到回收箱的居民占 19.2%,而直接扔到垃圾箱里的占 38.4%,大于前两者的总占比。对于废旧衣物的处理,35.7%的居民会将其送给需要的人,28.6%的居民直接当抹布使用,还有 22.6%的居民直接扔掉。

四、影响居民低碳生活现状的因素

任何现象的形成都是多方面因素促成的,为探讨影响淄博市居民低碳生活现状的因素,我们将运用二元 logit 模型进行深入分析。

(一)模型设计和变量选择

我们选择生活方式作为被解释变量,具体包括出行方式、衣物处理方式、节水节电行为、垃圾分析行为、废旧电池的处理、是否自带购物袋六种行为。将能够低碳处理的赋值为 1,表示较好的低碳生活行为,其他赋值为 0,表示较差的低碳生活行为。我们选择两类变量作为解释变量:第一类代表居民的人口学特征,包括性别、政治面貌、年龄、职业、月收入、文化程度、居住地区;第二类代表社区低碳措施,包括是否举行低碳生活的经验会或讨论会、是否有关于低碳生活的奖励、是否有关于"低碳居民"或"低碳家庭"的评选。由于被解释变量只能取 0 和 1 两个值,因此被解释变量是一种离散型随机变量,故本文选择二元 Logit 模型来分析影响居民低碳生活的因素。

(二)计量结果与分析

将六种生活方式作为被解释变量,以人口学特征和社区是否有低碳措施为解释变量,运用二元 Logit 模型进行计量分析,由于政治面貌、年龄和职业对所有因变量没有显著性影响,所有自变量对处理衣物这一因变量也没有显著性影响,因此我们将其删除,只报告存在显著影响的变量,得到如表 3 所示的模型估计结果。

根据二元 Logit 模型的计量结果,我们将影响居民低碳生活的主要因素、显著性和影响程度归纳见表 10-12。

表 10-12 二元 logit 模型分析钚卫工人生存状况的估计结果

变量	低碳出行	节水行为	节电行为	垃圾分类行为	废旧电池的处理	自带购物袋行为
人口学特征						
性别	0.16* (0.39)	−0.15 (0.34)	0.19 (0.31)	0.96*** (0.32)	0.16 (0.34)	1.43*** (0.39)

续表

变量	低碳出行	节水行为	节电行为	垃圾分类行为	废旧电池的处理	自带购物袋行为
文化程度	0.15 (0.19)	0.29* (0.17)	0.08 (0.15)	0.06 (0.15)	0.30* (0.17)	0.49** (0.20)
月收入	−0.46** (0.20)	−0.06 (0.18)	0.01 (0.17)	−0.05 (0.17)	0.15 (0.18)	0.20 (0.21)
居住地区	0.79* (0.40)	0.21 (0.35)	0.01 (0.31)	0.54* (0.31)	0.22 (0.34)	0.25 (0.39)
社区低碳措施						
是否举行经验讨论会	0.58 (0.47)	−0.23 (0.37)	0.73** (0.33)	0.49 (0.33)	1.02*** (0.35)	−0.07 (0.42)
是否有物质奖励	−0.69 (0.91)	1.50* (0.83)	−0.51 (0.81)	0.17 (0.85)	−0.18 (0.90)	0.16 (1.23)
是否有荣誉评选	0.12 (0.63)	−0.03 (0.56)	0.25 (0.53)	0.77 (0.51)	1.10** (0.55)	−0.04 (0.66)
常数项	−0.61 (1.72)	−0.70 (1.55)	−0.09 (1.39)	−2.69* (1.42)	−2.65* (1.49)	−2.77 (1.88)

注：因变量为对目前工作关系是否满意。*、**、*** 分别表示10%、5%、1%的显著性水平。括号内数据标准误。

第一，在居民人口学特征因素中，居民的性别、文化程度对居民低碳生活方式影响最大，其次是居住地区，最后是月收入程度。

居民的性别在10%的显著水平下对居民选择低碳出行方式影响显著，方向为正；在1%的显著水平下对居民垃圾分类行为影响显著，方向为正；在1%的显著水平下对居民自带购物袋行为影响显著，方向为正。说明女性在低碳出行、有效进行垃圾分类和自带购物袋方面的比例比男性高。文化程度在10%的显著水平下对居民节水行为影响显著，方向为正；在10%的显著性水平下对居民能够正确回收废旧电池影响显著，方向为正；在5%的显著性水平下，对居民自带购物袋行为影响显著，方向为正。说明教育水平越高，居民越能够做到节约用水、正确回收废旧电池、自觉携带购物袋，教育对于居民低碳生活有着积极的影响。居住地区在10%的显著性水平下对居民选择低碳出行方式影响显著，方向为正；在10%的显著性水平下对居民能够正确分类垃圾的行为影响显著，方向为正。说明居住在农村地区的居民更能够选择低碳出行方式，在农村，私家车尚未普遍，农村居民出行一靠电动车、二靠公共汽车，因此出行方式比较环保。但对垃圾分类的影响，却超出我们的预期，农村地区在垃圾分类方面反而要好于城市。居民月收入在5%的显著性水平下对选择低碳出行方式影响显著，方向为负，说明月收入水平越高，居民出行方式越不环保。月收入的提高给居民乘坐私家车外出提供了可能，因此也就越易趋向于乘私家车外出。

第二，在社区低碳措施因素中，"是否举行低碳生活的经验会或讨论会"对居民低碳生活方式影响较大，其次是"是否有关于低碳生活的奖励"和"是否有关于'低碳居民'或'低碳家庭'的评选"。

"是否举行低碳生活的经验会或讨论会"在5%的显著性水平下对居民节电行为影响显著,方向为正;在1%的显著性水平下对居民正确处理废旧电池行为影响显著,方向为正。说明开展低碳生活经验会或讨论会的社区居民在节约用电和正确处理废旧电池上的比例高于生活在未开展经验交流会的社区居民。"是否有关于低碳生活的奖励"在10%的显著性水平下对居民节水行为影响显著,方向为正,说明相应的物质奖励能后刺激居民进行低碳生活,尤其是在节约用水方面。"是否有关于'低碳居民'或'低碳家庭'的评选"在5%的显著性水平下对居民正确处理废旧电池的行为影响显著,方向为正,说明荣誉性奖励对激发居民正确回收废旧电池有着积极的影响。

五、结论与讨论

我们通过淄博市272名居民低碳生活现状及其影响因素的统计分析发现了居民低碳生活存在的一些问题,总结如下。

(一) 推动"低碳生活"任重而道远

从对居民低碳生活方式的调查结果来看,居民对低碳生活方式的了解程度较低,环保价值观以"利己型"为主,居民所持有的这一环保观念也给我们了一个明确的信号,在引导居民低碳环保生活时,必须结合居民这一利己主义的环保价值观。从居民最在乎的方面入手,逐步改进居民的环保价值观,最终实现以"生态的、利他的"环保观念,关注自然环境固有的价值以及环境问题对人类和他人的长远利益。

节约用水用电是我们较早提出的绿色生活理念,其宣传力度和广度也是较大的,居民践行效果良好。但是,对于废旧物品的正确回收、二次使用等方面可能因为费时费力而被居民舍弃。因此科学、合理地做到回收处理是比较难践行的。行为习惯的形成是长时间惯性的积累,改变习惯需要花费更长的时间,推动"低碳生活"是一场持久战。

(二) 建立"低碳生活"的协同机制

1. 充分发挥社区在促进低碳生活方面的积极作用

社区低碳措施的建设对居民低碳生活有着显著影响,因此,要重新界定政府职能的规模与范围,以合理灵活的管理制度提高政府的服务效率和行政效益。在相关的制度设计和宣传教育方面,始终坚持以建设服务型政府为指导理念,将宣传教育活动以简单、有效的方式切实深入到社区中去,促进低碳生活氛围的形成。

2. 理顺政府与社会的关系,积极发挥社区的基层作用

通过与社区合作、业务外包等制度安排,以多种多样的组织形式提供各种基础服务,使社区与政府共同承担发展低碳社会的责任。

3. 广大居民是低碳生活的主体

只有更新消费观念,才能使这种简单、简约、俭朴和可持续的生态消费方式引领潮流。首先,要建立公平的消费原则,保证人际公平、代际公平和国际公平。其次,建立合理的消费结构和适度的消费规模。在人们衣、食、住、行等各个方面倡导生态消费、适度消费和可持续性消费,将"低碳"观念植入人心,实现低碳生活方式。最后,转变社会管理方式,实现自我管理、自我教育、自我监督,充分调动和发挥每个社会人的社会参与积极性。

[资料来源:牛喜霞、田晨曦、刘文秀、胡安水,居民低碳生活现状及影响因素分析——基于淄博市的实证研究,山东理工大学学报(社会科学版),2019第35卷第1期]

 **任务实训**

任务实训单

实训目标	1. 从学术期刊上选取若干学术性调查报告进行评价。 2. 在教师指导下,以小组为单位,选择一个学术性调查报告的主题,并完成该学术性调查报告的撰写。
实训环境	1. 拥有与小组课题项目相关书籍的阅览室。 2. 具备网络查询功能的电脑。
实训内容及要求	【实训内容】 1. 查阅与小组课题相关的文献,完成文献综述。 2. 根据小组感兴趣的主题,确定本次实训聚焦的学术性调查报告的类型。 3. 依据小组确认的主题,按照学术性调查报告的结构,完成学术性调查报告的撰写。 【实训要求】 1. 能清楚认识学术性调查报告的概念和特点。 2. 能根据前期小组实训的选择调查主题的阶段性成果,撰写完成一份学术性调查报告。
实训步骤	1. 查阅相关文献,阅读和分析文献,完成文献综述。 2. 小组成员根据前期实训所关注的调查主题,结合已完成的阶段性实训成果,确定本次调查报告的主题。 3. 小组讨论,确定本次调查报告的分工。 4. 根据分工完成本次学术性调查报告的撰写。 5. 每组派一名代表在课堂上汇报本小组的调查报告。
实训考核评价	【评价载体】 书面作业和 PPT 汇报。 【评价指标】 1. 主题和内容是否符合学术性调查报告的特点,占 35%。 2. 报告是否逻辑清晰、结构完整,占 35%。 3. 小组成员合作情况,占 30%。

思政小课堂

把论文写在祖国大地上

2020年8月24日,习近平总书记在中南海主持召开经济社会领域专家座谈会时指出,"新时代改革开放和社会主义现代化建设的丰富实践是理论和政策研究的'富矿'",希望广大理论工作者"从国情出发,从中国实践中来,到中国实践中去,把论文写在祖国大地上,使理论和政策创新符合中国实际、具有中国特色"。习近平总书记运用辩证唯物主义的世界观和方法论,深刻阐述了理论与实践的辩证关系,为理论和政策研究工作指明了正确方向,提供了根本遵循。

"时代课题是理论创新的驱动力。"习近平总书记的精辟论断深刻诠释了我们党理论创新的历程和目的。我们党的理论不是书斋里的理论,而是在波澜壮阔的革命、建设、改革实践中,运用马克思主义立场观点方法不断研究回答解决时代课题形成和发展起来的,是要指导实践解决实际问题的。实践性是我们党的理论区别于其他理论的一个显著特征。党的十八大以来,以习近平同志为代表的中国共产党人,紧紧围绕新时代坚持和发展什么样的中国特色社会主义、怎样坚持和发展中国特色社会主义这个时代课题,结合新的时代条件和实践要求,进行艰辛理论探索,取得重大理论创新成果,形成了习近平新时代中国特色社会主义思想。这一思想来自我们党团结带领中国人民进行伟大斗争、建设伟大工程、推进伟大事业、实现伟大梦想的生动实践,因着问题来,又奔着问题去,思接千载,贯通中外,深刻回答了新时代坚持和发展中国特色社会主义的一系列重大理论和现实问题。

理论源于实践,又用来指导实践。学习掌握认识和实践辩证关系的原理,不断推进实践基础上的理论创新,是习近平总书记对做好理论和政策研究工作的一贯要求。对马克思主义理论研究,总书记强调要立足我国实际,以我们正在做的事情为中心,聆听人民心声,回应现实需要,深入总结中国特色社会主义实践,更好实现马克思主义基本原理同当代中国具体实际相结合,不断创新和发展马克思主义;对哲学社会科学研究,总书记强调要立足中国特色社会主义伟大实践,提出具有自主性、独创性的理论观点,构建中国特色学科体系、学术体系、话语体系;对民事法律制度的理论研究,总书记强调要立足我国国情和实际,尽快构建体现我国社会主义性质,具有鲜明中国特色、实践特色、时代特色的民法理论体系和话语体系。在这次经济社会领域专家座谈会上,总书记对经济社会领域理论工作者提出了立足国情、放眼国际的四点希望。总书记关于做好各领域理论研究工作的重要论述,充分说明时代课题是理论创新的驱动力,理论只有与实际紧密联系,回答解决时代课题,才能发挥对实践的指导作用,实现其自身的价值和意义,展示其活力与生命力。这就要求广大理论工作者要真正把论文写在祖国大地上。

把论文写在祖国大地上,就要坚持从我国国情出发,使理论和政策创新符合中国实际。当代中国正经历着我国历史上最为广泛而深刻的社会变革,也正在进行着人类历史上最为宏大而独特的实践创新。这种前无古人的伟大实践,必将给理论创造提供强大动力和广阔空间。这是一个需要理论而且一定能够产生理论的时代,这是一个需要思想而且一定能够产生思想的时代。广大理论工作者要以我国实际为研究起点,以我们正在做的事情为中心,从我国改革发展的实践中挖掘新材料、发现新问题、提出新观点、构建新理论,加强对改革开放和社会主义现代化建设实践经验的系统总结,加强对党中央治国理政新理念新思想新战略的研究阐释,提炼出有学理性的新理论,概括出有规律性的新实践,使理论和政策创新符合中国实际,充分体现中国特色、中国风格、中国气派。

把论文写在祖国大地上,就要坚持深入调查研究,使理论和政策创新有根有据、合情合理。调查研究是谋事之基、成事之道。要想做好理论研究工作,刻舟求剑不行,闭门造车不行,异想天开更不行,必须进行全面深入的调查研究。只有深入调查研究,才能真正做到一切从实际出发、理论联系实际、实事求是。当前,国内外环境都处于深刻复杂变化之中,新情况新问题层出不穷,需要我们不断加以认识、加以总结。广大理论工作者要走出象牙塔,多到实地调查研究,深入实际、深入基层、深入群众,不断增强看问题的眼力、谋事情的脑力、察民情的听力、走基层的脚力,了解实际、掌握实情,充分反映实际情况,使理论和政策创新符合实际、解决问题。

把论文写在祖国大地上,就要坚持马克思主义立场、观点、方法,使理论和政策创新充分体现先进性和科学性。马克思主义揭示了事物的本质、内在联系及发展规律,是"伟大的认识工具",是人们观察世界、分析问题的有力思想武器,为我们做好各个领域理论研究提供了基本的世界观、方法论。广大理论工作者只有真正弄懂了马克思主义,坚持马克思主义立场、观点、方法,才能在揭示共产党执政规律、社会主义建设规律、人类社会发展规律上不断有所发现、有所创造,更好地把握规律、透过现象看本质,从短期波动中探究长期趋势,使理论和政策创新充分体现先进性和科学性,更好地指导实践。

把论文写在祖国大地上,就要树立国际视野,使理论和政策创新为构建人类命运共同体贡献中国智慧、中国方案。当今世界,各国相互联系、相互依存的程度空前加深,人类生活在同一个地球村里,越来越成为你中有我、我中有你的命运共同体,国内问题与国际问题密切相关。同时,世界正经历百年未有之大变局,国际形势的不稳定性不确定性更加突出,人类面临的全球性挑战更加严峻,需要世界各国齐心协力、共同应对。广大理论工作者要站在构建人类命运共同体的战略高度,立足本国实际,放眼世界,围绕我国和世界发展面临的重大问题,从中国和世界的联系互动中探讨人类面临的共同课题,善于提炼标识性概念,打造易于为国际社会所理解和接受的新概念、新范畴、新表述,引导国际学术界展开研究和讨论,为构建人类命运共同体贡献中国智慧。

理论的生命力在于不断创新。广大理论工作者要坚持用马克思主义观察时代、解读时代、引领时代,用鲜活丰富的当代中国实践来推动马克思主义发展,用宽广视野吸收人类创造的一切优秀文明成果,坚持在改革中守正创新,在开放中博采众长,不断深化对中国共产党执政规律、社会主义建设规律、人类社会发展规律的认识,实现理论创新和实践创新良性互动,把论文写在祖国大地上,共同写好坚持和发展中国特色社会主义这篇大文章。

(资料来源:"求是网"微信公众号,把论文写在祖国大地上,https://mp.weixin.qq.com/s?__biz=MjM5NjQ1NjY4MQ==&mid=2663532715&idx=1&sn=8631a9cbbd2522076b727708711076687&chksm=bdde192d8aa9903bcf86178601be9645fbf900892b22d14dd5624599268effacad9b75be8fee&scene=27)

思考与练习

一、选择题
1. 根据研究报告的主要功能,可将其分为(　　)。
   A. 描述性报告和解释性报告　　B. 应用性报告和学术性报告
   C. 定量报告和定性报告　　　　D. 专题性报告和综合性报告
2. 下列选项中,不属于调查报告必要的特点的是(　　)。
   A. 针对性　　B. 创新性　　C. 实证性　　D. 时效性
3. 学术性调查报告的特征包括(　　)。
   A. 其目的是阐述学术观点,而不是或不仅仅是对实际工作提出意见和建议
   B. 讲究研究方法,理论分析有一定深度
   C. 论述时往往需要运用专业理论、概念、术语、假设命题等
   D. 调研和选材范围广泛
   E. 取材范围较小,只局限于本地区、本部门或本单位
4. 文献引用有(　　)两种。
   A. 常规引用　　B. 批注　　C. 引述　　D. 页脚

二、填空题
1. 调查报告的主体撰写上行文中要讲究逻辑性,需要合理有序地安排结构层次,一般有三种写法,分别是_____、_____和_____。
2. 调查报告的结构一般由_____、_____、_____和_____组成。
3. 根据调查报告内容的不同,可以将其分为_____和_____。
4. 调查报告的撰写步骤通常包括_____、_____、_____、_____和_____五个环节。

三、名词解释
1. 调查报告
2. 学术性调查报告

四、问答题
1. 调查报告的标题形式有哪几种? 各有什么优缺点?
2. 调查报告的行文规则有哪些?
3. 简述撰写调查报告的步骤及内容。

附　录

1. 随机数表

10 09 73 25 33	76 52 01 35 86	34 67 35 48 76	80 95 90 91 17	39 29 27 49 45
37 54 20 48 05	64 89 47 42 96	24 80 52 40 37	20 63 61 04 02	00 82 29 16 65
08 42 26 89 53	19 64 50 93 03	23 20 90 25 60	15 95 33 47 64	35 08 03 36 06
99 01 90 25 29	09 37 67 07 15	38 31 13 11 65	88 67 67 43 97	04 43 62 76 59
12 80 79 99 70	80 15 73 61 47	64 03 23 66 53	98 95 11 68 77	12 17 17 68 33
66 06 57 47 17	34 07 27 68 50	36 69 73 61 70	65 81 33 98 85	11 19 92 91 70
31 06 01 08 05	45 57 18 24 06	35 30 34 26 14	86 79 90 74 39	23 40 30 97 32
85 26 97 76 02	02 05 16 56 92	68 66 57 48 18	73 05 38 52 47	18 62 38 85 79
63 57 33 21 35	05 32 54 70 48	90 55 35 75 48	28 46 82 87 09	83 49 12 56 24
73 79 64 57 53	03 52 96 47 78	35 80 83 42 82	60 93 52 03 44	35 27 38 84 35
98 52 01 77 67	14 90 56 86 07	22 10 94 05 58	60 97 09 34 33	50 50 07 39 98
11 80 50 54 31	39 80 82 77 32	50 72 56 32 48	29 40 52 42 01	52 77 56 78 51
83 45 29 96 34	06 28 89 80 83	13 74 67 00 78	18 47 54 06 10	68 71 17 78 17
88 68 54 02 00	86 50 75 34 01	36 76 66 79 51	90 36 47 64 93	29 60 91 10 62
99 59 46 73 48	37 51 76 49 69	91 82 60 89 28	93 78 56 13 68	23 47 83 41 13
65 48 11 76 74	17 46 85 09 50	58 04 77 69 74	73 03 95 71 86	40 21 81 65 44
80 12 43 56 35	17 72 70 80 15	45 31 32 23 74	21 11 57 82 53	14 38 55 37 63
74 35 09 98 17	77 40 27 72 14	43 23 60 02 10	45 52 16 42 37	96 28 60 26 55
69 91 62 68 03	66 25 22 91 48	36 93 68 72 03	76 62 11 39 90	94 40 05 64 18
09 89 32 05 05	14 22 56 85 14	46 42 75 67 88	96 29 77 88 22	54 38 21 45 98
91 49 91 45 23	68 47 92 76 86	46 16 23 35 54	94 75 08 99 23	37 03 92 00 48
80 33 69 45 98	26 94 03 63 58	70 29 73 41 35	53 14 03 33 40	42 05 08 23 41
44 10 48 19 49	85 15 74 79 54	32 97 92 65 75	57 60 04 08 81	22 22 20 64 13
12 55 07 37 42	11 10 00 20 40	12 86 07 46 97	96 64 48 94 39	28 70 72 58 15
63 60 64 93 29	16 50 53 44 84	40 21 95 25 63	43 65 17 70 82	07 20 73 17 90
07 63 87 79 29	03 06 11 80 72	96 20 74 41 56	23 32 19 95 38	04 71 36 69 94
60 52 88 34 41	07 95 41 98 14	59 17 52 06 95	05 53 35 21 39	61 21 20 64 55
83 59 63 56 55	06 95 89 29 83	05 12 80 97 19	77 43 35 37 83	92 30 15 04 98
10 85 06 27 46	99 59 91 05 07	13 49 90 63 19	53 07 57 18 39	06 41 01 93 62
39 82 09 89 52	43 62 26 31 47	64 42 18 08 14	43 80 00 93 51	31 02 47 31 67

续表

59 58 00 64 78	75 56 97 88 00	88 83 55 44 86	23 76 80 61 56	04 11 10 84 08
38 50 80 73 41	23 79 34 87 63	90 82 29 70 22	17 71 90 42 07	95 95 44 99 53
30 69 27 06 68	94 68 81 61 27	56 19 68 00 91	82 06 76 34 00	05 46 26 92 00
65 44 39 56 59	18 28 82 74 37	49 63 22 40 41	08 33 76 56 76	96 29 99 08 36
27 26 75 02 64	13 19 27 22 94	07 47 74 45 06	17 98 54 89 11	97 34 13 03 58
91 30 70 69 91	19 07 22 42 10	36 69 95 37 28	28 82 53 57 93	28 97 66 62 52
68 43 49 46 88	84 47 31 36 22	62 12 69 84 08	12 84 38 25 90	09 81 59 31 46
48 90 81 58 77	54 74 52 45 91	35 70 00 47 54	83 82 45 26 92	54 13 05 51 60
06 91 34 51 97	42 67 27 86 01	11 88 30 95 28	63 01 19 89 01	14 97 44 03 44
10 45 51 60 19	14 21 03 37 12	91 34 23 78 21	88 32 58 08 51	43 66 77 08 83
12 88 39 73 43	65 02 76 11 84	04 28 50 13 92	17 97 41 50 77	90 71 22 67 69
21 77 83 09 76	38 80 73 69 61	31 64 94 20 96	63 28 10 20 23	08 81 64 74 49
19 52 35 95 15	65 12 25 96 59	86 28 36 82 58	69 57 21 37 98	16 43 59 15 29
67 24 55 26 70	35 58 31 65 63	79 24 68 66 86	76 46 33 42 22	26 65 59 08 02
60 58 44 73 77	07 50 03 79 92	45 13 42 65 29	26 76 08 36 37	41 32 64 43 44
53 85 34 13 77	36 06 69 48 50	58 83 87 38 59	49 36 47 33 31	96 21 04 36 42
24 63 73 87 36	74 38 48 93 42	52 62 30 79 92	12 36 91 86 01	03 74 28 38 73
83 08 01 24 51	38 99 22 28 15	07 75 95 17 77	97 37 72 75 85	51 97 23 78 67
16 44 42 43 34	36 15 19 90 73	27 49 37 09 39	85 13 03 25 52	54 84 65 47 59
60 79 01 81 57	57 17 86 57 62	11 16 17 85 76	45 81 95 29 79	65 13 00 48 60
03 99 11 04 61	93 71 61 68 94	66 08 32 46 53	84 60 95 82 32	88 61 81 91 61
38 55 59 55 54	32 88 65 97 80	08 35 56 08 60	29 73 54 77 62	71 29 92 38 53
17 54 67 37 04	92 05 24 62 15	55 12 12 92 81	59 07 60 79 36	27 95 45 89 09
32 64 35 28 61	95 81 90 68 31	00 91 19 89 36	76 35 59 37 79	80 86 30 05 14
69 57 26 87 77	39 51 03 59 05	14 06 04 06 19	29 54 96 96 16	33 56 46 07 80
24 12 26 65 91	27 69 90 64 94	14 84 54 66 72	61 95 87 71 00	90 89 97 57 54
61 19 63 02 31	92 96 26 17 73	41 83 95 53 82	17 26 77 09 43	78 03 87 02 67
30 53 22 17 04	10 27 41 22 02	39 68 52 03 09	10 06 16 88 29	55 98 66 64 85
03 78 89 75 99	75 86 72 07 17	74 41 65 31 66	35 20 83 33 74	87 53 90 88 23
48 22 86 33 79	85 78 34 76 19	53 15 26 74 33	35 66 35 29 72	16 81 86 03 11
60 36 59 46 53	35 07 53 39 49	42 61 42 92 97	01 91 82 83 16	98 95 37 32 31
83 79 94 24 02	56 62 33 44 42	34 99 44 13 74	70 07 11 47 36	09 95 81 80 65
32 96 00 74 05	36 40 98 32 32	99 38 54 16 00	11 13 30 75 86	15 91 70 62 53
19 32 25 38 45	57 62 05 26 06	66 49 76 86 46	78 13 86 65 59	19 64 09 94 13
11 22 09 47 47	07 39 93 74 08	48 50 92 39 29	27 48 24 54 76	85 24 43 51 59

31 75 15 72 60	68 98 00 53 39	15 47 04 83 55	88 65 12 25 96	03 15 21 92 21
88 49 29 93 82	14 45 40 45 04	20 09 49 89 77	74 84 39 34 13	22 10 97 85 08
30 93 44 77 44	07 48 18 38 28	73 78 80 65 33	28 59 72 04 05	94 20 52 03 80
22 88 84 88 93	27 49 99 87 48	60 53 04 51 28	74 02 28 46 17	82 03 71 02 68
78 21 21 69 93	35 90 29 13 86	44 37 21 54 86	65 74 11 40 14	87 48 13 72 20
41 84 98 45 47	46 85 05 23 26	34 67 75 83 00	74 91 06 43 45	19 32 58 15 49
46 35 23 30 49	69 24 89 34 60	45 30 50 75 21	61 31 83 18 55	14 41 34 09 51
11 08 79 62 94	14 01 33 17 92	59 74 76 72 77	76 50 33 45 13	39 66 37 75 44
52 70 10 83 37	56 30 38 73 15	16 52 06 96 76	11 65 49 98 93	02 18 16 81 61
57 27 53 68 98	81 30 44 85 85	68 65 22 73 76	92 85 25 58 66	88 44 80 35 84
20 85 77 31 56	70 28 42 43 26	79 37 59 52 20	01 15 96 32 67	10 62 24 83 91
15 63 38 49 24	90 41 59 36 14	33 52 12 66 65	55 82 34 76 41	86 22 53 17 04
92 69 44 82 97	39 90 40 21 15	59 58 94 90 67	66 82 14 15 75	49 76 70 40 37
77 61 31 90 19	88 15 20 00 80	20 55 49 14 09	96 27 74 82 57	50 81 69 76 16
38 68 83 24 86	45 13 46 35 45	59 40 47 20 59	43 94 75 16 80	43 85 25 96 93
25 16 30 18 89	70 01 41 50 21	41 29 06 73 12	71 85 71 59 57	68 97 11 14 03
65 25 10 76 29	37 23 93 32 95	05 87 00 11 19	92 78 42 63 40	18 47 76 56 22
36 81 54 36 25	18 63 73 75 09	82 44 49 90 05	04 92 17 37 01	14 70 79 39 97
64 39 71 16 92	05 32 78 21 62	20 24 78 17 59	45 19 72 53 32	83 74 52 25 67
04 51 52 56 24	95 09 66 79 46	48 46 08 55 58	15 19 11 87 82	16 93 03 33 61
83 76 16 08 73	43 25 38 41 45	60 83 32 59 83	01 29 14 13 49	20 36 80 71 26
14 38 70 63 45	80 85 40 92 79	43 52 90 63 18	38 38 47 47 61	41 19 63 74 80
51 32 19 22 46	80 08 87 70 74	88 72 25 67 36	66 16 44 94 31	66 91 93 16 78
72 47 20 00 08	80 89 01 80 02	94 81 33 19 00	54 15 58 34 36	35 35 25 41 31
05 46 65 53 06	93 12 81 84 64	74 45 79 05 61	72 84 81 18 34	79 98 26 84 16
39 52 87 24 84	82 47 42 55 93	48 54 53 52 47	18 61 91 36 74	18 61 11 92 41
81 61 61 87 11	53 34 24 42 76	75 12 21 17 24	74 62 77 37 07	58 31 91 59 97
07 58 61 61 20	82 64 12 28 20	92 90 41 31 41	32 39 21 97 63	61 19 96 79 40
90 76 70 42 35	13 57 41 72 00	69 90 26 37 42	78 26 42 25 01	18 62 79 08 72
40 18 82 81 93	29 59 38 86 27	94 97 21 15 98	62 09 53 67 87	00 44 15 89 97
34 41 48 21 57	86 88 75 50 87	19 15 20 00 23	12 30 28 07 83	32 62 46 86 91
63 43 97 53 63	44 98 91 68 22	36 02 40 09 67	76 37 84 16 05	65 96 17 34 88
67 04 90 90 70	93 39 94 55 47	94 45 87 42 84	05 04 14 98 07	20 28 83 40 60
79 49 50 41 46	52 16 29 02 86	54 15 83 42 43	46 97 83 54 82	59 36 29 59 38
91 70 43 05 52	04 73 72 10 31	75 05 19 30 29	47 66 56 43 82	99 78 29 34 78

取自 The Rand Corporation. A Million Random Digits. Glencoe：Free Press，1995.

2. χ^2 分布表

df	$p=0.30$	0.20	0.10	0.05	0.02	0.01	0.001
1	1.074	1.642	2.706	3.841	5.412	6.635	10.827
2	2.408	3.219	4.605	5.991	7.824	9.210	13.815
3	3.665	4.642	6.251	7.815	9.837	11.345	16.268
4	4.878	5.989	7.779	9.488	11.668	13.277	18.465
5	6.064	7.289	9.236	11.070	13.388	15.086	20.517
6	7.231	8.558	10.645	12.592	15.033	16.812	22.457
7	8.383	9.803	12.017	14.067	16.622	18.475	24.322
8	9.524	11.030	13.362	15.507	18.168	20.090	26.125
9	10.656	12.242	14.684	16.919	19.679	21.666	27.877
10	11.781	13.442	15.987	18.307	21.161	23.209	29.588
11	12.899	14.631	17.275	19.675	22.618	24.725	31.264
12	14.011	15.812	18.549	21.026	24.054	26.217	32.909
13	15.119	16.985	19.812	22.362	25.472	27.688	34.528
14	16.222	18.151	21.064	23.685	26.873	29.141	36.123
15	17.322	19.311	22.307	24.996	28.259	30.578	37.697
16	18.418	20.465	23.542	26.296	29.633	32.000	39.252
17	19.511	21.615	24.769	27.587	30.995	33.409	40.790
18	20.601	22.760	25.989	28.869	32.346	34.805	42.312
19	21.689	23.900	27.204	30.144	33.687	36.191	43.820
20	22.775	25.038	28.412	31.410	35.020	37.566	45.315
21	23.858	26.171	29.615	32.671	36.343	38.932	46.797
22	24.939	27.301	30.813	33.924	37.659	40.289	48.268
23	26.018	28.429	32.007	35.172	38.968	41.638	49.728
24	27.096	29.553	33.196	36.415	40.270	42.980	51.179
25	28.172	30.675	34.382	37.652	41.566	44.314	52.620
26	29.246	31.795	35.563	38.885	42.856	45.642	54.052
27	30.319	32.912	36.741	40.113	44.140	46.963	55.476
28	31.391	34.027	37.916	41.337	45.419	48.278	56.893
29	32.461	35.139	39.087	42.557	46.693	49.588	58.302
30	33.530	36.250	40.256	43.773	47.962	50.892	59.703

取自 FISHER R A, YATES F. Statistical Tables for Biological. Agricultural and Medical Research. Edinburgh：Oliver and Boyd，1948.

3. Z 检验表

$p \leq$	$|Z| \geq$	
	一端	二端
0.10	1.29	1.65
0.05	1.65	1.96
0.02	2.06	2.33
0.01	2.33	2.58
0.005	2.58	2.81
0.001	3.09	3.30

取自李沛良著.社会研究的统计分析.武汉:湖北人民出版社,1987:326.

4. F 分布表

$p = 0.05$

df_2	df_1									
	1	2	3	4	5	6	8	12	24	∞
1	161.4	199.5	215.7	224.6	230.2	234.0	238.9	243.9	249.0	254.3
2	18.51	19.00	19.16	19.25	19.30	19.33	19.37	19.41	19.45	19.50
3	10.13	9.55	9.28	9.12	9.01	8.94	8.84	8.74	8.64	8.53
4	7.71	6.94	6.59	6.39	6.26	6.16	6.04	5.91	5.77	5.63
5	6.61	5.79	5.41	5.19	5.05	4.95	4.82	4.68	4.53	4.36
6	5.99	5.14	4.76	4.53	4.39	4.28	4.15	4.00	3.84	3.67
7	5.59	4.74	4.35	4.12	3.97	3.87	3.73	3.57	3.41	3.23
8	5.32	4.46	4.07	3.84	3.69	3.58	3.44	3.28	3.12	2.93
9	5.12	4.26	3.86	3.63	3.48	3.37	3.23	3.07	2.90	2.71
10	4.96	4.10	3.71	3.48	3.33	3.22	3.07	2.91	2.74	2.54
11	4.84	3.98	3.59	3.36	3.20	3.09	2.95	2.79	2.61	2.40
12	4.75	3.88	3.49	3.26	3.11	3.00	2.85	2.69	2.50	2.30
13	4.67	3.80	3.41	3.18	3.02	2.92	2.77	2.60	2.42	2.21
14	4.60	3.74	3.34	3.11	2.96	2.85	2.70	2.53	2.35	2.13
15	4.54	3.68	3.29	3.06	2.90	2.79	2.64	2.48	2.29	2.07
16	4.49	3.63	3.24	3.01	2.85	2.74	2.59	2.42	2.24	2.01
17	4.45	3.59	3.20	2.96	2.81	2.70	2.55	2.38	2.19	1.96
18	4.41	3.55	3.16	2.93	2.77	2.66	2.51	2.34	2.15	1.92
19	4.38	3.52	3.13	2.90	2.74	2.63	2.48	2.31	2.11	1.88
20	4.35	3.49	3.10	2.87	2.71	2.60	2.45	2.28	2.08	1.84
21	4.32	3.47	3.07	2.84	2.68	2.57	2.42	2.25	2.05	1.81
22	4.30	3.44	3.05	2.82	2.66	2.55	2.40	2.23	2.03	1.78
23	4.28	3.42	3.03	2.80	2.64	2.53	2.38	2.20	2.00	1.76
24	4.26	3.40	3.01	2.78	2.62	2.51	2.36	2.18	1.98	1.73
25	4.24	3.38	2.99	2.76	2.60	2.49	2.34	2.16	1.96	1.71
26	4.22	3.37	2.98	2.74	2.59	2.47	2.32	2.15	1.95	1.69
27	4.21	3.35	2.96	2.73	2.57	2.46	2.30	2.13	1.93	1.67
28	4.20	3.34	2.95	2.71	2.56	2.44	2.29	2.12	1.91	1.65
29	4.18	3.33	2.93	2.70	2.54	2.43	2.28	2.10	1.90	1.64
30	4.17	3.32	2.92	2.69	2.53	2.42	2.27	2.09	1.89	1.62
40	4.08	3.23	2.84	2.61	2.45	2.34	2.18	2.00	1.79	1.51
60	4.00	3.15	2.76	2.52	2.37	2.25	2.10	1.92	1.70	1.39
120	3.92	3.07	2.68	2.45	2.29	2.17	2.02	1.83	1.61	1.25
∞	3.84	2.99	2.60	2.37	2.21	2.09	1.94	1.75	1.52	1.00

$p = 0.01$ 续表

df_2	df_1									
	1	2	3	4	5	6	8	12	24	∞
1	4 052	4 999	5 403	5 625	5 764	5 859	5 981	6 106	6 234	6 366
2	98.49	99.01	99.17	99.25	99.30	99.33	99.36	99.42	99.46	99.50
3	34.12	30.81	29.46	28.71	28.24	27.91	27.49	27.05	26.60	26.12
4	21.20	18.00	16.69	15.98	15.52	15.21	14.80	14.37	13.93	13.46
5	16.26	13.27	12.06	11.39	10.97	10.67	10.27	9.89	9.47	9.02
6	13.74	10.92	9.78	9.15	8.75	8.47	8.10	7.72	7.31	6.88
7	12.25	9.55	8.45	7.85	7.46	7.19	6.84	6.47	6.07	5.65
8	11.26	8.65	7.59	7.01	6.63	6.37	6.03	5.67	5.28	4.86
9	10.56	8.02	6.99	6.42	6.06	5.80	5.47	5.11	4.73	4.31
10	10.04	7.56	6.55	5.99	5.64	5.39	5.06	4.71	4.33	3.91
11	9.65	7.20	6.22	5.67	5.32	5.07	4.74	4.40	4.02	3.60
12	9.33	6.93	5.95	5.41	5.06	4.82	4.50	4.16	3.78	3.36
13	9.07	6.70	5.74	5.20	4.86	4.62	4.30	3.96	3.59	3.16
14	8.86	6.51	5.56	5.03	4.69	4.46	4.14	3.80	3.43	3.00
15	8.68	6.36	5.42	4.89	4.56	4.32	4.00	3.67	3.29	2.87
16	8.53	6.23	5.29	4.77	4.44	4.20	3.89	3.55	3.18	2.75
17	8.40	6.11	5.18	4.67	4.34	4.10	3.79	3.45	3.08	2.65
18	8.28	6.01	5.09	4.58	4.25	4.01	3.71	3.37	3.00	2.57
19	8.18	5.93	5.01	4.50	4.17	3.94	3.63	3.30	2.92	2.49
20	8.10	5.85	4.94	4.43	4.10	3.87	3.56	3.23	2.86	2.42
21	8.02	5.78	4.87	4.37	4.04	3.81	3.51	3.17	2.80	2.36
22	7.94	5.72	4.82	4.31	3.99	3.76	3.45	3.12	2.75	2.31
23	7.88	5.66	4.76	4.26	3.94	3.71	3.41	3.07	2.70	2.26
24	7.82	5.61	4.72	4.22	3.90	3.67	3.36	3.03	2.66	2.21
25	7.77	5.57	4.68	4.18	3.86	3.63	3.32	2.99	2.62	2.17
26	7.72	5.53	4.64	4.14	3.82	3.59	3.29	2.96	2.58	2.13
27	7.68	5.49	4.60	4.11	3.78	3.56	3.26	2.93	2.55	2.10
28	7.64	5.45	4.57	4.07	3.75	3.53	3.23	2.90	2.52	2.06
29	7.60	5.42	4.54	4.04	3.73	3.50	3.20	2.87	2.49	2.03
30	7.56	5.39	4.51	4.02	3.70	3.47	3.17	2.84	2.47	2.01
40	7.31	5.18	4.31	3.83	3.51	3.29	2.99	2.66	2.29	1.80
60	7.08	4.98	4.13	3.65	3.34	3.12	2.82	2.50	2.12	1.60
120	6.85	4.79	3.95	3.48	3.17	2.96	2.66	2.34	1.95	1.38
∞	6.64	4.60	3.78	3.32	3.02	2.80	2.51	2.18	1.79	1.00

$p = 0.001$ 续表

df_2	df_1									
	1	2	3	4	5	6	8	12	24	∞
1	405 284	500 000	540 379	562 500	576 405	585 937	598 144	610 667	623 497	636 619
2	998.5	999.0	999.2	999.2	999.3	999.3	999.4	999.4	999.5	999.5
3	167.5	148.5	141.1	137.1	134.6	132.8	130.6	128.3	125.9	123.5
4	74.14	61.25	56.18	53.44	51.71	50.53	49.00	47.41	45.77	44.05
5	47.04	36.61	33.20	31.09	29.75	28.84	27.64	26.42	25.14	23.78
6	35.51	27.00	23.70	21.90	20.81	20.03	19.03	17.99	16.89	15.75
7	29.22	21.69	18.77	17.19	16.21	15.52	14.63	13.71	12.73	11.69
8	25.42	18.49	15.83	14.39	13.49	12.86	12.04	11.19	10.30	9.34
9	22.86	16.39	13.90	12.56	11.71	11.13	10.37	9.57	8.72	7.81
10	21.04	14.91	12.55	11.28	10.48	9.92	9.20	8.45	7.64	6.76
11	19.69	13.81	11.56	10.35	9.58	9.05	8.35	7.63	6.85	6.00
12	18.64	12.97	10.80	9.63	8.89	8.38	7.71	7.00	6.25	5.42
13	17.81	12.31	10.21	9.07	8.35	7.86	7.21	6.52	5.78	4.97
14	17.14	11.78	9.73	8.62	7.92	7.43	6.80	6.13	5.41	4.60
15	16.59	11.34	9.34	8.25	7.57	7.09	6.47	5.81	5.10	4.31
16	16.12	10.97	9.00	7.94	7.27	6.81	6.19	5.55	4.85	4.06
17	15.72	10.66	8.73	7.68	7.02	6.56	5.96	5.32	4.63	3.85
18	15.38	10.39	8.49	7.46	6.81	6.35	5.76	5.13	4.45	3.67
19	15.08	10.16	8.28	7.26	6.61	6.18	5.59	4.97	4.29	3.52
20	14.82	9.95	8.10	7.10	6.46	6.02	5.44	4.82	4.15	3.38
21	14.59	9.77	7.94	6.95	6.32	5.88	5.31	4.70	4.03	3.26
22	14.38	9.61	7.80	6.81	6.19	5.76	5.19	4.58	3.92	3.15
23	14.19	9.47	7.67	6.69	6.08	5.65	5.09	4.48	3.82	3.05
24	14.03	9.34	7.55	6.59	5.98	5.55	4.99	4.39	3.74	2.97
25	13.88	9.22	7.45	6.49	5.88	5.46	4.91	4.31	3.66	2.89
26	13.74	9.12	7.36	6.41	5.80	5.38	4.83	4.24	3.59	2.82
27	13.61	9.02	7.27	6.33	5.73	5.31	4.76	4.17	3.52	2.75
28	13.50	8.93	7.19	6.25	5.66	5.24	4.69	4.11	3.46	2.70
29	13.39	8.85	7.12	6.19	5.59	5.18	4.64	4.05	3.41	2.64
30	13.29	8.77	7.05	6.12	5.58	5.12	4.58	4.00	3.36	2.59
40	12.61	8.25	6.60	5.70	5.13	4.73	4.21	3.64	3.01	2.23
60	11.97	7.76	6.17	5.31	4.76	4.37	3.87	3.31	2.69	1.90
120	11.38	7.31	5.79	4.95	4.42	4.04	3.55	3.02	2.40	1.56
∞	10.83	6.91	5.42	4.62	4.10	3.74	3.27	2.74	2.13	1.00

取自 FISHER R A,YATES F. Statistical Tables for Biological,Agricultural and Medical Research. Edinburgh: Oliver & Boyd,1948.

参考文献

[1] MOSER CA, KALTOR G. Survey Methods in Social Investigation. London: Heinemann. 1971:4.
[2] 风笑天.现代社会调查方法[M].6版.武汉:华中科技大学出版社,2021.
[3] 风笑天.社会调查中的问卷设计[M].天津:天津人民出版社,2002.
[4] 江立华,水延凯.社会调查教程[M].7版.北京:中国人民大学出版社,2018.
[5] 风笑天.现代社会调查方法[M].5版.武汉:华中科技大学出版社,2014.
[6] 艾尔·巴比.社会研究方法[M].邱泽奇,译.2版.北京:华夏出版社,2009.
[7] 韩明谟.中国社会学调查研究方法和方法论发展的三个里程碑[J].北京大学学报(哲学社会科学版),1997(04):6-16+159.
[8] 江立华,水延凯.社会调查教程[M].7版.北京:中国人民大学出版社,2018.
[9] 刘宝辰,郑京辉.民国时期社会调查运动的先驱——李景汉[J].河北大学成人教育学院学报,2008(01):83-84.
[10] 于莉,邓恩远.社会调查方法与实务[M].2版.北京:北京大学出版社,2015.
[11] 赵淑兰.社会调查方法[M].北京:机械工业出版社,2011.
[12] 风笑天.社会研究:方法、能力与关键[J].中华女子学院学报,2022,34(05):5-12.
[13] 孙玉环.住房需求抽样调查方案设计及数据处理方法[J].统计与决策,2007(12):140-142.
[14] 赵勤.社会调查方法[M].3版.北京:电子工业出版社,2018.
[15] 风笑天.社会研究:设计与写作[M].北京:中国人民大学出版社,2014.
[16] 水延凯.社会调查教程[M].北京:中国人民大学出版社,1996.
[17] 陈向明.社会科学中的定性研究方法[J].中国社会科学,1996(06):93-102.
[18] 赵淑兰.社会调查方法[M].2版.北京:机械工业出版社,2020.
[19] 风笑天.社会研究方法[M].5版.北京:中国人民大学出版社,2018.
[20] 李沛良.社会研究的统计应用[M].北京:社会科学文献出版社,2001.
[21] 杜智敏,樊文强.SPSS在社会调查中的应用[M].北京:电子工业出版社,2015.
[22] 董海军.社会调查与统计[M].武汉:武汉大学出版社,2009.
[23] 范伟达.社会调查研究方法[M].上海:复旦大学出版社,2010.
[24] 张彦,吴淑凤.社会调查研究方法[M].上海:上海财经大学出版社,2006.
[25] 江立华,水延凯.社会调查教程[M].7版.北京:中国人民大学出版社,2018.
[26] 罗清萍,余芳.实用社会调查方法与技能训练[M].北京:经济管理出版社,2013.
[27] 科兹比,贝茨.心理与行为科学研究方法[M].张彤,译.11版.北京:机械工业出版社,2014.
[28] 瞿海源,毕恒达,刘长萱.社会及行为科学研究法(一)总论与量化研究法[M].北京:社会科学文献出版社,2013.
[29] 郝大海.社会调查研究方法[M].2版.北京:中国人民大学出版社,2009.
[30] 吴增基,吴鹏森,苏振芳.现代社会调查方法[M].3版.上海:上海人民出版社,2009.
[31] 李晶.社会调查方法[M].北京:中国人民大学出版社,2003.

[32] 王茜,肖晗.社会调查方法[M].重庆:重庆大学出版社,2010.
[33] 王学川,杨克勤.社会调查的实用方法与典型实例[M].北京:清华大学出版社,2011.
[34] 李松柏.社会调查方法[M].西安:西北农林科技大学出版社,2011.
[35] 洪瑾.社会调查方法[M].北京:中国轻工业出版社,2004.
[36] 阮桂海,蔡建平,刘爱玉.数据统计与分析——SPSS应用教程[M].北京:北京大学出版社,2005.
[37] 沈关宝.《中镇》——社区研究的"金字塔"[J].社会,1996(07):27.
[38] 张卓君.青年理想取向工作价值观的产生机制[J].青年研究,2021(03):31-40+95.
[39] 胡桂华.怎样撰写统计调查报告——以金融危机对广西民众生产生活影响为例[J].中国统计,2010(10):46-48.
[40] 廉思.90后的集体记忆和时代标签——北京网络主播群体调查报告[J].中国青年研究,2018(04):47-52.
[41] 董海军,朱东星.社会调查中高质量问卷的设计[J].晋阳学刊,2019(05):115-120.